आज के अतीत

(आत्मकथा)

आज के अतीत

भीष्म साहनी

राजकमल प्रकाशन

ISBN : 978-81-267-0683-9

मूल्य : ₹995

पहला संस्करण : 2003
पाँचवाँ संस्करण : 2024

प्रकाशक : राजकमल प्रकाशन प्रा.लि.
1-बी, नेताजी सुभाष मार्ग, दरियागंज
नई दिल्ली-110 002
शाखाएँ : अशोक राजपथ, साइंस कॉलेज के सामने, पटना-800 006
पहली मंजिल, दरबारी बिल्डिंग, महात्मा गांधी मार्ग, प्रयागराज-211 001
1, अनमोल सोराबजी संतुक लेन, धोबी तलाव, मरीन लाइंस, मुम्बई-400 002
वेबसाइट : www.rajkamalprakashan.com
ई-मेल : info@rajkamalprakashan.com

मुद्रक : बी.के. ऑफसेट
नवीन शाहदरा, दिल्ली-110 032

AAJ KE ATEET
Autobiography by Bhishma Sahni

स्नेही मित्र, राधेश्याम दुबे को,
सप्रेम

1

कहाँ से शुरू करूँ ? उन दिनों से, जब मैं छोटा-सा अबोध बालक, गली-गली, सड़क-सड़क, आवारा घूमता-फिरता था; एक गली से दूसरी गली, निरुद्देश्य, यहाँ तक कि शाम के साये उतरने लगते, और मैं कहाँ-से-कहाँ जा पहुँचता ! फिर, कभी भाई, तो कभी घर का नौकर तुलसी मुझे ढूँढ़ता हुआ पहुँच जाता। उस समय या तो मैं चुपचाप उसके साथ चल पड़ता या कोई सुनी-सुनाई अश्लील गाली बक देता और अपनी रौ में चलता रहता। पर अन्ततः जब घर पहुँचता तो उस वक़्त तक अश्लील गाली की ख़बर माँ के कानों तक पहुँच चुकी होती और वह मेरा सिर अपने घुटनों में दबोचकर, मेरे मुँह में लाल मिर्च की चुटकी डालने के लिए, मानो पहले से तैयार बैठी होती।

हर दिन यही हाल था। मैं घूमता हुआ घर से दूर निकल जाता और घर के लोग कभी एक तो कभी दूसरे मोहल्ले में मुझे ढूँढ़ते फिरते। आख़िर मेरे पिताजी ने पीतल का गोल-सा एक 'बिल्ला' मेरे गले में लटका दिया जिस पर इस आशय के शब्द खुदे थे कि यह लड़का बाबू हरबंसलाल साहनी, छाछी मोहल्ला, का बेटा है, जहाँ कहीं

किसी को भटकता मिले, इसे घर पहुँचा दे। इसका नतीजा यह हुआ कि जो कोई मुझे सड़क पर जहाँ भी डोलता देख लेता, भले ही वह हमारे मोहल्ले के नाके पर ही क्यों न हो, मुझे उठाकर बाबू हरबंसलाल के घर छोड़ जाता।

बचपन तो दूर, बहुत दूर छूट गया, पर घुमक्कड़ी की लत अभी भी बनी हुई है।

मेरा जन्म 1915 में हुआ। किस महीने की किस तारीख़ को हुआ, इस बारे में मेरी माँ और मेरे पिताजी एक-राय नहीं थे। मेरी माँ का कहना था कि मैं अपने बड़े भाई बलराज से एक साल और ग्यारह महीने छोटा था, जब कि पिताजी ने स्कूल में मेरे जन्म की तारीख़ 8 अगस्त, 1915 लिखवा दी थी, जो मुझे अपने भाई से और भी कुछ महीने छोटा बनाती थी। पिताजी के पास एक रजिस्टर हुआ करता था जिसमें वह जन्म, ब्याह-शादी, जात-बिरादरी में लेन-देन के ब्योरे दर्ज कर लिया करते थे। इस रजिस्टर भें मेरे जन्म की तिथि कहीं पर भी नहीं लिखी थी। और बचपन में जब हम भाई आपस में झगड़ते, तो बलराज अक्सर कहा करते, तू तो मेरा भाई भी नहीं है, तुझे तो पिताजी 'घूरे' पर से उठा लाए थे। इसके प्रमाणस्वरूप वह कहते, कि मैं गोरा हूँ, तू कालटू है, मैं तगड़ा हूँ, तू मरियल है, मुझे सन्ध्या के सभी मन्त्र याद हैं, तुझे कुछ भी याद नहीं, आदि। जब भी मेरे जन्मदिन की चर्चा होती तो माताजी उँगलियों के पपोटों पर दिन-महीने गिनाकर हिसाब लगाने लगतीं। बहरहाल यह तो निश्चित था कि मेरा जन्म हुआ था, और धीरे-धीरे जन्मतिथि पर मतभेद भी ठंडा पड़ गया और तिथि 8 अगस्त, 1915 ही मान ली गई।

मुझसे पहले जब बलराज का जन्म हुआ था तो हमारे घर के बाहर सहसा ही बैंडबाजा बजने लगा था। और माँ सुनाया करती थीं कि उसे सुनकर वह बेहोश हो गई थीं। क़िस्सा यह था कि इससे पहले जब भी माँ प्रसूति में होतीं तो हमारे ताऊ घर के बाहर खाट बिछाकर बैठ जाते और बेटे के जन्म की सूचना का बेताबी से इन्तज़ार करने लगते। पर जब पता चलता कि लड़की पैदा हुई तो सिर झटकते, बड़बड़ाते हुए उठ जाते। ऐसा पाँच बार हो चुका था। अबकी बार जब बेटा पैदा हुआ तो वह इतने खुश हुए कि भागते हुए बाज़ार गए और बैंडबाजा बुला लाए जिसकी आवाज़ सुनकर माँ बेहोश हो गई थीं।

पर मेरे जन्म पर कोई बैंडबाजा नहीं बजा। हम भाइयों के बीच झगड़ा होता तो भाई प्रमाण के रूप में इसका भी ज़िक्र करते।

उम्र में कुछ ही बड़ा हो पाया होऊँगा जब चलते ताँगों पर उछलकर चढ़ने की लत मुझ पर सवार हो गई। हमारा मोहल्ला गाड़ीवानों का मोहल्ला था। घर के सामने गाड़ीवानों का बाड़ा था, एक ओर को गाड़ीवानों की तीन-चार कोठरियाँ

थीं। जगह-जगह घोड़े बँधे रहते या सड़क पर साज़ समेत, चहलक़दमी कर रहे होते। गाड़ीवान, सड़क किनारे खाटों पर बैठे हुक्का या क़हवा पी रहे होते, गपशप कर रहे होते। अक्सर गाड़ीवान मुझे पहचानते थे। जब भी कोई ताँगा घर के सामने से जा रहा होता, मैं, उसके पीछे उछलकर पायदान पर खड़ा हो जाता। इसमें मैंने महारत हासिल कर ली थी, चलते ताँगे पर चढ़ने की भी और चलते ताँगे पर से कूदकर उतरने की भी। बस, फिर क्या था, पायदान पर खड़े-खड़े एक हाथ से डंडहरा पकड़े रहो, फिर सड़क-सड़क एक सड़क से दूसरी सड़क, मानो आँखों के सामने शहर का गुलज़ार खुल जाता। रौनक़ ही रौनक़, दूकानें-ही-दूकानें, लगता मैं किसी मेले में 'हिंडोले' पर सवार हूँ। गाड़ीवान को अक्सर पता भी नहीं चलता कि पायदान पर कोई खड़ा है। ताँगे पर बैठी सवारी अगर उसे बता देती तो वह मुड़कर देखता, अगर पहचान लेता तो हँसकर कहता, ''बाबुए दा पुत्तर ए !'' (बाबू का बेटा है) यदि नहीं पहचान पाता, किसी दूसरे मोहल्ले का ताँगा होता तो बैठे-बैठे ही अपनी चाबुक पीछे की ओर घुमा देता, जिसके पड़ते ही मेरा कान और गर्दन जल उठते, और मैं ताँगे पर से कूद जाता। उसके बाद कौन जाने कहाँ भटकता फिरता था। पर गले में बँधा 'पट्टा' देर-सवेर घर पहुँचा देता, फिर वही डाँट-डपट, वही लाल मिर्च की चुटकी।

इस घुमक्कड़ी में बड़ा रस था, भले ही वह ताँगे के पायदान पर से हो या गली-गली घूमते हुए। मैं कभी चरनी के पास खड़ा होता जहाँ दोपहर के वक़्त कुछ लड़के बर्रे पकड़ रहे होते। मदनलाल जो झट से हाथ बढ़ाकर बर्रे को पंखों से पकड़ लेता, फिर दूसरे हाथ से उसका डंक निकाल देता और फिर, बर्रे की कमर में धागा बाँधकर उसे पतंग की तरह उड़ाने लगता। कभी मैं किसी गाड़ीवान को अपने घोड़े की पीठ पर 'खरहा' चलाते देख रहा होता, घोड़े की पीठ पर, बार-बार लहरिए उठते, एक सिरे से दूसरे सिरे तक जैसे पीठ में कँपकँपी उठ रही हो। जब कभी आकाश में बादल तैर रहे होते तो नीचे सड़क पर साये दौड़ने लगते। जब भी करीम ख़ान ताँगा खोलता तो उसका घोड़ा अपने आप सड़क पर चहलक़दमी करने लगता। अपने आप ही चलता हुआ चरनी तक जा पहुँचता, फिर वहाँ से लौट पड़ता, ऐसे ही बार-बार टहलते रहने के बाद करीमख़ान की खाट के सामने आकर खड़ा हो जाता, जिस पर बैठा करीमख़ान पालथी मारे क़हवा पी रहा होता, मानो कह रहा हो, 'अब मेरा साज़ खोल दो।' जब भी गली का भिश्ती दोपहर ढलने पर पानी से भरी मश्क पीठ पर लादे, सड़क के किनारे-किनारे पानी छिड़कने लगता तो मैं अक्सर उसके पीछे-पीछे हो लेता। गीली मिट्टी में से उठनेवाली 'सौंधी-सौंधी' महक का अपना मज़ा था।

मैं दुबला-पतला तो था ही, बार-बार बीमार भी पड़ने लगता था। बदन में

हरारत बढ़ने की देर थी, माँ माथे पर अपना हाथ रखकर सिर हिलाकर कहती, 'इसका तो माथा तप रहा है'; सुनते ही मेरा दिल बैठ जाता। इसका मतलब था कि अब खाट पर पड़ा रहूँगा। बिस्तर की क़ैद सबसे कड़ी क़ैद थी। लेटे-लेटे मैं छत की कड़ियाँ गिनता, छत पर जगह-जगह, पुताई के छींटे पड़े होते, जिनमें मैं तरह-तरह की आकृतियाँ देखता रहता, कभी सिंहासन पर बैठे राजा की, कभी हाथी की, कभी ऊँट की। जब कभी माँ आकर खाट पर बैठती तो मैं उसकी गोद में अपना सिर रख देता, जिसमें अपार सुख मिलता। माँ माथे पर हाथ फेरती, कभी कोई गीत गाकर सुनाती, कभी बोम्बी की या तोता-तोती की कहानी सुनाती। तोता-तोती की कहानी सबसे ज़्यादा दिल को छूती। तोता चोग चुगने के लिए घोंसले में से निकलकर किसी बाग़ की ओर जाने लगता है, तो तोती उसे जाने से रोकती है कि बाग़ में मत जाओ, वहाँ शिकारियों ने जाल बिछाए होते हैं, तुम जाल में फँस जाओगे। वह उसे रोकने के लिए उसके पीछे-पीछे उड़ती जाती है :

तोता, मैं होड़ रही, मैं हटक रही
तू चोग चुगण न जा,
चोगाँवाले डाढड़े ते लैंदे फाहीं पा।

(तोता, मैं तुमसे विनती करती रही, चुग्गा चुगने नहीं जाओ। जिनके पास चुग्गा होता है वे बड़े ज़ालिम होते हैं, वे तुम्हें अपने जाल में फँसा लेंगे।)

जवाब में तोता, अपनी तोती को आश्वासन देता हुआ कहता :

तोती, मैं जीता, मैं जागता
तू घर चल, मैं आवता।

सुनते हुए मुझे लगता जैसे आकाश की ऊँचाइयों से तोता, अपने पंख फैलाए, अपनी तोती को ढाँढ़स बँधाता उड़ता जा रहा है।

तोता सचमुच शिकारी के जाल में फँस जाता है। दसियों बार सुन चुकने पर भी, इस स्थान पर पहुँचने पर मेरा गला रुँधने और साँस फूलने लगता।

कभी-कभी माँ मेरे माथे को सहलाते हुए, कोई गीत सुनाने लगतीं। मोतीराम का बारहमासा अक्सर सुनातीं। वह मुझे बहुत भाता था, क्योंकि उसमें हर पंक्ति पर तस्वीर बनती थी :

माघ माया दा माण न करिए
माया काग बन्हेरे दा
पल विच आवे, छिन विच जावे
सैर करे चौफेरे दा।

(माघ महीने का कवित्त : धन-माया पर गर्व नहीं करना चाहिए। माया तो एक जगह पर नहीं ठहरती, वह तो उड़ते कौवे के समान है जो कभी एक दीवार पर जा बैठता है, कभी दूसरी दीवार पर।)

एह दुनिया भांडे दी न्यायीं
जिस घड़िया सो भजणा ई
मोतीराम कदी समझ पियारे
अन्त खाक विच रलणा ई।

(यह जीवन तो मिट्टी के बर्तन के समान है जो एक दिन ज़रूर टूटेगा। मोतीरामजी कहते हैं, कुछ समझा करो। एक दिन तुम्हें भी मिट्टी में मिल जाना है...)

अगर माँ की आवाज़, नीचे दफ़्तर में बैठे पिताजी तक पहुँच जाती तो पिताजी वहीं बैठे-बैठे ऊँची आवाज़ में कहते, "बलराज की माँ, मैं कई बार तुम्हें समझा चुका हूँ कि बच्चों को निराशा-भरे गीत नहीं सुनाया करो।"

कभी पिताजी सीढ़ियाँ चढ़कर ऊपर आ जाते, माँ को समझाने के लिए। तब माँ कहती, "मुझे यही याद हैं। इनमें बुरा क्या है ? इनमें भी भगवान का नाम है।..."

"तुम बहस क्यों करती हो ? बच्चों को ऐसे गीत सुनाओ जिनसे इनका उत्साह बढ़े... ।"

फिर पिताजी मेरे मनबहलाव के लिए अपने जेब में से रेज़गारी निकालकर मेरे सिरहाने के नीचे रख देते, और मैं पैसे-इकन्नियाँ-दुवन्नियाँ गिनता रहता। शाम के साये उतरने लगते तो नीचे गली में फ़कीर पहुँच जाते। कोई गाकर भीख माँगता, कोई ऊँची पुकार के साथ। मैं एक-एक की आवाज़ पहचानता था।

पर ज्यों ही सेहत सँभलने लगती, बुख़ार उतर जाता तो मैं फिर से सड़क पर जा पहुँचता। बरसात के पहले छींटे पर, मैं अस्वस्थ हूँ या तन्दुरुस्त, मैं घर पर टिक ही नहीं सकता था। बाहर जाकर सड़क पर दौड़ने, बारिश के पहले छींटे का मज़ा लेने, मोहल्ले-भर के लड़कों के साथ सड़कों पर दौड़ने, भागने की ललक अक्सर बेकाबू हो जाती, और मैं हाँफता हुआ घर लौटता और कई बार फिर से बीमार पड़ जाता।

हमारा घर सड़क की ओर खुलता था। पर इस घर में बस जाने से पहले, हमारे माता-पिता, लगभग बीस साल तक पेशावर में रहे थे। माँ सुनाया करती थीं कि क्या मालूम वे पेशावर में ही बने रहते, पर वहाँ पर 'धाड़े' पड़ने लगे थे। 'धाड़े' से माँ का मतलब था कि कभी-कभी रात के वक़्त अचानक ही लूटपाट करनेवाले पठानों का गिरोह ढोल बजाता किसी मोहल्ले में पहुँच जाता। लूटपाट

मच जाती। उनकी गोली का निशाना अचूक होता। एक रात ऐसा ही 'धाड़ा' उनकी गली में भी पहुँच गया। माँ सुनाती थीं कि उनके सामनेवाले घर में किसी ने खिड़की में से झाँककर बाहर देखा कि गोली सीधी उसके माथे पर लगी और वह वहीं ढेर हो गया। लूटपाट करने के बाद, वे लोग गधों पर सामान लादे, ढोल बजाते, हवा में गोलियाँ चलाते, लौट जाते। "उस रात तेरे पिताजी के पेट में ज़ोरों का दर्द उठा था। मैं ही जानती हूँ या मेरा भगवान जानता है कि वह रात मैंने कैसे काटी। बाहर गोलियाँ चल रही थीं, ढोल बज रहे थे, चीख़-पुकार मची हुई थी और घर के अन्दर तेरे पिताजी दर्द से छटपटा रहे थे। तभी मैंने मन-ही-मन गाँठ बाँध ली थी कि अब हम लोग पेशावर में नहीं रहेंगे। तभी हमारा दाना-पानी पेशावर से उठ गया था। और हम लोग रावलपिंडी में आकर बस गए थे।"

हमारे घर में नीचे की मंज़िल पर 'गराज' था, जिसमें भैंस बँधी रहती थी। अन्दर आओ तो ड्योढ़ी थी जहाँ से सीढ़ियाँ ऊपर को जाती थीं। अठारह सीढ़ियाँ जिन पर से दूर बचपन में मैं हर दूसरे-तीसरे दिन गिरता था और लुढ़कता हुआ नीचे तक जा पहुँचता था। निचली मंज़िल पर ही पिताजी का दफ़्तर था जिसमें पिताजी मेज़ के पीछे बैठे दिन-भर टाइपराइटर पर एक उँगली से चिट्ठियाँ टाइप करते। इस दफ़्तर की बग़ल में एक बड़ा अँधेरा कमरा था जिस पर अक्सर ताला चढ़ा रहता, पर वह हम भाइयों के लिए अलीबाबा की गुफ़ा के समान था जिसमें हमारे लिए हीरे-जवाहरात भरे थे—तरह-तरह के चीनी के फूलदार प्याले, किसी पर लिखा रहता Forget me not ! किसी पर Remember me ! सुनहरी दस्तेवाले चाकू, तरह-तरह की पेंसिलें, किसी पर रबर लगा रहता, कोई दो रंगों में होतीं, चेहरे पर लगानेवाली ख़ुशबूदार क्रीमें, जिनमें से तरह-तरह के फूलों की महक आती। हम कभी-कभी छिपे-लुके, क्रीम की शीशी खोलकर मुँह पर लगाते, फिर एक-दूसरे के गाल सूँघते। सारा कमरा ख़ुशबू से भर उठता था। बलराज का चेहरा बड़ा निखरा-निखरा लगने लगता।

इसी कमरे में कपड़े के नमूने भी थे। हर नमूने पर रंगीन तस्वीर लगी रहती, किसी पर सुनहरे बालोंवाली हँसती स्त्री की, किसी पर कुत्ते की, किसी पर शेर की। नमूने के इन्हीं कपड़ों से माँ हमारे लिए कुर्ते-पाजामे सी दिया करतीं। हर नमूने पर तस्वीर ही नहीं, नीले रंग में कारख़ाने का नाम भी छपा रहता था, अक्सर, माताजी की सिलाई में ऐसा हुनर रहता कि पाजामे के पिछले हिस्से में आसन की जगह पर छपाईवाला हिस्सा आ जाता, साथ में एक थैली-सी भी बन जाती। देखनेवाले हमारे मित्रों के माँ-बाप, देखकर हँसने लगते, और कोई-कोई पूछता :

"क्यों बेटा, तूने पीछे थैली में मक्का के दाने भरे हैं ?"

परिवार का रहन-सहन ऊपर की मंज़िल पर था। सीढ़ियाँ चढ़कर आओ, तो

दाएँ हाथ 'रंगसाज़ की आलमारी' जिसमें कभी कोई रंगसाज़, सम्भवतः यह मकान बनने पर अपने रंग-रोग़न रखता रहा होगा, पर अब यह आलमारी पारिवारिक जीवन का अभिन्न अंग बन चुकी थी। माताजी की चाबियों का गुच्छा खो जाए तो 'देखो, रंगसाज़ की आलमारी में न रखा हो।' और जो पिताजी की छड़ी न मिल रही हो तो 'देखो, रंगसाज़ की आलमारी से तो नहीं लटक रही है।'

रंगसाज़ की आलमारी के सामने, कुछ ही दूरी पर बड़ा-सा चौकोर जंगला था। वह तीन फुट ऊँचा तो रहा होगा, क्योंकि छुटपन में, मैं पंजों के बल भी ऊँचा उठूँ तो मेरी ठुड्डी जंगले के ऊपर तक नहीं पहुँच पाती थी। इसी जंगले की सलाख़ों को पकड़कर मैंने खड़ा होना सीखा था। इन्हीं सलाख़ों को पकड़े हुए, नीचे आँगन में झाँकते हुए मैं पहली बार 'व्हाई जाज़' चिल्लाया था, जिस पर नीचे आँगन में खड़ी माँ ने चिल्लाकर कहा था, 'हाय, तू बोला तो ! मेरा गूँगा बेटा आज बोला तो' और जंगले की सलाख़ों को पकड़े मैं बार-बार उछलता हुआ 'व्हाई जाज़, व्हाई जाज़' चिल्लाता रहा था, मानो स्वयं भी यह जानकर कि मैं गूँगा नहीं हूँ, चहकने लगा था।

और कुछ ही मुद्दत बाद उसी जंगले के पास बैठा, मैं टीन के ख़ाली कनस्तर पर ज़ोर-ज़ोर से डंडी मारते हुए चिल्लाता, "उठो मुसलमानो, रोज़ा रखो...ओ... ए !" जिस पर कभी-कभी हमारी पड़ोसिन, बोस्तान ख़ान की माँ, दीवार के ऊपर से झाँककर मेरी माँ से हँसती हुई कहती, "अरी लच्छमी ! तेरा बेटा हमें सारा साल रोज़े रखवाता रहता है !"

इसी जंगले के पास आकर, माँ, दिन में कितनी ही बार, हमारे पिताजी को पुकारती थी जो नीचे की मंज़िल में अपने दफ़्तर में बैठे चिट्ठियाँ टाइप कर रहे होते :

"बलराज के पिताजी, खाना तैयार है, कब ऊपर आओगे ?"

या

"बलराज के पिताजी, दूध का गिलास नीचे भेज दूँ या ऊपर आकर पियोगे ?"

या

"बलराज के पिताजी शाम घिर आई है। आप कब घूमने जाओगे, कब लौटोगे, कब खाने पर बैठोगे ? रोज़ रात को देर हो जाती है, तुम्हारा कोई वेला-वकत ही नहीं है।"

जिस पर कभी-कभी नीचे से आवाज़ आती :

"बलराज की माँ, बस जा ही रहा हूँ। मेरी छड़ी नहीं मिल रही है। ऊपर देखो कहीं रंगसाज़ की आलमारी से तो नहीं लटक रही है ?"

ऐसे में घर के लोग—मेरी दोनों बड़ी बहनें, माताजी, घर का नौकर तुलसी,

सभी छड़ी ढूँढ़ने लग जाते। नीचे आँगन में खड़े पिताजी बड़बड़ा रहे होते :

"इस घर में कभी कुछ नहीं मिलता। कोना-कोना छान मारो फिर भी कुछ नहीं मिलता।"

पर कुछ देर बाद उन्हीं की आवाज़ नीचे से सुनाई देती :

"अब रहने दे, छड़ी मिल गई है, दरवाज़े के पीछे लटक रही थी।"

इसी जंगले के आसपास मेरी दोनों बड़ी बहनें, एक-दूसरे के पीछे भागती, हँसती, किरकिली डालती, चहकती रहती थीं। मुझे वे दो परियों-सी नज़र आती थीं जो सारा दिन एक-दूसरे के साथ खेलती रहती थीं। कभी खड़िया लेकर दरवाज़ों-खिड़कियों पर निशान बनाती रहतीं। छोटी बहन बहुत कम बोलती थी पर बड़ी होशियार थी। वह पूरे के पूरे सेब को एक ही छिलके में छील डालती थी, कभी भी छिलका टूटता नहीं था। बड़ी बहन का छिलका बार-बार टूटता था, पर वह हँसती रहती थी। बड़ी बहन बड़ी हँसमुख थी, प्यार-दुलार करनेवाली।

'किरकिली' करते हुए जब कभी मेरी बहनें खिलखिलाकर हँसने लगतीं, और हँसी से लोटपोट होने लगतीं, तो नीचे दफ्तर में बैठे पिताजी की आवाज़ आती :

"बस-बस, वीराँ, सुमित्रा, अब हँसना बन्द करो। लड़कियाँ इतना ऊँचा-ऊँचा नहीं हँसतीं।"

सुनते ही दोनों बहनें चुप हो जातीं। कभी-कभी माँ को, पिताजी का यों डाँट देना अच्छा नहीं लगता था :

"क्यों जी, घर के अन्दर ही तो हँस खेल रही हैं। बाहर कौन इनका हँसना सुन रहा है।"

नीचे से कोई उत्तर नहीं आता, पर बहनों की हँसी बन्द हो जाती।

इसी, ऊपरवाली मंज़िल में, सड़क की ओर खुलनेवाला छज्जा था जिसे घर के लोग 'गैलरी' कहते थे। बहनों को उस छज्जे पर जाने की मनाही थी क्योंकि वह सड़क की ओर खुलता था, जब कि मैं और बलराज उस छज्जे पर दौड़ते-फिरते थे। माँ कहती थीं कि बहनों का छज्जे पर जाना उस दिन से बन्द हो गया था जब सड़क पर जाते किसी आवारा लड़के ने छज्जे पर कंकड़ फेंका था। तबसे पिताजी ने बहनों को छज्जे पर आना ही नहीं खिड़कियों में से बाहर झाँकने को भी मना कर दिया था।

जंगले के एक ओर शाम को आसन बिछ जाते और छोटे से हवनकुंड में समिधाएँ डालते हुए परिवार के लोग हवन किया करते। आरम्भ में सन्ध्या के मन्त्र पढ़े जाते, जिस पर मेरा मन ऊबने लगता। पर जब हवन करने का वक़्त आता मैं जैसे जाग उठता। हवन की विधि मेरे लिए बड़ी रोचक हुआ करती। पहले आचमन करो। हथेली पर पानी डालकर ऊँ वाङ्मे आसेऽस्तु ! ॐ नसोर्मे

प्राणोस्तु !...बोलते हुए कभी आँखों को, कभी नासिकाओं को, फिर बारी-बारी से दोनों कानों को, फिर कन्धों को, गीले पपोटों से छुओ और फिर पानी के छींटे सिर के ऊपर से फेंकते हुए आचमन की विधि पूरी करो। इसके बाद दो घूँट पानी पियो भी। यह सब एक खेल सा था। फिर जब हवन आरम्भ होता, और समिधाएँ डाली जातीं और हवनकुंड में से आग की लपटें उठने लगतीं तो मैं मन्त्रमुग्ध-सा उन नाचती लपटों को देखता रहता। और आसन पर बैठे पिताजी के हिलते होंठों के अनुरूप मैं भी हवन के मन्त्र बुदबुदाने लगता।

रंगसाज़ की आलमारी के पीछे वह बड़ा कमरा था जो 'पुराना सुफ़ा' कहलाता था। कमरे की दीवारों पर जगह-जगह कुछ वाक्य-पट टँगे थे।

सादापन जीवन, सजावट मृत्यु है।

जहाँ सुमति तहाँ सम्पत्ति नाना
जहाँ कुमति तहाँ विपत्ति निदाना।

इन्हें पिताजी आर्यसमाज के किसी वार्षिकोत्सव में से लाए थे।

जासु राज प्रिय प्रजा दुखारी
सो नृप अवशि नरक अधिकारी।

आदि-आदि।

पिताजी पुरुषार्थ में विश्वास रखते थे। पुरुषार्थ में और सादापन में। जिसका मतलब यह था कि प्रभातवेला में उठ जाओ, अगर नहीं उठोगे तो मुँह पर ठंडे पानी के छींटे पड़ेंगे। फिर घूमने जाओ। पिताजी के पीछे-पीछे। पर अक्सर पिताजी आगे निकल जाते और हम दोनों भाई बतियाते, पाँव घसीटते, दूर पीछे रह जाते। पुरुषार्थ की मद में सर्दी-गर्मी ठंडे पानी से स्नान भी आता था, सिर पर नाचती चुटिया भी, और क़रीब-क़रीब घुटे हुए सिर पर लगाने के लिए सरसों का तेल भी, और मेरे लिए भाई के उतरे हुए कपड़े भी, क्योंकि वह तेज़ी से लम्बा हो रहा था। बाद में पिताजी का उतरा हुआ कपड़ा उसे, और उसका मुझे मिलने लगा था। पहली बार अपने क़द्द-माप का नया कोट तब पहना जब, आर्यसमाज की अर्द्धशताब्दी के अवसर पर, पिताजी हम दोनों भाइयों को अपने साथ मथुरा ले गए थे। सादापन का अर्थ मांस-मछली से दूर रहना भी था। चौके के अन्दर तो दाल-सब्ज़ी ही बनती थी, और दूध-दही पर ज़ोर था, पर माँ कहा करती कि जब कभी तुम्हारे पिताजी का कोई व्यापारी या मित्र आए जिसे वह मांस-मछली खिलाना चाहते हों तो बेशक चौके के बाहर स्वयं बना लिया करें और जिन बर्तनों में वे खाते उन्हें माँ बाद में धधकते अंगारों से साफ़ कर लेतीं।

यों, माँ में कट्टरता नहीं थी, न ही सादापन में ऐसा दृढ़ विश्वास था। माँ, छिपे-लुके, कुछ पैसे जोड़ती रहतीं—उनकी एक वास्कट के जेब में ये पैसे जुड़ते रहते। जब कुछ रक़म इकट्ठा हो जाती तो माँ उन पैसों से, बच्चों के कोई शौक़ की चीज़ मँगवा देतीं। एक बार उस वास्कट के जेब में से अस्सी रुपए निकले थे और घर में ग्रामोफ़ोन आ गया था। पिताजी ने बहुत नाक-भौं सिकोड़े थे, पर माँ ने परवाह नहीं की।

इसी कमरे की अँगीठी पर लकड़ी के फ्रेमवाला एक आईना रखा था। इस आईने में मैं दिन में बार-बार अपना चेहरा देखता था। जब छोटा था तो उचक-उचककर देखा करता। यह जान पाने के लिए कि चेहरे का पीलापन कुछ कम हुआ है या नहीं। क्योंकि घर के सभी लोग कहते थे और पंडितजी जो घर पर पढ़ाने आते, वह भी कहते कि बलराज का चेहरा तो दमकता है जबकि इस छोटे के चेहरे पर रंगत ही नहीं है। मैं गालों पर च्यूँटी काटकर भी देखता कि 'रंगत' आई है या नहीं। पंडितजी तो यह भी कहते कि जिन लोगों का आचार अच्छा नहीं होता उन लोगों के चेहरे पर रंगत नहीं आती। यह आचार क्या होता है, मैं नहीं जानता था, पर आचार वही होगा जो बलराज में है और मुझमें नहीं है। क्योंकि बलराज का चेहरा दमकता है जबकि मेरा पीला-पीला बना रहता है।

इसी कमरे से जुड़वाँ एक छोटा-सा तिकोना कमरा था जो सन्ध्यावाली कोठरी कहलाता था। उसमें एक ही आलमारी थी और उस आलमारी में वेद रखे थे।

आलमारी के सामने खड़ी मेरी बड़ी बहन ने मुझे समझाया था :

"वेद चार हैं। पर उनके साथ वेदांग भी होते हैं। आलमारी में वेद भी रखे हैं और वेदांग भी। वेदांग दस होते हैं।"

"वेदांग क्या होते हैं ?" मैं पूछता हूँ।

"वेदों के बेटे-बेटियाँ," और वह व्याख्या करती हुई कहती :

ऋग्वेद वेदणी, वेदणी दा वेदणा
सामवेद वेदणी, वेदणी दा वेदणा।

वेद की बेटी वेदणी, और उस बेटी का बेटा वेदणा। ये वेदांग होते हैं।

पर मैं समझ नहीं पाता। मैं तो इतना जानता हूँ कि वेद वे होते हैं जिन पर अख़बार का काग़ज़ चढ़ा रहता है और वेदांग वे होते हैं जिनकी जिल्द फटी होती है।

सन्ध्यावाली कोठरी में केवल एक ही आसन बिछा रहता था, दूसरे की उसमें गुंजाइश भी नहीं थी। माताजी, जब भी घर के लोगों के साथ नाराज़ हो जातीं तो वह यहाँ इस आसन पर आकर बैठ जातीं और दुपट्टे से मुँह-सिर ढाँपकर

मौन धारण कर लेती थीं। तब घर-भर में उदासी छा जाती, सभी बच्चे उनके आसपास डोलते रहते। अगर देर तक माँ मौन बैठी रहें, और सिर पर से पल्ला न हटाएँ तो बहनें रोने लगतीं। माँ फिर भी पल्ला नहीं हटातीं। पर एक बार बलराज बाहर से खेलकर आया तो हाँफ रहा था, माताजी के पास जाकर बोला :

"माताजी, मुझे बहुत भूख लगी है।"

तो माताजी ने झट से सिर पर से पल्ला हटा लिया था और उठकर रसोईघर की ओर जाने लगी थीं।

पुराने सुफ़े के साथ जुड़वाँ नया सुफ़ा था। नए सुफ़े की दीवार पर घड़ी लगी थी और उसकी बग़ल में स्वामीजी का बड़ा-सा चित्र टँगा था, जिसमें वह केवल कुपीन पहने, पालथी मारे बैठे हैं जब कि उनके पीछे तरह-तरह के जन्तु--बाघ, चीता, हाथी, फनियर साँप--उनकी ओर सहमे हुए से देख रहे हैं।

दीवार में लगी घड़ी को सप्ताह में एक बार चाबी दी जाती थी। पर अक्सर पिताजी उस दिन चाबी देते जब घड़ी बन्द हो चुकी होती थी। तब वे स्टूल पर खड़े होकर घड़ी का शीशा खोलते, पेंडुलम के नीचे रखी चाबी को निकालते और घड़ी को चाबी देते। हम पिताजी की हुनरमन्दी पर अश-अश कर रहे होते।

नीचे उतरने से पहले पिताजी कुर्ते की जेब में से पेंसिल निकालते और यह कहते हुए :

"अब कान खोलकर सुन लो, चाबी हर बुधवार को दी जाएगी।"

और घड़ी की बग़ल में, दीवार पर, उर्दू लिपि में लिख देते :

"चाबी हर बुधवार।"

साथ ही पहले से लिखी लाइन को काट देते जिसमें लिखा होता, "चाबी हर शनिवार।"

घड़ी के दाएँ-बाएँ, दीवार पर जगह-जगह ऐसे ही शब्द लिखे थे :

"चाबी हर रविवार।"

फिर उसे काटकर :

"चाबी हर सोमवार।"

हर बार पेंसिल को जेब में डालकर पिताजी स्टूल पर से उतरते हुए कहते :

"अब याद रखो, चाबी हर बुधवार।"

तो माँ हँस देतीं :

"हम सब तो याद रखेंगे, पर लिखनेवाला भी तो याद रखे। लिखते भी आप हो, और काटते भी आप ही हो।"

“अब बहस क्यों करती हो, भलीलोक, मैंने कह दिया चाबी हर बुधवार, तो क्या बुरा किया ? तुम लोग याद नहीं रख सकते ?”

जब सीढ़ियाँ चढ़कर छत पर जाओ तो दिल में बड़ा उछाह उठता। छत पर फैली खिली-खिली धूप और ऊपर स्वच्छ, नीले आकाश का असीम वितान। और दूर, क्षितिज पर खड़ा ऊँचा पहाड़। दसियों साल बीत जाने पर भी लगता है न तो कहीं ऐसा नीला आकाश देखा है और न ऐसा पहाड़। उस आकाश की छवि अभी भी मेरे मन पर बनी है। हर घड़ी उसका रंग बदलता था, कभी उस पर धुन्ध-सी छा जाती, कभी वह नीली आभा में लिपटा खड़ा होता। कभी वह इतना साफ़, धुला-धुला, लाली मायल नज़र आता, मैं उसकी तलहटियों पर बिछी एक-एक पगडंडी को देख सकता था, एक-एक झाड़ी को, तलहटियों पर दौड़ती बकरियों को, उनके पीछे भागती गाँव की लड़कियों को।...

“उस पहाड़ के पीछे क्या है ?” मैं पूछता।

इस पर बलराज कहता :

“उस पहाड़ के पीछे लन्दन है।”

इस पर पास में खड़ा तुलसी, हमारे घर का नौकर, पहाड़ की ओर देखते हुए कहता है :

“उस पहाड़ के पीछे रुमली है, रुमली मेरा गाँव।”

और कहते ही उसकी आवाज़ काँपने लगती है। उसे अपना गाँव बहुत याद आता था। उसका नाम लेते ही रोने लगता है।

पहाड़ की ओर से, हर दिन प्रातः हज़ारों-हज़ार पक्षी उड़ते हुए शहर की ओर आते और घरों की छतों, मुँडेरों पर और जगह-जगह बैठ जाते। वे दिन-भर शहर में बने रहते। जब शाम के साये उतरने लगते तो पक्षी पंख फैलाए पहाड़ की ओर मुँह किए, उड़-उड़कर वापस जाने लगते। ऐसा दृश्य मैंने और कहीं नहीं देखा।

रात का भोजन परिवार के सभी लोग रसोईघर में एक साथ करते। माँ, चूल्हे के पास बैठी चपातियाँ सेंकतीं, हम दोनों भाई एक थाली में, हमारी दोनों बहनें दूसरी थाली में और पिताजी, खिड़की के नीचे अपनी अलग थाली में भोजन करते। पिताजी खाने पर अक्सर देर से पहुँचते। हम लोग रसोईघर में बैठे अक्सर इस इन्तज़ार में रहते कि कब पिताजी शाम की सैर से लौटकर नीचे का दरवाज़ा खटखटाएँगे और फिर, सीढ़ियाँ चढ़कर ऊपर आएँगे। माँ तब भी थालियाँ नहीं

परोसती थीं। माँ जानती थीं कि खाने पर बैठने से पहले तुम्हारे पिताजी सन्ध्या ज़रूर करेंगे, और अगर ज़्यादा देर हो चुकी होगी तो रसोईघर में ही बैठकर छोटी-सी प्रार्थना कर लेंगे। पिताजी, खिड़की के नीचे अपने आसन पर बैठे, गोद में दोनों हाथ जोड़े, आँखें मूँद प्रार्थना करने लगते। कई बार प्रार्थना करते-करते ही ऊँघने लगते, उनकी ठुड्डी गर्दन को छूने लगती। कभी-कभी तो उनकी नाक भी बजने लगती, फिर झट से गर्दन उठा लेते। हम बच्चे, कनखियों से एक-दूसरे की ओर देखने पर सिर झुका लेते। कुछ ही देर बाद पिताजी सिर झटककर उठ बैठते, आँखें खोल देते और 'हे ईश्वर, हे कृपानिधान !' कहते हुए, माँ से कहते, 'ला भाई, दे दे खाना' और माँ खाना परोसकर, थाली उनकी ओर सरका देती।

हम चारों भाई-बहनें जो दम साधे बैठे होते, फ़ौरन चहकने लगते। बलराज अपने तरह-तरह के क़िस्से सुनाते, नकलें उतारते, कभी किसी मास्टरजी की, कभी किसी लड़के की। पिताजी जब बहुत खुश होते तो ताली बजाकर हँसते, बहनें कम बोलती थीं, पर वे हँसती ज़्यादा थीं। घुटनों में सिर छिपाए, एक-दूसरे की ओर कनखियों से देखती हुई हँसने लगतीं। दोनों के बीच जैसे हँसी की भाषा ही चलती थी। रसोई के एक सिरे पर नल के पास बैठा, बर्तन मलता हुआ घर का नौकर तुलसीराम भी अपनी खरज आवाज़ में कोई टिप्पणी करता तो बहनों की हँसी का फ़व्वारा छूट पड़ता।

खाना खाते समय, यदि बाहर सड़क पर जाता कोई मनचला लड़का, 'इश्किया' टप्पे गाता हुआ गुज़रता तो हमें हिदायत थी कि अपनी हथेलियों से दोनों कान बन्द कर लें ताकि 'इश्किया' टप्पे हमारे कानों में न पड़ें। पिताजी की नैतिक नियमावली में यह भी एक नियम था। पर न जाने क्यों, दोनों कानों पर हथेलियाँ रखने के बावजूद, इश्किया टप्पे मेरे कानों में ज़रूर पड़ जाते थे। और याद भी हो जाते थे।

बलिये नी, रोवेंगी, चपेड़ खावेंगी
चुप करके गड्डी ते बैह जा।
बलिये...।

या फिर

दन्द मोतियाँ दे दाणे,
हँसेंगी ते डिग पैणगे।

या

अँखियाँ रस भरियाँ
किसे बेकदरे नाल लाइयाँ
अँखियाँ रस भरियाँ...

बलराज अपने क़िस्से सुनाने लगते जिन पर पिताजी सबसे ज़्यादा हँसते।

"पता है, पिताजी, मेरे दोस्त रोशनलाल की छोटी बहन का क्या नाम है ? उसका नाम है कुदरत कुलदीप राज बजिन्दर दर्शन कौर..."

रात के भोजन के बाद सब लोग कुछ देर के लिए, नए सुफ़े में जा बैठते। पिताजी पीठ पीछे हाथ बाँधे कमरे में आगे-पीछे टहलते। माँ पलँग पर पालथी मारे बैठ जातीं। हम नीचे फ़र्श पर बैठे उनकी बातें सुनते। पिताजी तरह-तरह की टिप्पणियाँ करते :

"इन अंग्रेज़ों ने हमारे देश को लूट खाया है।"

वह उत्तेजित-सी आवाज़ में कहते। इन टिप्पणियों में छिपे अर्थ तो मेरी समझ में नहीं आते थे पर पिताजी जिस गर्मजोशी से बात करते, उनके वाक्य मेरे मन में बैठ जाते। कभी गांधीजी को लेकर टिप्पणी करते, "भला चरख़ा कातने से भी कभी देश आज़ाद हुए हैं" और वह देर तक गांधीजी की चर्चा करते रहते। इसी भाँति कभी उनके मस्तिष्क पर मुसलमान छाए होते। मुसलमानों की आलोचना करते हुए वह एक शे'र सुनाया करते :

फैलाए घोर पाप यहाँ मुसलमीन ने
शफ़कत फ़लक ने छीन ली दौलत ज़मीन ने।

एक बार तो उर्दू की किसी पत्रिका में से एक कविता देर तक पढ़कर सुनाते रहे थे :

अगर राम फिर याँ पे तशरीफ लाएँ
हिमालय से लंका तक आँखें उठाएँ...

कविता लम्बी थी और उसमें मुसलमान हाकिमों आदि की कारगुज़ारियों की चर्चा थी।

कभी-कभी माँ, पलँग पर बैठीं, धीमी सी आवाज़ में कहतीं :

"जी, अंग्रेज़ इतने बुरे हैं तो उनके साथ व्यापार क्यों करते हो ? और इधर तुम्हारे पठान व्यापारी आए दिन हमारे घर पर पहुँचे होते हैं। उनके साथ तो बड़े हँसते बोलते हो।"

पिताजी टहलते-टहलते रुक जाते :

"क्या इनके साथ व्यापार करना छोड़ दूँ ?"

"अगर वे इतने बुरे हों तो क्यों उनके साथ लेन-देन करते हो ?"

इस पर पिताजी तमककर कहते :

"कैसी नासमझी की बात करती हो ? व्यापार करना छोड़ दूँ ?"

माँ मुस्कुराकर चुप हो जातीं।

कभी-कभी पिताजी माँ को डाँटने-से लगते। ऐसे समय में मेरा दिल बैठ-सा जाता था।

"बलराज की माँ, मैंने कई बार समझाया है, बच्चों को वैराग्य के गीत नहीं सुनाया करो।"

माँ चुप हो जातीं। पर मेरी समझ में नहीं आता था कि पिताजी क्यों माँ को डाँट रहे हैं। मुझे मोतीराम के बारहमासे में बड़ा रस मिलता था। अब सोचता हूँ, पिताजी आशावादी थे, पुरुषार्थ में आस्था रखते थे, जब कि माँ, एक के बाद एक, अपनी तीन बेटियाँ खो चुकी थीं। अवसाद उनके अन्तस्तल में बैठ गया था। माँ कभी-कभी उन्हें याद करते हुए बार-बार हाथ जोड़तीं। दुपट्टे के छोर से अपनी आँखें पोंछती रहतीं, और घर में सुख-शान्ति बनी रहे इसकी प्रार्थना करती रहतीं।

जब कभी कोई साधु-संन्यासी या धर्म प्रचारक घर पर आता तो माँ उसके सामने जा बैठतीं।

"महाराज, आप बताओ, मेरा मन भगवान के चरणों में कैसे लगे ? मेरा मन भटक-भटक जाता है।"

माँ आर्यसमाज के साप्ताहिक सत्संग में तो जाती ही थीं, वह गुरुद्वारे में भी जा पहुँचतीं, और जब कभी कोई साधु-सन्त शहर में आता तो उसका प्रवचन सुनने के लिए भी पहुँच जातीं।

इसी कमरे से जुड़ी एक और याद भी मन में उठती है। उस रात मैंने माँ को बड़ा उद्विग्न देखा था। उसके सम्बन्ध घर के बाहर घटनेवाली एक घटना से था। हम दोनों भाई गहरी शाम गए बाहर से लौटकर आए थे।

उस रोज़ माँ ने ही हम दोनों भाइयों को सजा-धजाकर घर के निकट कम्पनी बाग़ में भेजा था। वहाँ कोई मेला होने जा रहा था। हम दोनों भाई सज-धजकर मेला देखने गए थे। साथ में घर का नौकर तुलसी था। सज-धज का मतलब था, फूलदार जापानी कपड़े के कोट जो माँ ने स्वयं पिताजी के दफ़्तर के नमूनों में से काट-सीकर हमारे लिए बनाए थे। वे चटकीले कोट और सिर पर क्रिस्टी टोपियाँ—वे भी नमूनों की ही देन थीं, हम तुलसी के साथ मेले में जा पहुँचे थे।

वास्तव में वह मेला नहीं था, वहाँ विदेशी कपड़ों की होली जलाई जा रही थी।

बाग़ में बड़ी भीड़ थी। एक बड़े मैदान में बहुत से लोग इकट्ठा थे। बहुत से बच्चों को अगली पाँत में बैठाया गया था। हम भी तुलसी के साथ वहाँ जा

बैठे। कुछ दूरी पर हमारे सामने रंगारंग के कपड़ों का ढेर-सा लगा था, कुछ कपड़े पेड़ों की टहनियों पर से लटक रहे थे। लगता था जैसे कोई नाटक होने जा रहा है।

पर वास्तव में वहाँ विदेशी कपड़ों की होली जलाई जानेवाली थी। गांधीजी के असहयोग आन्दोलन का हमारे शहर में सूत्रपात हो रहा था।

तभी एक सज्जन, सफ़ेद कुर्ता-पाजामा पहने, चलते हुए हमारी ओर आए। मैंने उन्हें पहचान लिया। वह महाशय दीवानचन्द थे, हमारे घर पिताजी से मिलने कई बार आ चुके थे। सहसा ही वह मेरी ओर झुके, मेरे सिर पर से क्रिस्टी टोपी उतार ली, यह कहते हुए कि तुम्हें बढ़िया, सफ़ेद गांधी टोपी दूँगा, और उसके बाद मेरा कोट भी उतार लिया, और उन्हीं क़दमों लौटकर दोनों चीजें कपड़ों के ढेर पर डाल दीं। और जाने से पहले यह भी कहते गए, कल ही तुम्हें बढ़िया सफ़ेद टोपी लाकर दूँगा।

फिर आँखों से ओझल हो गए। और कुछ ही देर बाद विदेशी कपड़ों की होली जलने लगी, धू-धू करके आग के शोले उठने लगे, लोग पीछे हटने लगे। और हमारे घर का नौकर हमें खींचकर वहाँ से सीधा घर ले आया।

जब घर पहुँचे और माँ ने देखा कि मेरे सिर पर न तो टोपी है और न ही बदन पर कोट तो मैंने झट से कहा :

"मुझे सफ़ेद टोपी मिलेगी।"

जब माँ को पता चला तो उन्होंने अपना होंठ काट लिया। इस बीच उन्होंने भी सुन लिया था कि कम्पनी बाग़ में कौन सा मेला लगने जा रहा था। पर उन्हें क्या मालूम था कि बेटे के फूलदार कोट और टोपी की भी आहुति डाल दी जाएगी। देर तक वह महाशय दीवानचन्द को कोसती रहीं। फिर, ऐसे मौक़ों पर जैसी उनकी आदत थी, रसोईघर में गईं। वहाँ से एक पात्र पर जलते अंगारे रखे, फिर उन पर हरमल और लाल मिर्ची छिड़की और लाकर बच्चों की सलामती के लिए हमारे सिरों से 'वारती' रहीं।

मुझे याद है दूसरे दिन से ही मैं बड़ी बेताबी से उस सफ़ेद टोपी का इन्तज़ार करने लगा जो महाशय दीवानचन्द मेरे घर पर मुझे दे जाने को कह गए थे। पहले दिन तो मेरी आँखें सड़क के उस मोड़ पर लगी रहीं जहाँ से लोग हमारे घर की ओर मुड़ते थे। महाशय दीवानचन्द नहीं आए। दिन पर दिन गुज़रते गए, महाशयजी नहीं आए। मेरी आँखें उनके इन्तज़ार में सड़क पर लगी रहतीं। महाशयजी तो शायद उसी दिन ही भूल गए थे कि वह एक बच्चे को वचन देकर आए हैं। जब कुछ मुद्दत बाद मैं टोपी को भूलने भी लगा, तो भी अवचेतन में उसका इन्तज़ार बना रहा था। और सच कहूँ तो एक खरोंच-सी दिल पर छोड़

गया। यह ज़िन्दगी में दिल पर पड़नेवाली पहली खरोंच थी। न जाने क्यों, मैं इसे अभी तक नहीं भूल पाया।

कुछ दिन तक हम लोग एक गुरुकुल में भी पढ़ते रहे। हमारे शहर के बाहर लगभग दो मील के फ़ासिले पर गुरुकुल पोठोहार नाम से एक संस्था थी। हम लोग सुबह वहाँ चले जाते और शाम को घर लौट आते। आवाजाही के लिए पिताजी ने एक टट्टू ख़रीद दिया। हमने उसका नाम लालू रखा। लालू देखने में तो टट्टू ही लगता था पर वास्तव में बूढ़ा घोड़ा था। और बेहद सनकी। हम दोनों उसकी पीठ पर बैठते तो वह चलता ही नहीं था। तुलसी—हमारे घर का नौकर और हमारा साथी—उसकी लगाम खींचता हुआ आगे-आगे चलता, पर घोड़ा कुछ ही क़दम चलकर खड़ा हो जाता। फ़ैसला हुआ कि एक दिन एक भाई उस पर बैठेगा और दूसरा साथ-साथ चलेगा, जबकि तुलसी हर दिन उसे लगाम से खींचता हुआ उसे गुरुकुल तक ले जाएगा।

पर जब लौटने का वक़्त होता तो लालू के बदन में ऐसी चुस्ती आती कि वह सरपट दौड़ता हुआ घर की ओर भागता। तब जो भी भाई उसकी पीठ पर बैठा होता, वह लालू की पीठ पर नहीं, वास्तव में उसकी गर्दन पर बैठा होता, दोनों हाथों से उसकी अयाल पकड़े, गर्दन से चिपका हुआ और हाँफ रहा होता कि न जाने कब लालू उसे पटक दे।

जब गुरुकुल में दाख़िल हुए थे तो मेरे मन में बड़ा चाव था कि पीली धोती पहनूँगा। मैंने गुरुकुल के ब्रह्मचारियों को देखा था—पीली धोती पहने, घुटे हुए चमकते सिर, हाथ में लाठी, पाँत बाँधे सड़क पर जा रहे होते। तब से पीली धोती के सपने देखता रहा था।

पर गुरुकुल का चाव जल्दी ही ठंडा पड़ गया। पढ़ाई के नाते वहाँ पर व्याकरण के सूत्र कंठस्थ कराए जाते थे। बलराज लघुकौमुदी के सूत्र कंठस्थ करते, मैं ऋजुपाठ के 'अदेंगुणः, इकोगुणवृद्धि' आदि। आज भी मैं उनके अर्थ नहीं जानता। हाँ, गुरुकुल की देन, कंठ करने की आदत आज भी किसी हद तक क़ायम है।

और कुछेक अस्फुट-सी यादें अभी भी स्मृतिपटल पर बनी हुई हैं।

गुरुकुल के रसोईघर में एक मिश्रजी खाना बनाते थे (गुरुकुल में दसेक ब्रह्मचारी रहते थे, जो आसपास के गाँवों से आए जान पड़ते थे)। गोल-मटोल मिश्रजी, लम्बी-लम्बी काली मूँछें, वह किसी भी ब्रह्मचारी को, बिना कारण, उठाकर पटक देते, केवल अपना शौर्य दिखाने के लिए।

सप्ताह में एक दिन रसोईघर में खीर बनती थी। मिश्रजी, ब्रह्मचारियों को

भोजन करा चुकने के बाद अपने लिए थाली में खीर उँड़ेलते, और थाली उठाकर मुँह को लगा लेते। और ऐसे, तीन बार, थाली भर-भरकर खीर गटक जाते और गटक जाने के बाद देर तक लम्बी-लम्बी मूँछों को निचोड़ते और ऐंठते रहते।

सप्ताह के शेष दिन, प्रत्येक ब्रह्मचारी को मुट्ठी-भर चबेना और गुड़ की डली मिलती। और कई बार गुड़ की अतिरिक्त डली ले पाने के लिए वे मिश्रजी से याचना करते रहते।

गुरुकुल की इमारत की निचली मंज़िल पर, एक अँधेरी कोठरी थी। मिश्रजी ने बताया था कि वहाँ पर एक मोर रहता है, जो मर रहा है। और मैं उस मोर को मरता देख पाने के लिए दिन में बार-बार उस अँधेरी कोठरी के बाहर जा पहुँचता और देर-देर तक अन्दर झाँकता रहता था।...

गुरुकुल के अधिष्ठाता, स्वामी वेदानन्दजी थे। उनसे सभी डरते थे। ब्रह्मचारियों का कहना था कि वह सच्चे ब्रह्मचारी हैं, कि जब स्वामीजी आँगन लाँघ रहे होते हैं, तो उनके पाँवों के नीचे धरती काँपती है। कई बार उन्हें आँगन लाँघता देखकर मुझे भी ऐसा ही भास हुआ था। जब वह किसी ब्रह्मचारी को दूर से बुलाते तो उसका सारा शरीर लरज़-लरज़ जाता था।

गुरुकुल की शिक्षा-दीक्षा का ही प्रभाव रहा होगा कि एक दिन बलराज मुझसे बोले। हम लोग गुरुकुल की ओर जा रहे थे :

"सुन।"

"क्या है ?"

"मेरे पीछे-पीछे चल। अब से हमेशा, मेरे पीछे-पीछे चला कर।"

"क्यों ?"

"क्योंकि तू छोटा भाई है। छोटे भाई साथ-साथ नहीं चलते।"

मैं उसके मुँह की ओर देखने लगा।

"राम और लक्ष्मण कभी साथ-साथ नहीं चलते थे।"

"मैं लक्ष्मण नहीं हूँ।"

"तू मेरा छोटा भाई तो है।"

और उसने मुझे धकेलकर पीछे कर दिया।

"और सुन !"

"क्या है ?"

"आगे से मुझे बलराज मत बुलाया कर। मैं तेरा ज्येष्ठ भ्राता हूँ।"

"तो क्या बुलाया करूँ ?"

"भ्राताजी ! तू मुझे भ्राताजी कहकर बुलाएगा। अब हो जा मेरे पीछे।"

जब हम आगे बढ़ चले तो बोला :

"जब राम और लक्ष्मण दौड़ते भी थे तो आगे-पीछे। मैं तुम्हें उनके दौड़ने का ढंग सिखाऊँगा।"

मैं पहले तो उसके चेहरे की ओर देखता रहा, फिर बड़ी अनिच्छा से कहा, "अच्छा भ्राताजी !" मैंने यह हुक्म भी सह लिया और उसके पीछे हो लिया।

जब घर लौटने पर मैंने उसे 'भ्राताजी !' बुलाया तो बहनें खिलखिलाकर हँस पड़ीं।

"कौवा चला हंस की चाल !" बड़ी बहन ने कहा।

पर माँ ने कहा :

"ठीक ही है। भ्राताजी ही बुलाए। कुछ तो सीखेगा। बड़े भाई को नाम से कौन बुलाता है ?"

पर 'भ्राताजी' शब्द मेरे गले में अटकता था।

"मैं गुल्ली-डंडा खेलने जा रहा हूँ। तू चलेगा...भ्राताजी ?"

एक बार जब मुझे घर लौटने में देर हो गई और बलराज मुझे बाँह से पकड़कर खींचते हुए घर ले जाने लगे तो मैंने बाँह छुड़ाते हुए गाली बक दी :

"घर जाता है मेरा...भ्राताजी !"

उस रोज़ 'भ्राताजी' कहने पर भी मुँह में मिर्चें पड़ीं। पर धीरे-धीरे इस अनुशासन का अभ्यस्त हो गया, और बरसों तक भ्राताजी ही बुलाता रहा। पर स्कूल छोड़ने पर भ्राताजी के स्थान पर पंजाबी का लोकप्रिय शब्द 'भापा' आ गया और वही सम्बोधन आजीवन चलता रहा।

उन्हीं दिनों हम दोनों भाइयों का यज्ञोपवीत संस्कार हुआ। यह घर पर ही हुआ और बड़ी गहमागहमी से हुआ, सुबह-सवेरे ही पंडितजी पहुँच गए, नाई को साथ लेते आए। पहले भ्राताजी के सिर पर उस्तरा चलाया गया, उसके बाद मेरे सिर पर। चुटिया के लिए खोपड़ी के बीचोबीच गाय के ख़ुर जितनी गोलाकार जगह छोड़ दी गई। जब मेरी बारी आई तो नाई के बोझिल हाथों के नीचे मुझे इतनी देर तक सिर झुकाए बैठना पड़ा कि मैं नीचे बैठा-बैठा रोने लगा।

फिर ठंडे पानी से स्नान हुआ और तदनन्तर पीली धोतियाँ। पीली धोतियों में हम दोनों उस समागम में विशिष्ट व्यक्ति लग रहे थे। किसी को कहते भी सुना कि प्राचीन काल में ऐसे ही ब्रह्मचारी आश्रमों में रहते होंगे। अगर अच्छा नहीं लग रहा था तो हमारी माताजी को।

सारा काम विधिवत् सम्पन्न हुआ। हमें तीन-तीन धागोंवाले यज्ञोपवीत पहनाए गए। फिर किसी विधि अनुसार पंडितजी ने हमारे हाथ में एक-एक थैला दिया—वह 'भिक्षापात्र' था—और हमें आदेश दिया कि सभासदों से आशीर्वचन की अभ्यर्थना करो। इस पर प्रत्येक 'आर्यभाई', जिस-जिस के सामने हम 'भिक्षापात्र' लेकर जाते,

हमारे सिर पर हाथ फेरता और अपनी शुभकामनाएँ व्यक्त करते हुए, जेब में से अठन्नी, रुपया, चवन्नी आदि निकालकर उस छोटे से झोले में डाल देता।

हम लौटकर पंडितजी के पास पहुँचे तो पंडितजी ने हमारे दोनों थैले खोलकर उनमें रखी नक़दी समेट ली और समेटकर अपनी जेब में डाल ली। और तभी शान्तिपाठ पढ़ने लगे। तुलसी, थाली हाथ में उठाए, लड्डू बाँट रहा था।

सभा विसर्जित होने लगी। हम दोनों भाई, सीढ़ियों के पास, दोनों हाथ जोड़े मेहमानों को विदा करने के लिए खड़े कर दिए गए।

पर मेहमानों के विदा होने की देर थी कि माँ बिफर उठीं।

''आपने पंडित को क्यों जाने दिया जी ? वह सारे पैसे जेब में डालकर ले गया है।''

''इसमें ग़लत क्या है ?''

''क्योंजी, वे तो मेरे बच्चों के पैसे थे। उन्हें दक्षिणा मिली थी। उसके कैसे हो गए ?''

''वह गुरुदक्षिणा रही होगी।''

''सभी लोगों ने बच्चों को आशीष दी, उनकी झोली में पैसे डाले और पंडित हज़म कर गया। आप भी उसका मुँह देखते रहे।''

''मैं क्या कहता, मैंने सोचा गुरुदक्षिणा के पैसे होंगे।''

''यज्ञोपवीत मेरे बच्चों का हुआ है या पंडित का ? बधाई के पैसे उन्हें मिले हैं, ये उसके कैसे हो गए ?''

माँ बड़े गुस्से में थीं।

''बस, बस, ऐसा नहीं बोलते। वह बच्चों को पढ़ाता है। उनका गुरु है।''

पर स्थिति बिगड़ते-बिगड़ते बच गई। अचानक बड़ी बहन की नज़र तुलसी पर पड़ गई जो अपने जूते पहनकर तेजी से सीढ़ियों की ओर बढ़ता जा रहा था।

''तुलसी कहाँ जा रहा है ?'' वह बोली, ''माताजी, तुलसी कहाँ जा रहा है ?''

तभी माताजी का माथा ठनका। तुलसी सचमुच पंडितजी को पकड़ने जा रहा था। अगर उस पर नज़र न पड़ती तो वह निश्चय ही पंडितजी को रास्ते में ही जा पकड़ता और उन्हें खींचकर वापस घर ले आता।

माताजी सीढ़ियों की ओर गईं।

''तू किधर जा रहा है ? लौट, फ़ौरन।''

''मैं पंडितजी को बुलाने जा रहा हूँ।''

''कोई ज़रूरत नहीं, बैठा रह घर पर।''

तुलसी का कोई भरोसा नहीं था। वह सचमुच पंडितजी को रास्ते में से पकड़ लाता। और अगर वह आने से आना-कानी करते तो उनके जेब में से सारी नक़दी

निकाल लाता।

दूसरे दिन एक और छोटी-सी घटना घटी।

हमारे घर में कभी-कभी दो युवा संन्यासी भिक्षा माँगने आया करते थे। दोनों के हाथ में कमंडल होते। जब वे सीढ़ियों पर से आवाज़ लगाते :

''भिक्षाम् देहि माता।''

तो माँ रसोईघर में जाकर जो कुछ उपलब्ध होता, ले आतीं और उनके कमंडलों में डाल देतीं। भिक्षा क्या होती, दाल, सब्ज़ी, चपातियाँ आदि। इस भिक्षा की विशिष्टता इस बात में थी कि सभी सालन कमंडल में घुल-मिल जाते थे, दाल, दही, सब कुछ एकाकार हो जाते। और इसी में संन्यासियों की त्याग भावना भी लक्षित होती थी।

अब हम भाइयों को यज्ञोपवीत द्वारा दीक्षा मिल चुकी थी और भिक्षापात्र लेकर अतिथियों के बीच घूम भी चुके थे तो हम भी विधिवत् भिक्षार्थी बन चुके थे।

इसलिए, दूसरे दिन ही सुबह-सवेरे, हमने पीली धोतियाँ पहनीं, एक डोलची 'भ्राताजी' ने हाथ में ली, एक खुला डिब्बा मैंने उठा लिया, और 'भिक्षाम् देहि माता' का पूर्वाभ्यास करते हुए सीढ़ियाँ उतरने लगे। बहनें तो खड़ी हँसती रहीं, पर माताजी का माथा ठनका, और उन्होंने चिल्लाकर हमें वापस बुला लिया।

''ख़बरदार जो घर के बाहर क़दम रखा। आ जाओ वापस ! तुम्हें ब्रह्मचारी बनाया है, भिखारी तो नहीं बनाया !''

हम लौट आए। ब्रह्मचारियों की भूमिका में हमारी अदाकारी ज़्यादा दूर नहीं जा पाई।

यों भी गुरुकुल की शिक्षा के प्रति हमारा उत्साह ठंडा पड़ने लगा था। गुरुकुल घर से बहुत दूर था, लालू घोड़े के दिल में हमारे लिए कोई हमदर्दी नहीं थी। अब कौन हर दिन सुबह, पाँव घसीटता, दो मील पैदल चलकर जाए, और ढलती दोपहर के वक़्त, दौड़ते घोड़े के पीछे भागता हुआ घर लौटे ? उधर गली-मोहल्ले के लड़कों के साथ हमारा खेलना भी बन्द हो चुका था और जब पिताजी पूछते कि वहाँ क्या पढ़ रहे हो तो मैं ''वृद्धिरादैच ! अदेंगुणः ! इकोगुणवृद्धिः !'' सुना देता और बलराज : ''लघु कौमुदी के ग्यारह पन्ने मुझे कंठस्थ हो चुके हैं, पिताजी ! सुनाऊँ ?''

तो पिताजी हमारा मुँह ताकते रह जाते।

इसलिए जब एक दिन बलराज ने सहसा कह दिया :

''पिताजी, मैं गुरुकुल में नहीं पढ़ूँगा। मैं स्कूल में पढ़ूँगा।''

जिस पर पिताजी चौंके तो ज़रूर, कि बलराज ने बेधड़क अपना निर्णय सुना दिया था। पर वास्तव में बलराज ने मानो उन्हीं के मन की बात कही थी। हिन्दी-संस्कृत से पिताजी को गहरा अनुराग था, परन्तु वह व्यापारी थे और भली-भाँति समझते होंगे कि संस्कृतनिष्ठ शिक्षा भविष्य में उनके बच्चों के लिए सहायक नहीं होगी। वह अपना सारा व्यापार-कार्य अंग्रेज़ी अथवा उर्दू में करते थे।

फिर घर में छोटी-सी बैठक हुई, पिताजी ने माँ से पूछा तो माताजी ने भी साफ़ कह दिया :

"बलराज ठीक कहता है, देखो तो दोनों के चेहरे सूखकर कैसे काले पड़ गए हैं !"

इस तरह हमारी पढ़ाई-लिखाई का काँटा बदल गया।

हम स्थानीय आर्य स्कूल में भरती हो गए। बलराज चौथी कक्षा में और मैं पहली कक्षा में। उम्र के लिहाज़ से मुझे दूसरी कक्षा में रखा जाना चाहिए था, मैं दूसरी कक्षा में जाकर बैठ भी गया था, और कक्षा के अध्यापक, सरदार मास्टरजी मेरे सिर पर हाथ फेरते, मुझे दुलारते भी रहे थे कि मन्त्रीजी का बेटा पढ़ने आया है, पर फिर उनकी नज़र मेरे पाजामे पर पड़ गई, और कुछ देर तक वे उसकी ओर देखते रहे, और फिर पास खड़े हेडमास्टर साहब से कुछ फुसफुसाकर बोले। हेडमास्टर साहब ने भी मेरे पाजामे की ओर देखा और सिर हिलाया। जिस पर सरदार मास्टरजी ने मुझे अपना बस्ता-तख़्ती उठाने को कहा, और मुझे धीरे-धीरे चलाते हुए पहली कक्षा में ले गए।

भाग्य बली होता है। मेरी क़िस्मत, मैं पाजामा उल्टा पहनकर स्कूल में जा पहुँचा था। घर में भी किसी को पता नहीं चला, और सरदार मास्टरजी ने तो पिताजी से भी कह दिया कि "अभी छोटा है, कम समझ है, इसे पहली कक्षा में ही रखना ठीक होगा।" और पिताजी ने भी हाँ में सिर हिला दिया जैसे उनसे पहले हेडमास्टर ने हिला दिया था। इस तरह उस निर्णायक घड़ी के बाद जब तक हम दोनों भाई, पहले स्कूल में और फिर कॉलेज में पढ़ते रहे, यह तीन साल का अन्तर बराबर बना रहा। यह ऐसी खाई थी जिसे पाटा नहीं जा सकता था। उम्र में दो साल छोटा, पढ़ाई में तीन साल पीछे। ऐसे हादसे मेरे साथ ज़िन्दगी में बहुत होनेवाले थे।

पहली कक्षा में अनगिनत छात्र थे। स्कूल के लम्बे गलियारे में टाटों पर छात्रों की लम्बी क़तारें बैठी थीं और चिल्ल-पों मची थी। गलियारे के एक सिरे पर एक वयोवृद्ध मास्टरजी, कुर्सी पर एक टाँग चढ़ाए बैठे ऊँघ रहे थे। जहाँ तक मुझे याद है, उनका मुख्य काम लड़कों का नाड़ा बाँधना था। हर दूसरे मिनट

किसी-न-किसी लड़के को पेशाब लगती थी, वह भागता हुआ बाहर जाता, फिर नाड़ा हाथ में पकड़े, लौटकर सीधा मास्टरजी के पास जा खड़ा होता। किसी-किसी वक़्त मास्टरजी अपना बेंत सामने रखे स्टूल पर ज़ोर से पटकते जिससे लड़के कुछ देर के लिए चुप हो जाते, और मास्टरजी फिर से ऊँघने लगते।

गुरुकुल छोड़ने के बाद मेरी घुमक्कड़ी फिर से शुरू हो गई थी। पंडितजी घर पर पढ़ाने के लिए फिर से आने लगे थे, पर उनके आने पर कभी पेट में दर्द उठता, कभी पेशाब की हाजत होती। अक्सर सुनने को मिलता, मन्त्रीजी का बड़ा बेटा तो होनहार है, पर यह छोटा 'खचरा' है। बलराज की लिखाई तो ऐसी जैसे मोती पिरोता है, पर यह छोटा ख़र-दिमाग़ है। पंडितजी आकर कुर्सी पर बैठते ही थे कि बलराज श्लोक बोलने लगता :

सुतम् पतंतम् प्रसमीक्ष्य पावके
न बोधयामास पतिम् पतिव्रता...

पंडितजी प्रशंसा में जहाँ बलराज की ओर देखते हुए अपना सिर हिलाते रहते, गद्गद होते, वहाँ साथ-ही-साथ मेरा कान भी उमेठते रहते।

एक वैद्यजी भी अक्सर घर पर आया करते थे। वे भी लौटते हुए, घर की सीढ़ियाँ उतरते हुए, मेरी ओर देखकर घरवालों को सावधान करते :

"इस छोटे का ख़याल रखो !"

संकेत तो उनका मेरे दुबलेपन पर होता पर जिस लहजे में कहते उससे लगता मैं किसी असाध्य रोग से पीड़ित हूँ—या ऐसा दुष्ट-दुराचारी हूँ कि अभी नहीं सँभाला गया तो कभी नहीं सँभल पाऊँगा।

इन टिप्पणियों का असर कहीं तो मेरे मन पर पड़ता रहा होगा, पर ज़ाहिर में तो मैं सिर झटक देता और मौक़ा मिलते ही अपनी घुमक्कड़ी पर निकल जाता। गली-मोहल्ले में घूमने का ख़ूब मज़ा था, विशेष रूप से गुरुकुल के बाद जो मेरे लिए जेलख़ाने के समान रही थी।

गली-बाज़ार के अनेक दृश्य आँखों के सामने घूम जाते हैं।

लकड़ी की टाल के बग़ल में मिट्टी की ऊँची दीवार के पीछे से किसी औरत के ऊँचा-ऊँचा चिल्लाने की आवाज़ आ रही है। मोहल्ले के बहुत-से लड़के दीवार के ऊपर चढ़कर बैठे हैं, मैं भी वहाँ जा बैठा हूँ।

...आँगन के बीचोबीच ज़मीन पर गदराए शरीर की औरत लेटी हुई है और एक आदमी उसकी छाती पर बैठा उसे पीट रहा है। वह आदमी मेरे सहपाठी गिरधारी का पिता है और वह स्त्री गिरधारी की सौतेली माँ है—स्त्री, गदराए शरीर की, बड़ी-बड़ी आँखें, मोटे-मोटे होंठ और वह नीचे लेटी चिल्लाए जा रही है और

दाएँ-बाएँ सिर पटक रही है :

"लोको बचाओ ! बचाओ लोको, मैं मारी गई !"

उसकी छाती पर बैठा गिरधारी का पिता हाथ में पीतल का लोटा पकड़े बार-बार उसे सिर पर मार रहा है।

गिरधारी का पिता बड़ी उम्र का दुबला-पतला आदमी है, जब भी बात करता है तो उसके मुँह में से लार बहने लगती है।

"गश्ती ! हरामज़ादी !" वह बार-बार बोल रहा है। गश्ती शब्द मैं पहली बार सुन रहा हूँ।

"ओ लोको, बचाओ, मैं मारी गई !"

औरत चिल्लाए जा रही है। उसके काले घने बाल उसकी छाती पर और नीचे ज़मीन पर छितरे हुए हैं और वह ज़ोर-ज़ोर से दाएँ-बाएँ सिर झटक रही है। कनपटी पर ख़ून का चटाख़ उभर आया है।

मिट्टी की ऊँची दीवार पर कौवों की पाँत की तरह मोहल्ले के लड़के मेरे दाएँ-बाएँ पाँव लटकाए तमाशा देख रहे हैं।

तभी उस औरत के सिर में से ख़ून बहने लगा है, जिससे पीतल के लोटे पर भी ख़ून का लाल चकत्ता पड़ गया है। इस पर गिरधारी के पिता ने भी हाथ रोक लिया है। पर वह अभी भी उसकी छाती पर चढ़ा बैठा है। सदा की भाँति उसके मुँह में से लार बह रही है।

तभी किसी के दरवाज़ा खटखटाने की आवाज़ आई है। गली में खड़ा कोई व्यक्ति घर का दरवाज़ा खटखटा रहा है।

"तुलसीराम, दरवाज़ा खोलो। बाबू तुलसीराम दरवाज़ा खोलो !"

अरे, यह तो माँ की आवाज़ है। क्या माँ बाबू तुलसीराम के घर का दरवाज़ा खटखटाए जा रही है ?

बाबू तुलसीराम ठिठक जाता है। सामने की ओर शून्य में देखे जा रहा है।

औरत अभी भी चिल्लाए जा रही है। उधर माँ भी बराबर दरवाज़ा खटखटाए और "तुलसीराम, दरवाज़ा खोलो।" बोले जा रही है।

बाबू तुलसीराम लोटा नीचे रखकर उठ खड़ा हुआ है और धीरे-धीरे चलता हुआ दरवाज़ा खोल देता है। औरत उठ बैठी है और पहले से ज़्यादा कुरलाने लगी है।

"यह क्या कर रहे हो, तुलसीरामजी ?" माँ कह रही है, "दुनिया को तमाशा दिखा रहे हो ? जिसे ब्याहकर लाए हो, उसे नहीं बसाना चाहते तो इसके माँ-बाप के घर छोड़ आओ।"

बाबू तुलसीराम कुछ देर तक हतबुद्धि सा खड़ा रहता है, फिर बिना कुछ

कहे चुपचाप आँगन पार करके अपने कमरे में चला जाता है।

तभी दीवार पर बैठे लड़कों में से एक लड़का चिल्लाता है :

"खेल ख़तम ! पैसा हज़म !"

और लड़के हँसते-चहकते, एक-एक करके दीवार पर से पीछे की ओर कूद जाते हैं। मैं भी, जो माँ से नज़रें चुराए बैठा हूँ, झट से कूद जाता हूँ।

हमारे घर की बग़ल से निकलनेवाली गली दूर एक नाले तक चली गई है, दिन के वक़्त भी इस गली में अँधेरा बना रहता है।

मैं इस सँकरी गली में चलता हुआ, आधी से ज्यादा गली लाँघ आया हूँ। पानी का नल पीछे छूट चुका है। सहसा ही, दाएँ हाथ, एक घर की अँधेरी ड्योढ़ी में से, दो विचित्र से जीव बाहर निकल रहे हैं। दोनों लड़कियाँ हैं पर कैसी लड़कियाँ ? शरीर पर उन्होंने भड़कीले रंगों के कपड़े पहन रखे हैं, घुटनों तक का घाघरा, दोनों के सिर घुटे मुँडे हुए, पर उनके सिर की ओर देखते ही मुझे कँपकँपी होने लगी है, उनके सिर कितने छोटे, केवल मुट्ठी जितने छोटे रहे होंगे और आँखें आड़ी-तिरछी, दोनों के मुँह में से मिमियाने की-सी आवाज़ें निकल रही हैं, चूहों की-सी आवाज़ जैसी। कुछ भी समझ में नहीं आता, ये कौन हैं। क्या ये पागल हैं ? क्या कोई जन्तु हैं ? उन्हें देखकर मैं सिहर उठता हूँ। उनके पीछे-पीछे लम्बी मूँछोंवाला एक आदमी अँधेरी ड्योढ़ी में से बाहर निकला है। इसके हाथ में पतली-सी रस्सी है जिसका एक सिरा एक लड़की की कमर के साथ बँधा है तो दूसरा दूसरी लड़की की कमर के साथ बँधा हुआ है। वह लड़कियों को जैसे हाँककर गली के बाहर ले जाने लगा है।

ऐसा जीव मैंने पहले कभी नहीं देखा है।

घर लौटने पर भाई से पूछता हूँ। भाई ने उन्हें पहले देख रखा है।

"वे शाहदौला की चुहियाँ हैं," वह बताता है, "इन्हें शाहदौला की चुहियाँ कहते हैं।"

वे फिर से मेरी आँखों के सामने घूम जाती हैं। छोटा-सा सिर, छोटा-सा पीला पसीने से तर चेहरा, आड़ी-तिरछी आँखें, सिर घुटे हुए, गले में मोटे-मोटे मणकों के हार, और भड़कीले कपड़ों के ऊपर हरे रंग की लहराती चुन्नरी। बोलती हैं तो जैसे चिचिया रही हैं।

"वे शाहदौला की चुहियाँ हैं," बलराज फिर से दोहराकर कहता है, "वे किसी पीर के मज़ार पर रहती हैं या किसी दरगाह पर। और वह आदमी इन्हें घर-घर ले जाकर 'ख़ैरात' माँगता है"—जब ये पैदा होती हैं तो इनके सिर पर लोहे की

टोपी पहना देते हैं। इसीलिए इनके सिर बड़े नहीं हो पाते। "ये शाहदौला की चुहियाँ हैं," बलराज दोहरा कर कहते हैं, जिसका मतलब है इससे ज़्यादा उसे भी कुछ मालूम नहीं।

मैं जहाँ भी भीड़ देखूँ उस ओर भाग खड़ा होता हूँ। ऐसा मेरा स्वभाव बन गया है। एक खम्भे के आसपास बहुत-से लोग खड़े हैं। खम्भे के साथ एक आदमी को बाँध रखा है। फ़ैज़ अली भी वहीं पर है। फ़ैज़ अली से मोहल्ले के सभी लोग ख़म खाते हैं। फ़ैज़ अली ने अपने सिर पर से पगड़ी उतार ली है और उस पगड़ी से उस आदमी को और ज़्यादा कसकर बाँधे जा रहा है। बाँधे भी जा रहा है और उस आदमी को गालियाँ निकालते हुए रह-रहकर उसके मुँह पर चाँटे और घूँसे भी मार रहा है। घूँसे और चाँटे मारनेवालों में वही अकेला नहीं है, आसपास खड़े और लोग भी उसे बराबर चाँटे मार रहे हैं और गालियाँ बक रहे हैं।

गोरे रंग का, पतले से चेहरेवाला आदमी है, छोटी-सी दाढ़ी, सिर के बाल उलझे हुए। फ़ैज़ अली ने इतने ज़ोर से, और इतना कसकर उसकी कमर को बाँधा है कि उस आदमी की आँखें निकल आई हैं।

"बोल मादर...फिर आएगा इधर ?" फ़ैज़ अली चिल्लाकर कहता है और उसके मुँह पर घूँसे मारने लगता है। आसपास खड़े लोगों में से कोई भी उसे रोकता नहीं, छुड़ाने की कोशिश नहीं करता, "बोल, हरामी की औलाद ! फिर इधर आएगा ?"

उस आदमी के मुँह से ख़ून बहने लगा है।

उसका सिर झुका हुआ है और वह बुरी तरह हाँफ रहा है।

फ़ैज़ अली मोहल्ले में कुछ भी करे कम है। कुछ ही दिन पहले वह रात के वक़्त सामनेवाली गली में अपने बूढ़े मामू के घर के दरवाज़े पर कुल्हाड़ी से वार कर रहा था और बार-बार चिल्ला रहा था, "खोल दरवाज़ा। खोल दरवाज़ा ! तेरी...।" हर आए दिन फ़ैज़ अली के चिल्लाने की आवाज़ देर रात तक मोहल्ले में गूँजती रहती है।

जिस घर के दरवाज़े पर वह कुल्हाड़ी चला रहा था, माँ कहती है, वह उसके मामू का घर है, मैंने उसके मामू को देखा है। बूढ़ा आदमी जो अपनी दाढ़ी पर कलफ़ लगाता है, और इधर-उधर डोलता रहता है। किसी से बोलता नहीं। उसने कानों में बालियाँ डाल रखी हैं। उसी घर में बड़ी उम्र की दो औरतें भी रहती हैं। माँ कहती है वे दोनों इस आदमी की बीवियाँ हैं। गली के सिरे पर, उनके घर के बाहर, किसी पीर का मज़ार है। मैंने कई बार उन औरतों को कभी एक

तो कभी दूसरी को पीर की क़ब्र पर झुके हुए देखा है। वह मज़ार पर दीया जलाती हैं और अपने गोरे-गोरे काँपते हाथों से क़ब्र को देर तक पोंछतीं, साफ़ करती रहती हैं। काले रंग का बुर्का ओढ़े रहती हैं पर हजाब मुँह पर से उठाए रहती हैं। उसी मज़ार के ऊपर कीकर का छोटा-सा पेड़ है जिसकी टहनियों पर से हरे रंग की थिगलियाँ लटकती रहती हैं और मज़ार के आसपास अनेक छोटे-छोटे आले हैं जो धुएँ से काले पड़ गए हैं। उनमें भी दीये रखे जाते होंगे।

मज़ार के पास रहनेवाली ये दो अधेड़ उम्र की औरतें और उनका पति, फ़ैज़ अली का मामू मेरे लिए रहस्य बने हुए हैं।

लगभग आधी रात के वक़्त किसी ने फ़ैज़ अली को पुकारा है। यह सूबेदार आलम ख़ान की आवाज़ है। उसकी आवाज़ सुनकर फ़ैज अली ने चिल्लाना और किवाड़ पर कुल्हाड़ी से वार करना बन्द कर दिया है और चारों ओर चुप्पी छा गई है।

खम्भे के साथ बँधे हुए आदमी के मुँह में से टपटप ख़ून गिर रहा है। यहाँ तक कि ज़मीन पर उसका छोटा सा 'ताल' बन गया है। अब वह आदमी अपना सिर ऊपर नहीं उठा सकता। उसकी टाँगें भी बार-बार काँपकर लड़खड़ा जाती हैं।

अबकी बार फिर सूबेदार आलमख़ान बग़लवाली गली में से निकलकर आया है। लोग उसे देखते ही खम्भे के पास से, पीछे हटने लगे हैं। सूबेदार छड़ी उठाए पास आ गया है। उसने छड़ी की नोक फ़ैज़ अली के कन्धे पर रखी है और एक ही बार कहा है :

"इसे खोल दे !"

और उसी छड़ी की नोक से उस आदमी के कन्धे को ठकोरते हुए, बिना कुछ कहे वहाँ से हट गया है।

कमर पर से गाँठ खोल देने पर वह आदमी लड़खड़ाकर नीचे गिर पड़ा है। लोग वहाँ से हटने लगे हैं। फ़ैज़ अली अपनी पगड़ी बग़ल में दबाए, ज़मीन पर एक बार थूककर और उस आदमी के मुँह पर चाँटा कसकर, गाली बकता हुआ वहाँ से हट गया है। लोग छितर गए हैं।

थोड़ी देर बाद वह आदमी जैसे-तैसे उठ खड़ा हुआ है और लड़खड़ाते क़दमों से सड़क पार करके सामनेवाली गली के अन्दर चला गया है।

मेरा सहपाठी अमींचन्द हमेशा मेरे साथ बुज़ुर्गों की तरह बात करता है। मेरे कन्धे पर हाथ रखकर मुझे एक ओर ले जाता है, और फिर धीमी आवाज़ में अपनी

बात कहता है, मानो कोई रहस्योद्घाटन कर रहा हो। वह हमारे ही मोहल्ले में, एक गली छोड़कर दूसरी गली में रहता है। वह चलता भी है तो बड़े-बुजुर्गों की तरह, कन्धे झुकाकर, नीचे ज़मीन की ओर देखता हुआ। एक ओर को ले जाकर मुझसे कान में कहता है :

"मेरी नई माँ आई है।...वह पुंछ के वज़ीर की बेटी है। बड़ी गोरी है। हाथ हिलाती है तो चूड़ियाँ छन-छन बजती हैं। सारा दिन पलँग पर लेटी रहती है..."

वह हर वाक्य के बाद आँखें मिचमिचाता है और सिर हिलाता है, मैं अवाक्-सा अमींचन्द के चेहरे की ओर देखे जा रहा हूँ। मैंने कभी वज़ीर की बेटी नहीं देखी, और वह भी पुंछ के राजा के वज़ीर की। मेरी उत्सुकता को देखकर, अमींचन्द कहता है :

"पर मैं तुम्हें बाहर से दिखा सकता हूँ।"

गली में धीरे-धीरे अमींचन्द के पीछे-पीछे चलते हुए, मैं मानो किसी परी को देखने जा रहा हूँ। अमींचन्द के घर के सामने पहुँचने पर अमींचन्द अपनी तर्जनी अपने होंठों पर रखते हुए मुझे चुप रहने का इशारा करता है, फिर हम दबे पाँव उस बन्द खिड़की के पास जा पहुँचते हैं जिसके शीशों में से मैं वज़ीर की बेटी की झलक ले सकता हूँ। दोनों हाथ कनपटियों पर रखते हुए मैं शीशे में से अन्दर झाँकता हूँ।

खाट पर सचमुच गदराए शरीर की एक औरत पसरी हुई है। गोरे-चिट्टे हाथोंवाली जिसकी बाँहों में बहुत-सी काँच की रंग-बिरंगी चूड़ियाँ हैं। माथे पर अपनी कोहनी टिकाए लेटी हुई छत की ओर देखे जा रही है। उसे देखकर मुझे 'बारह मन की धोबन' याद आ जाती है जिसे मैंने 'बायस्कोप' के बक्से में देख रखा है। वह भी भारी-भरकम अधनंगी औरत तख़्त पर पसरी हुई थी जिसे बायस्कोप के बक्सेवाला दो-दो पैसे का टिकट लगाकर बम्बई शहर और लन्दन शहर के चित्रों के साथ दिखाता है।

तभी अमींचन्द ने मेरे कन्धे को ज़ोर से झकझोरा है। मैंने उसकी ओर सिर घुमाया ही था कि मैंने देखा अमींचन्द सरपट गली में से बाहर की ओर भागा जा रहा है। गली में, दूसरी ओर से अमींचन्द का पिता अपने तीन शिकारी कुत्तों के साथ—अमींचन्द का पिता शिकारी कुत्ते पालता था—चला आ रहा है। मैंने भी सिर पर पाँव रखे और भाग खड़ा हुआ।

उस दिन अमींचन्द की बड़ी पिटाई हुई। और उस दिन के बाद हर आए दिन होने लगी। अमींचन्द वज़ीर की बेटी को फूटी आँख नहीं सुहाता था। तभी एक दिन अमींचन्द लापता हो गया। घर से भाग गया या निकाल दिया गया,

कोई नहीं जानता। और फिर कभी नज़र नहीं आया।

स्कूल के अपने सहपाठियों के साथ मैं, शाम के वक़्त, कम्पनी बाग़ से लौट रहा हूँ। रास्ते में, एक ढलान के सिरे पर जो गन्दा नाला की तरफ़ उतरती है, एक ग़रीब बूढ़े आदमी का झोंपड़ा है। हम लोग रोज़ ही, उस झोंपड़े के पास से गुज़रते हुए उस बूढ़े आदमी से छेड़-छाड़ करते हैं। कोई लड़का आगे बढ़कर, झोंपड़े में से उसकी लाठी खींच लेता है, कोई ज़मीन पर से ढेला उठाकर झोंपड़े के अन्दर दे मारता है। यह लगभग रोज़ का ही चलन हो गया है। झोंपड़े के अन्दर बैठा बूढ़ा बिलबिलाता रहता है।

मैं उस पर ढेला तो नहीं फेंकता, क्योंकि घर में इसकी चर्चा करने पर पिताजी ने मुझे बुरी तरह से डाँट दिया था, पर मैं पीछे खड़ा, उस बूढ़े की दुर्दशा को देखता ज़रूर रहता हूँ। उसे परेशान करनेवालों में बोधराज सबसे आगे है। वह सबसे ज़्यादा ऊधम मचाता है। कभी झोंपड़े के अन्दर जाकर उसका लोटा उठा लाता है, कभी उसकी फटी-पुरानी दरी खींच लाता है।

रोज़ का यह नाटक कुछ ही देर तक चलता है, क्योंकि कोई-न-कोई राहगीर हमें देखकर रुक जाता है, और डाँटकर हमें भगा देता है।

आर्यसमाज के वार्षिकोत्सव पर मेले का-सा समा होता। जगह-जगह से भजनीक, उपदेशक आते। पंडित रामचन्द्र शास्त्री, मेजिक लेन्टर्न की तस्वीरों के साथ रामकथा सुनाते। चिमटा भजन मंडली देर-देर तक भजन और दृष्टान्त कथाएँ और चुटकुले सुनाती। कोई-कोई उपदेशक भी दृष्टान्त कथाएँ सुनाता। इनमें मुझे बड़ा रस मिलता। पंडित बुद्धदेव इनमें अग्रणी थे। वह बीच-बीच में गाने भी लगते :

छोटी सी मैं लालड़ी, उत्तम मेरा रंग
यह मुँह काला तब भयो, जब तुली नीच के संग।

जलसाघर के बाहर पुस्तकों से सजे मेज़ लग जाते। 'प्रेम द्वादषी', 'प्रेम प्रसून', 'प्रेम पच्चीसी' आदि-आदि। पिताजी आर्य समाज के मन्त्री थे। वार्षिकोत्सव की व्यवस्था में लगे रहते। अचानक ही एक दिन उनकी मेज़ पर रखा एक कार्ड पढ़ने को मिला। कार्ड उर्दू लिपि में टेढ़े-मेढ़े अक्षरों में लिखा था और लिखनेवाले थे श्री सुदर्शन। कार्ड पढ़ते ही मैं पुलक-पुलक गया। सुदर्शन उस समय के जाने-माने लेखक थे। मैंने उनका प्रहसन 'आनरेरी मेजिस्ट्रेट' पढ़ा था और हँसी से लोटपोट

होता रहा था। हमारे कोर्स की किताब में उनकी एक कहानी भी पढ़ी थी, साधु के घोड़ेवाली कहानी जिसे चोर भगा ले जाता है। मैं सुदर्शनजी को देख पाने के लिए उत्सुक हो उठा।

सुदर्शन आए, जिस दिन उनका व्याख्यान था, मैं घंटा-भर पहले जलसाघर में जा पहुँचा था। और जब वह अन्दर आए तो मैं सचमुच उन्हें हीरो की तरह देख रहा था। और वह लग भी हीरो ही रहे थे। ऊँचा-लम्बा कद, गोरा चेहरा, घुटनों तक का लम्बा रेशमी कोट, आँखों पर सुनहरी कमानीदार चश्मा और सिर पर क्रिस्टी टोपी। जो व्याख्यान उन्होंने दिया उसका तो एक शब्द भी मेरे पल्ले नहीं पड़ा, पर मैं दूर-ही-दूर से, एक भक्त की तरह उन्हें निहारता रहा था। यह एक जाने-माने लेखक को देखने का मेरा पहला अवसर था।

उन्हीं दिनों आर्य समाज का अर्द्धशताब्दी समारोह हुआ था और पिताजी हम दोनों भाइयों को अपने साथ मथुरा ले गए थे जहाँ हमने वह टूटा-फूटा घर, बड़ा दत्तचित्त होकर देखा था, जहाँ कभी स्वामी दयानन्द के गुरु, स्वामी वृजानन्द रहा करते थे। और वहीं पर भरे जलसे में कुँवर सुखलाल के गीत सुने थे, और कुँवर सुखलाल भी मेरे हीरो बन गए थे। उस महोत्सव में उनकी धूम थी। साँवले रंग के, दुबले-पतले कुँवर सुखलाल, सिर पर राजपूती ढंग की पगड़ी, मुँह में पान का बीड़ा, हार्मोनियम के साथ झूम-झूमकर गाते : *"आज रण में जाके, धूम मचा दे बेटा !"*

उन दिनों को याद करते हुए अनेक चित्र आँखों के सामने घूम जाते हैं।

हम, स्कूल के कुछ छात्र, एक वयोवृद्ध व्यक्ति को घेरे खड़े हैं। लाला मय्यादास कुर्सी पर दोनों टाँगें चढ़ाए बैठे हैं। हमारे स्कूल के निकट ही उनकी लोहे की दुकान है। लाला मय्यादास ने अपनी आँखों से स्वामी दयानन्द को देखा था जब स्वामीजी ने रावलपिंडी की यात्रा की थी। निश्चय ही लाला मय्यादास हमारी नज़र में एक विरल व्यक्ति हैं जिन्होंने स्वामीजी को देखा था।

हमारा एक सहपाठी किसी पत्रिका में से स्वामीजी का चित्र निकालकर ले आया है जिसे मय्यादासजी बड़े ध्यान से, आँखों के पास ले जाकर देख रहे हैं। लाला मय्यादास आँखों पर मोटा-सा चश्मा लगाए हुए हैं जिसमें एक कमानी की जगह मैला-सा धागा बँधा है।

स्वामीजी के जीवनकाल में उनका एकाध फ़ोटोचित्र ही लिया गया था, ऐसा ही हमने सुन रखा है। फिर स्वामीजी के प्रचलित चित्रों में कौन-सा सही चित्र है, यही जान पाने के लिए हम आए दिन कोई-न-कोई चित्र लेकर मय्यादासजी के पास पहुँच जाते हैं।

"यह सही चित्र है," मय्यादासजी कहते हैं।

इस चित्र में स्वामीजी ने सिर पर पगड़ी बाँध रखी है। उनका शरीर भी गदराया हुआ है, और चेहरे पर छोटी-छोटी विरल सी दाढ़ी भी है, वह बड़ी उम्र के लग रहे हैं। और कुर्सी पर बैठे हैं।

मय्यादासजी चित्र पर उँगली फेरते हैं और चित्र को आँखों के निकट ले जाकर सिर हिलाकर कहते हैं, "यह सही तस्वीर है !" और हमारी खुशी का वारापार नहीं !

मेरे चरित्र में आर्यसमाज के संस्कार अपना रंग दिखाने लगे हैं।

शहर में काली कम्बलीवाले स्वामीजी पधारे हैं। सुना है स्वामीजी, तपती दोपहरी में भी अपने शरीर पर काली कम्बली ओढ़े रहते हैं। ऐसे विशिष्ट व्यक्ति को आँख भरकर देख पाने के लिए आर्यसमाज मन्दिर में पहुँच गया हूँ।

ढलती दोपहर का ही समय है। आर्य समाज मन्दिर सूना पड़ा है, पर बड़े हाल कमरे के बीचोबीच सचमुच एक भारी-भरकम सा आदमी, काली कम्बली ओढ़े पालथी मारे बैठा है। यही काली कम्बलीवाले होंगे। गोल-मटोल से, साँवले रंग के साधु-महाराज।

मैं दहलीज़ पर खड़ा उनकी ओर देखता हुआ, अपना कौतूहल शान्त कर ही रहा हूँ, जब वह सिर हिलाकर मुझे अन्दर आने का इशारा करते हैं।

मैं सकपका जाता हूँ। मैं तो केवल उन्हें आँख भरकर देखने आया था। यह क्या ?

मैं अन्दर जाकर उनके सामने बैठ जाता हूँ।

"कहो बेटा, क्या चाहते हो ?"

मैं हत्बुद्धि-सा उनके गोल-मटोल चेहरे की ओर देखे जा रहा हूँ। फिर तनिक रुककर कहता हूँ :

"महाराज, भगवान के चरणों में मेरा मन नहीं लगता। कोई उपाय बताएँ, मैं क्या करूँ।"

मैं माँ के मुँह से सुने वाक्य जो वह अक्सर साधु-सन्तों से बड़े आग्रह से पूछा करतीं, दोहरा देता हूँ।

काली कम्बलीवाले हत्प्रभ से मेरी ओर देखते हैं, और काफ़ी देर तक देखते रहते हैं कि मैं कहीं उनके साथ खिलवाड़ तो नहीं कर रहा हूँ, फिर आगे की ओर झुककर पूछते हैं :

"सन्ध्या के मन्त्र याद हैं ?"

"हाँ, महाराज, मुझे सभी मन्त्र कंठ हैं।"

"ठंडे पानी से स्नान करते हो?"

"हाँ, महाराज।"

"अपने अंग को तो नहीं छूते?"

मैं ठिठक जाता हूँ। मैंने बहुत लोगों के मुँह से सुन रखा था कि अंग को छूना महापाप है। मैं हतबुद्धि-सा उनके चेहरे की ओर देख रहा हूँ। जब वह तर्जनी झटककर कहते हैं :

"अंग को मत छुआ करो। गर्मी-सर्दी ठंडे पानी से स्नान करो। और भगवान के चरणों में बैठकर सन्ध्योपासना करो, मन लग जाएगा। अब जाओ!"

अपने सहपाठी तिलकराज के साथ आए दिन मेरी मुठभेड़ हो जाती है। शिवरात्रि से कुछ दिन पहले से ही, वह मुझे जहाँ देखता है, मुझे चिढ़ाने लगता है, ऊँचा-ऊँचा बोलने लगता है :

शिवरात्रि शिव तेरी रात थी
क्यों दयानन्द की अक्ल मारी गई?

और खी-खी करके हँसने लगता है। उसने कुछ लड़कों को भी अपने साथ मिला रखा है, वह सनातनधर्मी है।

उस दिन दोपहर को, स्कूल से छुट्टी हो जाने पर, हम लोग स्कूल के अहाते से बाहर निकल रहे थे, जब श्यामदास चपरासी की कोठरी के सामने खड़ा तिलकराज ऊँचा-ऊँचा बोलने लगा :

शिवरात्रि शिव तेरी रात थी
मूलशंकर की क्यों अक्ल मारी गई?

मैंने बस्ता ज़मीन पर पटककर तिलकराज को गले से पकड़ लिया है। उसने भी अपना बस्ता पटक दिया है और मेरे साथ उलझ गया है। कुछ देर बाद हम दोनों, गुत्थमगुत्था, ज़मीन पर लोट रहे हैं।

"फिर कह! फिर कहकर तो देख!"

"कहूँगा, कहूँगा, दस बार कहूँगा। शिवरात्रि..."

हम दोनों का साँस फूल रहा है। हम दोनों एक-दूसरे को गले से पकड़े हुए हैं, और कभी वह नीचे तो कभी मैं...

तभी श्यामदास चपरासी अपनी कोठरी में से बाहर निकल आया है और हमें एक-दूसरे से अलग कर दिया है।

"जा, जा, बहुत देखे हैं तेरे जैसे!" तिलकराज अपने कपड़े झाड़ता हुआ

कह रहा है, हम फिर से बस्ते उठाए फाटक की ओर जाने लगे हैं।

"फिर से कह के तो देख !"

"कहूँगा, कहूँगा, तुमसे डरता हूँ क्या ?"

पर वह बिना कुछ बोले, आगे-आगे सड़क पर जाने लगा है।

बोहड़वाले बाज़ार में सहगलों की सराय है। उस सराय के खुले मैदान में आज शास्त्रार्थ होने जा रहा है। यह शास्त्रार्थ स्वामी प्रकाशानन्द (सनातन धर्म सभा) और पंडित लोकनाथ शास्त्री (आर्य समाज) के बीच होगा। सराय का बड़ा मैदान लोगों से खचाखच भर गया है। बड़ी उत्तेजना पाई जाती है। लोगों को डर है कि झगड़ा होगा, चाकू भी चल सकते हैं। सराय के अन्दर प्रवेश करने पर, दाएँ हाथ को एक ओर ऊँचा चबूतरा बनाया गया है, जिसे ख़ूब सजाया गया है। उस पर स्वामी प्रकाशानन्द अभी से खड़े हैं। मैदान के पार दूसरे सिरे पर ज़मीन पर ही एक छोटे-से मेज़ के पीछे आर्य समाज के विद्वान पंडित लोकनाथ को बैठाया गया है। छोटी-सी मेज़ के पीछे जो ज़मीन पर रखी है, वह नज़र ही नहीं आते। यह आर्यसमाज का अपमान है। आर्यसमाज के विद्वान का अपमान है। "जान-बूझकर उन्हें नीचा दिखाने के लिए ऐसा किया गया है।"—आसपास खड़े धर्मभाई बार-बार टिप्पणी कर रहे हैं। "छुरियाँ चल जाएँगी" कोई आदमी गुस्से से कह रहा है। भीड़ में जब कोई आदमी अचानक ही उठ खड़ा होता है तो उसके आसपास बैठे कुछ लोग अपने आप ही उठ खड़े होते हैं, इस आशंका से कि कहीं कोई अनहोनी घटना घट गई है। मेरी बग़ल में बैठा एक आदमी धीमी आवाज़ में किसी से कह रहा था, "मैं अपना चाकू लानेवाला था—छः इंच लम्बे फलवाला, कमानीदार पेशावरी चाकू है। पाजामे के नेफ़े में आसानी से खोंसा जा सकता है, मैं लाने जा रहा था पर नहीं लाया, घर पर ही छोड़ आया हूँ...कहो तो अब भागकर ले आऊँ ?"

मैदान सहसा ही तालियों से गूँज उठा है। स्वामी प्रकाशानन्द दोनों बाँहें फैलाए, चबूतरे पर आगे बढ़ आए हैं। उनका भगवा कुर्ता नीचे टखनों तक लम्बा है जिस कारण वह और भी ज़्यादा ऊँचे लम्बे लगते हैं, नीचे मैदान में बैठे लोगों में, उनके धर्म-भाइयों में उत्साह की लहर दौड़ गई है, जब कि मुझे स्वामी प्रकाशानन्द दुश्मन नज़र आने लगे हैं।

मैं घूमकर पंडित लोकनाथ शास्त्री की कुर्सी की ओर देखता हूँ। गहरे साँवले रंग के पंडित लोकनाथ। सिर पर उजली पगड़ी, नीचे उजला कुर्ता-धोती, जिस कारण वह और भी ज़्यादा साँवले नज़र आते हैं। कन्धे पर अँगोछा।

शास्त्रार्थ आरम्भ हो गया है। शास्त्र मूर्तिपूजा के विषय पर है। मूर्तिपूजा शास्त्रसम्मत है। स्वामीजी कुछ बोल रहे हैं, पर मेरे पल्ले कुछ भी नहीं पड़ रहा है। मैं नीचे बैठे श्रोताओं की ओर देख रहा हूँ, कि झगड़ा कब शुरू होगा और चाकू कब चलेंगे। चाकू चलेंगे, इसका मुझे तनिक भी डर नहीं है। केवल मेरे मन में इस बात का गुस्सा है कि सनातन धर्मवालों ने पंडित लोकनाथ का अपमान किया है, वह नीची कुर्सी पर बैठे भीड़ में नज़र ही नहीं आते।

अभी स्वामी प्रकाशानन्द बोल ही रहे हैं कि नीचे बैठे लोगों में से कुछेक ने हाथ ऊँचे उठाए हैं। और सहसा ही कुछ लोग उठ खड़े हुए हैं। चबूतरे के ऐन नीचे बैठे लोग भी उठ खड़े हुए हैं :

"बैठ जाइए ! शान्त रहिए !"

पर और भी अधिक संख्या में लोग उठ रहे हैं। तत्काल ही चबूतरे की ओर से 'हर हर महादेव !' का नारा गूँज उठा है जिस पर भगदड़ मच गई है।

पंडित लोकनाथ शास्त्री भी उठ खड़े हुए हैं और उनके इर्द-गिर्द घेरा बाँधे बहुत से धर्म भाई उन्हें प्रवेशद्वार की ओर लिये जा रहे हैं।

"निकल चलो ! यहाँ से निकल चलो !"

कोई कह रहा है।

"पिछली बार भी ऐसा ही हुआ था। सनातनधर्मियों के पास कहने को कुछ नहीं होता...निकलो। निकल चलो...।"

प्रवेशद्वार की ओर धर्मभाई बढ़ रहे हैं, पीछे से रेले पर एक ही धक्का पड़ा है कि मैं सहगलों की सराय के बाहर पहुँच गया हूँ। अन्दर से बराबर आवाज़ें आ रही हैं और साथ ही 'हर हर महादेव !' के नारे गूँज रहे हैं।

प्रवेशद्वार के बाहर तिलकराज खड़ा है। मुझे देखते ही खी-खी करके हँसने लगा है।

वह कुछ बोलने जा ही रहा है कि मैं उस पर पिल पड़ा हूँ। हम दोनों सड़क के बीचोबीच गुत्थमगुत्था हो गए हैं। कभी वह नीचे और मैं ऊपर और कभी मैं नीचे और वह ऊपर।

आसपास खड़े कुछ लोगों के मज़बूत हाथ हमें एक-दूसरे से अलग कर देते हैं।

"फिर से कह के तो देख !"

"कहूँगा, कहूँगा, दस बार कहूँगा, सौ बार कहूँगा..."

मैं फिर से भिड़ने के लिए मचल उठा हूँ, पर किसी के मज़बूत हाथ मुझे बाँहों से पकड़े हुए हैं। और मुझे आगे नहीं बढ़ने देते।

सहसा ही सराय के अन्दर से लोग भागते हुए बाहर निकलने लगे हैं

रात के वक़्त रसोईघर में खाना खाते समय माँ और पिताजी उसी शास्त्रार्थवाली घटना की चर्चा कर रहे हैं। माँ बार-बार कह रही हैं :

"तुम लोग खंडन-मंडन में क्यों पड़ते हो जी ? जो जैसे भगवान का नाम लेना चाहता है लेने दो..."

खंडन-मंडन क्या होता है, मैं नहीं जानता। पर माँ क्या कह रही हैं ? अगर तिलकराज स्वामीजी की खिल्ली उड़ाए तो मैं चुपचाप सुनता रहूँ ?

जोज़फ़ मेरे स्कूल में नहीं पढ़ता। वह मिशन स्कूल में पढ़ता है। वह ईसाई है, पर हमारे साथ घूमता-फिरता है। वह भी हमारे साथ कम्पनी बाग़ में जाता है, उसके दाएँ गाल पर बड़ा सा 'चटाख' है, माँ कहती है वह जन्म से ही है।

मैं जोज़फ़ के साथ बहस कर रहा हूँ :

"कुँवारी माँ मरियम के बेटा कैसे हो सकता है ?"

न जाने यह वाक्य मैंने कहाँ सुना था, सम्भवतः आर्य समाज के किसी जलसे में, किसी प्रवक्ता के मुँह से सुना होगा। क्योंकि न तो मैं जानता हूँ कुँवारी क्या होता है और न ही जानता हूँ माता मरियम कौन थी, कौन जाने जोज़फ़ की अपनी माँ ही रही हो।

जोज़फ़ चुपचाप मेरे मुँह की ओर देखे जा रहा है, जबकि मैं आश्वस्त हूँ कि मैंने एक ईसाई लड़के को शास्त्रार्थ में परास्त कर दिया है।

घर आकर, भोजन के समय, घरवालों के सामने डींग हाँकता हुआ, विजेता की तरह यह क़िस्सा सुना रहा हूँ, जब पिताजी घुड़ककर कहते हैं :

"क्या वाहियात बातें तू करता फिरता है ?"

पर कुछ ही देर बाद, सिर झटककर हँसने भी लगते हैं। मेरी समझ में नहीं आ रहा है कि वह मुझ पर नाराज़ हैं या ख़ुश हैं।

बचपन के संस्कार कहाँ तक व्यक्ति के भावी जीवन को प्रभावित करते हैं, कहना कठिन है, पर उनकी भूमिका से इनकार नहीं, और कहीं-क़हीं पर तो वे निर्णायक भी सिद्ध होते हैं।

स्कूल के ही दिनों में बलराज ने सर्कस का खेल चलाया। अपने घर के अन्दर, आँगन में ही इसका आयोजन हुआ। मोहल्ले के यार-दोस्त ही उसमें भाग ले रहे थे—मोटा ख़ैरातीराम, छाती पर पत्थर की सिल तुड़वाता, बलराज तीर-कमान के करतब दिखाता, लेटकर, पैर की उँगलियों से बाण चलाता, बाण चलाकर धागा

तोड़ता, और हमारा एक साथी, मुल्कराज, जादू के खेल खेलता, ताश के खेल दिखाता। मुझे लटकती पींग पर चढ़कर उल्टा लटक जाने का रोल मिला था, मेढ़क बनने का।

सर्कस के पहले ही दिन जब दोपहर के वक़्त, मैं घर के बाहर बैठा, टीन बजा-बजा कर सर्कस की इश्तहारबाज़ी कर रहा था और पैसे-पैसे का टिकट बेच रहा था कि उधर से हमारे जादूगर—मुल्कराज—का पिता आता नज़र आया। वह सीधा, दरवाज़ा धकेल कर अन्दर चला गया और अन्दर पहुँचते ही अपने बेटे मुल्कराज को सीधा एक थप्पड़ रसीद किया और उसे कान से पकड़कर घर ले गया।

हमारा पहला शो खटाई में पड़ गया।

पर बरसों बाद मुझे एक अनूठा अनुभव हुआ। तब मैं पच्चीसेक बरस का रहा होऊँगा। मैं अपने घर के बाहर खड़ा था जब एक आदमी धीरे-धीरे चलता हुआ मेरी ओर आया और मेरे सामने आकर खड़ा हो गया। पहले तो मैं उसे पहचान नहीं पाया, पर फिर एकाएक उसके नाक-नक्श पहचान में आ गए। वह मुल्कराज ही था, हमारे सर्कस का 'जादूगर' साथी, जिसे उसका पिता कान से पकड़कर घर ले गया था। बातों-बातों में कहने लगा :

"अब मैं बम्बई में रहता हूँ। अपना सर्कस चलाता हूँ। एक लेडी सैंडो को रख लिया है, वह मेरे सर्कस में काम करती है, सिर के बालों से छकड़ा खींचती है। मैं जादू के खेल दिखाता हूँ। हम जगह-जगह अपने शो करते हैं...।"

मैं हैरान-सा उसके चेहरे की ओर देखने लगा। मुझे अचम्भा हुआ। क्या मालूम उस रोज़ चपत खाने का असर इतना गहरा रहा हो कि मन-ही-मन उसने ठान ली हो कि अब सर्कस ही चलाकर दिखाएगा।

जब मैंने पूछा कि पिता क्या करते हैं तो कहने लगा कि वह रिटायर हो चुके हैं, सर्कस चलाने में मेरी मदद करते हैं, सर्कस के टिकट बेचते हैं...

क्या मालूम यह विद्रोह की भावना न होकर, सर्कस में अपने को व्यक्त कर पाने की महत्त्वाकांक्षा रही हो, अन्दर-ही-अन्दर पनपती रही हो और एक दिन सचमुच का सर्कस चलाने में चरितार्थ हुई हो। पर निश्चय ही बचपन के संस्कारों की भूमिका कहीं-न-कहीं रही होगी।

स्कूल की पढ़ाई के दिनों की अपनी रंगीनी थी, बेपरवाही के दिन थे। स्कूल में सारा वक़्त मेला-सा लगा रहता।

लिखाई का काम काठ की तख़्ती पर किया जाता, काली रोशनाई और नरसल

को तराशकर बनाई गई क़लम के साथ। बाद में तख़्ती को धो दिया जाता और उस पर 'गाचनी' मिट्टी से पुताई कर दी जाती और पाँच-पाँच, दस-दस लड़कों की टोलियाँ गीली तख़्ती को हवा में झुलाती हुई गा-गाकर उसे सुखाने लगतीं :

सुक सुक तख़्ती
काल कलख्ती...

पिटाई हर रोज़ होती थी। किसी भी कक्षा में जाओ, मास्टरजी की कुर्सी के आसपास दो-चार लड़के, मुर्ग़ा बने हुए तो ज़रूर ही नज़र आ जाते। कुछ बेंचों पर खड़े हुए। मास्टरजी स्वयं भी किसी वक़्त उठकर धुन देते थे। कुछ उस्तादों ने तो सज़ा देने के मौलिक ढंग ढूँढ़ निकाले थे। सरदार मास्टरजी लड़के के कान पर हाथ रखते, उसे धीरे-धीरे सहलाते रहते, लड़का समझता दुलार रहे हैं, फिर सहसा ही ऐसी च्यूँटी काटते कि लड़के की चीख़ निकल जाती। पंडित देवराज लड़के की उँगलियों के बीच पेंसिलें खोंस देते फिर उसके हाथ को अपनी मुट्ठी में लेकर दबाते थे। मास्टर ख़ुशहालचन्द का अपना तरीक़ा था। उन्होंने इस काम के लिए एक लड़के को चुन रखा था जिसका हाथ बोझिल माना जाता था। उस लड़के के हाथ का चाँटा पड़ने पर सिर घूम जाता था। चानन शाह लड़के का नाम था। अगर उसे कभी अपने दोस्त को चाँटा लगाना पड़ता, और वह धीमा चाँटा लगाता तो पास खड़े मास्टरजी, कसकर चाँटा चाननशाह के गाल पर लगा देते और कहते, "चाँटा ऐसे लगाते हैं, समझे ?"

"अब लगा लड़के को चाँटा !" और चाननशाह, तिलमिलाता हुआ फिर से अपने दोस्त को चाँटा लगाता।

मेरे सहपाठी 'बावा' ने पिटाई से बचने का अपना ढंग ढूँढ़ निकाला था। जब उसकी पिटाई का वक़्त आता तो वह ऊँची आवाज़ में गिड़गिड़ाता हुआ माफ़ी माँगने लगता :

"अब की माफ़ कर दो जी ! आप मेरे पिता हो जी ! आप मेरे दादा हो जी !"

पर जब मास्टरजी बेंत निकाल लेते तो और भी ज़्यादा ऊँची आवाज़ में चिल्लाने लगता :

"आप राणाप्रताप हो जी ! आप अक़बर बादशाह हो जी ! आप सिकन्दर-ए-आज़म हो जी ! माफ़ कर दो जी !"

पर जब बेंत पड़ने लगते तो आगे बढ़कर मास्टरजी से चिपट जाता और सप्तम् स्वर में चिल्लाने लगता :

"मार डाला ! मास्टरजी ने मार डाला ! हलाक़ कर डाला।"

उस वक़्त तक सारा स्कूल हँस रहा होता। लड़के भाग-भागकर गलियारों में और छज्जों पर पहुँच जाते। कई बार तो हेडमास्टर हमारी कक्षा के बाहर खड़ा होता।

पिटाई तो होती रहती थी, रोज़ का दस्तूर था पर लड़के उससे बहुत परेशान होते हों, ऐसा भी नहीं था। सिर झटककर फिर से हँसने-चहकने लगते थे।

साल में एक दिन जब इंस्पेक्टर, स्कूल का मुआइना करने आता तो स्कूल की सतरंगी छटा देखते बनती थी। प्रत्येक कक्षा के लड़के, सिर पर अलग-अलग रंग की पगड़ियाँ बाँधे होते...किसी कक्षावाले हरे रंग की, कोई प्याज़ी रंग की, कोई पीले रंग की। किसी मेले-ठेले की रंगीनी इसके सामने हेय थी।

या फिर उस दिन जब परीक्षा के परिणाम सुनाए जाते, तब भी मेले का-सा समा होता, स्कूल में फूल ही फूल बिखरे होते। और उस दिन भी जब लड़के नई कक्षाओं में बैठते, जब नई-नई किताबों के बंडल खोले जाते। नई किताबों की अपनी महक थी और दिल उत्साह से बल्लियों उछल रहे होते।

मैं चौथी कक्षा में पढ़ता था जब स्कूल में खेले गए एक नाटक में पहली अदाकारी की। नाटक का नाम 'श्रवण कुमार' था और मैं श्रवण कुमार की भूमिका ही निभा रहा था। निर्देशक नौवीं कक्षा का एक छात्र था, मेरे लिए उसकी योग्यता का सबसे बड़ा प्रमाण यही था कि आँखों पर चश्मा लगाए हुए था। मंच-सज्जा के लिए, उसके हुक्म पर हम सभी अदाकार अपने-अपने घरों से माँ-बहनों की धोतियाँ-साड़ियाँ उठा लाए थे। मंच पर बहती नदी दिखाने के लिए जहाँ गहरी रात गए, श्रवण कुमार, अपने अन्धे माँ-बाप के लिए पानी लेने जाता है, एक ओर को पानी की बाल्टी रख दी गई थी। दो लड़के, श्रवण कुमार के अन्धे माँ-बाप की भूमिका निभा रहे थे। उन्हें हिदायत दी गई थी कि सारा वक़्त आँखें बन्द किए रहें और निर्देशक महोदय ने उन्हें मंच के ऐन बीचोबीच, दर्शकों की ओर मुँह किए साथ-साथ बैठा दिया था। उनमें से एक, बोधराज, जो माँ की भूमिका निभा रहा था, अपनी माँ की ही धोती पहने हुए था जिसका पल्लू बार-बार सिर पर से खिसक जाता था।

पर्दा उठा। मैंने अन्धे माँ-बाप के आदेशानुसार कि "बेटा श्रवणकुमार, बहुत प्यास लगी है" लोटा उठाया, चरण वन्दना की, और नदी की ओर जल पड़ा।

उधर राजा दशरथ उछलता, पैंतरे बदलता अपनी मूँछों को ताव देता हुआ पर्दे के पीछे से मंच पर उतरा। पीठ पर बँधे तरक़श में से नरसल का तीर निकाला और यह कहते हुए कि "कौन जानवर नदी के जल को गन्दा कर रहा है ?"

अपना तीर चला दिया।

तीर को मैंने सीधा छत की ओर जाते देखा, पर मैंने उसी क्षण लोटा फेंका, और चारों ख़ाने चित्त स्टेज पर लेट गया और सप्तम् स्वर में गाने लगा :

मैंने ज़ालिम तेरा क्या बिगाड़ा
तीर सीने में क्यों तूने मारा।
क्या ख़ता थी, बता, मेरी आख़िर,
क्यों अभागे को जल भरते मारा ?

मेरी आवाज़ सप्तम में चल रही थी जिस कारण हॉल में सकता छा गया। मैं बराबर गाये जा रहा था पर गीत इतना लम्बा था कि ख़त्म होने में ही नहीं आ रहा था। उधर राजा दशरथ, एक पैर आगे, एक पीछे रखे, पोज़ बनाए, बिना हिले-डुले, मूर्तिवत् खड़ा था इस इन्तज़ार में कि मैं गाना ख़त्म करूँ और उसे सम्बोधन करूँ। उसका तीर-कमान मेरी दिशा में स्थिर हो गया था। अगर वह एक और तीर तरकश में से निकालकर मेरी ओर चला देता तो बात बन जाती, पर उसे डायरेक्टर ने एक ही तीर चलाने को कहा था। और वह चल चुका था। मेरा गीत अभी आधा भी नहीं गाया गया था कि मेरी आवाज़ फटने लगी। किसी-किसी वक़्त मुझे लगने लगा जैसे हॉल में बैठे दर्शक हँसने लगे हैं। उधर श्रवणकुमार के अन्धे माँ-बाप आँखें बन्द किए बैठ ही नहीं पा रहे थे, कभी एक तो कभी दूसरा, आँखें खोल देता जिसे देखकर दर्शक हँसने लगे थे। ''वह देख, उसने फिर आँखें खोली हैं।''

सहसा हॉल में ठहाका हुआ। बोधराज के सिर पर से, जो अन्धी माँ की भूमिका में था, धोती का पल्लू खिसक आया था और नीचे से उसका घुटा हुआ सिर निकल आया था। फिर किसी ने ऊँची आवाज़ में कहा।

''वह देख, फिर से देख रहा है। उसने फिर से आँखें खोल दी हैं।''

हॉल में से बार-बार ठहाके उठने लगे। फिर बार-बार तालियाँ बजने लगीं।

फिर जब मैंने गीत समाप्त करके, तड़पकर मरने का अभिनय किया तो हॉल में सीटियाँ बज रही थीं। और मेरी कक्षा का एक अध्यापक मेरे भाई बलराज से कह रहा था।

''यह तेरा भाई क्या कर रहा है ?''

मेरी 'मृत्यु' के बाद अभी और संवाद बोले जाने थे—बूढ़े माँ-बाप के साथ राजा दशरथ के संवाद, अन्धे माँ-बाप को अभी श्राप देना था पर नाटक का शेष भाग मुझे भूल गया, और मैं झट से उठ बैठा। इससे हाल में हँसी के फ़ौवारे फूट उठे। किसी ने आवाज़ कसी :

"लेटा रह ! लेटा रह !"

पर मैं इतना बेसुध हो गया था कि मेरी समझ में नहीं आ रहा था कि क्या करूँ। मुझे और तो कुछ नहीं सूझा, मैं फिर लेट गया जिस पर ऐसी तालियाँ बजने लगीं कि थमने में नहीं आती थीं। सीटियाँ, तालियाँ, ठहाके तरह-तरह की आवाज़ें देर तक चलती रहीं।

यह मेरी पहली अदाकारी थी।

ज़िन्दगी में तरह-तरह के नाटक होते रहते हैं। मेरा बड़ा भाई जो बचपन में बड़ा आज्ञाकारी और 'भलामानस' हुआ करता था, बाद में जुझारू स्वभाव का होने लगा था। मैं, जो बचपन में लापरवाह, बहुत कुछ आवारा, मस्तमौला हुआ करता था, भीरु स्वभाव बनने लगा था।

अब सोचता हूँ, इसमें मेरे 'शुभचिन्तकों' का भी अच्छा-ख़ासा योगदान रहा था, जो बात-बात पर मेरी तुलना बलराज से करते रहते। जिसके मुँह से सुनो, बलराज के ही गुण गाता, "मन्त्रीजी के बड़े बेटे और छोटे बेटे में उतना ही अन्तर है जितना नार्थपोल और साउथपोल में है। वह गोरा-चिट्टा है, हँसमुख है, फुर्तीला है, जबकि छोटा मरियल है। उसे तरह-तरह के खेल सूझते हैं, वह लिखता है तो मोती पिरोता है, जबकि छोटा मनमानी करता है, आवारा घूमता है, पढ़ने-लिखने में उसका मन ही नहीं लगता। पर धीरे-धीरे, न जाने कब से और क्योंकर, एक प्रकार की हीन भावना मेरे अन्दर जड़ जमाने लगी। वह गोरे रंग का है, मैं साँवला हूँ, वह हृष्ट-पुष्ट है, मैं दुबला हूँ, वह शरीफ़ है, मैं गालियाँ बकता हूँ, टप्पे गाता हूँ।...

अब तक तो हमारा रिश्ता बराबरी का रहा था। यह सब सुनते-जानते हुए भी मैं उससे दबता नहीं था। कोई कुछ भी कहता रहे, मैं अपनी राह जाता था।

पर अब लोगों की टिप्पणियाँ सुन-सुनकर मेरा मन बुझने लगा था।

परिवार में सबसे छोटे बच्चे की स्थिति यों भी अलग ही होती है। परिवार में सभी उससे बड़े होते हैं। जो काम वह नहीं कर सकता, बड़ा भाई सुभीते से कर डालता है, बड़े भाई के लिए घर में सबसे पहले नई-नई चीजें लाई जाती हैं, नए-नए कपड़े, नई-नई किताबें, बड़े भाई के लिए सबसे पहले घर में साइकिल आती है, सबसे पहले बड़ा भाई अंग्रेज़ी सीखने लगता है, बड़ा भाई स्काउट बनता है, वर्दी पहनता है, बड़ा भाई शेव करता है, बड़ा भाई पतलून पहनने लगता है, आदि-आदि।

छोटा भाई ईर्ष्यालु नज़रों से यह सब देखता रहता है। वह पग-पग पर महसूस करता है कि बहुत कुछ ऐसा है जो उसके भाई को उपलब्ध है, पर जिससे वह स्वयं वंचित है, उसके मन में ईर्ष्या तो उठती है, पर यह ईर्ष्या जड़ नहीं जमाती क्योंकि उसे मालूम होता है कि धीरे-धीरे उसे भी ये सुविधाएँ उपलब्ध होने लगेंगी।

धीरे-धीरे हमारे बीच पाए जानेवाले अन्तर का बोध मुझे स्वयं होने लगा था, और मैं अपने को छोटा महसूस करने लगा था। यहाँ तक कि मैं मानने लगा था कि मैं जिस मिट्टी का बना हूँ उसी में कोई दोष रहा होगा। मैं उससे ईर्ष्या तो करता ही था, पर यह ईर्ष्या मुझे विचलित नहीं करती थी, मैं अपनी धुन में, जो मन में आता करता रहता था। पर अब मैं उससे ख़म खाने लगा था। अब, एक ओर ईर्ष्या, दूसरे अपने 'छुटपन' का बोध, और इस पर उसके प्रति श्रद्धाभाव, यह अजीब-सी मानसिकता मेरे अन्दर पनप रही थी। पहले उसकी पहलक़दमी पर चकित हुआ करता था, उसे नए-नए खेल सूझते हैं, मैं उत्साह से उनमें शामिल हो जाता, पर हमारे बीच बराबरी का भाव बना रहता। पर अब तो वह मेरा 'हीरो' बनता जा रहा था।

यदि उसके प्रति मेरे अन्दर विद्रोह के भाव उठते तो बेहतर था। तब मैं अपनी जगह पर तो खड़ा रहता। अब तो जो वह कहता वही ठीक था। मैं उसका अनुसरण करने लगा था और चूँकि वह मुझसे प्यार करता था, बड़े भाई का सारा वात्सल्य मुझ पर लुटाता था, मैं उत्तरोत्तर उसका अनुगामी बनता जा रहा था। वह नाटक खेलता तो मैं भी बड़े चाव से उसके साथ नाटक खेलने लगता। वह तीर-कमान चलाने लगता, तो मैं भी वही कुछ करने लगता। और इस वृत्ति ने ऐसी जड़ जमा ली कि धीरे-धीरे मेरी दबंग तबीयत शिथिल पड़ने लगी। इस नए रिश्ते को मेरे प्रति उसके स्नेह ने और भी मज़बूत किया। जब मैं उससे झगड़ता तो वह मुझे बाँहों में भर लेता। एक साथ, एक ही बिस्तर में सोते हुए, जब मैं गुस्से से उसे लातें जमाता, उसके हाथ नोच डालता तब भी वह मुझ पर हाथ नहीं उठाता था।

इस तरह मेरी अपनी मौलिकता बहुत कुछ दबने लगी थी।

यह श्रद्धाभाव मेरे स्वभाव का ऐसा अंग बना कि धीरे-धीरे हर हुनरमन्द व्यक्ति को अपने से बहुत ऊँचा, और स्वयं को बहुत नगण्य और छोटा समझने लगा।

मैं बहुत छोटा था जब हमारे गली-मोहल्ले में लड़के गोलियाँ खेलते थे। मैं भी खेलता था। उन्हीं दिनों, कभी-कभी किसी दूसरे मोहल्ले से एक लड़का हमारे मोहल्ले में गोलियाँ खेलने आया करता था। वह इतना बढ़िया खिलाड़ी था कि देखते-ही-देखते उसकी जेबें जीती हुई गोलियों से भर जातीं। मैं मन्त्रमुग्ध-सा उसे

देखता रहता। मुझे वह बड़ा विलक्षण जीव नज़र आता। कभी-कभी मुझे देखकर, वह अपनी जेब में से मुट्ठी-भर गोलियाँ निकालकर मेरी जेब में डाल देता। मैं अभिभूत-सा महसूस करता।

यह भी मेरी मानसिकता का अंग बनता जा रहा था—बेसुध होकर अन्य व्यक्तियों की विशिष्टता से प्रभावित होना। जिस अनुपात में मैं अन्य व्यक्तियों की विशिष्टता से प्रभावित होता, उसी अनुपात में मैं अपने को नगण्य समझने लगता।

इन हुनरमन्द लोगों में मुझे एक ख़ास तरह का बाँकपन नज़र आता जिस पर मैं रीझ-रीझ जाता था। उनकी अपनी अदा होती, अपनी मस्ती होती, एक ख़ास तरह की नफ़ासत होती।

बहुत बाद में मैंने ध्यानचन्द को हॉकी खेलते देखा था। ध्यानचन्द के स्टिक पर गेंद उतरता तो, लगता जैसे ध्यानचन्द कोई साज़ बजाने लगा था। वह इस सफ़ाई के साथ गेंद को सँभालता और आगे बढ़ाता कि देखते ही बनता था। गेंद वहीं पहुँचती जहाँ वह पहुँचाना चाहता था। लगता सब अपने आप हो रहा है, ध्यानचन्द स्टिक को केवल हल्के से हिला-भर दे रहा है।

यों उनके व्यवहार में कुछ भी अनोखा नहीं हुआ करता था। फिर भी कुछ था जो उन्हें और लोगों से अलग करता था। पर क्या यह बाँकपन मेरी नज़र की देन था? या कुछ सचमुच था जो मुझे तो दिखाई दे रहा था, और जिसे और लोग नहीं देख पा रहे थे?

खिलाड़ियों में गुलज़ारी--मेरा पहला हीरो—हड़ियल-सा लड़का था, दुबला-पतला, सिर आगे की ओर बढ़ाकर चलता, पर मेरे लिए इसी में उसकी विलक्षणता पाई जाती थी। उसे देखते हुए मैं भी गर्दन आगे बढ़ाकर चलने लगा था। पर मैं गुलज़ारी नहीं बन सकता था।

कुल मिलाकर ऐसे स्वभाव की भूमिका मेरे जीवन में बड़ी नकारात्मक रही है। दूसरे के गुणों का मान करना तो अपने में बड़ा अच्छा गुण है, पर यदि दूसरे को बड़ा और अपने को उत्तरोत्तर छोटा मानने लगो, पग-पग पर 'हीरो' बनाते फिरो, तो तुम अपनी मौलिक दृष्टि खो बैठोगे, स्वतन्त्र रूप से किसी के गुण-दोष देख पाने की क्षमता और अपनी मौलिकता खो बैठोगे।

मेरा सारा बचपन और बहुत हद तक लड़कपन भी अपने लिए 'हीरो' बनाने में बीता है। पहला हीरो मेरा बड़ा भाई, दूसरा हीरो साहित्य का अध्यापक, आदि-आदि। हीरो बनाने से मुराद अश-अश होने की प्रवृत्ति जिसमें स्वतन्त्र रूप से विवेचन के लिए कोई आग्रह न हो। इससे मेरी साहसिक पहलक़दमी, मेरा स्वतन्त्र चिन्तन, स्वतन्त्र दृष्टि का विकास, सभी को नुक़सान पहुँचा। लेखन के क्षेत्र में

मैं बेधड़क, स्वतःस्फूर्त, धाराप्रवाह अभिव्यक्ति पर अंकुश लगाता रहा। मतलब कि ऐसा स्वभाव व्यक्तित्व के विकास में भी उतना ही बाधक बनता है जितना अपने को व्यक्त कर पाने में।

हर दूसरे आदमी को अपने से बड़ा समझना, अपने को दोष देते रहना, अपने को हीन समझना, यहाँ तक कि अपने भीरु स्वभाव को गुण मानने लगना—यह कहना कि भीरु लोग दम्भी, महत्त्वाकांक्षी नहीं होते, अहंवादी नहीं होते, विनम्र होते हैं, मेहनती होते हैं, लड़ाई-झगड़े से दूर रहते हैं (और शायद इसीलिए दीर्घजीवी भी होते हैं), विश्वसनीय होते हैं, जबकि वास्तव में ऐसे लोग धीरे-धीरे अपना साहस, अपना आत्मविश्वास, चुनौतियों का सामना करने की अपनी क्षमता खो बैठते हैं और ख़तरों से दूर रहते हुए निपट दब्बूपन का जीवन जीते हैं।

मनुष्य का मानसिक गठन बड़ा विचित्र होता है। एक वृत्ति जड़ जमाए तो उसके साथ, उसी में से अन्य शाखाएँ भी फूटने लगती हैं। जहाँ मेरे स्वभाव में भीरुता आने लगी थी, वहाँ मुझे विद्रोही मानसिकतावाले लोग अधिक आकर्षित करने लगे थे—डटकर खड़े हो जानेवाले, टक्कर लेनेवाले, पहलक़दमी करनेवाले लोग। शायद यह, अपनी भीरुता से छुटकारा पाने का एक साधन रहा हो। ऐसी मानसिकता के कारण ही, सम्भव है, मुझे निर्भीक, साहसी, विद्रोही स्वभाववाले लोग बड़े प्रभावित करते हैं। जितना अधिक कोई व्यक्ति अपने को छोटा समझेगा उतना ही अधिक वह उत्साही तथा साहसिक लोगों से प्रभावित भी होगा, उन्हें अपना हीरो बनाता रहेगा।

पर मेरी इस मानसिकता ने एक और रुख़ भी पकड़ा। अपने बड़े भाई से तो मैं ख़म खाता ही था, पर मैं उन लोगों के निकट जाने लगा जो मुझसे ख़म खाते थे। वे लोग अक्सर मेरे ग़रीब सहपाठी हुआ करते। मैं खाते-पीते परिवार से था, वे लोग गुरबत में रहते थे। मैं बन-ठनकर उनके घर जा पहुँचता—बन-ठन से मतलब था सिर पर मशद्दी लुंगी, नीचे लम्बा कोट (भले ही वह भाई का उतरा हुआ हो) और बालों पर तेल चुपड़ा हुआ, और जूतों को धो-धोकर पोंछा हुआ—मेरे लिए यही बन-ठनकर जाना था—पर जब देवराज की कच्ची कोठरी में जाता जो बिस्तर में नंगा सोया करता क्योंकि उसके पास कपड़ों का एक ही जोड़ा था और मुझे देखकर उसकी माँ कहती, "छोटे बाबू, आज तो बड़े बन-ठनकर आए हो" तो मैं बड़ा आश्वस्त महसूस करता। और धीरे-धीरे मैंने पाया कि मेरे सहपाठी जिनके साथ मैं घूमने-फिरने लगा था, वे अधिकांश ग़रीब घरों में से थे—धर्मदत्त, हरबंस, बरकत आदि—मैं उनके बीच अपने को छोटा महसूस नहीं करता था। मैं उनकी सरपरस्ती कर सकता था।

अपने ग़रीब सहपाठियों का उल्लेख करते हुए, अचानक ही वे मेरी आँखों

के सामने आ गए हैं। स्कूल की पढ़ाई के बाद उनमें से कोई भी आगे नहीं पढ़ पाया था, पढ़ाई में अपनी योग्यता के बावजूद।

धर्मदत्त तो स्कूल के दिनों में ही चल बसा था। धर्मदत्त बड़ा ग़रीब पर बड़ा संवेदनशील लड़का था। अन्धे बाप का बेटा, उनका परिवार एक अँधेरी कोठरी में रहता था, जिसमें दिन को भी दीया जलाने की ज़रूरत रहती। उसका पिता आँखों से अन्धा था पर विवाह के गीत लिख-लिखकर अपनी रोज़ी कमाता था। धर्मदत्त पढ़ने में बहुत अच्छा था, पर एक दिन मास्टरजी ने उसे बेंच पर खड़ा कर दिया था। इससे उसके दिल को ऐसी ठेस लगी थी कि वह बीमार पड़ गया था। इस अपमान के कारण रहा हो या दुबला होने के कारण, उसे सरसाम हो गया था, और कुछ ही दिनों में चल बसा था।

रोशन से मैं ईर्ष्या करता था, क्योंकि उसकी उर्दू की लिखाई बहुत सुन्दर थी। पढ़ने में भी वह आगे था और महत्त्वाकांक्षी भी। पर धीरे-धीरे, न जाने क्यों, वह पिछड़ने लगा था। कॉलेज तक वह नहीं जा पाया। हालाँकि उसमें पढ़ने की बड़ी ललक थी। मेरे लाहौर जाने तक वह बीमार रहने लगा था। मैं अभी लाहौर में पढ़ ही रहा था कि पता चला कि वह क्षय रोग से पीड़ित है और लाहौर के ही एक अस्पताल में उसका इलाज चल रहा है। पर जब मैं उससे मिलने गया तो मालूम हुआ, दो ही दिन पहले उसका देहान्त हो गया था।

हरबंस भी मेरा सहपाठी रहा था। वह केवल सातवीं कक्षा तक पढ़ पाया। पर हमारे बीच दोस्ती बराबर बनी रही। बड़ी बेतकल्लुफ़ी से वह मेरी पीठ पर धौल जमा देता था। पर कुछ ही बड़ा होने पर उसके मन में भी संकोच-सा पैदा होने लगा था। बैठा-बैठा, हँस-बोल रहा होता कि सहसा चुप हो जाता और अटपटा-सा महसूस करने लगता। और झट से उठकर चल देता।

मैं जब लाहौर से अपनी पढ़ाई पूरी करके अपने शहर लौटा तो वह बिजली के फ़िटर का काम करने लगा था। हमारे सम्बन्धों में सहसा ही दूरी आ गई थी।

फिर वह आँखों से ओझल हो गया। मुझे बहुत दिन बाद पता चला कि बिजली के खम्भे पर चढ़ा, तार जोड़ रहा था जब हादसे का शिकार हो गया और गिरकर मर गया।

उनके जीवन की वास्तविक स्थितियों को न जानते हुए भी, वे मेरे दिल पर दाग़ छोड़ गए हैं।

भीरु स्वभाव बन जाने पर भी मैं यह नहीं कह सकता कि मेरी पहली मनमौजी, बेपरवाह तबीयत बिल्कुल मर गई थी। वह मरी नहीं थी, अवचेतन की तहों के नीचे दब गई होगी। कभी-कभी, मैंने पाया, कि वह जैसे अचानक ही अपना फन

उठाने लगती थी।

मैं किसी विश्वास के साथ यह तो नहीं कह सकता पर मुझे लगता है कि बाद में जो पात्र मेरे उपन्यासों-कहानियों में आए, उनमें अक्सर दो गुण थे—वे ग़रीब भी थे और निर्भीक भी। जैसे 'तमस' का जरनैल। उनके चरित्र-चित्रण के पीछे मेरी अपनी मानसिकता ही रही होगी। बहुत साल बाद, जब मैं कांग्रेस में काम करने लगा था तो वहाँ भी मैं ऐसे लोगों के सम्पर्क में आया जो अपने तईं, महत्त्वाकांक्षी नहीं थे, अपने लिए कुछ नहीं माँगते थे, न पद, न पैसा, पर जो स्वतन्त्रता संग्राम में जान की बाज़ी लगाकर उतरे हुए थे। हरीसिंह मामूली बढ़ई था, क्षयरोग से पीड़ित था, पर हर जलसे में, नेता लोगों के आने से पहले, श्रोताओं को बैठाए रखना, उनका मनोविनोद करना, उसका दायित्व हुआ करता। वह तीन बार जेल जा चुका था। जगदीश, जो राजा बाज़ार में, भोंपू मुँह के सामने रखकर किसी साबुन-तेल की इश्तहारबाज़ी करते हुए, अपना निर्वाह करता था, पर ज़िला कमेटी की मीटिंगों में बड़े तमतराक से भाग लेता, बड़े-से-बड़े लीडर को आड़े हाथों लेता। हीरालाल, जो केवल जलसों की मनादी का काम करता था पर इतना निर्भीक कि एक दिन ढोल बजाता, केन्टोन्मेंट में जा पहुँचा था, जहाँ सियासी मीटिंगें करने की मनाही थी और अपनी जान से हाथ धो बैठा था। वे लोग मेरी नज़र में हीरो के समान ही मेरी श्रद्धा के पात्र बन गए थे। इन पात्रों का चरित्र-चित्रण बहुत कुछ मेरी अपनी मानसिकता की उपज ही रहा होगा।

हम दोनों भाई छज्जे पर खड़े बतिया रहे हैं जब नीचे, हमारे घर के सामने एक बस आकर रुकती है। बस की छत सामान से लदी है और सामान लम्बी यात्रा की धूल से अटा पड़ा है।

सहसा भाई चहक उठता है।

"बहनें आई हैं। काश्मीर से हमारी फुफेरी बहनें आई हैं," और वह उसी क्षण सीढ़ियों की ओर भागता है।

सचमुच बहनें आई हैं। साथ में उनके पिताजी और बड़ा भाई भी आए हैं।

यह हमारा फुफेरा परिवार है। जाड़ों के मौसम में जब काश्मीर की घाटी बर्फ़ से ढक जाती है, तो ये लोग कुछ दिन के लिए हमारे यहाँ आकर रुकते हैं। उनका आना हमारे लिए बड़ा रोमांचकारी अनुभव होता है।

मैं भी भागता हुआ नीचे पहुँचता हूँ। मोटे-मोटे कोट पहने हुए, बालों पर धूल और चेहरे लाल-लाल। सात बहनें और एक बड़ा भाई और उनके पिताजी जो अभी से हमारे पिताजी के साथ खड़े हँस-बतिया रहे हैं। मुझे लगता है हमारी

फुफेरी बहनें किसी परीलोक से उतरनेवाली परियाँ हैं और यह परीलोक काश्मीर के पहाड़ों में कहीं बसा है। सभी पर काश्मीर की आभा छिटकी है।

"तू कितना बड़ा हो गया है, रे मत्तू," घुँघराले बालोंवाली बड़ी बहन, जो बात-बात पर खिलखिलाकर हँसती है, मुझे बाँहों में भरती हुई कहती है।

कुछ देर बाद हम सब लोग पुराने सुफ़े में पहुँच गए हैं, कमरे में खाटें बिछ गई हैं, और हम सब, जगह-जगह बैठे बतिया रहे हैं। माताजी ने रसोईघर से, गिलासों में गर्म-गर्म चाय भेजी है। हम लोग टोलियों में बँट गए हैं। हमारी बहनें भी इनसे आ मिली हैं। सभी चहक रहे हैं। किसी-किसी वक़्त इनके बड़े भाई कमरे में आकर कभी खाटें गिनते हैं, कभी किसी खाट को अपनी जगह से हटाकर दूसरी जगह बिछाते हैं। यह हमारे 'शूरवीर भ्राताजी' हैं। यह सभी काम कर सकते हैं। दो साल पहले जब यह आए थे तो इन्होंने एक खाट की अदवायन इतने ज़ोर से खींचकर बाँध दी थी कि मैं देखता रह गया था। यह जब कभी कोई कसरती काम करते हैं तो इनका मुँह लाल हो जाता है, गाल फूल जाते हैं और जीभ का अगला भाग होंठों के बीच दबा लेते हैं। मैं इससे भी बड़ा प्रभावित हुआ था और मैंने इनसे पूछा था :

"आपने भगवान को देखा है ?"

मैं समझता था कि अगर किसी ने भगवान को देखा है तो इन्होंने ज़रूर देखा होगा।

शान्ता, जो मेरी उम्र की है, चाय की चुस्कियाँ लेती हुई मुझसे कहती है :

"श्रीनगर में हम लोग क़हवा पीते हैं, और उसमें बाकरख़ानी डुबो-डुबोकर खाते हैं।"

वह हर वाक्य के बाद ऊपर-नीचे सिर हिलाती है और होंठों को बिचकाती है, "क़हवे में नमक डालते हैं।" शान्ता कहती है और होंठ बिचकाकर सिर हिलाती है, मानो कह रही हो, तुम क्या जानो काश्मीर में हम लोग क्या-क्या करते हैं।

और मैं हैरान-सा सुने जा रहा हूँ। दुनिया में ऐसे लोग भी होंगे जो क़हवे में नमक डालकर पीते हैं।

"जब बाहर बर्फ़ पड़ती है तो हम लोग काँगड़ी लेकर बैठते हैं।"

जब ये लोग काश्मीर की बातें करते हैं—गिरती बर्फ़ की, 'काँगड़ी' की 'समावार', की 'बुख़ारी' की, 'बाकरख़ानी' की, जो मेरे लिए बड़े अनूठे शब्द हैं तो मुझे लगता है कि ये लोग किसी 'नीलमदेश' (दूसरी दुनिया) से आए हैं।

"अबकी बार इतनी ज़्यादा बर्फ़ पड़ी है कि झील का पानी जम गया है। उस पर शिकारे चलने बन्द हो गए हैं। जानता है, शिकारा क्या होता है ?" और मुझे अवाक् देखकर जोड़ देती है, "तू कुछ भी नहीं जानता, मत्तू !"

(सभी बहनें, मुझे सम्बोधन करते हुए 'मत्तू' शब्द का प्रयोग करती हैं। करती तो प्यार से हैं, पर 'मत्तू' नाम एक नीम पागल का था जो श्रीनगर की गलियों में भागता फिरता था।)

"शिकारा, किश्ती को कहते हैं, मत्तू, जो पानी पर तैरती हुई चलती है। किश्ती पर छत नहीं होती पर शिकारे पर छत होती है और बैठने के लिए गद्दियाँ बिछी रहती हैं।..."

और अब, जब शान्ता होंठ बिचकाकर, सिर ऊपर-नीचे हिलाती है तो मेरा सिर भी हिलने और होंठ बिचकने लगते हैं।

"अबकी बार हम लोग शगूफ़ा देखने गए थे।"

"शगूफ़ा क्या होता है ?"

"तू मत्तू ही रहेगा। जब केसर खिलता है तो उसे शगूफ़ा कहते हैं। कार्तिक पूर्णिमा की रात को..."

मैं सचमुच मन्त्रमुग्ध-सा उस 'नीलम देश' की चर्चा सुने जा रहा हूँ और उसके गोरे-गोरे, दमकते चेहरे की ओर देखे जा रहा हूँ।

तभी, बड़ी बहनोंवाली खाट की ओर से श्लोक बोलने की आवाज़ आने लगी है :

त्वमेव माता च पिता त्वमेव
त्वमेव बन्धुश्च सखा त्वमेव...

यह श्लोक मैंने सुन रखा है पर मुझे कंठ नहीं है। मुझे सन्ध्या के मन्त्र और कुछेक हवन के मन्त्र याद हैं। इन बहनों को श्लोक भी आते हैं। यों, हमारे बीच बहुत कुछ साझा है। हवन-सन्ध्या ये भी करती हैं, हम भी करते हैं, हिन्दी की किताबे ये भी पढ़ती हैं, हम भी पढ़ते हैं। शान्ति पाठ इन्हें भी आता है, हमें भी आता है। पर घुँघराले बालोंवाली बड़ी बहनजी को ढेरों श्लोक याद हैं। वह कहानियाँ भी लिखती हैं।

"तूने 'प्रेमाश्रम' पढ़ा है ?" सहसा शान्ता मुझसे पूछती है। "इतनी मोटी किताब है। आजकल मैं पढ़ रही हूँ।" वह रोआब गाँठते हुए होंठ बिचकाकर और सिर हिलाकर कहती है।

"मैंने 'राजपूत जीवन सन्ध्या' पढ़ी है," मैं झट से कहता हूँ पर शान्ता इससे प्रभावित नहीं हुई है।

"मैं कल तुम्हें दिखाऊँगी।"

शान्ता मुझसे केवल छः महीने छोटी है, पर बड़ी 'पढ़ाकू' है। कल 'प्रेमाश्रम' हाथ में लिये, दीवार के साथ पीठ लगाए, सुबह की बैठी शाम तक पढ़ती रहेगी।

ये लोग बहुत कुछ जानते हैं। इन्हें श्लोक भी याद हैं। 'शूरवीर भ्राताजी' काश्मीरी भाषा भी बोल लेते हैं।

मुझे प्रभावित करने के लिए शान्ता जोड़ देती है :

"पुरुषार्थ बहनजी कविता भी लिखती हैं। मुझे उनकी दो कविताएँ याद भी हैं, सुनाऊँ ?" और वह झट से सुनाने लगती है।

पुरुषार्थ बहनजी, बहनों में तीसरे नम्बर पर हैं। वह आँखों पर चश्मा लगाती हैं। उनका चेहरा पीला-पीला है, और वह हँसती-चहकती भी नहीं, धीमे-धीमे मुस्कुराती रहती हैं। बहुत बोलती भी नहीं।

शान्ता सुना रही है :

नाथ पड़ा सूना मन-मन्दिर
कब इसको अपनाओगे ?
नेत्र थक गए राह देखते
कब तुम फिर से आओगे ?
मैं पगली, मतवाली या मैं
फिर भी हूँ चरणों की दास
प्रेम तरंग हिलोरें लेती
आओ एक बार फिर पास
मानस सर के हंस तुम्हीं हो
हो मेरी तन्त्री के तार
मेरी जीवन नैया के हो
कर्णधार, पकड़ो पतवार
देकर झूठे धैर्य नाथ तुम
नहीं मुझे ठग पाओगे
देर करोगे तो क्या होगा
शून्य कुटी को पाओगे।

हम लोग अपने घर में ईश्वरस्तुति के भजन गाते थे, सन्ध्योपासना से जुड़े मन्त्र, नीतिप्रधान दोहे चौपाइयाँ आदि, पर ये लोग साहित्यिक कृतियों की अधिक बातें करते हैं। अब सोचता हूँ तो दूर बचपन में ही घर में ऐसा माहौल बनने

पुरुषार्थवती : इस कविता में तो मानो पुरुषार्थवती को अपनी मृत्यु का पूर्वाभास हो गया था। कुछ ही वर्ष बाद, उनकी शादी के कुछ ही समय बाद उनका देहावसान हुआ। उनके पति, जाने-माने लेखक और सम्पादक श्री चन्द्रगुप्त विद्यालंकार ने, उनकी कविताओं का, 'अन्तर्वेदना' शीर्षक से एक छोटा-सा संग्रह प्रकाशित किया था।

लगा था। माँ के मुँह से सुनी हुई कहानियाँ, विषाद-भरे गीत, आर्यसमाज के जलसों में सुनी दृष्टान्त कथाएँ, जलसों पर से ही प्राप्त होनेवाले कहानी संग्रह, आदि। हमारी रुचियाँ यदि साहित्योन्मुख हुईं तो इसका श्रेय बहुत कुछ हमारे घर के वातावरण को है, और उसमें इन फुफेरी बहनों की बहुत बड़ी देन रही। किसी झटके से हम लोग साहित्य की ओर उन्मुख नहीं हुए। इस तरह जब लिखना शुरू किया तो इसके पीछे कोई विशेष निर्णय अथवा आग्रह रहा हो, ऐसा नहीं था। कोई नया मोड़ काटनेवाली बात नहीं थी। निर्णय करने का अवसर तब आया था जब साहित्य-सृजन को जीवन में प्राथमिकता दी जाने लगी थी, जब अन्य सभी व्यस्तताएँ गौण होने लगी थीं।

जन्मजात संस्कारों की भी सम्भवतः कोई भूमिका रही होगी। हमारे घर में जब कभी हमारे पूर्वजों की चर्चा होती तो माँ, हमारी दादी के बहुत गुण गाया करतीं। वह तो उन्हें 'देवी' कहा करतीं। जब भी उनकी बात करतीं तो बड़े श्रद्धाभाव से। एक घटना की चर्चा तो वह अक्सर किया करतीं :

"तुम्हारी दादी भी कवित्त कहती थीं, ईश्वर भक्ति के। बड़ी नेम-धर्मवाली स्त्री थीं, पूजा-पाठ करनेवाली। देवी थीं देवी..." और माँ सुनातीं :

"तुम्हारे पिताजी का छोटा भाई, भरी जवानी में चल बसा था। न जाने उसे क्या रोग हुआ, देखते-देखते चला गया। तुम्हारी दादी के लिए यह सदमा सहना बड़ा कठिन था। पर वह शान्त रहीं। अपने जवान बेटे का सिर अपनी गोद में रखे, सारा वक़्त जाप करती रहीं। जात-बिरादरी की औरतें टिप्पणियाँ कसती रहीं, 'हाय-हाय, यह कैसी संगदिल माँ है, जवान बेटा चला गया और यह विलाप तक नहीं करती। रोती तक नहीं।' "

इस दिशा में एक और चौंकानेवाला अनुभव भी हुआ। बरसों बाद जब मैं स्वयं कहानियाँ लिख-लिखकर पत्र-पत्रिकाओं को भेजने लगा था और पिताजी मेरे भविष्य के बारे में शंकित से हो उठे थे, तो एक दिन अचानक ही कहने लगे :

"मैंने भी एक बार एक नॉवेल लिखा था।..."

मैं चौंका। यह मेरे लिए सचमुच चौंकानेवाली बात थी। पिताजी तो व्यापारी थे और हम दोनों भाइयों को अपने ही कारोबार में शामिल करना चाहते थे।

"आपने कभी बताया तो नहीं," मैंने कहा।

"दसवीं कक्षा की परीक्षा दे चुकने के बाद मैंने वह नॉवेल लिखा था।"

"फिर ?"

"फिर क्या ?...बात आई-गई हो गई।"

उन्होंने इस लहजे से कहा मानो मूर्खों की-सी हरकतें छोटी उम्र में हर कोई करता है, इसमें अचरज की क्या बात है।

सम्भव है, कहीं-न-कहीं, साहित्य-सृजन में हमारी रुचि किसी हद तक हमें संस्कार रूप में अपने परिवार से मिली हो।

और बलराज की साहित्यिक रुचि तो शीघ्र ही कविता में व्यक्त होने लगी थी :

गुलदस्ता से क्यों तूने ठुकरा के मुझे फेंका
गो घास पे उगता हूँ, क्या फूल नहीं हूँ ?

उन्होंने पन्द्रह-एक वर्ष की अवस्था में यह शे'र कहा था। और जब भगतसिंह को फाँसी दी गई, तो बलराज ने पूरी-की-पूरी कविता अंग्रेज़ी में भगतसिंह की पुण्य स्मृति में कह डाली थी...

हम अपने संस्कार सचेत रूप से ग्रहण नहीं करते। कब, कौन-सी घटना कहीं गहरे में अपनी छाप छोड़ जाए, हम कुछ नहीं जानते।

मेरी दो बहनों में से छोटी बहन की मृत्यु को घटते, मैं आज भी किसी धुँधलके में देखता हूँ। मैं नहीं समझता उसे इस बात का चेत हो गया होगा कि उसकी आख़िरी घड़ियाँ आ गई हैं जब उसने पिताजी से फुसफुसाकर कहा था कि वेदमन्त्र पढ़ो। यों तो मृत्यु, जीवन-भर एक अबूझ आतंकित करनेवाली पहेली बनी रहती है, पर मेरी बहन की मृत्यु मेरे लिए अपनी तरह का अनूठा, विचलित करनेवाला अनुभव था।

वह पिछले कुछ महीने से बीमार चल रही थी। मैंने उसके पीले-से चेहरे पर सूजन देखी थी। मैं उस रोज़ रेलवे स्टेशन पर भी था जब पिताजी उसे लाहौर से लाए थे और वह पहियोंवाले स्ट्रेचर पर गाड़ी के डिब्बे में से उतारी गई थी।

मैं और मेरा भाई उस रात सोए पड़े थे जब परिवार के लोग मन्त्रोच्चारण करने लगे थे। तब पिताजी ने, लरज़ती आवाज़ में हमें भी जगाया था और मन्त्र पढ़ने को कहा था, "मन्त्र पढ़ो ! सावित्री कहती है, मन्त्र पढ़ो !" और हम भी पिताजी के साथ-साथ मन्त्र पढ़ने लगे थे :

तमीश्वराणाम् परमं महेश्वरम्
तम् देवतानाम् परमं च दैवतम्
पतिं पवीनाम् परमं परस्तात्
विधाम देवं भुवनेषु मीड्यम्

साथवाले कमरे में से हमारी बुआ और हमारी मौसी की आवाज़ आने लगी थी। मौसी को मन्त्र याद हैं, बुआ कभी बोलने लगती है, कभी चुप हो जाती है।

किसी धुँधलके में कुछ घट रहा है जिसे मैं समझ नहीं पा रहा हूँ। क्या उस समय सचमुच हमारी बहन को इस बात का पूर्वाभास हो गया था कि वह किसी घटाटोप की ओर जा रही है, कि वह उसमें प्रवेश कर रही है, नहीं तो अपनी अन्तश्चेतना की किन अतल गहराइयों में से हमारी बहन ने मन्त्रोच्चारण की माँग की होगी ? क्या वह जानती थी कि मौत क्या होती है ?

हम एक के बाद एक मन्त्र का उच्चारण कर रहे थे। एक मन्त्र समाप्त होता तो पिताजी दूसरा मन्त्र आरम्भ कर देते। बार-बार पिताजी की आवाज़ लड़खड़ा जाती। किसी-किसी वक़्त माँ की आवाज़ भी मन्त्रोच्चारण में सुनाई पड़ती, काँपती-काँपती सी आवाज़, पर कुछ देर बाद वह अन्य आवाज़ों में डूब-सी जाती। तब मैं समझ जाता कि माँ वहाँ से उठ गई होंगी और उठकर या तो छोटी बहन के कमरे में गई होंगी, या बाहर आँगन लाँघकर बड़ी बहन के कमरे में—जहाँ हमारी बड़ी बहन, कुछ समय से आकर रहने लगी थी। पूछने पर माँ कहती, तुम्हारी बड़ी बहन 'व्यम' के लिए आई है। मैं नहीं जानता था कि व्यम क्या होता है। मैं केवल अनुमान लगा रहा था कि माँ बार-बार बहनों के पास जा रही होगी, कभी एक के पास, कभी दूसरी के पास।

फिर गायत्री मन्त्र का पाठ होने लगा था। सबकी आवाज़ ऊँची हो गई थी, क्योंकि गायत्री मन्त्र सभी को कंठस्थ था। मैं बिस्तर में उठकर बैठ गया था :

ऊँ भूर्भुवः स्वः तत्सवितुर्वरेण्यम्
भर्गो देवस्य धीमहि,
धियो यो नः प्रचोदयात्

कुछ देर के लिए चुप्पी छा जाती, सन्नाटा-सा छा जाता, केवल पिताजी के क़दमों की आवाज़ आती। पिताजी मन्त्र बोलते हुए भी आगे-पीछे टहल रहे थे।

सहसा ही मैं, गायत्री मन्त्र पढ़ना छोड़, भाई से कहता हूँ :

"आज वह फिर आया था !"

"कौन आया था ?" भाई पूछता है।

"वही जो रोज़ आता है।"

"वह छोटी बहनजी का मँगेतर है।"

मैं समझ नहीं पा रहा था कि मँगेतर क्या होता है।

"आज बहुत देर हो गई है। चला गया होगा," भाई बुदबुदाता है।

"मैं छज्जे पर जाकर देखूँ ? वह नीचे खड़ा है या नहीं ?"

इससे पहले कि भाई कुछ कहे मैं बिस्तर से कूदकर निकल जाता हूँ, और छज्जे की ओर भाग खड़ा होता हूँ।

वह सचमुच नीचे खड़ा है, उसी तरह घर के सामने खड़ा रहता है या आगे-पीछे टहलने लगता है।

जब से बहन लाहौर से लौटी है, वह हर शाम आने लगा है। मैं आकर भाई को बताता हूँ, पर वह कुछ नहीं कहता।

साथवाले कमरे में से जहाँ अँगीठी के आसपास बुआ और माँ और मौसी बैठी मन्त्रोच्चारण कर रही हैं, पिताजी की आवाज़ आती है :

"तू उठ जा, वीराँ। तू क्यों आ गई है ? उठ जा मेरी बच्ची ! जा अपने कमरे में।"

वीराँ हमारी बड़ी बहन का नाम है। वही 'व्यम' में आई है। और पिताजी फिर से गायत्री मन्त्र पढ़ने लगे हैं।

नीचे, किसी के दरवाज़ा खटखटाने की आवाज़ आई है :

"राजो आ गई है," माँ कहती है।

"राजो कौन है ?" बुआ पूछती है। बुआ को नहीं मालूम राजो कौन है।

"राजो धोबन," मौसी कहती हैं, "मैं जाती हूँ, दरवाज़ा खोलती हूँ।"

इतनी रात गए घर में राजो धोबन क्यों आई है ? वह यहाँ आकर क्या करेगी ?

मौसी सीढ़ियाँ उतर रही है। गलीवाला दरवाज़ा खुलने की आवाज़, फिर उसे भेड़ने की आवाज़। मौसी उससे कुछ कह रही है। फिर दोनों सीढ़ियाँ चढ़ने लगी हैं।

मन्त्रोच्चारण बराबर चल रहा है। अब पिताजी की आवाज़ सुनाई नहीं पड़ रही। उनके टहलते क़दमों की आवाज़ भी सुनाई नहीं देती।

"पिताजी कहाँ गए हैं ?" मैं फुसफुसाकर पूछता हूँ।

"मुझे नहीं मालूम," भाई कहता है।

सहसा ही, अँधेरे को बेधती हुई, पिताजी की आवाज़ आती है :

"चली गई। सावित्री चली गई।"

और उसी क्षण मन्त्रोच्चारण, रुदन और विलाप में बदल जाता है।

बहन एक भी मन्त्र का अर्थ नहीं जानती थी। वह इतनी छोटी थी कि मन्त्रोच्चारण के आध्यात्मिक प्रभाव को भी क्या जानती होगी। उसने इतना कम जिया-जाना था, कि वह मानसिक शान्ति की आवश्यकता को क्योंकर महसूस करती होगी ? क्या उसे चेत था कि वह अन्तिम श्वास ले रही है ? क्या उसे अपनी मौत की आहट सचमुच मिल गई थी ? उसे कैसे मालूम हो गया था कि वह मौत की आहट है ? अपने अवचेतन में ही उसने मन्त्रोच्चारण को अपनी मरणासन्न स्थिति के अनुरूप समझा होगा। क्या बहन नाटक कर रही थी ? मरने का नाटक ? पर वह तो सचमुच मर रही थी।

पिताजी फिर से हमारी खाट के पास खड़े हैं।

''चली गई। तुम्हारी बहन चली गई।''

उनकी आवाज़ बार-बार लड़खड़ा रही है।

खाट पर, बिस्तर में बैठा भाई, सिसक-सिसककर रोने लगा है। वह बार-बार सिसकने लगता है। पर मुझे रोना नहीं आ रहा है। बहुत कोशिश करने पर भी नहीं आ रहा है। मैं किसी-किसी वक़्त, भाई की नकल करते हुए, सिसकियाँ भरने लगता हूँ।

नीचे, कुछ देर पहले, गलीवाला दरवाज़ा खुलने की आवाज़ आई थी। फिर सीढ़ियाँ चढ़ने की। राजो, मौसी से कुछ कह रही थी। अब मौसी, सीढ़ियाँ चढ़ते-चढ़ते रोने लगी है, विलाप करने लगी है।

मैं अपनी झूठी सिसकियों के बीच भाई से पूछता हूँ :

''मैं उस आदमी को देख आऊँ जो नीचे खड़ा था ?''

''नहीं, वह चला गया होगा।''

''मैं देख आऊँ ?''

''नहीं।''

पर मैं फिर से बिस्तर में से निकल जाता हूँ और पलक मारते छज्जे पर जा पहुँचता हूँ।

वह आदमी अभी भी वहाँ पर है, पर अब वह वहाँ पर खड़ा नहीं है, दरवाज़े के बाहर की सीढ़ियों पर बैठ गया है। चुपचाप बैठा है। सिर झुकाए, पीठ झुकाए, उसने ज़रूर घर में उठनेवाले विलाप को सुन लिया है। बराबर सुने जा रहा है।

कुछ ही देर बाद, मैं अभी उसे देख ही रहा हूँ जब वह उठ खड़ा हुआ है, और रूमाल से आँखें पोंछता हुआ, सड़क की ओर जाने लगा है। चरनी की ओर जा रहा है। और अब सड़क का मोड़ काटकर, वह बाएँ हाथ को, मोड़ मुड़ते ही आँखों से ओझल हो गया है। मेरा मन कहता है, वह अब कभी नज़र नहीं आएगा।

मैं लौटकर भाई को बताता हूँ पर वह कुछ नहीं बोलता। मैं फिर से बिस्तर में दुबक जाता हूँ।

पिताजी के आदेश पर हम फिर से बिस्तर में लेट गए हैं।

भाई बिस्तर में लिहाफ़ ओढ़कर लेट गया है पर अभी भी सिसकियाँ भर रहा है। मैं अभी भी रोने का बहाना कर रहा हूँ। और इसी बीच मुझे धीरे-धीरे नींद आने लगी है।

न जाने मैं कितनी देर तक सोया रहा हूँ जब सहसा ही मैं चौंककर जाग

उठता हूँ। मौसी की आवाज़ है। मौसी बार-बार कह रही है :

"सावित्री लौट आई है। भायाजी, हमारी बच्ची लौट आई है। सावित्री लौट आई है।"

मौसी बार-बार कहे जा रही है। मौसी क्या कह रही है ? कौन लौट आया है ?

पिताजी, हमारी खाट के पास खड़े अपनी रुँधी आवाज़ में कह रहे हैं :

"बच्चो, तुम्हारी बहन लौट आई है।"

और उद्विग्न से, भाई के सिर को सहलाने लगे हैं।

मेरी समझ में कुछ भी नहीं आ रहा है। सहसा ही बाहर के अन्धकार को चीरती हुई किसी बच्चे के रोने की आवाज़ सुनाई पड़ती है :

"ऊँ ! ऊँ ! ऊँ ! ऊँ..."

"वीराँवाली के बेटी हुई भायाजी ! हमारी सावित्री लौट आई है।"

पिताजी चुप हैं केवल उनके कंठ से अस्फुट-सा शब्द सुनाई पड़ता है, "हे महाराज ! दया करो।"

भाई समझ गया है। धीरे से कहता है :

"बड़ी बहनजी ने बच्ची को जन्म दिया है।"

घर में रोना बन्द हो गया है। माँ की आवाज़ कहीं भी सुनाई नहीं देती। माँ, जो पहले कभी एक बहन के तो कभी दूसरी बहन के कमरे में आ-जा रही थी। केवल किसी-किसी वक़्त परिवार का कोई व्यक्ति सहसा फफककर रो पड़ता है।

पिताजी मौसी से काँपती-सी आवाज़ में कह रहे हैं :

"लखमोजी, बच्ची की जीभ पर ॐ लिखो। शहद से ॐ का शब्द लिखो।"

कहते हुए उनकी आवाज़ बार-बार लड़खड़ा जाती है।

घर में रोना बन्द हो गया है। नवागन्तुक के आ जाने पर उसके कानों में रोने की आवाज़ नहीं पड़नी चाहिए, मन्त्रोच्चारण की आवाज़ पड़नी चाहिए।

पर पिताजी के कंठ में से मन्त्रोच्चारण के शब्द नहीं निकल पा रहे हैं।

"मन्त्र पढ़ो ! बच्चो, मन्त्र पढ़ो ! लखमोजी, मन्त्र पढ़ो !"

और परिवार के सभी सदस्य फिर से मन्त्रोच्चारण करने लगे हैं :

तमीश्वराणां परमं महेश्वरम्

मेरे मस्तिष्क में अजीब-सा प्रश्न कौंध जाता है :

"क्या छोटी बहनजी मन्त्रोच्चारण को सुन रही होंगी ? क्या वह भी मन्त्रोच्चारण करने लगी होंगी ? नहीं वह कैसे कर सकती है, वह तो मर गई है !"

बड़ा निराला शहर था रावलपिंडी। उन दिनों को याद करते हुए, मन-ही-मन उसकी गलियों में घूमते हुए, उसके नख-शिख आँखों के सामने उभरने लगते हैं, उन दिनों के माहौल में मैं फिर से साँस लेने लगता हूँ।

यों तो छोटा-सा शहर था, कुल तीन या चार बड़े-बड़े बाज़ार होंगे, बाक़ी गलियाँ ही गलियाँ, तंग गलियों का जाल बिछा था। एक अलग-थलग केन्टोन्मेंट था, जहाँ गोरे फ़ौजी घूमते थे। आसपास दूर-दूर गाँव-ही-गाँव थे। धीमी गति पर चलनेवाला शहर था, उसका रहन-सहन तो बहुत कुछ पुरानी वज़ह का ही था, पर लगता था, सरकता हुआ नई रोशनी की ओर बढ़ रहा है। सड़कों पर इधर-से-उधर ताँगे घूमते या साइकिलें। हमारे मोहल्ले में यदि कोई मोटर गाड़ी आ जाए तो मोहल्ले-भर के कुत्ते उसके पीछे पड़ जाते और भौंकते हुए उसे मोहल्ले के बाहर छोड़ आते।

गहरी रात गए, अक्सर कहीं-न-कहीं से गाने की या बंसी बजाने की आवाज़ कानों में ज़रूर पड़ती। शहर का जीवन देहात से जुड़ा हुआ था। गाँवों से आनेवाले किसान, शहर में अपना कामकाज निबटाकर, अपनी बैलगाड़ियों में, लम्बी सड़कें लाँघते हुए अपने-अपने गाँव को लौट रहे होते। उन वीरान सड़कों पर जाते हुए अक्सर गाते हुए जाते। कहीं-कहीं से बाँसुरी की आवाज़ सुनाई पड़ती।

शहर के लोग जीवटवाले, खुशतबह, हँसमुख थे। कहीं मुर्ग़ खाने को मिल जाए तो सब काम छोड़कर पहुँचते थे। हरेक की अपनी ऐंठ थी। छाती तानकर और मूँछों को ताव देकर चलते। बुढ़ापे में भी विरले ही कोई होगा जो कलफ़ लगाकर, दाढ़ी-मूँछ को रँगता न हो। या फिर उन्हें दिन-भर सहलाता न रहता हो।

जाड़ों के दिनों में अक्सर कुत्तों की लड़ाई का 'सांस्कृतिक कार्यक्रम' हुआ करता। यह हमारे मोहल्ले के निकट की कमेटी में हुआ करता था।

इस मैदान में बहुत कुछ होता। साल में एक बार घोड़ों की मंडी लगती जब काबुल और कन्धार तक से पले हुए घोड़े और ख़च्चर बिकने के लिए आते। हुज़ूर डिप्टी कमिश्नर साहब बहादुर का दरबार भी लगता। गाहे-बगाहे दंगल भी होते। बाहर से आनेवाले सर्कस भी यहीं पर अपने खेल-तमाशे दिखाते। यहीं पर मुझे एक तमग़ा इनाम में भी मिला था, वह भी घोड़ों की मंडी के पुरस्कार-समारोह में जब बढ़िया घोड़ों को इनाम दिए जाने थे। तब मुझे मिडल स्कूल में अच्छे नम्बर लेने के पुरस्कार-स्वरूप तमग़ा मिला था। अंग्रेज़ डिप्टी कमिश्नर ने एक तमग़ा एक ख़च्चर के गले में और दूसरा मेरे गले में डाला था।

शहर के सांस्कृतिक जीवन में कुत्तों की लड़ाई का ऊँचा स्थान था। जाड़ों के मौसम में, इतवार के दिन, बहुत बड़ा हुजूम कमेटी के मैदान में इकट्ठा हो जाता। भिड़ाने के लिए लोग, अपने-अपने पले हुए जाबर कुत्तों को ले आते। शर्तें बँध जातीं। यों तो शहर में जगह-जगह मुर्ग़ और बटेर भी लड़ाए जाते, उन पर भी शर्तें बाँध दी जातीं, पर कुत्तों की लड़ाई का अपना रोआब था। हाँ, दो-एक झड़पों से ज़्यादा देख पाना किसी गुर्देवाले का ही काम था।

लोगों की भीड़ से घिरे मैदान में दो कुत्तों को एक-दूसरे के सामने छोड़ दिया जाता। वे एक-दूसरे पर ग़ुर्राते, दाँत निकालकर एक-दूसरे की ओर बढ़ते, फिर उछलकर झपट पड़ते। एक-दूसरे को नोच खाने के लिए कभी दुश्मन के कान पर तो कभी गर्दन पर अपने दाँत गाड़ देते। दोनों में जितना दम होता एक-दूसरे पर झपटते। दोनों लहूलुहान हो जाते। किसी एक का तो ज़रूर ही कान कटकर लटकने लगता। फिर ऐसी नौबत आती कि एक कुत्ता बदहवास हो जाता और वहाँ से निकल भागना चाहता। पर भागने कौन देता था ? जिन तमाशबीनों ने उस पर शर्तें बाँध रखी थीं वे भला उसे क्यों भागने देते ? भीड़ उसका रास्ता रोक देती। उस पर पथराव करती ताकि वह मैदान में लौट जाए। विजयी कुत्ता जो उसका पीछा कर रहा होता, उस पर बुरी तरह झपटता, उसे झिंझोड़ता, काटता, अधमरा कर देता। तब शर्तें बाँधनेवालों के बीच झड़पें होने लगतीं। लाठियाँ चलने लगतीं, छुरे-चाकू निकल आते, सिर-फुटौवल होता, कितने ही ज़ख़्मी होते।

अक्सर दो या तीन झड़पें ही हो पातीं। पर यदि कुत्तों की एक ही झड़प पर फ़िसाद की नौबत आ जाए, तो उस रोज़ एक ही झड़प होकर रह जाती।

कभी-कभी शहर में दंगल होते। दंगल से महीना-भर पहले, शहर की दीवारों पर इश्तहार लग जाते। उन पर बाहर से पटियाला, सियालकोट या लायलपुर से आनेवाले पहलवान की तस्वीर छपी होती, हाथ में गुर्ज़ उठाए हुए, बढ़ी हुई तोंद, घुटा हुआ सिर, फनियर मूँछें। दंगल से एक दिन पहले, बाहर से आनेवाला पहलवान, चटकीले रेशमी कपड़ों से लैस, सिर पर रँगीली राजस्थानी पगड़ी, छाती पर तमग़ों की लड़ी, गले में तावीज़ और आँखों में चुनौती की चमक, एक ताँगे में छाती ताने खड़ा अपने आगमन की सूचना देता हुआ, एक सड़क से दूसरी सड़क, शहर की सड़कों पर घूम जाता। ताँगे की अगली सीट पर वह स्वयं खड़ा होता, पिछली सीट पर एक आदमी बैठा ढोल पीट रहा होता और उसकी बग़ल में बैठा एक और आदमी, दंगल के इश्तहार बाँट रहा होता।

उन दिनों पटियाला दरबार से जुड़े गामा पहलवान को ही रुस्तम-ए-हिन्द माना जाता था। पर जब इटली के नामी पहलवान ज़बिस्को के साथ उसका दंगल हुआ और वह जीत गया तो उसने अपना ख़िताब रुस्तम-ए-हिन्द से बदलकर रुस्तम-ए-ज़माँ रख लिया था। इससे उसे सबसे बड़ा फ़ायदा यह हुआ कि इसके बाद यदि कोई पहलवान उसे दंगल की चुनौती देता तो उसका जवाब होता, "पहले मेरे किसी शागिर्द के साथ दंगल करो, फिर मेरे पास आना।"

यों तो हमारे शहर में दो-तीन अच्छे पहलवान थे, जो पटियाला तक दंगल कर आए थे, पर रावलपिंडी के एक पहलवान, कालू, का जवाब नहीं था, वह भुलाए नहीं भूलता। वह पेशे से पहलवान नहीं था, कमेटी का जमादार था जिसका काम मरे हुए जानवर जगह-जगह से उठवाना था। पर जब कभी शहर में दंगल का ढोल बजता तो उसके भी पट्ठे दंगल के लिए मचलने लगते और वह अक्सर बाहर से आनेवाले पहलवान को चुनौती दे देता। शरीर का काला-कलूटा, मझले कद का, मगर बला का फुर्तीला कालू, अखाड़े में उतरता तो बाहर के पहलवान के सामने बौना-सा लगता। बाहर से आनेवाला पहलवान उसकी चुनौती पर अखाड़े में आ तो जाता पर उसे लगता जैसे उसे चुनौती देने के लिए जानबूझकर उकसाया गया है, और इस तरह उसका अपमान किया गया है। एक बार सियालकोट से आनेवाले एक 'रुस्तम' के सामने जब यह बौना अखाड़े में उतरा तो एक ही दाँव में सियालकोटवाले ने इसे पछाड़ दिया। पर पछाड़ ही नहीं दिया, अपने अपमान का बदला लेने के लिए, एक ही झटके से हमारे पहलवान को पाँवों से पकड़कर उलटा लटका दिया, मतलब कि सिर नीचे और पाँव ऊपर, टख़नों पर से दोनों पाँव सियालकोटवाले पहलवान की जकड़ में और हमारे हीरो का सिर नीचे लटकता हुआ। इस तरह उसे उठाए हुए पहलवान, मैदान के चारों ओर घूम गया। हमारे कालू का सिर बार-बार नीचे ज़मीन से टकरा रहा था। पहले तो दर्शक हँसी से लोटपोट होते रहे, पर फिर नगरवासियों ने महसूस किया जैसे हमारे शहर की तौहीन की जा रही है। इस पर कुछ लोग उठ खड़े हुए थे और शीघ्र ही लाठियाँ चलने की नौबत आ गई थी।

रावलपिंडी के शहरी की मानसिकता में पाई जानेवाली ऐंठ का एक और कारण भी था। रावलपिंडी दो शहरों के बीच लटका हुआ शहर था—एक ओर लाहौर, दूसरी ओर पेशावर। दोनों के बीच में रावलपिंडी। पेशावर के लोग पुरानी वज़ह के थे, जबकि लाहौर नई रोशनी का शहर था। पेशावर के लोग पठान माने जाते थे। पठान से मतलब है, झट से मरने-मारने पर उतारू हो जानेवाला, गुस्सैल, सैकड़ों सिलवटोंवाली सलवार पहननेवाला, छाती पर कारतूसों की पेटी लगाए घूमनेवाला। इसके विपरीत लाहौर के लोग दुबले-पतले, आँखों पर चश्मा लगानेवाले, हिसाबदान,

दिमाग़ के तेज़, बुद्धिजीवी और स्वार्थी माने जाते थे।

रावलपिंडी का शहरी दोनों से ख़म खाता था। पर अपना अस्तित्व बनाए रखने के लिए पेशावरवालों की ऐंठ और लाहौरवालों की 'आधुनिकता' का दम भरता था।

हमारा पड़ोसी बोस्तानख़ान पुरानी वज़ह का रईस था। वह विरले ही कभी सड़क के किनारे-किनारे चलता, वह रईस क्या जो सड़क के किनारे-किनारे चले। वह सदा सड़क के बीचोबीच चलता। चढ़ी हुई मूँछें, लहराते तुर्रेवाली पगड़ी, माँडी लगी सरसराती सलवार, बदन पर कामदार वास्कट, और नीचे, पैरों में चमकता, चरमराता जूता—वह जूता क्या जो चरमराता न हो। जिसकी चरमराहट दूर से सुनाई न दे, वरना पता कैसे चले कि कोई रईसज़ादा चला आ रहा है।

हर शाम, बोस्तानख़ान अपने खुले ताँगे में बैठकर, हवाखोरी के लिए निकलता। ताँगे में बैठने से पहले वह मोहल्ले में चहलक़दमी करता। सड़क के बीचोबीच टहलता हुआ सड़क के मोड़ तक जाता, और वहाँ से वापस हो लेता। पाँच-सात बार इस तरह से टहल लेने के बाद जब बोस्तानख़ान को तसल्ली हो जाती कि जूतों की चरमराहट लोगों के कानों तक पहुँच चुकी है, फिर उसका साईस ताँगा लेकर पहुँच जाता। चमचम करता घोड़े का साज़, चमचम करता खुला ताँगा—हवाख़ोरी के वक़्त ताँगे की छत उतार दी जाती, चाबुकदान में देसी चाबुक की जगह विलायती 'हंटर' रखा होता, घोड़े के माथे पर उठी हुई कलग़ी, बोस्तानख़ान कूदकर गाड़ीवान की जगह पर जा बैठता, लगाम झटकता और हवाखोरी के लिए निकल जाता।

यह रईसी थी। ऐसी ही अदा के साथ, रावलपिंडी का रईस सड़कों पर नज़र आता। पिछले मोहल्ले का दीवान फ़कीरचन्द, ऑनरेरी मेजिस्ट्रेट, हर इतवार के दिन, इसी भाँति खुले ताँगे में बैठा, अंग्रेज़ डिप्टी कमिश्नर का आदाब बजा लाने जाया करता। सूबेदार आलमख़ान महीने में एक बार, मूँछों को ख़िज़ाब से आरास्ता किए, फ़ौजी वर्दी डाटे, दो घोड़ोंवाली गाड़ी में, सजधज कर बैठा, बड़े फ़ौजी अफ़सर को डाली पहुँचाने और फ़र्शी सलाम बजा लाने के लिए जाता। फ़र्शी सलाम वह सलाम है, जब आप कमर तक झुक जाते हैं, और तीन बार अपना दायाँ हाथ, नीचे-ऊपर, घुटनों से माथे तक ले जाते हैं और फिर अपनी छाती पर हाथ रखे, साहब का हुक्म बजा लाने के लिए तनकर खड़े हो जाते हैं।

मेरे नगरवासियों का एक चहेता खेल, हॉकी भी था। यह नए ज़माने का खेल था और इसे बड़े चाव से खेला जाता था और इसे लाहौरवालों की प्रेरणा

से अपनाया गया था। पर हमारे यहाँ इसे अपने ढंग से खेलते थे।

यों तो शहर में हॉकी खेलनेवालों की बहुत-सी टीमें थीं पर अपने को सबसे ज़बर्दस्त माननेवाली टीम ने अपना नाम 'पिंडी टाइगर्स' (रावलपिंडी के शेर-चीते) रख छोड़ा था। दो-एक बढ़िया खिलाड़ियों को छोड़कर बाक़ी सब लट्ठमार थे। हमारे यहाँ हॉकी खेलने का सबसे बड़ा उसूल था—गेंद निकल जाए तो निकल जाए, पर विरोधी खिलाड़ी न निकलने पाए। इसलिए नज़र गेंद पर न होकर विरोधी खिलाड़ी के टख़नों पर होती। और नज़दीक आने पर उनका निशाना भी दुश्मन का टख़ना ही होता। विरले ही कोई मैच होता जिसमें दो-चार खिलाड़ी हाय-हाय करते हुए बाहर जाकर बैठ नहीं जाते या टीमों में भिड़न्त नहीं हो जाती। हमारे शहर के कुछेक 'शेर-चीते' लाहौर तक अपने हुनर दिखा आए थे। रावलपिंडीवालों के लिए लाहौर में जाकर खेलना ओलम्पिक में जाकर खेलने से कम नहीं था। भले ही लाहौर की टीम में उन्हें नौवें दर्जे पर रखा गया हो।

शहर के क़दम तेज़ी से आधुनिकता की ओर बढ़ रहे थे। इसी माहौल में हमारे शहर में ग्रामोफ़ोन लोकप्रिय हुए। जिस गली में जाओ, कहीं-न-कहीं ग्रामोफ़ोन बज रहा होता, और एक गीत बार-बार सुनने को मिलता :

चिट्ठी ए, दर्द फ़िराक वालिए
लैजा, लैजा, सनोड़ा सोहणे यार दा !

(यह चहेता गीत था, 'सोहनी महिवाल' की दर्दभरी लोक-कथा से जुड़ा हुआ : ऐ मेरी चिट्ठी, मेरा दर्द-भरा सन्देश मेरे प्रेमी तक पहुँचा दे।)

अगला मिसरा था :

उच्चियाँ नदियाँ, थड़ा वे पुराणा
मैं अनतारू तरना न जाणा
नज़र न आवे कंडा पार दा ?

(नदी में बाढ़ आई है, और घाट की सीढ़ियाँ टूटी हुई हैं। मैं तो तैरना भी नहीं जानती। और नदी का दूसरा तट भी नज़र नहीं आ रहा। मैं तुम तक कैसे पहुँचूँ ?—प्रेम कथा में सोहनी अन्त में एक घड़े का सहारा लेकर नदी पार करने निकल पड़ी थी और डूब मरी थी।)

मेरे शहर के लोग भावुक वृत्ति के तो नहीं थे, पर इस मिसरे पर रो पड़ते

थे। और यही गीत बार-बार, दिन-भर बजाते रहते थे।

एक और गीत भी था जो उन दिनों बहुत सुनने को मिलता था और उसमें नए-नए फ़ैशनों की भर्त्सना की गई थी :

इन्हाँ फ़ैशना ने,
इन्हाँ, फ़ैशनाँ ने सानूँ मार दित्ता सज्जणा,
इन्हाँ फ़ैशनाँ ने !
घड़ियाँ ते ऐनकाँ ने ज़ोर अज पाया
चौथे दिन हो गया दीवाला सज्जणा
इन्हाँ फ़ैशनाँ ने !

(आजकल के नए-नए फ़ैशन तो हमें बर्बाद करके रहेंगे। लोग घड़ियों और ऐनकों के लिए मतवाले हो रहे हैं। उन पर इतने पैसे बर्बाद करते हैं कि चौथे दिन दीवाला पिट जाता है।''...मतलब कि आँखों पर लगाया जानेवाला चश्मा और कलाई पर बाँधनेवाली घड़ी बर्बाद करनेवाले फ़ैशन हैं। हमारे पड़ोस में, बशीर नाम का एक युवक आँखों पर चश्मा लगवाने की ज़िद पकड़े हुए था, जब कि उसका बाप उसे ऐनक लगवा देने के बजाय, दूध में घी डालकर उसे पिलाता था, यह कहकर कि इसी से तेरी आँखों की कमज़ोरी दूर हो जाएगी। और लड़का, मोहल्ले-भर में अपने बाप की शिकायत करता फिरता : ''चश्मा नहीं लगवा देता, मुझे 'त्रेड़' पिलाता रहता है।'' दूध में घी मिलाए जाने पर उसे पंजाबी में 'त्रेड़' कहते हैं।)

प्रेमगीतों में एक और गीत भी बड़ा लोकप्रिय हुआ करता था :

सुए वे चीड़े वालिया, मैं कहनी आँ
कर छतरी दी छाँह, मैं छावें बहनी आँ।

(लाल कुर्तेवाले मेरे बालम, अपना छाता खोल, मैं तेरे संग छाते के नीचे बैठूँगी...। यह गीत तो आजकल भी गाहे-बगाहे सुनने को मिलता है।)

उन्हीं दिनों हमारे शहर में बिजली के खम्भे भी गाड़े जाने लगे थे—जब तक शहर में बिजली नहीं आई थी और घर में बिजली के लाभ और हानि को लेकर बहसें होने लगी थीं। बिजली से नज़र कमज़ोर होती है, ख़र्च बढ़ता है, और तो और, सुस्ती और आराम-तलबी बढ़ती है—बटन दबाया और रोशनी हो गई—इससे केरेक्टर भी कमज़ोर होता है। आदमी को कर्मठ, आत्मनिर्भर होना चाहिए। हमारे अपने घर में बिजली अन्त में आई, वह भी गिने-चुने कमरों में, और मात्र सोलह कैंडल-पावर के बल्ब लगवाए गए थे।

उन्हीं दिनों, घरों की दीवारों पर, काली रोशनाई में यह इश्तहार भी लिखा,

जगह-जगह मिलता, "गर्मियों में गर्म चाय ठंडक पहुँचाती है।"

यह चाय का इश्तहार था जो तेज़ी से घरों में पहुँच रही थी। बुजुर्ग लोग बराबर कहते रहे कि इस चाय से आँखों की बीनाई कमज़ोर होती है, ख़ून पतला होता है, और जवान लड़कों को तो ज़रूर ही इससे परहेज़ करना चाहिए, पर यह नई चाय न केवल घर-घर में पहुँच रही थी बल्कि इसके साथ रहन-सहन के तौर-तरीक़े भी बदल रहे थे। घरों में पिर्च-प्याले आने लगे थे और टेबल-कुर्सियाँ भी।

ऐसे ही मैंने बचपन में इश्तहारबाजी का एक और नज़्ज़ारा भी देखा था।

एक दिन दोपहर के वक़्त हम लोग घरों के बाहर खेल रहे थे जब कहीं से ढोल बजने की आवाज़ सुनाई दी। आवाज़ एक चलते ताँगे में से आ रही थी जो धीरे-धीरे हमारे मोहल्ले में प्रवेश कर रहा था। हम लोग भागते हुए ताँगे की ओर गए। ताँगे में पिछली सीट पर दो आदमी बैठे थे। एक आदमी इश्तहार बाँट रहा था, दूसरे के हाथ में बड़ा-सा डिब्बा था। जब मैं ताँगे के पीछे पहुँचा तो डिब्बेवाले आदमी ने मेरी ओर एक डिबिया फेंकी। मैंने लपककर उठा ली।

मेरे हाथ में 'कैंची' मार्का सिगरेट की डिबिया थी।

वे लोग मुफ़्त में सिगरेट बाँट रहे थे। ताँगे में से बराबर सिगरेटों की डिबियाँ फेंकी जा रही थीं।

इश्तहार में लिखा था कि कमेटी मैदान में सिगरेटों की नुमायश चल रही है।

"मनचाही सिगरेटों की डिबियाँ जीतो और मज़े लूटो !"

हम लोग वहाँ भी जा पहुँचे।

कमेटी के मैदान में एक बड़े से तम्बू के नीचे एक खेल चल रहा था। एक लम्बे-चौड़े मेज़ पर बहुत से लकड़ी के पुतले खड़े थे। एक पैसा देकर टिकट लो और बड़ा-सा गेंद उठाकर कुछ दूर रखे पुतलों को निशाना बनाओ। हर पुतले के नीचे नम्बर लिखे थे। अगर निशाना ठीक बैठे, पुतला मेज़ पर गिर जाए तो जो नम्बर नीचे लिखा है उतनी 'कैंची' मार्का, 'रेड लैम्प' मार्का सिगरेट की डिबियाँ जीत लो।

मेज़ के सामने खेलनेवालों की भीड़ लगी थी। सिगरेटों की लूट मची थी।

सिगरेटों का मेला दस दिन तक रहा। दस दिन में ही मोहल्ले के बहुत से लोग सिगरेट फूँकते नज़र आने लगे। दो डिबियाँ तो मैं भी जीत लाया। पर सिगरेट सुलगाने की हिम्मत नहीं हुई। मेरे हाथ में सिगरेटों की डिबियाँ देखकर पिताजी ने मेरे कान उमेठ दिए थे और दोनों डिबियाँ नाली में फेंक दी थीं।

एक ओर जहाँ शहर की सड़कों पर रईस घूमते थे, वहाँ शहर की गलियों

में प्रभात फेरियाँ होने लगी थीं, नारे गूँजने लगे थे। यह भी एक बहुत बड़ी तब्दीली थी। कांग्रेस के कार्यकर्ताओं की टोलियाँ प्रभातवेला में देशभक्ति के गीत गाती हुई गलियों में जाने लगी थीं।

ज़रा वी लगन आज़ादी दी
लग गई जिन्हाँ दे मन दे विच
ओह मजनूँ बण फिरदे ने
हर सहरा, हर वन दे विच !

हमारे शहर के एक सिरे पर गंजमंडी थी। गंजमंडी में कांग्रेस के जलसे हुआ करते और मैं खिंचा हुआ वहाँ भी जा पहुँचता था। वहाँ भी वैसे ही वलवलों भरे गीत और कविताएँ सुनने को मिलतीं :

वह देख सितारा टूटा है
मग़रब का नसीबा फूटा है !

एक बार ऐसे ही एक जलसे में, मैंने एक आदमी को हाथ में काग़ज़ की पुड़िया उठाए, यह घोषणा करते हुए सुना था :

"साहिबान, इस पुड़िया में वह नमक है जिसे आज मैंने सरकारी क़ानून को तोड़ते हुए बनाया है। मैंने आज नमक का क़ानून तोड़ा है।"

जलसे के फ़ौरन ही बाद, पुलिस के सिपाही उसे गिरफ़्तार करके ले गए थे। पर पुलिस की बन्द गाड़ी में से भी 'भारतमाता की जय !' 'महात्मा गांधी की जय !' के नारे लगाता रहा था।

यह वही महाशय दीवानचन्द था जिसने बरसों पहले, विलायती कपड़ों की होली के दिन मेरा फूलदार जापानी कोट और क्रिस्टी टोपी आग की नज़र कर दिए थे और बदले में गांधी टोपी मुझे देने का वचन देकर भूल गया था।

ऐसे ही जलसे हर आए दिन होने लगे थे।

शहर में हर साल, गुरुपर्व के अवसर पर सिक्खों का धार्मिक जुलूस भी निकलता। यह बहुत बड़ी घटना हुआ करती, जब शहर के लोग दम साधे उस घड़ी का इन्तज़ार करते रहते कि जुलूस, जामा मस्जिद के सामने से सुभीते से निकल जाए। सिक्ख समुदाय के रागी, छैने-ढोल-मजीरे बजाते, गुरुवाणी के शब्द गाते हुए सड़कों पर निकलते। राजा बाज़ार में स्थित बड़े गुरुद्वारे में से निकलकर, शहर की मुख्य सड़कों पर से होता हुआ, यह जुलूस, लगभग शाम के वक़्त, शहर की जामा मस्जिद के निकट जा पहुँचता था। उस समय शहर-भर के लोगों के दिल धक्-धक् करने लगते। इस बात का डर बना रहता कि कहीं कोई अनहोनी

घटना न घट जाए। यदि उस समय कहीं से उड़ता हुआ कंकड़ भी जुलूस पर आ गिरे तो बलवा हो सकता था। सभी चाहते थे कि जुलूस शान्तिपूर्वक, मस्जिद के सामने से गुज़र जाए। मुसलमानों को यह बात नागवार थी कि जुलूस बाजे-गाजे के साथ मस्जिद के सामने से गुज़रे, जबकि सिक्खों के लिए यह धर्माचार था।

यह भी शहर के जीवन का अभिन्न अंग बन चुका था। पर मेरी याद में, अन्देशा तो ज़रूर बना रहता पर विस्फ़ोट होने तक नौबत नहीं पहुँचती थी।

कैन्टोन्मेंट में दो सिनेमाघर थे जहाँ अंग्रेज़ी फ़िल्में दिखाई जाती थीं। ज़माना बदल रहा था और इस बदलाव की आहटें उन सिनेमाघरों में भी सुनाई पड़ने लगी थीं। उन दिनों के चलन के अनुसार, फ़िल्म ख़त्म होने पर 'God save the King' (भगवान हमारे सम्राट को सुरक्षित रखें) की धुन बजाई जाती थी जब हॉल में बैठे सभी दर्शक उठ खड़े होते और जितनी देर तक धुन बजती रहती तनकर खड़े रहते। पर अब, दर्शकों में बैठे हिन्दुस्तानी युवक, धुन बजने पर उठकर हॉल में से बाहर निकल जाते। यह बड़े साहस का काम था, जो गोरों को बड़ा नागवार गुज़रता। गोरे फ़ौजी मुट्ठियाँ भींच लेते और ज्यों ही धुन समाप्त होती, लपककर बाहर आते और हिन्दुस्तानी युवकों पर टूट पड़ते। कभी-कभी तो हंगामा मच जाता। और यह हर आए दिन का चलन हो गया था। यों, फ़ौजी अनुशासन के अनुसार, गोरे फ़ौजियों को इस बात की मनाही थी कि वे हिन्दुस्तानियों के साथ किसी तरह का सरोकार रखें। पर गोरे फ़ौजी बड़े बददिमाग़ हुआ करते। हिन्दुस्तानियों से उलझने का कोई मौक़ा नहीं छोड़ते थे।

कुछ समय बाद, सिनेमाघरों में इस धुन का बजाया जाना बन्द कर दिया गया था।

अब तक कुछ शौक़ पनपने लगे थे। एक कहानी लिखी। शीर्षक था 'अबला'। यह मेरी पहली कहानी थी जो इंटरमीडिएट कॉलेज की पत्रिका में छप गई। हिन्दी का लेखक अपनी पहली कहानी अक्सर अबला नारी के बारे में लिखता है। मैंने भी ऐसा ही किया। तब मैं दसवीं कक्षा में पढ़ता था। आगे की पढ़ाई के लिए जब मैं लाहौर पढ़ने गया तो यही कहानी वहाँ की कॉलेज पत्रिका में भी छप गई।

देश का बँटवारा होने पर कहानी पीछे छूट गई। इसका मुझे सन्तोष ही था क्योंकि मैं उसे दोबारा पढ़ने का साहस कभी नहीं जुटा पाया था। पर बाद में

इस कहानी की अपनी एक कहानी बन गई, इसका ज़िक्र ज़रूर करना चाहता हूँ।

देश के बँटवारे के लगभग चालीस वर्ष बाद लाहौर के गवर्नमेंट कॉलेज की सौवीं सालगिरह मनाई जा रही थी। कॉलेज की पत्रिका 'रावी' के छात्र-सम्पादक की ओर से मुझे एक पत्र मिला कि मैं इस अवसर पर कुछ लिख भेजूँ। मैंने पत्रोत्तर में इस कहानी का भी ज़िक्र किया कि 1934 के आसपास प्रकाशित इस कहानी की यदि मुझे प्रतिलिपि मिल सके तो आभार मानूँगा।

मैंने लिख तो दिया पर मुझे पछतावा हुआ। उस कहानी को लगभग साठ साल पुरानी फ़ाइलों में से ढूँढ़ निकालना किसके बस का था, विशेषकर जब वहाँ नागरी लिपि कोई विरले ही जानता होगा।

पर सच मानिए, कहानी की प्रति मुझे मिल गई, और जब पता चला कि कैसे उसे ढूँढ़ निकाला गया तो मैंने अभिभूत-सा महसूस किया।

छात्र-सम्पादक यासेर हाशमी थे। जब यह दुश्वारी उनके सामने आई तो उनकी बहन मीरा ने नागरी लिपि सीखने का फ़ैसला कर लिया, और महीने-भर की कड़ी मेहनत के बाद जब उसे इतना अक्षरबोध हो गया कि शीर्षक आदि पढ़ सके तो लगभग साठ वर्ष पुरानी फ़ाइलों में से कहानी ढूँढ़ी जाने लगी। और उन्होंने ढूँढ़ निकाली, और मुझे रवाना कर दी।

कहानी तो मुझे अज़ीज़ नहीं थी पर सम्पादक और उसकी बहन मीरा ने तो मेरा दिल जीत लिया।

ज़िन्दगी के इस दौर में दोस्तियाँ भी पनपती हैं। इस दौर में मेरे अनेक 'जिगरी दोस्त' भी बने और उनमें से एक इल्ताफ़ हुसैन भी था।

इल्ताफ़ हुसैन से मेरा परिचय ग्यारहवीं कक्षा में हुआ जब वह डी.ए.वी. इंटरमीडिएट कॉलेज में पढ़ने आया। वह मेरा सहपाठी था। न जाने कैसे दोस्ती हुई। शायद उसने किसी किताब में छपी लॉर्ड बायरन के चित्र की पेंसिल से अनुकृति बनाई थी जिसे देखकर मैं और मेरे साथी दंग रह गए थे। बैठा-बैठा बस ऐसे ही चित्र, कभी पेंसिल से, कभी रंगों से बनाता रहता था। उसके हाथ में अजीब बारीक़ी और नफ़ासत थी।

हम कैसे एक-दूसरे के निकट आते गए, मुझे ठीक याद नहीं। उसने एक बार मुझे अपने कुत्ते का एक रंगीन चित्र, शीशे पर बनाकर दिया। देश के बँटवारे तक वह चित्र मेरे कमरे की अँगीठी पर रखा रहा।

वही मेरा एक मित्र था जो सीधा, बिना कोई इत्तला किए या दरवाज़ा खटखटाए, दो मंज़िलों की सीढ़ियाँ चढ़कर सीधा मेरी 'बरसाती' में जा पहुँचता था।

इस मैत्री की भी अजीब-सी कहानी है, जो अभी कह दूँ। हमारी दोस्ती सन् ’32 के आसपास पनपने लगी थी। फिर मैं लाहौर पढ़ाई करने चला गया, लौटकर आया तो हम गाहे-बगाहे ही मिल पाते थे। फिर जब सन् ’42 का आन्दोलन चला तो मैं कांग्रेस में शामिल हो गया। कुछ ही देर बाद मैंने देखा कि इल्ताफ़ हुसैन मुस्लिम लीग में जा मिला है। हमारे बीच दूरी बढ़ने लगी। दुआ-सलाम तो बराबर थी पर घनिष्ठता कम होती गई।

फिर शहर में दंगा हुआ। और कुछ ही महीने बाद देश का बँटवारा हो गया। दंगों के बाद, एक दिन मैं अनेक पार्टियों के कार्यकर्ताओं के साथ ‘अमन की बस’ में बैठा शहर का चक्कर लगा रहा था जब एक जगह, सड़क के किनारे इल्ताफ़ को खड़े देखा। हमारी आँखें मिलीं, वह मुस्कुराया पर मुँह फेर लिया। मैंने भी मुँह फेर लिया। उन दिनों हम, गाहे-गाहे, जब कभी एक-दूसरे से मिलते तो औपचारिक दुआ-सलाम के आगे वार्तालाप नहीं बढ़ पाता था।

फिर बँटवारा हुआ और मैं भारत आ गया।

पर भारत आए तीन-चार साल ही बीते होंगे कि एक सज्जन, मुझे ढूँढ़ते हुए दिल्ली कॉलेज पहुँच गए। इल्ताफ़ की ओर से पत्र और एक छोटा-सा तोहफ़ा लेकर।

हमारे बीच चिट्ठी-पत्री चलने लगी। और छोटे-मोटे तोहफ़े भी एक-दूसरे को भेजे जाने लगे। दोस्ती का आग्रह बढ़ने लगा।

कुछ वर्ष और बीते होंगे कि एक रात इल्ताफ़ का टेलीफ़ोन आया :

“मेरे बेटे की शादी है, तुम्हें ज़रूर पहुँचना है। मैं बलदेव और शिवलाल से भी ताक़ीद कर रहा हूँ।”

मैं नहीं जा पाया। वीज़ा मिलना उन दिनों बड़ा कठिन था और विवाह को केवल पाँच दिन रह गए थे।

कुछ साल और बीते। अचानक, मेरी बेटी कल्पना को पाकिस्तान जाने का मौक़ा मिला। लाहौर में किसी आयोजन पर उसे आमन्त्रित किया गया था। मैंने उससे ताक़ीद की कि जैसे भी हो रावलपिंडी ज़रूर जाना और मेरे मित्र इल्ताफ़ हुसैन से ज़रूर मिलना।

वह सचमुच रावलपिंडी जा पहुँची और इल्ताफ़ से जा मिली। इल्ताफ़ बड़े प्यार से मिला। पर जब कल्पना, अपना कैमरा निकालकर उसका चित्र लेने लगी तो उसने मना कर दिया :

“तेरा बाप तो मेरी आँखों के सामने जवान लड़के की सूरत में रहता है, और तू मुझ बूढ़े की सूरत उसे दिखाएगी ?”

और तस्वीर नहीं उतारने दी।

फिर कुछ अरसा बाद एक और ख़त आया। यह उसका अन्तिम पत्र था। इल्ताफ़ अस्वस्थ रहने लगा था। पत्र में लिखा था :

"मरने से पहले दिल के दो अरमान पूरे करना चाहता हूँ। एक, मक्काशरीफ़ की ज़ियारत करना चाहता हूँ, दूसरा तुमसे मिलना चाहता हूँ...।"

इल्ताफ़ के दोनों अरमान पूरे नहीं हो पाए। वह अब इस दुनिया में नहीं है। उसका पत्र दिल में गहरा अवसाद भर गया है।

2

लाहौर पहुँचने पर पहले तो घोर निराशा हुई। कहाँ रावलपिंडी का मेरा दिलफ़रेब वतन और कहाँ लाहौर, सपाट-सा शहर जिसका ओर-छोर ही कहीं नज़र न आए। मकान-ही-मकान, मोहल्ले और आड़ी-तिरछी सड़कों का जाल, वह शहर ही क्या जिसके क्षितिज पर पहाड़ न हो, जो हर घड़ी रंग बदले। रावलपिंडी में साइकिल पर पाँव रखो और मिनटों में सारा शहर घूम आओ और मिनटों में कभी कैन्टोन्मेंट में तो कभी देहात में, तो कभी जरनैली सड़क पर पहुँच जाओ। शहर के एक सिरे पर पहुँचो तो आगे लहलहाते खेत और पीछे हर घड़ी रंग बदलता पहाड़। दूसरे छोर पर जाओ तो पेड़ों के झुरमुट और लाल मिट्टी के ऊँचे-नीचे टीले।

लाहौर के ताँगे भी मुझे बोसीदा लगे, उनके आगे जुते हुए घोड़े मरियल, उनके बदन पर फटे-पुराने साज़। मेरे शहर का ताँगा कभी झोल नहीं खाता था, और घोड़ा, हवा से बातें करता हुआ दौड़ता। रंग-बिरंगी कलग़ी हवा में लहराती; बदन पर चमचमाता साज़। गाड़ीवान चुस्त-दुरुस्त, लगाम झटकते ही दुलार से कहता, "चल मेरी

बुलबुल !" और गाने गुनगुनाने लगता। उसके मुकाबले में लाहौर के गाड़ीवान खूसट, ज़बान के बेशक बड़े तेज़-तर्रार और हाज़िरजवाब, पर ताँगा चलाते समय लगता सोए-सोए ताँगा चला रहे हैं।

बरसों तक अपने शहर में रहने के बाद मैं उसके माहौल का इतना अभ्यस्त हो चुका था कि लाहौर जैसे शहर में पहुँचकर भी उखड़ा-उखड़ा महसूस कर रहा था। बात-बात पर पिंडी याद आती।

बलराज पहले से लाहौर में पढ़ रहे थे। लाहौर पहुँचने के दो-एक दिन बाद उन्होंने मुझे लॉरिंस बाग़ का चक्कर लगा आने को कहा। मैं गया, बहुत बड़ा पार्क था, रव्विशें ही रव्विशें, घास के मैदान, मैं ख़ूब घूमा, पर वहाँ से भी निराश ही लौटा।

"बहुत अच्छा है, पर रावलपिंडी के कम्पनी बाग़ का मुक़ाबला नहीं।"

बलराज हँस पड़े।

"ओ गधे, रावलपिंडी का तेरा बाग़ तो इस बाग़ के एक कोने में समा जाए।"

"वह तो होगा, पर यह तो सपाट मैदान-ही-मैदान है। पिंडी का बाग़ कहीं ऊँचा, कहीं नीचा, अनेक स्तरों पर है। बेशक़, यह बड़ा साफ़-सुथरा है, पर ऐसी कोई ख़ास बात तो मुझे नज़र नहीं आई।"

"विक्टोरिया का बुत देखा है, चेरिंग क्रॉस पर ?"

"हाँ, देखा है। वह भी कोई बुत है ? बुढ़िया निढाल सी बैठी है। रावलपिंडी की मालरोड पर मलिका विक्टोरिया का बुत देखो तो मन करता है देखते ही जाओ। जवानी के दिनों की मलिका विक्टोरिया कहाँ और यह बुढ़िया..."

बलराज क्या कहते, सिर झटककर चुप हो गए। पर कुछ ही समय बीता होगा, जब वही लाहौर जो इतना पराया और बोसीदा लगा था, मेरी नस-नस में ऐसा उतरा कि चार साल की पढ़ाई ख़त्म होने के बाद, उसे छोड़कर रावलपिंडी लौटने को मेरा मन ही नहीं करता था।

यों भी, लाहौर पहुँचने पर सारा परिदृश्य बदल गया था। गवर्नमेंट कॉलेज सरकारी इदारा था, प्रान्त-भर से शिक्षार्थी उसकी ओर खिंचे आते, कोई खेलकूद में महत्त्वाकांक्षी, कोई पढ़ाई में। खाते-पीते परिवारों के लड़के, सरकारी अफ़सरों, बड़े-बड़े ज़मींदारों, रईसों के लड़के दाख़िला लेते, कोई पढ़ाई में अव्वल, कोई खेल-कूद में आगे। गवर्नमेंट कॉलेज को इस बात का गर्व था कि बड़ी-बड़ी सरकारी नौकरियाँ हों, फ़ौज में अफ़सरों की भरती हो, अथवा ओलिम्पिक टीम में खिलाड़ियों का चुनाव हो, इस कॉलेज के लड़के पेश-पेश होंगे। कभी-कभी लगता है जैसे लाहौर का गवर्नमेंट कॉलेज एक क़िला था, जिसके चारों ओर ऊँची दीवारें खिंची थीं जो उसे बाहर की दुनिया से अलग किए हुए थीं, पर क़िले के अन्दर खिले

गुलज़ार का सा समा बना रहता। माहौल आत्मविश्वास और महत्त्वाकांक्षा से ओतप्रोत था। लगता, प्रत्येक छात्र कोई निश्चित लक्ष्य लेकर यहाँ दाख़िल हुआ है, और वह लक्ष्य सारा वक़्त उसकी आँखों के सामने बना रहता है।

वास्तव में वह कॉलेज सरकारी अमले की भरती का प्रमुख केन्द्र ही था। प्रान्त-भर के प्रतिभासम्पन्न लड़के दाख़िला लेते और नौकरशाह बनकर निकलते। तदनुरूप ही कॉलेज का भीतरी जीवन भी था। वातावरण में अंग्रेज़ीयत झलकती थी, अदब-क़ायदे पर भी अंग्रेज़ीयत की छाप थी। अनेक अध्यापक अंग्रेज़ थे, भारतीय अध्यापक, अंग्रेज़ीयत में उनसे भी एक क़दम आगे ही थे। अंग्रेजी अध्यापक मिलनसार थे, अनौपचारिक भी थे, जबकि देसी प्रोफ़ेसरों पर अक्सर अफ़सरी की मांडी चढ़ी रहती। रावलपिंडी में तो फ़ौजी अफ़सर या गोरे सिपाही ही देखे थे जो बड़े बदतमीज़ हुआ करते, यहाँ अंग्रेज़ अध्यापकों का रवैया देखकर सुखद आश्चर्य हुआ।

यों, अंग्रेज़ीयत तो हर बात में झलकती थी। गर्मी की छुट्टियों के बाद, कॉलेज खुलने पर जब अंग्रेज प्रोफ़ेसर विलायत से लौटते तो लड़के इस ताक में रहते कि प्रोफ़ेसर कैसी पोशाक पहनकर आए हैं। जिस ढंग के कपड़े वे पहन रहे होते, हिन्दुस्तानी लड़कों के लिए देखते-ही-देखते, वही फ़ैशन बन जाता। एक बार, हमारा अंग्रेज़ी साहित्य का प्रोफ़ेसर, डिकिन्सन, अपने पुराने कोट की कोहनियों पर चमड़े के झब्बे लगवाकर लाया। कुछ लड़कों ने उसकी देखा-देखी अपने सिलवाए नये कोटों की कोहनियों पर भी झब्बे लगवा लिये। अगर किसी प्रोफ़ेसर ने सिर पर ऐसी फ़ेल्ट टोपी पहन रखी है जो ऊपर से चपटी है तो उस साल चारों ओर चपटी टोपियाँ देखने को मिलतीं। यों गर्मी-सर्दी सभी छात्रों के सिर पर सोला हैट लगा रहता। सामने से, प्रोफ़ेसर के आ जाने पर, सोला-टोपी, ख़ास अन्दाज़ से सिर पर से दो इंच ऊपर उठ जाती और अभिवादन के शब्द 'गुडमार्निंग सर !' सुनाई पड़ते। साल के आख़िरी दिन, 31 दिसम्बर की रात को, लड़कों की टोलियाँ, जगह-जगह ब्रिटिश सम्राट् जॉर्ज पंचम का अपनी प्रजा के नाम नववर्ष सन्देश सुन पाने के लिए रेडियो सेटों के इर्द-गिर्द बैठी होतीं। सन्देश सुबह के लगभग तीन बजे सुनाई पड़ता, वह भी बहुत धीमी आवाज़ में क्योंकि रेडियो-सेट अभी नए-नए ही देश में आए थे। तब लड़के एक-दूसरे के बग़लगीर होते, और सम्राट् की सेहत की कामना करते हुए अपने-अपने कमरों में चले जाते।

पर कहीं-कहीं पर अपवाद भी थे। इस सम्बन्ध में संस्कृत के प्रोफ़ेसर, गुलबहार सिंह याद आते हैं। कद के ऊँचे-लम्बे, पुरानी वज़ह के सज्जन, सिर पर पगड़ी, हाथ में छड़ी, पान चबाते हुए कॉलेज पहुँचते। संस्कृत के अतिरिक्त उर्दू और फ़ारसी के अच्छे जानकार, बड़े सुसंस्कृत, उदात्त दृष्टिवाले सज्जन थे। लगता पिछली

शताब्दी से, ज्यों-के-त्यों वहाँ पहुँच गए हों।

यहाँ पर भी मेरे लिए श्रद्धा के पात्र बहुत थे, चारों ओर हीरो-ही-हीरो थे। मुझे उन दिनों हॉकी खेलने का जुनून था, यदि मैं कोई लक्ष्य लेकर यहाँ आया था तो वह हॉकी खेलने का, कॉलेज की हॉकी टीम का सदस्य बन पाने का था। लाहौर पहुँचने के कुछ ही दिन बाद मैं अनारकली की ओर जा रहा था कि क्या देखता हूँ कि सामने की ओर से मोहम्मद जाफ़र चला आ रहा है—मोहम्मद जाफ़र भारत की ओलिम्पिक हॉकी टीम का खिलाड़ी ! मैं पुलक-पुलक उठा। विश्वविख्यात खिलाड़ी और यहाँ हाथ में थैला उठाए, ऊबड़-खाबड़ सड़क पर चलता आ रहा है। मुझे तो जैसे बिजली छू गई। इसी भाँति कॉलेज के तैराकी तालाब पर, निसार को देखा, भारत की क्रिकेट टीम का खिलाड़ी जो विलायत में एम.सी.सी. के ख़िलाफ़ अपने हुनर दिखा आया था।

कॉलेज के हॉल में बेंच-ही-बेंच बिछे रहते। और बेंचों पर जगह-जगह खिलाड़ियों की टोलियाँ जिन्हें पढ़ाई के साथ ज़्यादा लगाव नहीं होता, गप्पें हाँकते, अपने क़िस्से कहानियाँ सुनाते। उनमें जाफ़र और दारा, चिरंजी और हरनाम और अनेक अन्य जाने-माने खिलाड़ी भी रहते। मेरे कान उनके क़िस्से-कहानियों पर लगे रहते।

एक बार जाफ़र सुना रहा था :

"अमरीका में मुझसे एक पत्रकार ने पूछा, 'तुम हिन्दुस्तानी खिलाड़ियों की कलाई में बड़ी लोच होती है। इसीलिए तुम्हारा wrist work अच्छा होता है। इसका क्या कारण है ? तुम्हारी कलाई में इतनी लोच कैसे आ जाती है ?' जाफ़र हँसकर बोला, 'मैंने उससे कहा, जब मैं छोटा था तो मेरी माँ मेरे सामने ज़मीन पर साँप छोड़ दिया करती और कहती, 'साँप की गर्दन पकड़ो।' अब धूल-मिट्टी में खेलते हुए हम बलखाते साँप की गर्दन पकड़ते रहते हैं, इसी से कलाई में लोच आ जाती है...।' "

कॉलेज की ज़िन्दगी का मिज़ाज दूसरा था। मैं बड़े घरेलू और धर्मभीरु वातावरण से आया था। यहाँ मुझे हर आए दिन कोई-न-कोई चौंकानेवाला अनुभव होता।

मेरा एक पुराना सहपाठी, दसवीं कक्षा पास करने के बाद ही लाहौर चला आया था, जब कि मैं उसके दो साल बाद, इंटरमीडिएट करने के बाद आया था। वह लाहौर में माल रोड के निकट एक घर में रह रहा था। लाहौर में पहुँचने के दो-तीन दिन बाद ही छुट्टी के दिन मैं उससे मिलने जा पहुँचा। मिला तो बड़े प्यार से पर सरपरस्ती के अन्दाज़ में, मानो कह रहा हो, लाहौर की ज़िन्दगी देहात की ज़िन्दगी जैसी नहीं है, यहाँ 'महाशय' लोग नहीं रहते।

उसके साथ खाना खाने के बाद मैं उसके कमरे में ही खाट पर पसर गया। मैं गहरी नींद में था जब उसका कोई लाहौरी दोस्त उससे मिलने आया। मुझे पहले तो कुछ पता नहीं चला, पर फिर उनके वार्तालाप के अंश मेरे कान में पड़ने लगे। वह लड़का ऐंग्लो-इंडियन लहजे में बोल रहा था, और मेरे मित्र से बड़ा था। दोनों किन्हीं लड़कियों की बात कर रहे थे। सहसा ही वह बोला : "I laid her on my own cot, mun ! On my own cot, I tell you."

बरसों बीत चुके हैं पर यह चौंकानेवाला वाक्य अभी भी मेरे ज़ेहन में अटका हुआ है। मेरे लिए यह बड़ा अप्रत्याशित था।

कॉलेज के हॉल में गप्पें हाँकनेवालों में हमीद भी था, वह पेशावर से आया था, किसी बड़े ज़मींदार का बेटा था। पेशावर से ही अपने साथ दूरबीन लेता आया था। वह भी किसी प्राइवेट घर में रह रहा था, और ज़्यादा वक़्त मकान की छत पर ही गुजारता जहाँ वह आसपास के घरों की छतों पर जहाँ कहीं कोई लड़की या औरत नज़र आती—अपने बाल सुखाती, धुलाई के कपड़े मुँडेर पर बिछाती, तो उसे अपनी दूरबीन का निशाना बना लेता। वह घंटों छत पर ही रहता था। और शाम को बढ़िया सूट डाटे माल रोड को निकल जाता, जहाँ, हम सुनते थे, स्टैंडर्ड रेस्तराँ की एक ऐंग्लोइंडियन वेट्रेस से उसका इश्क़ चल रहा था।

पढ़ाई के क्षेत्र में गवर्नमेंट कॉलेज में यह ख़ूबी थी कि छात्र को स्वयं ही ज़्यादा पढ़ना पड़ता था, अपना रास्ता स्वयं खोजना पड़ता था। यदि छात्र की आँखों के सामने साहित्य के पट खुलते थे तो एक तरह से वह उन्हें स्वयं खोलता था। इसलिए विषय की जानकारी तथा रुचि का परिष्कार मुख्यतः अपने पठन-पाठन से ही होता। अध्यापक अपने-अपने विषयानुसार, विषय के विभिन्न प्रमुख पहलुओं पर प्रकाश डालते, पर साहित्यिक कृतियों का अध्ययन स्वयं ही करना पड़ता। यदि किसी उपन्यासकार का एक उपन्यास कोर्स में है, तो छात्र उसके अनेक अन्य उपन्यास भी पढ़ डालता। यदि शेक्सपियर का एक नाटक कोर्स में है तो वह अनेक अन्य नाटक भी ज़रूर ही पढ़ डालता।

पर शायद यह काफ़ी नहीं था। साहित्यिक कृति के विभिन्न पहलुओं का विश्लेषण करना ही काफ़ी नहीं होता। कोई-कोई अध्यापक साहित्य के मर्म इतने प्रेरणाप्रद ढंग से समझाते हैं कि कृति की मूल भावना निखरकर आँखों के सामने आ जाती है। ऐसा अध्यापक पढ़नेवाले के सौन्दर्यबोध को ही नहीं, उसके संवेदन को भी जगाता है, और इस तरह कृति की महत्ता को महसूस कराता है। रावलपिंडी में मेरे ऐसे ही एक अध्यापक रहे थे—श्री जसवन्त राय। उनके मुँह से शेली की कविता Ode to the Skylark की व्याख्या सुनते हुए आँखों के सामने आकाश की बुलन्दियों में अठखेलियाँ करता, गाता, लार्क पक्षी, हमारी आँखों के सामने

उभरता, मानव हृदय में उठनेवाली उमंगों, महत्त्वाकांक्षाओं का प्रतीक, जिन्हें हमारा रोम-रोम महसूस करने लगता, और महत्त्वाकांक्षा दिल में हिलोरें लेने लगती।

ऐसा अध्यापक लाहौर में नहीं मिला।

पर जिस अनुभव ने स्थायी प्रभाव छोड़ा वह कॉलेज की नाटक मंडली द्वारा खेले जानेवाले नाटक थे। साल-भर में एक ही नाटक खेला जाता, अक्सर अंग्रेज़ी नाटकों के अनुवाद होते, कभी-कभी उर्दू तथा पंजाबी के नाटक भी खेले जाते जैसे 'अनारकली', 'लिल्ली दा व्याह' आदि, पर प्रस्तुति यथार्थवादी शैली में होती जिसका प्रभावशाली रूप मैं पहली बार देख रहा था। कॉलेज के स्टेज पर अभी लड़कियों का पार्ट लड़के ही खेलते थे—मैंने स्वयं दो बार स्त्रियों का पार्ट किया और वह भी बुढ़िया स्त्रियों का। कॉलेज के प्रोफ़ेसर गुरुदत्त सोंधी, रंगमंच की रूप-सज्जा तैयार करते और प्रोफ़ेसर बुख़ारी नाटक का निर्देशन करते। प्रस्तुति की सहज स्वाभाविकता ही उसका विशेष गुण थी। संवाद न तो पारसी थिएटर की लच्छेदार भाषा में होते, न ही बोझिल, किताबी भाषा में, बल्कि सहज बोलचाल की भाषा में। अदाकारी में भी, पारसी थिएटर की परम्परा से हटकर, जिसमें हाथ झुला-झुलाकर और पैंतरे बदल-बदलकर आकाश-पाताल के कुलाबे मिलाए जाते, यहाँ स्वाभाविक वास्तविक जीवन के अनुरूप अंगचालन होता।

यह बहुत बड़ा परिवर्तन था। यथार्थवादी शैली हमारी लोक-परम्परा से मेल नहीं खाती थी। लेकिन नागरिक जीवन में नाट्यकला को स्थायी आधार देने में इस शैली की बहुत बड़ी भूमिका होनेवाली थी। तीन अंकों के नाटक की तैयारी महीने-भर तक चलती, धीरे-धीरे नाटक रूप ग्रहण करने लगता, वास्तविक जीवन के कार्यकलाप की झलक मिलने लगती, जो नाट्यकर्मी के लिए बड़ा सन्तोषप्रद और उत्साहवर्द्धक अनुभव होता है।

नाटक-मंडली के सदस्यों में एक लड़का ऐसा भी था जो पारसी शैली के नाटकों में भाग लेता रहा था। उसे अनेक संवाद याद थे। अक्सर, रिहर्सल के बाद, नाटक मंडली के मनोरंजन के लिए प्रोफ़ेसर बुख़ारी उसे आमन्त्रित करते :

"आओ भाई, अब तुम अपनी अदाकारी के हुनर दिखाओ।"

जिस पर लड़का, मूँछों को ताव देता हुआ, आँखें मटकाता, कूदकर मैदान में उतरता और हाथ झुलाता हुआ, संवाद बोलता :

"मैं आफ़त का परकाला हूँ ! मैं आफ़त का परकाला हूँ !"

और उसी अन्दाज़ में पैंतरे बदलता, बाँहें झुलाता संवाद के वाक्य बोलने लगता। हम हँसी से लोटपोट होते रहते।

नाटक की एक परम्परागत शैली हास्यास्पद हो रही थी, जो दशाब्दियों तक रंगमंच पर छाई रही थी, और अब एक नई शैली रंगमंच पर अपना प्रभुत्व स्थापित कर रही थी।

उन दिनों यथार्थवादी शैली का बोलबाला था। स्टेज पर दृश्यसज्जा यथार्थवादी, ऐक्टर की अदाकारी भी यथार्थवादी, नाटक के कथानक का विकास भी यथार्थ जीवन के अनुरूप। यदि नाटक में बैठक का सीन दिखाना है, तो स्टेज पर बैठक बनाई जाती—मेज़-कुर्सी, सोफ़ा-सेट, खिड़कियों-दरवाज़ों पर पर्दे, दीवार बनाने के लिए बड़े-बड़े प्लाईवुड के तख़्ते खड़े किए जाते, आदि-आदि ताकि वह सचमुच की बैठक नज़र आए।

उधर हमारी रिहर्सलें चल रही होतीं तो साथ-ही-साथ बढ़ई, दीवारों के लिए फ्लैट खड़े कर रहे होते। 'हैमलेट' नाटक की प्रस्तुति के लिए बड़े-बड़े फाटक, क़िले की प्राचीर आदि। मैं गहरे में प्रभावित होता था। इंग्लैंड में उन दिनों यही चलन रहा होगा जिसे हमारे प्रोफ़ेसर सीखकर आए थे।

पर कुछ ही वर्षों बाद यह शैली बोझिल और अनावश्यक मानी जाने लगी थी। तब प्रतीकात्मक शैली का चलन आरम्भ हुआ।

उन दिनों नाट्य-मंचन के बारे में एक पुस्तक में पढ़ा था कि किसी उत्साही निर्देशक ने जंगल का दृश्य दिखाने के लिए स्टेज पर पेड़-पौधे और झाड़ियाँ लगा दिए। इतना ही नहीं जगल के दृश्य को और अधिक विश्वसनीय बनाने के लिए दो ख़रगोश भी झाड़ियों के बीच छोड़ दिए। जब नाटक आरम्भ हुआ तो इधर अभिनेता अपना रोल अदा कर रहे थे तो उधर ख़रगोश एक-दूसरे के पीछे भाग रहे थे। लेखक ने यथार्थवादी दृश्यसज्जा का मज़ाक उड़ाते हुए कहा था कि दर्शक भली-भाँति जानता है कि उसके सामने कोई जंगल नहीं है, केवल स्टेज है, और जंगल का मात्र भ्रम देने के लिए उस पर झाड़ियाँ दिखाई गई हैं, ख़रगोश कहाँ से आ गए ?

कॉलेज से थोड़ी ही दूरी पर डी.ए.वी. कॉलेज था जहाँ नारे गूँजते, हड़तालें होतीं, जुलूस निकलते, पर गवर्नमेंट कॉलेज के छात्र उनकी चर्चा सुनकर नाक-भौंह चढ़ाते। जब कोई व्यवस्था समय से कट जाती है तो वह अपनी शायिस्तगी की दुहाई दिया करती है, गवर्नमेंट कॉलेज के लड़कों को अपनी 'कल्चर' पर नाज़ था और वह उन 'महाशयों' 'खद्दरधारियों' की खिल्ली उड़ाया करते थे। जो आवाज़ें रावलपिंडी के छोटे-से शहर में सुनाई पड़ती थीं, प्रभातफेरियों की आवाज़ें, जलसों की मनादी, जलसे-जुलूसों की गहमागहमी, यहाँ उसकी आहट भी कॉलेज के अन्दर सुनाई नहीं पड़ती थी।

एक बार, कॉलेज का एक छात्र, सिर पर गांधी टोपी पहनकर आ गया था,

जिस पर कॉलेज में सनसनी फैल गई थी। प्रिंसिपल गैरेट्ट को पता चलने की देर थी कि पन्द्रह मिनट के अन्दर-ही-अन्दर, उसका नाम कॉलेज के रजिस्टर में से कट गया था, और लड़के को फ़ौरन कॉलेज की परिधि से बाहर निकल जाने का हुक्म दे दिया गया था। कॉलेज के लड़के उसे बाहर जाते हुए इस तरह देख रहे थे मानो कोई मुजरिम रँगे हाथों पकड़ा गया हो।

बाहर के घटनाचक्र के साथ कॉलेज के लड़कों का कोई लगाव तो नहीं था, पर वायुमंडल में पाई जानेवाली नई धड़कनों से वे बिल्कुल अछूते भी नहीं थे। हाँ, उनकी प्रतिक्रिया अपने ढंग की रहती।

जहाँ अधिकांश लड़के लीक पर चलते, वहाँ कोई-कोई लड़का अनूठे ढंग से व्यवहार करने लगता। ढर्रे पर से हटकर अपनी पोशाक में कोई अनूठे बदलाव कर लेता। यह भी एक तरह से अस्वीकृति की निशानी थी। चेतन आनन्द निक्कर-बॉकर पहनकर आने लगा था, और इस कोशिश में रहा कि कॉलेज के कुछ और लड़के भी निक्कर-बॉकर पहनकर आने लगें। यह अपने को व्यवस्था से अलग दिखाई देने का प्रतीकात्मक प्रयास था, भले ही वह इससे अधिक कुछ न रहा हो। डिबेटों, गोष्ठियों में भाग लेनेवाले लड़के भी एक तरह के असन्तोष को व्यक्त करने लगे थे। शिक्षा प्रणाली सम्बन्धी एक गोष्ठी में, मुझे याद है, मेरे भाई बलराज ने इस तरह अपना भाव व्यक्त किया था :

मेरे घर में कोठा है
कोठे पर परकोठा है,
परकोठे में एक सन्दूक है
सन्दूक में एक बैग है,
बैग में एक बटुआ है,
बटुए में एक खोटा पैसा है,
वह पैसा मैं भुनाऊँगा,
तुम्हें मिठाई खिलाऊँगा।

इस तरह असन्तोष के स्वर कभी-कभी सुनाई पड़ते थे। पर यहीं से इनका आरम्भ और यहीं पर इनकी इति हो जाती थी।

जिस डी.ए.वी. कॉलेज का मैंने जिक्र किया है, वही डी.ए.वी. कॉलेज भगतसिंह की अनेक क्रान्तिकारी सरगर्मियों का स्थल रहा था। इस सम्बन्ध में एक क़िस्सा याद आया। बरसों बाद, जब टेलिविज़न के कार्यक्रम होने लगे थे तो दिल्ली में दूरदर्शन ने मुझे एक सज्जन का इंटरव्यू करने के लिए बुलाया। वह सज्जन पंजाब के रहनेवाले थे और भगतसिंह के समकालीनों में से थे। इंटरव्यू में उन्होंने एक

दिलचस्प बात बताई। कहने लगे :

"भगतसिंह के फ़ोटो चित्रों में उसके सिर पर जो फ़ेल्ट-हैट रहता है, वह फ़ेल्ट-हैट मेरा था। भगतसिंह अपनी क्रान्तिकारी कार्रवाई करने के बाद भागकर कॉलेज की परिधि में आया था, और मेरे ही कमरे में आकर, मेरा फ़ेल्ट-हैट पहनकर निकल गया था।"

उन्होंने भाव-विह्वल होकर कहा था, मानो कह रहे हों कि उस महायज्ञ में मेरी भी एक छोटी-सी आहुति रही थी। मेरा फ़ेल्ट-हैट शहीद-ए-आज़म भगतसिंह ने पहना था।

कुछ यादें मरती नहीं हैं। कुछ घटनाओं-अनुभवों की यादें तो बरसों बाद भी दिल को मथती रहती हैं भले ही घटना अपना महत्त्व खो चुकी हो और उसका डंक कब का टूट चुका हो।

ऐसी ही एक याद मेरे हॉकी सम्बन्धी अनुभवों से जुड़ी है।

कॉलेज में दाख़िले के दूसरे साल मैं कॉलेज की हॉकी टीम में ले लिया गया था और उस दिन मुझे यूनिवर्सिटी टूर्नामेंट का पहला मैच लॉ कॉलेज के विरुद्ध खेलने जाना था। मेरा दिल बल्लियों उछल रहा था। आख़िर मेरे दिल की साध पूरी हुई थी। अब भी उस घटना को याद करता हूँ तो दिल को झटका-सा लगता है।

ऐन जब टीम मैदान में उतर रही थी, और मैं मैदान की ओर बढ़ रहा था तो कप्तान ने मुझे न बुलाकर, मेरी जगह एक अन्य खिलाड़ी अताउल्लाह नून को बुला लिया। मैं भौंचक्का-सा देखता रह गया था।

खेल शुरू हो गया। मैं ग्राउंड के बाहर, खेल की पोशाक पहने, हाथ में स्टिक उठाए, हैरान-सा खड़ा का खड़ा रह गया। फिर मेरे अन्दर ज्वार-सा उठा और मैं वहाँ से लौट पड़ा, साइकिल उठाई और घर की ओर चल पड़ा।

मैं थोड़ी ही दूर गया था जब दूसरी ओर से कॉलेज टीम का एक पुराना खिलाड़ी, प्रेम, साइकिल पर आता नज़र आया। वह मैच देखने जा रहा था। मुझे लौटता देखकर वह हैरान रह गया।

"क्यों ? क्या मैच नहीं हो रहा ? लौट क्यों रहे हो ?"

मैंने केवल सिर हिला दिया। वह आगे निकल गया तो मेरा रोना निकल गया। मैं बेहद अपमानित महसूस कर रहा था और रोता हुआ घर पहुँचा।

घर लौटते ही मैंने हॉकी-स्टिक को कोने में रखा और मन-ही-मन गाँठ बाँध ली कि अब हॉकी के मैदान का मुँह नहीं देखूँगा। हॉकी स्टिक को हाथ नहीं

लगाऊँगा। दो बरस तक बेहद चाव से और सब कुछ भूलकर खेलते रहने के बाद मैंने सहसा ही हॉकी के मैदान की ओर पीठ मोड़ ली और अपने साथी खिलाड़ियों से भी मिलना छोड़ दिया।

कुछ दिन बाद कॉलेज टीम का कप्तान चिरंजीव मिला।

"तुम चले क्यों आए ?" उसने बेतकल्लुफ़ी से पूछा।

मैंने कोई उत्तर नहीं दिया।

वह कहने लगा, "उस दिन हमने अता नून को खेलने का मौक़ा दिया। यह कॉलेज में उसका आखिरी साल है इसलिए। उसे कॉलेज कलर मिल जाएगा।"

पर मैं अन्दर-ही-अन्दर इतना कुढ़ रहा था कि मैंने मुँह फेर लिया, कोई उत्तर नहीं दिया। उसे इतना भी नहीं कहा कि अगर यह बात थी तो तुमने मुझे बताया क्यों नहीं।

दिन बीतने लगे। मैंने हॉकी खेलना छोड़ दिया।

अब उस घटना को याद करते हुए मुझे पछतावा होता है। मैंने झूठे दम्भ के कारण हॉकी खेलना छोड़ दिया था। जिसे मैं आत्मसम्मान समझ रहा था वह झूठा दम्भ ही था और बड़ा बचकाना निर्णय था। और मेरे इस व्यवहार के पीछे एक और कारण भी रहा था। मैं अपने भाई के पद-चिह्नों पर चल रहा था। कुछ ही समय पहले बलराज ने अपने बोट-क्लब से इस्तीफ़ा दे दिया था। वह कॉलेज की बोट-क्लब का सेक्रेटरी था। क्लब के अध्यक्ष प्रोफ़ेसर मैथाई द्वारा इतना-भर पूछे जाने पर कि तुमने क्लब के हिसाब-किताब का चिट्ठा अभी तक दफ़्तर में क्यों नहीं दिया, बलराज ने अपमानित महसूस किया, मानो उसकी नीयत पर शक किया जा रहा हो और हिसाब के चिट्ठे के साथ अपना इस्तीफ़ा भी दे आया था।

मैंने जो हॉकी खेलना छोड़ दिया तो वह बहुत कुछ बलराज की देखा-देखी ही था। दम्भ में आकर।

आज याद करने पर मुझे अपनी नासमझी पर गुस्सा आता है। कप्तान द्वारा यह बता दिए जाने पर कि ऐसा क्यों हुआ, मुझे अपना गुस्सा भूल जाना चाहिए था और हँसते-खेलते, हॉकी ग्राउंड पर लौट जाना चाहिए था। हॉकी खेलने में मुझे अपार आनन्द मिलता था, और कॉलेज टीम का सदस्य होना मेरे लिए बहुत बड़ी उपलब्धि थी। मुझे कॉलेज कलर मिलता। मेरा आत्मविश्वास बल्लियों ऊपर उठता। कॉलेज टीम के खिलाड़ी तो छाती तानकर कॉलेज के गलियारों में घूमते थे।

यह क़िस्सा यहाँ ख़त्म नहीं होता। जब अगले साल मैं एम.ए. का छात्र था तो हॉकी टीम का नया कप्तान, खन्ना, मुझसे आग्रह करने लगा कि मैं हॉकी

टीम में लौट आऊँ, और मुझे टीम का सेक्रेटरी बनाया जाएगा। पर मैं नहीं माना। हॉकी से नाता तोड़ना मेरे लिए पत्थर की लक़ीर बन चुका था। वह भी मेरे रवैए पर हैरान हुआ पर चुप हो गया।

यदि कॉलेज छोड़ने के बाद मुझे पछतावा न होने लगता, और मैं अपने को वंचित महसूस नहीं करने लगता, तो यह मामूली सी घटना बनकर रह जाती। पर यह घटना तो बरसों तक दिल को कचोटती रही। आज भी कभी-कभी मैं नींद में, अपने को सपने में हॉकी खेलते देखता हूँ। इतना बढ़िया खेलता हूँ कि सपने में स्वयं ही अश-अश कर उठता हूँ। ऐसे दाँव खेलता हूँ कि ध्यानचन्द क्या खेलता रहा होगा।

उन्हीं दिनों एक और घटना भी घटी और वह भी दिल पर गहरी खरोंच छोड़ गई।

उस वर्ष मैं होस्टल छोड़कर अपने बहनोई श्री चन्द्रगुप्त विद्यालंकार के साथ ब्रेडलॉ हॉल के निकट उनके घर पर रहने लगा था। होस्टल छोड़ते ही मैं जैसे किसी दूसरे शहर में पहुँच गया था। चन्द्रगुप्तजी हिन्दी के सुपरिचित लेखक थे, लाहौर में उन दिनों अपना प्रकाशन गृह चला रहे थे। जहाँ कॉलेज का माहौल अंग्रेज़ीयत का था, वहाँ चन्द्रगुप्तजी के घर में हिन्दी साहित्य की चर्चा रहती। गाहे-बगाहे लेखकों का आना-जाना भी होता। वात्स्यायनजी से पहली बार वहीं पर मिलने का मौक़ा मिला। देवेन्द्र सत्यार्थी से भी। उन्हीं दिनों उपेन्द्रनाथ अश्क को भी साइकिल पर बैठे सड़कों पर जाते देखा करता। लगभग हर शाम चन्द्रगुप्तजी के साथ मालरोड पर लम्बी सैर को जाता। चन्द्रगुप्तजी हिन्दी साहित्य की चर्चा करते जो मेरे लिए अभी दूर पार का विषय था, भले ही मेरी एक कहानी और दो-एक कविताएँ कॉलेज की पत्रिका 'रावी' में छप चुकी थीं।

एक दिन चन्द्रगुप्तजी ने बताया कि मुंशी प्रेमचन्द कुछ दिन के लिए लाहौर आ रहे हैं और हमारे ही निवास स्थान पर रहेंगे। यह बहुत बड़ी सूचना थी पर मुझ पर उसका ज़्यादा असर नहीं हुआ। प्रेमचन्द की विशिष्टता से तो मैं अनभिज्ञ नहीं था, पर जाड़ों की छुट्टियों में मैं घर जाने के लिए एक-एक दिन गिन रहा था। इसमें भी सन्देह नहीं कि उन दिनों मेरे मस्तिष्क पर अंग्रेजी साहित्य हावी था और मैंने उस अवसर के महत्त्व को गौण समझा। चन्द्रगुप्तजी ने बहुत समझाया कि ऐसा अवसर बहुत कम मिल पाता है, तुम मेरे साथ रहोगे तो हम दोनों मिलकर उनकी देखभाल भी कर सकेंगे। पर मैं नहीं माना, और यह कहकर कि भविष्य में भी ऐसा अवसर मिल सकता है, मैं रावलपिंडी के लिए रवाना हो गया।

प्रेमचन्द आए, उसी घर में पाँच दिन तक ठहरे, और जब मैं छुट्टियों के बाद लाहौर लौटा तो वह जा चुके थे। तब भी मुझे कोई विशेष खेद नहीं हुआ।

खेद तब हुआ जब कुछ ही महीने बाद पता चला कि प्रेमचन्द संसार में नहीं रहे। और भी गहरा दुःख तब हुआ जब एक लम्बे रेल-सफ़र में 'गोदान' पढ़ता रहा, और पुस्तक समाप्त हो जाने पर अभिभूत-सा बैठा रह गया। तब इस बात का और भी शिद्दत से अहसास हुआ कि मैं कितना अभागा हूँ जो उस सुनहरे अवसर को खो बैठा।

दिन बीतने लगे। एम.ए. की पढ़ाई समाप्त हो जाने पर मैं रावलपिंडी जा पहुँचा। पर गाहे-बगाहे लाहौर भी जाता रहता। प्रेमचन्द के देहावसान के बाद चन्द्रगुप्तजी ने ही एक दिन सुझाव दिया :

"तुम प्रेमचन्द के पत्र क्यों नहीं इकट्ठा करते ?"

यह सुझाव मुझे बेहद पसन्द आया और मैंने इस काम में हाथ डाल दिया। चन्द्रगुप्तजी ने 'विशाल भारत' में इस आशय की सूचना भी छपवा दी और मैं बड़ा प्रोत्साहित महसूस करने लगा।

लाहौर में उर्दू के जाने-माने लेखक इम्तयाज़ अली 'ताज' रहते थे। वह उर्दू के प्रकाशक भी थे और उन्होंने प्रेमचन्द के मूलतः उर्दू में लिखे कुछेक उपन्यास 'चौगान-ए-हस्ती' आदि प्रकाशित किए थे। प्रेमचन्द के देहावसान के बाद उनका एक मज़मून भी आया जिसमें उन्होंने प्रेमचन्द के साथ हुई अपनी चिट्ठी-पत्री का ज़िक्र किया था, और प्रेमचन्द के ख़तों में से अनेक उद्धरण प्रकाशित किए थे।

मैंने उनके घर का दरवाज़ा जा खटखटाया। 'ताज' साहब गवर्नमेंट कॉलेज की नाटक मंडली से भी जुड़े थे। वह मेरे प्रोफ़ेसर बुख़ारी के मित्र थे और उनका नाटक 'अनारकली' कॉलेज के स्टेज पर खेला जा चुका था। इसलिए मैं बेझिझक उनके घर जा पहुँचा था।

मेरी प्रार्थना सुनकर बोले :

"देखो भाई, मैं वे पत्र तुम्हें दूँगा तो नहीं, अगर उन्हें नकल करना चाहो तो मेरे घर पर आकर नकल कर सकते हो।"

मुझे यह भी मंजूर था और मैं दूसरे दिन ही उनके घर जा पहुँचा। और उनके घर पर पत्र नकल करने लगा। पैंतीस के क़रीब पत्र रहे होंगे, सभी उर्दू में थे, सभी 1922-25 के कालखंड के रहे होंगे, अधिकांश पोस्टकॉर्ड थे। उनमें उन उपन्यासों की चर्चा थी जिन्हें मूल उर्दू भाषा में प्रेमचन्द ने लिखा था जैसे 'चौग़ान-ए-हस्ती' आदि। किताबों के प्रकाशन आदि की चर्चा अधिक थी। पर कहीं-कहीं बड़ी पैनी साहित्यिक टिप्पणियाँ भी थीं।

मुझे बड़ा लुत्फ़ आया। पत्रों में जगह-जगह मौसम की चर्चा रहती, ज़माने की, इशाअत की, कहीं-कहीं पर साहित्य चर्चा भी। उन्हीं पत्रों में से एक पत्र में, जो गोरखपुर से लिखा था, गांधीजी का ज़िक्र था :

"आज यहाँ गांधीजी की आमद आमद है..."

(गांधीजी की इस 'आमद' से प्रभावित होकर ही प्रेमचन्द ने अपनी बीस साल की सरकारी नौकरी से इस्तीफ़ा दे दिया था और देशसेवा का काम करने लगे थे)। वह पत्र मेरे लिए एक तरह से ऐतिहासिक दस्तावेज़ था।

हफ़्ते-भर में मैंने वे पत्र नकल कर डाले।

इसके बाद कुछेक पत्र इधर-उधर से भी मिलने लगे। डॉक्टर इन्द्रनाथ मदान के साथ प्रेमचन्द का पत्र-व्यवहार रहा था। वे पत्र अंग्रेज़ी में थे, वे भी मदानजी के सौजन्य से मुझे मिल गए।

मैं बड़ा प्रोत्साहित महसूस करने लगा।

कॉलेज की पढ़ाई पूरी करने के बाद मैं रावलपिंडी लौट आया था और पिताजी का, उनके व्यापार में हाथ बँटाने लगा था।

व्यापार में हाथ डालने के कुछ अरसा बाद मुझे व्यापार के ही सिलसिले में कानपुर जाने का इत्तफ़ाक हुआ। जुग्गीलाल कमलापत सिंघानिया कॉटन मिल्स की एजेंसी हमें मिल गई थी और उसी सिलसिले में मुझे वहाँ जाना था। पर इस बीच मुझे पता चला था कि जाने-माने पत्रकार दयानारायण निगम भी कानपुर में ही रहते हैं, जिनके साथ प्रेमचन्द की बरसों तक चिट्ठी-पत्री रही थी। प्रेमचन्द उनकी पत्रिका में लेख आदि लिखा करते थे, और दोनों के बीच गहरी मित्रता रही थी। मैं बड़े चाव से कानपुर के लिए रवाना हो गया और एक शाम निगम साहब का दरवाज़ा जा खटखटाया।

दयानारायण बड़ी उम्र के सज्जन थे, दुबले-पतले। जब मैंने बात चलाई और प्रेमचन्द के पत्रों का ज़िक्र किया तो छूटते ही बोले :

"तुम मुझसे मेरी बीवी के ज़ेवर क्यों नहीं माँग लेते ?"

मैं भौंचक्का-सा उनके मुँह की ओर देखने लगा।

"मैं माँगने नहीं आया, मैं तो आपकी इजाज़त से उन्हें नकल करने आया हूँ। आप कहेंगे तो आपके घर पर बैठकर नकल कर लूँगा।"

वह कुछ देर तक सोचते रहे, फिर बोले :

"तुम उनका हिन्दी संस्करण निकालोगे ?"

छापने छपवाने का तो उस वक़्त तक मुझे खयाल भी नहीं आया था, और मैं समझ भी नहीं पा रहा था कि उन्हें क्या जवाब दूँ, जब सिर हिलाकर बोले :

"कोई मज़ायका नहीं। उनका हिन्दी एडीशन तुम निकालो, उर्दू एडीशन मैं

निकाल लूँगा। आधा-आधा कर लेंगे। यह मामला तो तय किया जा सकता है।''

मैंने उत्साहित होकर कहा, ''तो क्या मैं कल सुबह हाज़िर हो जाऊँ ?''

''इतनी जल्दी ? भाईजान, वे छत के ऊपर अख़बारों के ढेर को देखते हो ? वे उस ढेर में कहीं दबे पड़े हैं। उन्हें ढूँढ़कर निकालना होगा।''

मैं अचम्भे में पड़ गया। जो पत्र उन्हें अपनी बीवी के ज़ेवरों से भी ज़्यादा प्यारे थे, उन्हें अख़बारों के ढेर में से खोजकर निकालना पड़ेगा।

''मैं इसमें आपकी मदद कर सकता हूँ।'' मैंने कहा, ''मैं प्रेमचन्द की लिखावट पहचानता हूँ।''

''नहीं, बरखुरदार, तुम कहाँ उन्हें खोजते फिरोगे।''

फिर सुझाव देते हुए बोले, ''यों करो, तुम अगले साल इन्हीं जाड़ों की छुट्टियों में चले आओ। तब तक मैं उन्हें निकालने का कोई बन्दोबस्त कर लूँगा।''

''एक साल बाद ?'' मैंने हैरान होकर पूछा।

''बरखुरदार, ऐसे काम तो वक़्त माँगते हैं। आनन-फ़ानन तो नहीं हो जाते,'' कहते हुए वह उठ खड़े हुए, ''मुझे इत्तला कर देना और चले आना।''

मुलाक़ात ख़त्म हो गई। मैं बाहर निकल आया। घोर निराशा हुई, पर मैंने हार नहीं मानी। अगले साल के जाड़ों का इन्तज़ार करने लगा। और सचमुच, साल-भर बाद, जाड़ों ही में, मैंने कानपुर का प्रोग्राम बनाया और एक शाम उनके घर जा पहुँचा। पर मैं यहाँ भी अभागा ही रहा। दयानारायण निगम का इस बीच देहान्त हो चुका था।

पर हाँ, उनके सुपुत्र से भेंट हुई। वह वक़ील थे। जब मैंने प्रेमचन्द के पत्रों का ज़िक्र किया तो उन्होंने कोई रुख़ नहीं किया, कोई दिलचस्पी नहीं दिखाई। कुछ देर तक मुँह बाए बैठा रहने के बाद मैं वहाँ से उठ गया।

बहुत बाद में जब अमृतराय, प्रेमचन्द की जीवनी 'कलम का सिपाही' पर काम कर रहे थे तो पता चला कि उन्होंने अपनी मेहनत से वे पत्र खोज निकाले हैं। उनकी इस पुस्तक में दयानारायण निगम को लिखे उनके बहुत से पत्र उद्धृत हैं। इम्तियाज़ अली ताजवाले पत्र भी अमृतराय के पास पहुँच गए थे।

पत्र इकट्ठा करने का मेरा अभियान आगे नहीं बढ़ पाया। रावलपिंडी हिन्दी के क्षेत्र से बहुत दूर था, और मैं बार-बार बाहर जा नहीं सकता था और यह काम चिट्ठी-पत्री के माध्यम से नहीं हो सकता था।

लाहौर निवास के साथ छोटी-छोटी कुछेक और सुखद यादें भी जुड़ी हैं। यहीं पहली बार मैंने रवीन्द्रनाथ टैगोर को देखा, ब्रेडलॉ हॉल में एक कवि-सम्मेलन में कविता-पाठ करते हुए, और कुछ समय बाद रंगमंच पर अभिनय करते हुए। लाहौर के चेरिंग क्रॉस के निकट प्लाज़ा हॉल में 'चित्रांगदा' का अभिनय चल रहा था,

और कवि, स्टेज के एक ओर आकर्षक वेशभूषा में बैठे थे और यदा-कदा अपनी पंक्तियाँ अपनी लय में बोल रहे थे जो कविता की पंक्तियाँ थीं। मेरे लिए बड़ा रोमांचकारी अनुभव था।

बाद में पता चला था कि टैगोर, शान्तिनिकेतन के लिए धन-संग्रह कर पाने के उद्‍देश्य से अपनी नाट्य-मंडली लेकर आए थे और जगह-जगह अपने कार्यक्रम प्रस्तुत कर रहे थे। कुछ समय बाद यह भी सुनने में आया था कि उनके इस अभियान की ख़बर मिलने पर गांधीजी विचलित हुए थे कि गुरुदेव को इस उम्र में धनोपार्जन के लिए भटकना पड़ रहा है, तो उन्होंने शान्तिनिकेतन के लिए अनुदान का प्रबन्ध करवा दिया था और गुरुदेव से अनुरोध किया था कि वह लौट जाएँ। पर मैं सही तौर पर नहीं जानता कि यह ख़बर कहाँ तक सच है।

लाहौर के इसी प्लाज़ा हॉल में उदयशंकर और उनकी मंडली का नृत्य भी देखा जो अविस्मरणीय था। उदयशंकर कुछ ही समय पहले इंग्लैंड आदि का दौरा करके आए थे और उनकी बड़ी धूम थी। इस कार्यक्रम में उनके साथ सिमकी भी थीं जो स्टेज पर सचमुच अप्सरा नज़र आती थीं।

बरसों बाद, जब उदयशंकर ने अल्मोड़ा में अपना केन्द्र स्थापित किया था तो उनकी 'कल्पना' शीर्षक प्रस्तुति भी देखी जिसमें सुमित्रानन्दन पन्त भी कवि की भूमिका निभा रहे थे।

3

एम.ए. की परीक्षा देने के बाद मैं रावलपिंडी लौट आया। शहर अब बहुत छोटा लग रहा था और बोसीदा, न कोई चहल-पहल, न आमद-रफ़्त, सड़कें तंग, सूनी-सूनी। पहले की ही तरह कहीं-कहीं पर दो-चार आदमी सड़क के किनारे खड़े बतियाते, तोंद खुजलाते नज़र आते। अतरसिंह हलवाई की दूकान के सामने सड़क के किनारे अभी भी चौकड़ी बैठी चौसर खेल रही थी। लगा उसी दिन से खेल रही है जिस दिन मैं यहाँ से गया था। कुछ भी नहीं बदला था। फिर से बुर्केवाली औरतें गलियाँ लाँघती हुईं और भिश्ती कमर पर पानी की मश्क लादे सड़कों पर पानी छिड़कता हुआ। वही सब जो पहले इतना अपना-अपना लगा करता था, अब अपना सारा जादू खो बैठा था।

स्टेशन से घर को जाते हुए गाड़ीवान मेरे ही मोहल्ले का मुर्तज़ा निकला। अब गाड़ीवानों की ख़ाकी पगड़ी पहने हुए था, चेहरे पर पतली-पतली मूँछें निकल आई थीं। उसके बात करने का लहजा दोस्ताना भी था और साथ ही औपचारिक भी। सारा रास्ता मोहल्ले

की ख़बरें सुनाता रहा। बोस्तान ख़ान फ़ौज में भरती हो गया है। गिरधारी घर छोड़ गया है। खुदा ख़बर कहाँ गया है। जहाँ पर गाड़ीवालों की कोठरियाँ थीं अब वहाँ सरदार आलमख़ान का तीन मंज़िला मकान बन गया है।

घर पर पहुँचा तो देखा पिताजी के सिर के अधिकांश बाल सफ़ेद हो चुके हैं पर चेहरा अभी भी गोरा-गोरा दमकता है। माँ ने सारे दाँत निकलवा दिए हैं। उनका पिचका हुआ चेहरा देखकर दिल धक् से रह गया था। घर भी सूना-सूना लगा, मानो मेरे पीछे कुछ ही सालों में घर बुढ़ा गया है।

समय की गति धीमी, दिन-प्रतिदिनवाली बनी रहे तो आसपास होनेवाली तब्दीलियाँ नज़र नहीं आतीं। समय की आहटें सुनाई नहीं देतीं पर यदि बरसों का अन्तराल पड़ जाए तो बदलाव नज़र आने लगते हैं और मन को बार-बार धक्का-सा लगता है।

बलराज घर पर नहीं थे। पिताजी ने बताया कि व्यापार के काम-काज के लिए उन्होंने बाज़ार में एक दफ़्तर किराए पर ले रखा है। ''बलराज वहीं पर बैठता है। अभी आने ही वाला होगा।''

बलराज की पत्नी, दम्मो भी घर पर नहीं थी।

''वह भी आती होगी,'' माँ ने बताया, ''वह अपने मायके गई है। कभी-कभी दिन को चली जाती है।''

कुछ ही देर बाद बलराज, साइकिल पर सवार, सड़क का मोड़ काटकर, घर की ओर आते नज़र आए। मैं लपककर बाहर आ गया। मेरे अन्दर स्फूर्ति की लहर दौड़ गई।

बलराज में अभी भी उत्साह छलक रहा था। बैठते ही, एक साँस में बीसियों बातें बता गया :

''बाज़ार में दफ़्तर किराए पर लिया है। देखेगा तो खुश हो जाएगा। नमूने रखने के लिए दो आलमारियाँ बनवाई हैं। छत तक ऊँची, उनमें दराज़-ही-दराज़। एक मेज़ बनवाया है, बैज़वी शक्ल की (अर्द्ध-गोलाकार)। कल तुम्हें वहाँ ले चलूँगा।...कल तुम्हें वहाँ हलवा भी खिलाऊँगा। एक खोमचेवाला हर रोज़ तीन बजे के आसपास वहाँ आता है। ऐसा बढ़िया हलवा कि तुम्हें क्या बताऊँ...अब तू आ गया है, साइकिलों पर लम्बी सैरें किया करेंगे।...मैंने शहर के बाहर, तपोवन के आगे, एक छोटा-सा ताल ढूँढ़ निकाला है। मैं और बख़्शी वहाँ रोज़ नहाने जाते हैं। मैं तुम्हें भी वहाँ ले चलूँगा। मैंने बख़्शी की सगाई तुड़वा दी है। वह वहाँ ब्याह नहीं करना चाहता था। मैंने एक गुमनाम चिट्ठी, लड़की के चच्चा को लिख भेजी कि लड़का नपुंसक है, उसके साथ ब्याह करके अपनी लड़की की ज़िन्दगी बर्बाद नहीं कीजिए। पर यार, ख़त पकड़ा गया...''

"कैसे पकड़ा गया ?"

"मैंने अपना ख़त अपने दफ़्तर के चपरासी के हाथ भेजा था। उसे वहाँ किसी ने पहचान लिया। लड़की का चच्चा सीधा पिताजी से शिकायत करने पहुँच गया। वह बहुत बिगड़ा, बहुत बौखलाया...पर बख़्शी की सगाई टूट गई है," बलराज ने हँसकर कहा।

बलराज के उत्साह को देखकर, मेरे लिए घर की सारी रौनक फिर से लौट आई। इतने में दम्मो आ गई थी, दम्मो, बलराज की पत्नी। चाँद-सा मुखड़ा और बच्चों जैसा हँसमुख स्वभाव। मुझे देखते ही भागकर आई और लिपटकर मिली।

मुझे लगा जैसे समय ने करवट ली है। घर का सारा माहौल पहले से भी ज़्यादा मनमोहक हो उठा है।

दिन बीतने लगे। बलराज ने दफ़्तर में ही नहीं, घर में भी तरह-तरह की तब्दीलियाँ कर रखी थीं। अब रसोईघर के बाहर खाने की मेज़ लग गई थी। अब परिवार के लोग रसोईघर के अन्दर बैठकर भोजन नहीं करते थे। पिर्च-प्याले आ गए हैं। सुबह-शाम चाय बनने लगी है।

मैं इस नए माहौल का अभ्यस्त होने लगा। कभी हम दोनों साइकिलों पर निकल जाते, कभी उस ताल की ओर चल देते जिसे बलराज ने खोज निकाला था।

पर कुछ ही दिन बाद मुझे ऐसा भास होने लगा जैसे परिवार के जीवन में कहीं खिंचाव-सा पाया जाने लगा है। अब पिताजी ज़्यादा चुप-से रहने लगे थे। कभी पिताजी, और माँ आपस में बातें कर रहे होते तो मेरे सामने आ जाने पर सहसा चुप हो जाते। मैं सोचता शायद माँ को दमयन्ती से कोई शिकायत है। घरों में सास-बहू की नहीं बनती, शायद यहाँ भी कोई मन-मुटाव पनप रहा हो। पर दम्मो का स्वभाव न केवल हँसमुख बल्कि पानी के झरने की तरह स्वच्छ और निर्मल था। माँ कभी-कभी बैठी बिसूर रही होतीं तो दम्मो उनसे जाकर लिपट जाती। दम्मो के कारण तो कोई मनमुटाव नहीं हो सकता था। तो क्या किसी और कारण घर में असन्तोष पाया जाने लगा है ?

पर एक दिन, बैठे-बैठे ही बलराज कहने लगा :

"यार, अब तू आ गया है, तेरा मन चाहता है तो तू इस व्यापार को सँभाल। मैं जा रहा हूँ।"

मैं चौंका।

"तू कहाँ जा रहा है ?"

"मेरा मन व्यापार में नहीं है। मैं व्यापार करना नहीं चाहता।"

पिताजी ने कह रखा था कि तुम्हारी पढ़ाई के बाद तुम दोनों को मैं अपने

व्यापार में लगाऊँगा। इसीलिए बरसों पहले से, हम दोनों के ज़ेहन में यह बैठ चुका था कि कॉलेज की पढ़ाई कर चुकने पर, एक-एक करके हम दोनों पिताजी के व्यापार में हाथ बँटाएँगे। पिताजी ने हमारे भविष्य के बारे में ऐसा ही सोच रखा था। बल्कि योजनाएँ बनाते रहते थे कि एक भाई लन्दन में बैठेगा और दूसरा कराची में। एक, दिसावर से माल भिजवाएगा और दूसरा बड़ी मंडी में बेचेगा। इसी कारण कॉलेज के दिनों में न तो मेरे मन में, और न ही बलराज के मन में, किसी अन्य व्यवसाय की ओर ध्यान गया था जबकि हमारे आसपास लड़के तरह-तरह की नौकरियों तथा प्रतियोगिताओं के लिए तैयारी कर रहे थे।

"तू क्या करना चाहता है?" मैंने पूछा।

"मैं खुद नहीं जानता क्या करूँगा। पर कुछ तो करूँगा। मैं व्यापार नहीं करूँगा।" फिर थोड़ी देर बाद बोला :

"मैं तुम्हारा ही इन्तज़ार कर रहा था। तुम्हारा मन चाहे तो व्यापार सँभालो। पर मैं अब व्यापार नहीं करूँगा।"

बलराज ने अपने मन की बात इतने दो टूक ढंग से कही थी कि मुझे धक्का-सा लगा।

"पिताजी क्या कहते हैं?"

"पिताजी नहीं मानते। वह मुझसे नाराज हैं।"

मेरी आँखों के सामने पिताजी के सिर के सफ़ेद बाल घूम गए। बलराज के इरादों से पिताजी के दिल को ज़रूर गहरी ठेस लगी होगी। मेरा मन बड़ा क्षुब्ध हुआ, मुझे बलराज के व्यवहार में हृदयहीनता का भास हुआ।

"तुम्हारे चले जाने से पिताजी को बड़ा क्लेश पहुँचेगा। और तुम यह भी नहीं बताते कि तुम करोगे क्या।"

"मैं खुद नहीं जानता मैं क्या करूँगा। पर मैं यहाँ नहीं रहूँगा।"

कुछ देर के लिए मुझे लगा जैसे बलराज मुझसे कुछ छिपा रहे हैं। मुझे ऐसा भी लगा कि बलराज और दम्मो ने अन्दर-ही-अन्दर कहीं चले जाने का फ़ैसला कर लिया है जिसे बलराज बताना नहीं चाहते। पर बलराज का ऐसा स्वभाव नहीं था, वह अपने मन की बात बेधड़क होकर कह देते थे।

अब मुड़कर देखता हूँ तो उसकी मनःस्थिति को समझ सकता हूँ। वास्तव में बलराज के मन का असन्तोष उस बड़े असन्तोष का अंग ही था जो उन दिनों हमारे देश के वातावरण में व्याप रहा था। आए दिन, देशव्यापी स्तर पर, देश की आज़ादी के लिए आन्दोलन उठ रहे थे। सारा देश उद्वेलित था। सारे देश में असन्तोष पाया जाता था। मुझे बलराज की सोच में जिस दिशाहीनता का भास हो रहा था, वह वास्तव में उनके मन की अकुलाहट थी। उनका संवेदन अपने

लिए सही अभिव्यक्ति पाने के लिए छटपटा रहा था। बलराज के सामने लक्ष्य साफ़ नहीं था। पैसा कमाने का लालच भी उसे नहीं था। बस, मन में अकुलाहट थी, असन्तोष था, पर किस ओर को मुड़ें यह साफ़ नहीं था।

यह असन्तोष उस कालखंड की देन था। दिल में उठनेवाले वलवले आत्माभिव्यक्ति के लिए आतुर थे। साथ-ही-साथ किसी बड़े ध्येय के साथ जुड़ने की छटपटाहट थी। वह व्यक्तिगत जीवन के तंग घेरे में नहीं बने रहना चाहते थे, यह असन्तोष किसी बड़े क्षेत्र में, किसी बड़े काम में, किसी बड़े लक्ष्य के लिए आत्माभिव्यक्ति के लिए छटपटा रहा था।

बात खुलकर बाहर आ गई। अब बार-बार घर में बहसें होने लगी थीं। घर में तनाव बढ़ता जा रहा था। पिताजी बार-बार समझाते :

"देख, मैंने ग़रीबी देखी है। मैं नहीं चाहता तुम्हें मेरी तरह ठोकरें खानी पड़ें।" और बलराज का एक ही उत्तर होता :

"आप मुझे अपना आशीर्वाद दीजिए और मुझे जाने दीजिए।"

कभी पिताजी अपने सफ़ेद बालों का वास्ता डालते, कभी अपनी कमाई के बही खाते खोल-खोलकर दिखाते। पर बलराज पर कोई असर नहीं हो रहा था। पिताजी बड़े व्याकुल थे, एक बार तो उन्होंने अपने सिर पर से पगड़ी तक उतारकर उसके सामने रख दी। हर बार मैं उनका वार्तालाप सुनता तो मेरा दिल बैठ जाता। मुझे बलराज के व्यवहार में बड़ी धृष्टता नज़र आती और रुखाई भी। पिताजी तरह-तरह के वास्ते डाल रहे थे और उस पर कोई असर नहीं हो रहा था। मुझे पिताजी के साथ अधिकाधिक सहानुभूति होने लगी थी और बलराज पर गुस्सा आने लगा था।

तभी मैंने मन-ही-मन निश्चय कर लिया था कि मैं बराबर पिताजी के साथ बना रहूँगा और व्यापार में उनका हाथ बँटाऊँगा, बलराज बेशक जाएँ, जहाँ जाना चाहते हैं।

माँ का तर्क बड़ा साफ़ था। वह बार-बार यही कहतीं, "तुम इसे क्यों रोकते हो, जाने दो जहाँ जाना चाहता है। जब पंछी पंख निकालते हैं तो क्या घोंसले में बने रहते हैं, वे तो फर्र से उड़ जाते हैं। इसे खुशी-खुशी विदा करो।"

आख़िर एक दिन–20 सितम्बर, 1937 का दिन था–बलराज नें घंटा-भर बैठकर मुझे कुछेक नियम समझाए C.I.F.C.I. क्या होता है, F.O.R. क्या होता है, आदि। फिर घरवालों से विदा ली और अपनी पत्नी के साथ विदा हो गए।

ज़िन्दगी के लम्बे सफ़र में उनका पहला पड़ाव लाहौर ही था।

अब सोचता हूँ तो पिताजी के व्यवहार पर भी हैरानी होती है। पिताज़ी तब न तो वयोवृद्ध थे—वह केवल साठेक वर्ष के रहे होंगे, न ही बलराज के चले जाने से उनके व्यापार को बड़ा धक्का लगनेवाला था। न तो पिताजी की कोई दूकान थी, न कोई गोदाम था, न ही पिताजी ने व्यापार में अपनी कोई पूँजी लगा रखी थी, न ही वह सट्टा करते थे। वह बलराज को केवल उन ठोकरों से बचाना चाहते थे जो उन्हें अपने संघर्ष के दिनों में खानी पड़ी थीं। या फिर वही परम्परागत भीरु स्वभाव था कि बेटा घर पर ही रहे और पुश्तैनी काम सँभाले। बस, इतना ही। हालाँकि वह स्वयं हम भाइयों को लन्दन और कराची में बैठाने की योजनाएँ बनाया करते थे। पर वह घरेलू व्यापार के घेरे में ही था।

पर जिस दिन बलराज को चले जाना था पिताजी का रवैया बहुत बदला हुआ था। तब वह उसकी रवानगी के बारे में चिन्तित थे। पति-पत्नी के लिए पंजाबी प्रथा के अनुसार पिन्नियाँ बनवा रहे थे, बलराज को एक हज़ार रुपए का चेक दिया था, और सबसे हृदयस्पर्शी बात—दस-बारह पोस्टकार्ड लिख लाए थे जिन सब पर एक ही वाक्य लिखा था :

"पिताजी, मैं हर तरह कुशलपूर्वक हूँ। आप चिन्ता न करें।

आपका बेटा,

बलराज"

बस इतना ही। और सभी पर अपना पता लिख दिया था। पोस्टकार्ड बलराज के हाथ में देते हुए बोले थे :

"हफ़्ते में एक दिन, इनमें से एक पोस्टकार्ड पर दस्तख़त करके मुझे डाल दिया करना। भूलना नहीं, इतना-भर तो करेगा न ?"

और देर तक बलराज की पीठ सहलाते रहे थे।

बलराज के घर छोड़ जाने के बाद मैं बड़ी तत्परता से पिताजी के व्यापार-कार्य में योग देने लगा ताकि उन्हें बलराज की अनुपस्थिति का भास न हो। हमारा व्यापार सीधा-सादा था, हम केवल कमीशन-एजेंट थे, नमूने दिखाकर बाज़ार से ऑर्डर लेते, और जब माल आ जाता और व्यापारी बैंक में अदायगी करके माल छुड़ा लेता तो हम कमीशन के हक़दार बन जाते। इस तरह हमारा मुख्य काम बाज़ार से नमूने दिखाकर ऑर्डर लेना था।

मुझे बाज़ार का कोई तजर्बा नहीं था। मैं तो कभी किसी दूकान पर गया था तो ख़रीदार के नाते ही जिसे देखकर दूकानदार की बाँछें खिल जाती हैं, मुझे क्या मालूम कि एजेंट से मिलने का दूकानदार में कोई विशेष उत्साह नहीं होता।

हमारे दफ़्तर में मुंशी था, बाज़ार में घूम-फिरकर नमूने दिखानेवाला दलाल था, पर न जाने यह मैंने कहाँ से सीखा था कि सब काम ख़ुद करना चाहिए। शायद यह उन नैतिक नियमों का प्रभाव रहा हो, जो बचपन में हमारे कान में डाले जाते थे जिनमें पुरुषार्थ पर विशेष बल दिया जाता था। शायद पिताजी को आश्वस्त करने के लिए मैं अत्यधिक उत्साह दिखा रहा था। मुझे चाहिए था कि नमूने दिखाने का काम दलाल पर छोड़ देता और जब यह बुनियादी काम हो जाता तो ऑर्डर लेने के लिए दूकानदार के पास स्वयं पहुँच जाता। मैं बाज़ार के क़ायदे-क़ानून से भी परिचित नहीं था। यह नहीं कि दूकान में ग्राहक बैठा हो और इधर कमीशन एजेंट नमूने लेकर पहुँच जाए। या दोपहर के वक़्त दूकानदार सोया पड़ा हो और एजेंट पहुँच जाए। दूकानदार की नज़र में एजेंट का रुतबा, ऊँचा रुतबा नहीं होता। शुरू-शुरू में मैं वक़्त-बेवक़्त पहुँच जाता। कभी-कभी दिल को ठेस भी लगती, क्योंकि एम.ए. तक की पढ़ाई करने के बाद ऐसा काम करने के लिए मन में उत्साह नहीं होता।

पिताजी की बाज़ार में अच्छी साख थी, एक व्यापारी के नाते भी और एक नागरिक के नाते भी। पर मैं उसका भी लाभ उठाना नहीं चाहता था। इस प्रकार की धृष्टता जीवन में बार-बार मेरे आड़े आई है।

शायद, यह गांधीवाद का ही प्रभाव रहा हो। मैं गांधीवाद का भी दामन थामे हुए था। मैं मुनाफ़े पर काम नहीं करना चाहता था, केवल कमीशन से सन्तुष्ट रहना चाहता था। और मैं विलायती माल भी नहीं बेचना चाहता था। अब बाज़ार में ऐसे 'आदर्शवाद' को कौन पूछता है ? विलायती माल के प्रति मेरी उदासीनता को देखते हुए पिताजी ने जगह-जगह पत्र-व्यवहार करके दो-तीन एजेंसियाँ भारतीय कारख़ानों की भी ले दीं जिनमें कानपुर की जुग्गीलाल कमलापत सिंघानिया कॉटन मिल्स भी थी। पिताजी तो कमीशन पर काम करते रहे थे, क्योंकि उनके लिए कोई विकल्प नहीं था। पर यह तो सीधा-सादा व्यापार था कि जहाँ पचास गाँठों के लिए ऑर्डर आप दूकानदारों से लेते हैं, वहाँ दस गाँठें अपने लिए भी ले लें और खुले बाज़ार में बेचें। पर नहीं, मेरे लिए यह मुनाफ़ाख़ोरी थी।

ऐसे ही पूर्वग्रह लेकर मैं व्यापार करने निकला था। फिर भी गाड़ी चलने लगी। ऑर्डर मिलने पर मैं आश्वस्त भी हो जाता, दूकानदारों की बेरुख़ी का गाहे-बगाहे कड़वा घूँट भी पी लेता।

फिर जंग छिड़ गई। बाज़ार में तेज़ी आने लगी। जंग छिड़ जाने पर जहाँ लड़ाई के मैदान में जवान मरते हैं, वहाँ बाज़ार में जोबन आता है, दूकानदारों के पौ-बारह होते हैं। अगर मैंने बाज़ार में पाँच आने प्रति गज़ के दाम पर ऑर्डर लिया है तो माल आने तक दाम बढ़कर छः या सात आने गज़ तक जा पहुँचेगा।

उन दिनों तो हमारे दफ़्तर का मुंशी और दलाल भी इसरार करने लगे कि हम भी बाज़ार की इस तेज़ी का लाभ उठाएँ। पर मेरी धृष्टता बराबर बनी रही।

एक दिन पिताजी ने आग्रह किया कि मैं कुछ दिन के लिए लाहौर चला जाऊँ। मैं उनका मतलब समझ गया। वह चाहते थे कि मैं वहाँ जाकर देखूँ कि बलराज के काम-काज की क्या स्थिति है। बलराज चले गए थे पर उनको लेकर पिताजी की चिन्ता बराबर बनी रहती थी।

मैं झट से तैयार हो गया। नेकी और पूछ-पूछ। मैंने साथ में नमूनों का एक बक्सा भी ले लिया कि कुछ व्यापारियों से सम्पर्क भी करूँगा, कुछ ऑर्डर मिले तो लेता आऊँगा।

लाहौर में मालरोड पर एक सिन्धी की जानी-पहचानी कपड़े की दूकान थी। मैं एक दिन प्रातः एक ताँगे पर नमूनों का बक्सा रखकर उस दूकान पर जा पहुँचा। सेठ से दुआ-सलाम हुई। उसने सिर हिलाया और बोला, "आप नमूने छोड़ जाओ। हम देख लेंगे।" मुझे यह सही लगा। वह आराम से नमूने देख ले, मैं भी इत्मीनान से घंटा-दो घंटा बाद पहुँच जाऊँगा। मैंने नमूनों का बक्सा दूकान के अन्दर रखवा दिया।

"मैं किस वक़्त आऊँ सेठजी ?"

"तुम कल आ जाओ।"

मैं ठिठका। इस तरह तो मेरा पूरा दिन खाली चला जाएगा। पर फिर यह सोचकर कि ऐसी जल्दी भी क्या है, सेठ आराम से नमूने देख ले, मैं भाई के साथ घूमूँ-फिरूँगा, मैं दूकान पर से उतर आया।

दूसरे दिन प्रातः दस बजते ही मैं उसकी दूकान पर जा पहुँचा। मैंने ज़िक्र किया तो दूकान का एक कर्मचारी जो बही-खाते पर झुका हुआ था, मेरी ओर देखे बिना ही बोला :

"अभी सेठ ने नहीं देखा है, कल आना।"

सेठ दूकान में नहीं था। मैं दूकान में से निकलकर चबूतरे पर जा खड़ा हुआ, यह सोचकर कि सेठ अभी आता ही होगा। पर फिर पीछे से आवाज़ आई :

"सेठ देर से आएगा। कचहरी गया है।"

मैं दुविधा में पड़ गया। नमूनों का बक्सा यहाँ पड़ा रहेगा तो और कहीं इसे दिखा नहीं सकूँगा। सारा दिन बर्बाद हो जाएगा। पर लाचार, मैं फिर से चबूतरे पर से उतर आया और घर की राह ली।

अगले दिन सवेरे जब मैं फिर वहाँ पहुँचा तो सेठ चबूतरे पर टहल रहा था। मुझे लगा आज कुछ काम बन जाएगा। पर मैंने चबूतरे पर क़दम रखा ही था कि सेठ खीझ कर बोला :

"तुम तो पीछे ही पड़ गए हो। नहीं देखे हैं तुम्हारे नमूने। जब वक़्त मिलेगा, देख लेंगे।"

मुझे तो आग लग गई। मुझे और तो कुछ नहीं सूझा, मैं दूकान के चबूतरे पर से उतर आया, एक ताँगा बुलाया, गाड़ीवान की मदद से नमूनों का बक्सा ताँगे पर रखा और यह कहकर कि "नहीं दिखाने हैं मुझे नमूने।" ताँगे पर जा बैठा।

जब ताँगा चल पड़ा तो मैंने सुना, सेठ अपने किसी कारिन्दे से कह रहा था :

"अब एजेंट भी अकड़ दिखाने लगे हैं।" और वह खी-खी करके हँस रहा था।

मैं बड़ा बेचैन हुआ। अगर यह लाहौर न होकर कोई दूसरा शहर होता तो मैं अपना क्षोभ और गुस्सा पी जाता, मुझे इतना क्लेश नहीं पहुँचता। पर यह लाहौर था, जहाँ कुछ ही समय पहले मैं शाहज़ादों की तरह घूमता-फिरता था। दिल में हिलोरें उठती थीं, कभी खेलकूद के मैदान की ओर तो कभी पुस्तकालयों की ओर, नई-नई उमंगें लिये भागता फिरता था। उसी लाहौर में मुझे यह बेरुख़ी सहनी पड़ रही थी। जब ताँगा यूनिवर्सिटी हॉल के सामने से गुज़रा तो मेरा रोना निकल गया।

व्यापार में मेरी रुचि बढ़ नहीं पा रही थी। इससे मुझे आन्तरिक सुख नहीं मिलता था। इसे बढ़ाने की दिशा में मुझे नए-नए तौर-तरीके सूझ भी नहीं रहे थे। न ही मेरी कोई महत्त्वाकांक्षा इससे जुड़ती थी। एम.ए. की तालीम व्यापार के आड़े आती है, विशेषकर हमारे जैसे व्यापार के। कमीशन पर केवल ऐसे ही एजेंट काम कर सकते हैं जिनके पास ऐसे माल की एजेंसियाँ हों जो हाथोंहाथ बिकता हो। फ़िर मेरे अपने पूर्वग्रह भी थे। मैं दूकानदार क़तई नहीं बनना चाहता था। एम.ए. तक की पढ़ाई करने के बाद दूकानदार की गद्‌दी पर बैठना मेरे लिए नागवार था। विलायती माल बेचने से भी मुझे चिढ़ थी और मुनाफ़े पर मैं काम करना नहीं चाहता था। ऐसी मानसिकतावाला व्यक्ति क्या ख़ाक व्यापार करेगा ? हमारे घर का माहौल भी ऐसा नहीं था कि उसके व्यापार के लिए प्रेरणा मिले। पिताजी स्वयं तब तक व्यापार में कम और आर्य समाज के कार्यकलाप में अधिक रुचि लेने लगे थे। व्यापार के कुछ पुराने सप्लायर उनके अपने हाथ में थे, ज़्यादा के वह महत्त्वाकांक्षी नहीं थे। व्यापार के क्षेत्र में मैंने पिताजी जैसा कोई व्यक्ति नहीं देखा जो व्यापार से रिटायर हो रहा हो। भला व्यापार से भी कोई रिटायर होता है ?

एक बार एक छोटी-सी घटना घटी जहाँ मेरी प्रतिक्रिया बड़ी अप्रत्याशित रही। मैं बाज़ार से थका-माँदा लौटा था। बुनाईवाली ऊन के कुछ नमूने दूकानदारों को दिखाता रहा था। मैं उस दिन खोया-खोया लौटा था। एक दूकानदार बड़ी रुखाई से पेश आया था।

मैं अपने कमरे में चुपचाप जा बैठा था, जब कुछ देर बाद मेरी नज़र अँगीठी पर पड़ी एक किताब की ओर उठ गई। मेरे अन्दर ज्वार-सा उठा। मैंने लपककर किताब उठा ली और उसके पन्ने पलटने लगा। वह पुस्तक अंग्रेज़ी उपन्यास Wuthering Heights थी। मेरे अन्दर अजीब-सी अकुलाहट उठ रही थी, और मेरा मन रोने को कर रहा था। मुझे लग रहा था जैसे मैं कुछ खो बैठा हूँ जिसे फिर से कभी भी नहीं पा सकूँगा कि मैं किसी ऐसे क्षेत्र से कट गया हूँ कि जिससे मुझे शान्ति और अपार सुख मिलता है।

इससे पहले भी मैं, कुछ-कुछ इससे मिलती-जुलती मनःस्थिति का अनुभव कर चुका था, जब बैठे-बैठे लगता जैसे समय की गति थम गई है, और मैं शून्य में, निरुद्ध-सा बैठा हूँ। मेरे हाथ-पाँव फूल रहे हैं, मेरी आँखों के सामने काँच की चादर-सी बिछ गई है, जैसे मेरे शरीर और मन, दोनों को लक़वा मार गया है। और, मैं निश्चेष्ट-सा शून्य में ताकता रह जाता। ऐसी स्थिति कुछ देर तक बनी रहती और मुझे निढाल-सा छोड़ जाती।

मेरा मन व्यापार से ज़रूर उचटने लगा था। वचनबद्धता तो अब भी बनी हुई थी। उसे छोड़ने का तो सवाल ही नहीं उठता था। पर वह मुझे रास नहीं आ रहा था। मैं अन्दर-ही-अन्दर असन्तुष्ट-सा रहने लगा था।

बलराज और दम्मो कुछ समय तक लाहौर में रहते रहे थे। बलराज अपने दो साथियों के साथ 'मंडे मॉर्निंग' नाम से एक साप्ताहिक पत्रिका अंग्रेज़ी में निकालने की धुन में लगे रहे थे। उस पत्रिका की सूचना देनेवाले कुछ इश्तहार भी मुझे भेज चुके थे। पीले रंग के इश्तहार थे, जिन्हें मैं उन दिनों श्रीनगर में, अपने घर के आसपास पेड़ों पर लगाता रहा था। पत्रिका का प्रकाशन तो हुआ, उसके तीन अंक भी निकले, पर तीसरा अंक निकलते-निकलते बलराज बीमार पड़ गए। उधर पैसे की भी कमी थी और अनुभव की भी। तन्दुरुस्त होने पर बलराज ने पत्रिका में से हाथ खींच लिया और शान्तिनिकेतन की राह ली जहाँ वह हिन्दी के अध्यापक के रूप में नियुक्त हो गए। पंडित हज़ारीप्रसाद द्विवेदी उन दिनों वहाँ हिन्दी विभाग का संचालन कर रहे थे।

धीरे-धीरे मेरे लिए भी गाड़ी का काँटा बदलने लगा।

उन्हीं दिनों बलराज ने मुझे शान्तिनिकेतन से एक नाटक भेजा, नाम था The Ghost Train और लेखक था Arnold Ridlay. बलराज को यह नाटक पसन्द आया था। मैंने यह नाटक पढ़ा और झट से उसका हिन्दुस्तानी भाषा में अनुवाद करने बैठ गया। जब अनुवाद पूरा हुआ तो नाटक का मंचन करने की ललक उठी।

पर मंचन कैसे हो ? न कोई नाटक-मंडली थी और न कोई नाटक-गृह। न ही कोई आसपास नाटकों में रुचि लेनेवाला।

मुझे अपने पुराने इंटरमीडिएट कॉलेज की याद आई, जहाँ मैं लाहौर जाने से पहले पढ़ता रहा था। अब वह कॉलेज डिग्री कॉलेज बन चुका था और कॉलेज के प्रिंसिपल मेरे ही पुराने अध्यापक—श्री जसवन्त राय—थे, और अब तो वह हमारे निकट के सम्बन्धी भी थे। बलराज की शादी उनकी छोटी बहन से हुई थी।

मैं उनसे जा मिला। कॉलेज में नाटक खेलूँगा तो बड़ी सुविधा होगी, स्टेज की सुविधा, अदाकार भी यहीं से मिल जाएँगे और दर्शक भी। प्रिंसिपल साहब को प्रस्ताव पसन्द आया। कॉलेज को भी इससे लाभ ही लाभ था, कॉलेज में नाटक मंडली तैयार हो जाएगी। नाटक खेले जाने लगेंगे।

पर प्रिंसिपल साहब को एक अड़चन नज़र आई।

"लड़कों के लिए तुम बाहर के आदमी हो। कहाँ तक वे तुम्हारे साथ सहयोग करेंगे, मैं कह नहीं सकता।" फिर कुछ देर तक सोचते रहने के बाद बोले, "पर इसका एक इलाज है। तुम कॉलेज में ऑनरेरी तौर पर पढ़ाने लग जाओ। दिन में घंटे-दो घंटे के लिए आ जाया करो। दो-एक क्लासें मैं तुम्हें दे दूँगा। इस तरह तुम्हें लड़कों का पूरा सहयोग मिलने लगेगा।"

नेकी और पूछ-पूछ। मैंने झट से हाँ कर दी। कॉलेज हमारे घर के नज़दीक ही था। घंटे-दो घंटे पढ़ाने के बाद मैं आसानी से दफ़्तर को भी जा सकता था। और नाटक के रिहर्सल तो शाम को होते हैं। और साहित्य का अध्यापन तो अपने में बड़ा ही सन्तोषप्रद होना चाहिए।

मैं कॉलेज में पढ़ाने लगा। मुझे याद है, पहले दिन कक्षा में जाने से पहले मैं घबरा रहा था। अध्यापक के लिए पहला दिन बड़ा नाजुक होता है, उस दिन का प्रभाव उसके समूचे कैरियर के लिए कई बार निर्णायक होता है। अगर छात्रों को मैं प्रभावित नहीं कर पाया तो मेरा नाटक भी धरा का धरा रह जाएगा। क्लास में जाने से पहले एक अन्य अध्यापक ने, जो बलराज के मित्र भी थे, मुझे कामयाबी का गुर बताते हुए कहा :

"तुम बोलना बन्द नहीं करना। बोलते जाना। यही सबसे बड़ा गुर है। धाराप्रवाह बोलते जाओगे तो लड़के चुप रहेंगे, बीच में अटक गए या रुक गए

तो वे समझेंगे अध्यापक कुछ नहीं जानता।"

मेरा पहला दिन ठीक निकल गया। पढ़ाई के दिनों में डिबेटिंग में भाग लेता रहा था, स्टेज पर अभिनय भी करता रहा था। गाड़ी चल निकली। सुबह पढ़ाने जाता, शाम को रिहर्सल करता। दोनों मनपसन्द काम थे। उधर व्यापार का काम भी अधिक स्फूर्ति से करने लगा।

उस समय मुझे मालूम नहीं था कि मेरी ज़िन्दगी का काँटा बदल रहा है। घंटे-दो घंटे का सौजन्य अध्यापन बाद में मेरा व्यवसाय बन जाएगा, और कॉलेज में खेला गया पहला नाटक एक श्रृंखला की पहली कड़ी साबित होगा और मुझे देशव्यापी सांस्कृतिक आन्दोलन की ओर खींच ले जाएगा।

एक और दृष्टि से भी नाटक की प्रस्तुति निर्णायक सिद्ध हुई। नाटक कामयाब हुआ। उसे देखनेवालों में शीला भी थी—मेरी भावी पत्नी—वह भी अपने पिताजी के साथ नाटक देखने आई थी। उसे नाटक कैसा लगा, यह तो मैं नहीं जानता पर उसके पिताजी को मैं ज़रूर पसन्द आया। और इस तरह मेरे भावी जीवन का रास्ता भी साफ़ होने लगा। नाटक देखने के बाद ज़रूर पिता ने अपनी बेटी से पूछा होगा, "तुम्हें नाटक कैसा लगा ?" और बेटी ने कहा होगा, "अच्छा लगा है" और इसी को पिता ने उसकी स्वीकृति मान लिया होगा। कम-से-कम बाद में शीला मुझे ऐसा ही कुछ बताया करती थी। "मैंने तो कहा था मुझे नाटक पसन्द आया। न जाने उन्होंने कैसे समझ लिया कि मुझे तुम पसन्द आए हो।" वह कहा करती।

निश्चय ही मैं अधिक उत्साह से काम करने लगा। और अपनी रुचियों के सूत्र फिर से पकड़ने लगा जिन्हें, मैं सोचता था कि सदा के लिए खो चुका हूँ। एक सूत्र साहित्य का भी था। मुझे गाहे-बगाहे अपनी फुफेरी बहनों से नए-नए प्रकाशनों के बारे में सूचना मिलती रहती थी। उन्हीं दिनों नाथूराम प्रेमी द्वारा शरत् साहित्य प्रकाशित हुआ था। मैंने पूरा सेट मँगवा लिया। एक-एक प्रति आठ-आठ आने में आती थी। पूरा सेट शायद अठारह रुपए में मिल गया था। उन्हीं दिनों 'यामा' भी छपकर आई। महादेवी वर्मा की कविताएँ दिल को गहरे में छूती थीं :

तू जल जल होता जितना क्षय
वह समीप आता, छलनामय
मधुर-मधुर मेरे दीपक जल
प्रियतम का पथ आलोकित कर।

कुछ समय बाद 'अतीत के चलचित्र' भी पढ़ने को मिली। उसमें भी अनेक चरित्र बड़े सजीव और मार्मिक होकर उभरे थे।

मैं गाहे-बगाहे लेख लिखने लगा, एक लेख शायद *संस्कृति और साहित्य* शीर्षक से 'विशाल भारत' में प्रकाशित हुआ। एक और लेख 'सरस्वती' में भी। उसका शीर्षक आज मुझे याद नहीं।

जब से हमें कानपुर स्थित जुग्गीलाल कमलापत सिंघानिया की एजेंसी मिली थी, मुझे साल में दो-एक बार ज़रूर कानपुर जाना होता था। और कानपुर का दौरा मुझे इसलिए भी रास आता था कि रास्ते में दिल्ली में दो-चार दिन के लिए रुकने का मुझे मौक़ा भी मिल जाता। और मैं सीधा अपनी फुफेरी बहन सत्यवती मल्लिक के घर जा पहुँचता। वह घर मेरे लिए साहित्यिक गतिविधि का केन्द्र था। वहीं पर पहली बार मैं जैनेन्द्रजी से मिला। जैनेन्द्र, विष्णु प्रभाकर, बनारसीदास चतुर्वेदी, वात्स्यायन, आदि-आदि। वहीं पर नई-नई किताबों की चर्चा सुनता। जो कमी मुझे रावलपिंडी में खलती थी, वह यहाँ पूरी हो जाती।

यह सब लिखते हुए सहसा मुझे मिर्ज़ा अज़ीम बेग चुग़ताई याद हो आए। कैसे कुछ समय के लिए कुछ नाम उभरकर आते हैं, और फिर सहसा ही कहीं डूब जाते हैं। उन दिनों हास्य रस के लेखकों में अज़ीम बेग चुग़ताई की बड़ी चर्चा हुआ करती थी। मैं भी उनकी कृतियों को बड़े चाव से पढ़ता था, वैसे ही जैसे बचपन में सुदर्शन की कहानियों को। पर अब उनका ज़िक्र सुनना ही दुर्लभ हो गया है।

दूसरा विश्वयुद्ध छिड़ने की देर थी कि परिदृश्य बड़ी तेज़ी से बदलने लगा। उन दिनों की धड़कन आज भी महसूस करता हूँ। ब्रिटिश सरकार का सारा ध्यान जंग की ओर घूम गया था, और भारत के प्रति वह पहले से भी ज़्यादा निष्ठुर और उदासीन होती जा रही थी। यहाँ तक कि जब बंगाल में दुर्भिक्ष फूटा और देखते-ही-देखते कुछ ही समय में तीस लाख से अधिक प्राणी सिसक-सिसककर मर गए तो भी सरकार निश्चेष्ट बैठी रही। उसी कालखंड के आसपास रवीन्द्रनाथ ठाकुर का वह पत्र जो एक ब्रिटिश महिला के नाम उन्होंने बीमारी की हालत में लिखा था, देश-भर को झकझोर गया था, जिसमें उन्होंने लिखा था कि फ़ौजी सामान पहुँचाने के लिए रेलगाड़ियाँ दिन-रात चलती हैं और बन्दरगाहों तक सामान पहुँचाती हैं। पर उनकी ज़रूरत का सामान भारतवासियों तक पहुँचाने के लिए गाड़ियाँ उपलब्ध नहीं हैं।

बंगाल के दुर्भिक्ष के दिनों में ही नाट्यकर्मियों का एक छोटा-सा दल हमारे शहर रावलपिंडी में आया। कैन्टोन्मेंट के एक सिनेमाघर में उसने अपना नाटक प्रस्तुत किया। बंगाल के दुर्भिक्ष को लेकर नाटक था, स्टेज की दृश्य सज्जा न के बराबर थी, पीछे की ओर एक खाट बिछी थी और कुछ मैले-कुचैले कपड़े अलगनी पर टँगे थे। पर रोंगटे खड़े करनेवाला नाटक था। जब एक बूढ़े व्यक्ति की भूमिका

में बिनॉय रॉय, हरीकेन लैम्प हाथ में उठाए यह कहते हुए दाख़िल हुए 'बंगाल की कहानी सुनोगे ?' उस क्षण से ही दर्शक नाटक के साथ बँध गए थे। नाटक में इतना दर्द था, और अभिनय इतना प्रभावशाली कि जब नाटक के बाद, अभिनेता-अभिनेत्रियाँ, झोली फैलाए, मंच पर से उतरीं और दुर्भिक्ष पीड़ितों के लिए सहायता माँगने आईं तो मेरे सामने की सीट पर बैठी एक युवती ने कानों में से अपनी सोने की बालियाँ उतारकर झोली में डाल दीं।

यह 'इप्टा' के साथ मेरा पहला परिचय था। इस नाट्यमंडली के बिनॉय रॉय और प्रेम धवन तथा गिने-चुने कुछेक और युवक-युवतियाँ आए थे।

उन्हीं दिनों मैंने एक कहानी भी लिखी। शीर्षक था--'नीली आँखें' और श्री अमृतराय को भेज दी जो उन दिनों 'हंस' का सम्पादन कर रहे थे। कहानी छप गई, मुझे आठ रुपए मुआवज़ा भी मिला। दिल बल्लियों उछलता रहा।

कभी-कभी सोचता हूँ कि ज़िन्दगी में मैंने, अपनी इच्छाओं से विवश होकर कोई भी दो टूक फ़ैसला नहीं किया। मैं स्थितियों के अनुरूप अपने को ढालता रहा हूँ। अन्दर से उठनेवाले आवेग और आग्रह तो थे, पर मैं उन्हें दबाता भी रहता था। मैंने किसी आवेग को जुनून का रूप लेने नहीं दिया। मैं कभी भी यह कहने की स्थिति में नहीं था कि ज़िन्दगी में यही एक मेरा रास्ता है, इसी पर चलूँगा।

साहित्य-सृजन की ओर भी मैं कोई दोटूक निर्णय लेकर उन्मुख हुआ हूँ, ऐसा नहीं था। ऐसा शायद होता भी नहीं है। मैं अपनी परिस्थितियों के चौखटे में ही अपनी रुचियों को फ़िट बैठाने की चेष्टा करता रहा हूँ। मेरे लिए घर में पहले से ही साहित्यिक माहौल बहुत कुछ बना हुआ था। साहित्य सृजन का दरवाज़ा पहले से खुला था। और हाईस्कूल तक पहुँचते-पहुँचते मैं कुछ लिखने भी लगा था। मेरे लिए रास्ता चुनने की नौबत कभी नहीं आई। मेरी स्थितियों के रहते ही मैं अपना रास्ता बनाता रहा। 'एक ही साधे सब सधे' वाली आदर्श स्थिति मेरे भाग्य में नहीं थी। और मेरी ऐसी मानसिकता भी नहीं थी।

इस तरह आज़ादी से पहले मैं चार-चार काम एक साथ कर रहा था। व्यापार भी कर रहा था, कॉलेज में पढ़ा भी रहा था, नाटक भी यदा-कदा खेल रहा था और थोड़ा-थोड़ा लिखने भी लगा था। और कुछ देर बाद कांग्रेस में भी सक्रिय रूप से काम करने लगा था। दिल में उत्कट इच्छाएँ तो उठती थीं पर अपनी परिस्थितियों के घेरे में ही मैं उनकी पूर्ति कर पाने की चेष्टा करता रहता था।

कभी-कभी सोचता हूँ, यदि साहित्य सृजन जीवन की सच्चाई की खोज है

तो जीवन के अनुभव इस खोज में सहायक ही होते होंगे। इस तरह जीवन के अनुभवों को गौण तो नहीं माना जा सकता। इन अनुभवों से दृष्टि भी मिलती है, सूझ भी बढ़ती है, लेखक के संवेदन को भी प्रभावित कर पाते होंगे। मैं इस तरह की युक्तियाँ देकर अपनी ढाँढ़स बँधाता रहता था।

पर एक बार ज़रूर, भावनाओं के ज्वार से विवश होकर मैंने क़दम उठाया था और कांग्रेस के दफ़्तर में जा पहुँचा था और सदस्यता के लिए अपना नाम लिखवा आया था।

वे सचमुच बड़े वलवलों के दिन थे।

यूरोप में जंग चल रही थी और आए दिन लोमहर्षक ख़बरें सुनने को मिल रही थीं। हिटलर की 'ब्लिट्ज़क्रीग़' के सामने बड़े-बड़े पराक्रमी देश हथियार डाल रहे थे। फ्रांस नौ दिन में हिटलर के क़ब्ज़े में आ गया था। और उसकी फ़ौजें तेज़ी से सोवियत संघ की ओर बढ़ रही थीं। देश के अन्दर उत्तेजना बढ़ती जा रही थी। बंगाल के दुर्भिक्ष के दौरान, ब्रिटिश सरकार के रवैए से सारा देश क्षुब्ध हो उठा था। वातावरण में विरोध की भावना तेज़ी से बढ़ रही थी। एक बार तो कांग्रेस का जुलूस कैन्टोन्मेंट में दूर तक जा पहुँचा था, और जब एक गोरा सार्जेंट, क्रुद्ध होकर अपनी पिस्तौल पर हाथ रखे उसे रोकने के लिए बढ़ा तो उस पर पथराव होने लगा था।

इससे थोड़ा समय पहले बलराज, शान्तिनिकेतन छोड़कर सेवाग्राम चले गए थे और वहाँ पर 'नई तालीम' पत्रिका के उप-सम्पादक के रूप में काम करने लगे थे। इस मौक़े से लाभ उठाकर मैं भी कुछ समय के लिए सेवाग्राम पहुँच गया था, जहाँ मुझे गांधीजी को नज़दीक से देखने का अवसर मिला। एक बार तो गांधीजी के साथ छोटा-सा वार्तालाप भी हुआ जिसका ब्योरा मैं कई बार दे चुका हूँ। सेवाग्राम सपाट-सी जगह थी, कुछ सूनी-सूनी जहाँ गांधीजी, अपने आश्रमवासियों के साथ रहते थे। सुबह वह घूमने निकलते तब कोई भी उनके साथ चल सकता था, कोई भी आगे बढ़कर बात कर सकता था, बहस कर सकता था। सपाट, सीधी सड़क जहाँ ख़त्म होती, वहाँ एक छोटी-सी कुटिया थी, जिसमें एक रुग्ण व्यक्ति रहता था। शायद उसे दिक् का रोग था। गांधीजी उस कुटिया में जाते, वह गुजरात का ही रहनेवाला रहा होगा, क्योंकि दोनों गुजराती भाषा में ही वार्तालाप करते। गांधीजी सम्भवतः उसके इलाज में गहरी दिलचस्पी ले रहे थे क्योंकि वह काफ़ी देर तक उसके साथ उसके उपचार के बारे में विचार-विमर्श करते।

सेवाग्राम छोटी-सी सपाट बस्ती थी, पर यह सोचकर आश्चर्य होता था कि उस छोटी-सी बस्ती में भारत का दिल धड़कता था। उन दिनों अमरीकी पत्रकार जान गुन्थर ने लिखा था कि जिस समय, जिस स्थान पर गांधी होता है, वही देश की राजधानी होता है।

एक छोटा-सा अनुभव याद आता है। इलाहाबाद नगर से कुछ दूरी पर नागमेला चल रहा था। सैकड़ों सँपेरे अपनी-अपनी पिटारियों में फनियर साँप रखे, दूर मन्दिर तक लम्बी लाइन लगाए बैठे थे, और दूर-पार के गाँवों से आनेवाले लोग भारी संख्या में मन्दिर की ओर बढ़ रहे थे।

मैं भी बग़ल में अख़बार दबाए मन्दिर की ओर बढ़ता चला जा रहा था, जब देहात के लोगों की एक छोटी-सी टोली मेरे पास से गुज़री। उनमें से एक ग्रामीण, सम्भवतः मेरी बग़ल में खोंसे अख़बार को देखकर रुक गया था। मेरे पास आकर बोला।

''बाबू, अख़बार में क्या लिखा है ? बापू कैसे हैं ? उनका स्वास्थ्य कैसा है ?''

उन दिनों गांधीजी अनशन कर रहे थे। उनके अनशन का शायद सोलहवाँ दिन था। उस ग्रामीण के चेहरे को देखते ही पता चल जाता था कि वह गांधीजी के स्वास्थ्य के बारे में चिन्तित था। गांधीजी के साथ लाखों लाख भारतवासियों के दिल के तार जुड़ते थे।

कांग्रेस में नाम लिखवाया तो मुझे लगा जैसे मैं किसी बड़े विशाल आँगन में प्रवेश कर गया हूँ। मैं ऐसे क्षेत्र में जा पहुँचा हूँ जिसे मैं केवल दूर-दूर से ही देखा करता था। जब पहले दिन खादी का कुर्ता-पाजामा पहना, जो अपने में कोई बड़ी बात नहीं थी, पर मुझे रोमांच हो आया। एक अजीब गौरव से भरी भावना, एक हिलोर-सी मेरे अन्दर उठ रही थी। मैं कहीं जुड़ रहा था, मैं अपने को उस देशव्यापी जनान्दोलन का अंग मानने लगा था, जो उस समय एक सैलाब की तरह उठ रहा था। सड़क पर चलते हुए मेरा मन कहता, कोई मेरी ओर देखे और कहे कि यह आदमी भी उस विशाल जनान्दोलन में शामिल है, उसका हिस्सा है।

कांग्रेस का सदस्य बनकर मैंने अपने अन्दर पाए जानेवाले एक बाँध को ही तोड़ा था। मैं मूलतः भावनात्मक स्तर पर ही उस जनान्दोलन से जुड़ा था, मैं सब कुछ छोड़कर उसमें कूद नहीं गया था।

पर इस जुड़ाव ने मुझे बहुत कुछ दिया। बड़ी संख्या में कांग्रेस कार्यकर्ताओं को नज़दीक से देखने जानने का अवसर मिला। यहीं पर मुझे एक विशेष प्रकार का देशभक्त देखने को मिला जिसने मुझे प्रभावित भी किया और विचलित भी। वह एक देशभक्त था जिसमें जाँनिसारी ही जाँनिसारी थी, जो न तो नेता था,

न पेशेवर कार्यकर्ता, जिसके दिल के अन्दर उठनेवाली तड़प ही उसे आन्दोलन की ओर खींच लाई थी। पर आज शायद ऐसे कार्यकर्ता बहुत कम देखने को मिलते हैं। मैं कुछेक की चर्चा ऊपर कर चुका हूँ।

एक बार प्रभातफेरी के बाद, तामीरी काम में लोग एक इलाक़े की नालियाँ साफ़ कर रहे थे जब मास्टर अर्जुनदास आनाकानी करने लगा :

"मैं नालियाँ तो साफ़ नहीं करूँगा," उसने योगीजी से कहा, "मैं बाक़ी सब काम करता हूँ, चरखा कातता हूँ, शराब की दूकान के बाहर धरना देता हूँ, पर गन्दी नालियाँ साफ़ नहीं करूँगा।" और एक ओर को गली किनारे जा बैठा था।

"और लोग नालियाँ साफ़ कर सकते हैं तो तुम क्यों नहीं कर सकते ?"

"योगीजी, क्यों ब्राह्मण का धर्म भ्रष्ट करते हो ?"

"नालियाँ साफ़ नहीं करनी थीं तो घर से आए क्यों हो ?"

पर मास्टर अर्जुनदास का मन नहीं माना। एक ओर को गुमसुम बैठा रहा। फिर थोड़ी देर बाद खुद ही उठ खड़ा हुआ और तसला-झाड़ू हाथ में लेकर, यह कहते हुए नाली साफ़ करने लगा :

"ओ गांधी बाबा, तेरे सामने पेश नहीं चलती। न जाने तू हमसे और क्या-क्या करवाएगा।"

ये लोग अन्तःप्रेरणावश कांग्रेस में आए थे। राजनीतिक मामलों के बारे में ज़्यादा जानते भी नहीं थे। अन्दर की तड़प उन्हें आन्दोलन में खींच लाई थी। वह ढीला-ढाला अनुशासन अधिक स्वाभाविक था। इसमें कोई बन्दिश नहीं थी, इसे तर्क-वितर्क से ताक़त नहीं मिलती थी, अन्दर के गहरे जुड़ाव से ताक़त मिलती थी।

मुझे एक और छोटी-सी घटना याद हो आई :

पंजाब एसेम्बली के चुनाव नज़दीक आ रहे थे। कांग्रेस की प्रादेशिक समिति का एक प्रतिनिधि मंडल लाहौर से इस आशय का प्रस्ताव लेकर आया कि रावलपिंडी चुनाव क्षेत्र से लाहौर का एक बैरिस्टर, कांग्रेस के उम्मीदवार के रूप में खड़ा किया जाएगा। यह फ़ैसला प्रादेशिक समिति ने किया था। प्रतिनिधि मंडल वास्तव में इस निर्णय की मात्र सूचना देने और चुनाव में ज़िला समिति का सक्रिय सहयोग सुनिश्चित करने आया था।

ज़िला समिति की बैठक में प्रस्ताव पेश हुआ था। प्रादेशिक समिति के सदस्य भी बैठे थे और वह बैरिस्टर साहब भी जिन्हें नामज़द किया गया था।

बोधराज (जो राजा बाज़ार में किन्हीं साबुन-तेल की इश्तहारबाज़ी करके अपनी रोज़ी कमाता था, पर कांग्रेस की ज़िला समिति का सदस्य था), प्रादेशिक समिति के सदस्यों पर बरस पड़ा :

"मैं पूछ सकता हूँ कि ज़िला समिति के साथ मशविरा किए बिना प्रादेशिक समिति ने किस तरह हमारे निर्वाचन क्षेत्र के लिए अपना उम्मीदवार खड़ा कर दिया है ?"

उसके शब्द आज भी मेरे कानों में गूँजते हैं।

स्थानीय पदाधिकारी उसे चुप कराने की कोशिश करते रहे पर बोधराज टस-से-मस नहीं हुआ।

"अगर रावलपिंडी चुनाव क्षेत्र की बात है तो क्या इस क्षेत्र से हमारा कोई आदमी इस योग्य नहीं कि उसे खड़ा किया जा सके ? क्या ज़िला कमेटी से पूछा नहीं जा सकता था ?"

जब उसे चुप कराने की कोशिश की गई तो वह बौखला उठा।

"यह धाँधली है। हम ग़ैर जमहूरी काम नहीं होने देंगे।"...

मेरे लिए ये लोग नए थे, किसी अलग धातु के बने थे। वलवलों के सहारे जीनेवाले, जो अपने लिए कुछ नहीं माँगते थे, स्वतन्त्रता आन्दोलन की धड़कनों पर ही इनका दिल धड़कता था। ये सियासतदान नहीं थे, ज़्यादा जानते-समझते भी नहीं थे, पर निर्भीक थे, आस्था के पक्के थे, हर तरह के जोख़िम उठाने के लिए तैयार रहते थे। ये लोग देश की आज़ादी के लक्ष्य से प्रेरित होकर कांग्रेस की ओर खिंचे आए थे। बेबाक थे, दिल की बात खुलकर कहते। भले ही कांग्रेस के संचालन में इनकी भूमिका नगण्य रही हो पर कांग्रेस के जनतन्त्रात्मक आधार को मज़बूत बनाने में इनका योगदान बहुमूल्य था। कांग्रेस के कार्यकलाप में खुलापन पाया जाता था। कांग्रेस का जो सम्पर्क जनसाधारण के साथ व्यापक स्तर पर हुआ और बरसों तक बना रहा वह इन्हीं के कारण हुआ। इन्हीं के रहते कांग्रेस केवल बुद्धिजीवियों की अथवा सम्पन्न वर्ग की जमात नहीं रह गई थी। इसी ने कांग्रेस को जनाधार दिया था। यों भी उन दिनों पेशेवर सियासतदान नहीं हुआ करते थे, अधिकांश देशभक्त ही हुआ करते।

मुझे एक और छोटी सी कहानी याद हो आई :

उन दिनों मैं श्रीनगर में था। एक दिन प्रातः क्या देखता हूँ कि हमारे कांग्रेस के कार्यकर्ता दौलतराम चले आ रहे हैं। दौलतराम, रावलपिंडी में एक आढ़ती की दूकान का कारिन्दा था। शरीर का भारी-भरकम, अपना बैग उठाए हमारे घर की ओर आ रहा था।

पास आते ही बोला :

"मैं नेहरूजी से मिलने आया हूँ। तुम्हें मालूम है, वह यहाँ पर हैं ?"

"हाँ मालूम है।"

उन दिनों शेख़ अब्दुल्ला जेल में थे (यह राजा हरीसिंह के शासनकाल की

बात है। और पंडित नेहरू शेख़ अब्दुल्ला की रिहाई के सिलसिले में अदालती कार्रवाई पर विचार करने आए थे)।

"तुम मेरे साथ चलो," दौलतराम बोले।

"चलूँगा। तुम रात की बस से आए हो, नहा-धो लो, फिर चलेंगे।"

"इसके लिए वक़्त नहीं है। मैं रात की बस से आया ही इसलिए हूँ कि सुबह-सुबह उनसे जा मिलूँ। और मुझे आज ही लौटकर भी जाना है।"

"पर तुम्हारे कपड़े मुचड़े हुए हैं। यह सूरत लेकर जाओगे ?"

"तुम चलो तो, वह निकल गए तो मेरा आना बेकार जाएगा।"

मैं दौलतराम के साथ हो लिया। पंडित नेहरू, नदी किनारे एक हाउस बोट में ठहरे हुए थे।

"क्या कहना है तुम्हें पंडितजी से ?" मैंने पूछा।

"दो दिन बाद पंडितजी यहाँ से चले जाएँगे। एक दिन के लिए रास्ते में रावलपिंडी ठहरेंगे। वहाँ हमने उनके ठहरने का प्रबन्ध किया है। पर पता चला है कि वह देसराज के यहाँ ठहरेंगे। हम नहीं चाहते कि वह देसराज के घर पर ठहरें। वह आदमी बदनाम है। इससे कांग्रेस बदनाम होती है। तुम तो जानते हो।"

हम पंडितजी के ठिकाने पर पहुँचे तो पता चला कि पंडितजी कुछ देर के लिए बाहर गए हैं, शीघ्र ही आते होंगे।

हम लोग हाउस बोट की बैठक में जा बैठे।

कुछ ही देर बाद पंडित नेहरू आए। हम उठकर बाहर आ गए। मेरे साथी ने हाथ जोड़कर कहा, "हम एक विनती लेकर आए हैं। मैं रावलपिंडी से आया हूँ।" और अपनी विनती सुना दी।

पंडित नेहरू खीझकर बोले :

"यह क्या मज़ाक़ है। मेरे ठहरने का इन्तज़ाम आप लोग करेंगे। मुझे क्या मालूम मुझे किस घर में ठहराया जाएगा।"

"इसीलिए हम हाज़िर हुए हैं कि आप वहीं पर ठहरें जहाँ हम ठहराएँगे। वह आदमी आपको अपने साथ ले जाने की कोशिश करेगा।"

"क्या नाम है उसका ?"

"देसराज। देसराज कोहली।"

"हाँ, उसका तार मुझे मिला है। पर उसने तो कांग्रेस कमेटी की ओर से तार दिया है।"

"वह मक्कार आदमी है। उसका कोई एतबार नहीं। जालसाज़ है। अंग्रेज़ डिप्टी कमिश्नर के साथ साज़-वाज़ करता रहता है।..."

इस पर नेहरूजी फिर खीझ उठे :

"इससे मुझे क्या ? आप लोग मेरा वक़्त बर्बाद कर रहे हो।"

"आपका वक़्त बर्बाद हो रहा है तो मैं भी बस में धक्के खाता, बारह घंटे का सफ़र तय करके आया हूँ। कोई मतलब था तभी आया हूँ। हम कांग्रेस को बदनाम होता नहीं देख सकते। वह आदमी बदनाम है...अगर आपका वक़्त बर्बाद हो रहा है, तो हम जा रहे हैं। मैंने अपना फ़र्ज़ पूरा कर दिया..." और वह दरवाज़े की ओर बढ़ गया।

पंडित नेहरू जितनी जल्दी क्रुद्ध हुए थे, उतनी जल्दी ठंडे पड़ गए। दौलतराम के कन्धे पर हाथ रखकर बोले :

"तो भाई, इसका फ़ैसला तुम वहीं पर कर देते ना ! तुम्हें यहाँ आने की क्या ज़रूरत थी ? योगीजी से कहो उसे बता दें। मैं कांग्रेस का मेहमान बनकर ही रहूँगा।"

आज़ादी के पहले के इन वर्षों में जब राष्ट्रीय और अन्तर्राष्ट्रीय परिदृश्य तेज़ी से बदल रहा था, मेरे लिए नए-नए प्रभावों का जैसे रेला उमड़ आया था। इस सबके रहते मैं व्यापार-कार्य करता रहा। और उस वक़्त तक जब तक देश का बँटवारा नहीं हो गया।

जंग के दिनों में ऊनी कपड़े का वितरण, सरकार ने अपने नियन्त्रण में ले लिया था। एक दिन टेक्सटाइल कमिश्नर की ओर से हमें एक पत्र मिला कि तुम्हारी फ़र्म को, शहर की अन्य तीन फ़र्मों के साथ sole distributer के तौर पर चुना गया है। तुम अपने नुमाइन्दे को दिल्ली में टेक्सटाइल कमिश्नर के दफ़्तर में भेजो ताकि तुम्हारी नामज़दगी पर बाज़ाब्ता कार्रवाई की जाए।

चिट्ठी पढ़कर मैं तो फूला नहीं समाया। जितना ऊनी कपड़ा अब शहर में बिकने आएगा वह सब इन चार फ़र्मों के माध्यम से वितरित होगा। यह तो सुनहरा मौक़ा था, कमीशन पर ही किया जानेवाला काम था, पर ढेरों माल हाथ से निकलेगा !

मैं उसी शाम रेलगाड़ी में बैठा और दूसरे दिन दिल्ली जा पहुँचा। और पहुँचते ही तैयार होकर सीधा टेक्सटाइल कमिश्नर के दफ़्तर। शीघ्र ही मुझे अन्दर बुला लिया गया। मुखर्जी नाम के एक बंगाली सज्जन सहायक टेक्सटाइल कमिश्नर की कुर्सी पर बैठे थे। बड़ी शालीनता से मिले। अफ़सर होते हुए भी एजेंट के साथ हाथ मिलाया। मुझे बधाई दी।

बातें हुईं। कहने लगे सब मामला तय है। काग़ज़ात क़रीब-क़रीब तैयार हैं। बैठे-बैठे ही उन्होंने घंटी बजाकर दफ़्तर के बाबू को भी तलब किया। मेरी फ़ाइल

को उलट-पलट कर देखा।

"ठीक है," वह बोले, "तुम कल इसी वक़्त आ जाओ। मैं कॉन्ट्रेक्ट के काग़ज़ तैयार करवा रखूँगा। कल ही सारी कार्रवाई पूरी कर लेंगे।"

उन्होंने फिर हाथ मिलाया। मैं पुलक उठा। मैं हवा में उड़ता हुआ घर पहुँचा। सारा रास्ता अपने भाग्य को सराहता हुआ। वाह, न हींग लगी, न फटकड़ी, बढ़िया काम हाथ आ गया। बँधे-बँधाए दाम होंगे, मुझे अपने आप मेरी कमीशन मिलती जाएगी।

उसी शाम मुझे मेरे अपने ही दूरपार के एक सम्बन्धी मिलने आ गए। बातों-बातों में कहने लगे, चलो बाहर, तुम्हारे साथ दो बातें करनी हैं। बाहर आए तो कहने लगे, "सहायक टेक्सटाइल कमिश्नर दस हज़ार माँगता है। रुपए का इन्तज़ाम कर लो।"

"क्या ?" मैंने कहा, "दस हज़ार किसलिए ? फ़ेहरिस्त में हमारा नाम है। उसने ख़ुद हमारी फ़ाइल मँगवाई थी। टेक्सटाइल कमिश्नर की ओर से हमें बाज़ाब्ता ख़त मिला है।"

"हाँ, सब ठीक है; पर दस हज़ार माँगता है। तुम्हारे काग़ज़ तैयार हैं।"

"मैं तो एक कौड़ी नहीं दूँगा। क्यों दूँ ? मुखर्जी ने ख़ुद कहा है कि फ़ेहरिस्त में तुम्हारी फ़र्म का नाम है।"

"बच्चे नहीं बनो। रुपए का इन्तज़ाम करो।"

मैंने सिर हिला दिया।

"मुझसे मेरा हक़ कोई नहीं छीन सकता। रिश्वत देने का तो सवाल ही नहीं।"

"अगर एजेंसी लेना चाहते हो तो पैसे का इन्तज़ाम करो," उन्होंने चलते हुए कहा। पर मैंने सिर झटक दिया।

दूसरे दिन मैं नहा-धोकर फिर वहाँ पहुँच गया। मुखर्जी साहब फिर बड़े स्नेह से मिले।

"आशा है आपने काग़ज़ तैयार करवा लिए होंगे।"

"करवा लिये हैं," वह बोले, "थोड़ा काम बाक़ी है। हेड क्लर्क को कल छुट्टी पर जाना था। पर आप चिन्ता न कीजिए। आप बेफ़िक्र होकर घर लौट जाइए। हम आपको सभी काग़ज़ात भेज देंगे। हफ़्ते-भर में आपके पास पहुँच जाने चाहिए।"

और वह उठ खड़े हुए। बड़े स्नेह से मुझे विदा किया। मैं फिर आश्वस्त होकर उनके दफ़्तर में से निकल आया।

पर वह दिन गया और यह दिन आया, आज तक मुझे वे काग़ज़ात नहीं मिले।

घर लौटकर पिताजी को सारा क़िस्सा कह सुनाया। पिताजी गुमसुम, मेरे मुँह

की ओर ताकते रहे। कैसे कहें कि तुमसे बड़ा जाहिल दुनिया में नहीं होगा। बना-बनाया काम चौपट कर आए हो। कुछ देर तक तो मेरे मुँह की ओर देखते रहे फिर चुपचाप एक ओर को चले गए। यह भी वह मुझे कैसे कह सकते थे कि तुमने रिश्वत का इन्तज़ाम क्यों नहीं किया ?

कुछ देर बाद जब मुझसे मिले तो अपने ही ढंग से बोले :

"कुत्ते के मुँह में हड्डी दे देते तो क्या बुरा था ?"

मतलब कि ऐसा आदर्शवाद किस काम का कि अपने ही पाँवों पर कुल्हाड़ी मार आए हो। अगर व्यापार करना है तो व्यापार में तो वही कुछ करोगे जो सब व्यापारी करते हैं। बाज़ार का चलन तो तुम्हारे बस का नहीं है।

जिसे पता चलता वही मेरी नासमझी पर सिर हिलाता। किताबों की शिक्षा तुम व्यापार पर लागू नहीं कर सकते। अगर बाज़ार में रहना है तो बाज़ार के तौर-तरीक़ों पर चलोगे। तुम अकेले रिश्वत नहीं दोगे तो क्या रिश्वतज़नी बन्द हो जाएगी ? बच्चोंवाली बात। शेष तीन व्यापारियों से भी तो उसने रिश्वत माँगी होगी, और उन्होंने ख़ुशी-ख़ुशी दी होगी। और इस वक़्त उनका माल हाथोहाथ बिक रहा होगा। इस ईमानदारी की अकड़ में तुम्हें क्या मिला ? और तो और मेरे दफ़्तर का ब्रोकर भी कहने लगा कि बाबूजी, क्या कर आए हो ?

इसके बाद पिताजी चुप रहे। सदाचार के नियमों पर स्वयं हमें उपदेश देते रहे थे, क्या कहते ?

पर मैंने ऐसी कौन-सी बड़ी बेवकूफ़ी की थी ? अगर रिश्वत देना बुरा है तो मैंने क्या बुरा किया जो रिश्वत नहीं दी ? क्या निजी तौर पर कोई रिश्वत न दे तो क्या वह बेवकूफ़ी कर रहा है ? नासमझी का काम कर रहा है ? मैंने किसी को सीख देने के लिए तो ऐसा नहीं किया था। न ही रिश्वत न देने पर मैंने अपने को बहुत पुण्यात्मा माना था। या अपनी पीठ थपथपाई थी। मेरा मन नहीं माना, मैंने रिश्वत नहीं दी। अगर यह आदर्शवाद है तो क्या बुरा है ?

बहरहाल जिस किसी को पता चला उसी ने मेरी खिल्ली उड़ाई, यहाँ तक कि मैं भी झेंपने लगा।

इसमें तो सन्देह नहीं कि व्यक्तिगत स्तर पर रिश्वत न देने से रिश्वतज़नी रुक नहीं सकती। इसके लिए तो सरकारी क़ानून सख़्ती से लागू किए जाने पर ही कुछ रुकावट आ सकती है, और हम देखते हैं कि क़ानून तो हैं पर फिर भी वह नहीं रुकती। और अब तो ऐसी स्थिति आ गई है कि रिश्वत को व्यापारिक लेन-देन का अभिन्न अंग माना जाने लगा है। ऐसे वातावरण में कोई व्यक्ति रिश्वत न दे तो उसे जाहिल ही कहा जाएगा। पर अगर मैं रिश्वत देता तो मैं अपनी नज़रों में गिरता।

इसी सिलसिले में एक और घटना घटी—एक नहीं, दो—उनका उल्लेख करना भी असंगत नहीं होगा। एक घटना तो छोटी-सी थी, जिसमें मेरी पिटाई हो गई, दूसरी घटना देर तक चली, और उसका सम्बन्ध ज़रूर नैतिक मूल्यों से था।

व्यापार के सिलसिले में अक्सर मुझे बाहर जाना होता, और इसी सिलसिले में मैं कानपुर, इलाहाबाद की यात्रा पर गया हुआ था। इलाहाबाद से लौटते हुए जब रेलगाड़ी कानपुर स्टेशन पर रुकी तो मेरे मन में आया कि मैं एक दिन के लिए रुक जाऊँ तो थोड़ा काम कर लूँगा। पर मुझे ठीक से मालूम नहीं था कि नियम क्या है, मैं रुक सकता हूँ या नहीं, इसलिए गाड़ी रुकने पर मैं भागता हुआ पूछताछ के दफ़्तर की ओर बढ़ा। जंग का ज़माना था और प्लेटफ़ॉर्म पर ही एक आरज़ी पूछताछ का दफ़्तर बनाया गया था। मैं जब पहुँचा तो खिड़की के पीछे एक बड़ी उम्र का बलग़मी शरीरवाला बाबू बैठा था। अभी मैंने मुँह खोला ही था कि मुझे पीछे से किसी ने धक्का-सा दिया। मैंने मुड़कर देखा तो एक गोरा फ़ौजी अफ़सर मुझे कोहनी से धकेलकर स्वयं खिड़की के सामने खड़ा हुआ था।

"I beg your pardon", मेरे मुँह से निकला, "I was standing here before you came." इतने में उस गोरे फ़ौजी ने मुझे गले से पकड़ा और पीछे की ओर इतनी ज़ोर से धक्का दिया कि मैं लुढ़कता हुआ दूर जा गिरा। मेरी समझ में नहीं आया कि हुआ क्या है। गोरे फ़ौजी की कमर में पिस्तौल लटक रहा था। उसने बाबू से कुछ पूछा और वहाँ से हट गया। और अब रेलगाड़ी की ओर जा रहा था। मैं धूल झाड़ता हुआ उठा।

तभी मैंने सुना, खिड़की के पीछे बैठा बाबू मुझे कोस रहा था :

"चले आते हैं।...देखते नहीं साहब बहादुर खड़े हैं। तुम दो मिनट रुक नहीं सकते थे ?"

मैंने बड़ा अपमानित महसूस किया पर मुझे कुछ सूझ ही नहीं रहा था कि करूँ तो क्या करूँ। प्लेटफ़ॉर्म पर एक बड़ी उम्र का जमादार झाड़ू लगा रहा था। उसने मेरी दुर्दशा देखी थी, और वह देर तक गोरे फ़ौजी को कोसता रहा था।

मैं कपड़े झाड़कर अपने डिब्बे में लौट आया और देर तक कुढ़ता-बिलखता रहा कि मैंने कुछ किया क्यों नहीं, कुछ बोला तक नहीं। उस गोरे फ़ौजी को गाली ही दे देता...

दूसरी घटना भी इसी रेल सफ़र से जुड़ी थी।

मैं रेलगाड़ी में इलाहाबाद से बैठा था। दिन का सफ़र था, डिब्बे में दो-तीन ही और मुसाफ़िर थे, मैं आराम से बैठकर एक उपन्यास पढ़ता आ रहा था।

डिब्बे में मेरे अतिरिक्त दो सिख सरदार मुसाफ़िर थे, एक बड़ी उम्र का, दूसरा

जवान। वे दोनों बड़े ख़ुशमिज़ाज जान पड़ते थे, बड़े मगन होकर तरह-तरह की बातें कर रहे थे, जिनमें अक्सर जंग के क़िस्से ही थे। बर्मा की लड़ाई में अंग्रेज़ फ़ौजों को मुँह की खानी पड़ रही थी, वे इसकी चर्चा करते हुए खिल्ली उड़ा रहे थे, और भी तरह-तरह की बातें कर रहे थे। एक और मुसाफ़िर ऊपर की बर्थ पर लेटा सो रहा था। बस, डिब्बे में इतने ही मुसाफ़िर थे। एक और मुसाफ़िर बन्द गले का कोट और सिर पर चुस्त-सी पगड़ी बाँधे एक ओर को बैठा था पर वह कुछ देर बाद गाड़ी में से उतर गया था।

लम्बे सफ़र के बाद गाड़ी रावलपिंडी स्टेशन पर पहुँची और मैं गाड़ी में से उतर आया। गाड़ी में और सवारियाँ भी चढ़ती-उतरती रही थीं, वे सरदार भी कहीं उतर गए थे, मैंने ध्यान नहीं दिया।

घर लौटने के महीना-भर बाद एक दोपहर किसी ने हमारे घर का दरवाज़ा खटखटाया। मैंने दरवाज़ा खोला तो एक अनजान आदमी सामने खड़ा था, पर ऐसा धूमिल-सा भास भी हुआ कि इसे कहीं देखा है। तीस-पैंतीस की उम्र का रहा होगा और बोझिल-सी देह और साँवला रंग।

मैंने उसे दफ़्तर में बैठाया तो उसने एक पर्चा मेरे हाथ में दिया। उस पर्चे को पढ़ते हुए मैं चौंका। वह आदमी पुलिस की ओर से आया था। पर्चे में उस रेल-सफ़र का ही ज़िक्र था। लिखा था जिस डिब्बे में मैं सफ़र कर रहा था उसमें दो सरदार भी बैठे थे और वे सारा वक़्त ब्रिटिश सेना की खिल्ली उड़ाते रहे थे और बर्मा के महाज़ पर ब्रिटिश फ़ौजी टुकड़ियों की बुज़दिली की चर्चा करते रहे थे।

मैंने पर्चा पढ़ा। उस आदमी ने कहा कि मैं इस ब्योरे की तसदीक़ के लिए आया हूँ। साथ ही यह भी कहा कि टुंडला रेलवे स्टेशन पर, फ़र्स्ट क्लास मजिस्ट्रेट की अदालत में यह मुकद्दमा चल रहा है। दोनों सरदार हिरासत में हैं। आप गवाह की हैसियत से अमुक दिन वहाँ पहुँचें। सरकार आपको सेकेंड क्लास का रेल किराया और 'भत्ता' देगी...वग़ैरा वग़ैरा।

मैं सतर्क हो गया। यह सही था कि दोनों सरदार फ़ौजी महाज़ की चर्चा करते रहे थे और हँसते, खिल्ली उड़ाते रहे थे। पर किस विशेष मुहिम या झड़प को लेकर वे ब्रिटिश फ़ौज के साहस पर टिप्पणी करते रहे थे, उसकी मुझे कोई जानकारी नहीं थी। न ही मैंने उनके वार्तालाप की ओर ज़्यादा ध्यान दिया था। मैं ज़्यादा वक़्त नॉवेल पढ़ता रहा था। बीच-बीच में कभी उनकी ओर ध्यान चला जाता था।

मैंने तसदीक़ करने से इनकार कर दिया। मैंने यह तो स्वीकारा कि मैं उसी रेलगाड़ी में, उसी डिब्बे में सफ़र कर रहा था, दोनों सरदार भी डिब्बे में थे, लेकिन

वे क्या बातें कर रहे थे उस ओर मैंने विशेष ध्यान नहीं दिया।

"पर वे बर्मा की लड़ाई की तो चर्चा कर रहे थे ?"

"यह भी मैं यक़ीनी तौर पर नहीं कह सकता।"

"ब्रिटिश सेना की खिल्ली तो उड़ा रहे थे। ब्रिटिश साम्राज्य का अपमान कर रहे थे ? बदअमनी फैला रहे थे।"

मैंने सिर हिला दिया :

"मैंने ऐसा कुछ नहीं सुना।"

"देखिए," वह बड़े इत्मीनान से मुझे समझाते हुए बोला, "यह बड़ा मामूली मुक़द्दमा है। मुमकिन है मजिस्ट्रेट साहब इन्हें रिहा कर दें। अगर सज़ा भी हुई तो बहुत मामूली सज़ा होगी। आप चिन्ता न करें। आप इस बयान की तसदीक कर दें।"

तभी मुझे याद आया कि सफ़र के दौरान यह वही आदमी रहा होगा जो ऊपरवाली बर्थ पर लेटा हुआ था। यही खुफ़िया पुलिस का छोटा-मोटा अधिकारी रहा होगा।

मैंने इनकार कर दिया।

यदि मैंने सरदारों का वार्तालाप अक्षरशः सुना भी होता, तो भी मैं इनकार कर देता। न तो मुझे उनकी बातों में कुछ भी आपत्तिजनक अथवा भड़काऊ लगा था और न ही उन लोगों ने मेरी नज़र में कोई गम्भीर जुर्म किया था।

"अच्छा, आप कोर्ट में स्वयं बता दीजिए कि आपने क्या कुछ सुना। इस बयान पर इतना-भर लिख दीजिए कि आप उस रेल-सफ़र में मौजूद थे।"

मैंने फिर से इनकार करते हुए कहा :

"जब मैंने कुछ भी साफ़ नहीं सुना तो यहाँ क्या और कोर्ट में क्या। मैं इस मुक़द्दमे में गवाही नहीं दे सकता।"

कुछ देर तक तो वह बैठा मुझे समझाता रहा। किसी-किसी वक़्त हल्की-सी धमकी भी देता रहा, फिर उठकर चला गया।

मैंने चैन की साँस ली।

पर महीने-भर बाद एक कोर्ट नोटिस आया कि अमुक दिन टुंडला रेलवे स्टेशन स्थित अमुक मजिस्ट्रेट की अदालत में हाज़िर हो जाओ। अगर नहीं पहुँचोगे तो क़ानूनी कार्रवाई की जाएगी।

तब मेरा माथा ठनका। जंग का ज़माना था, और मैं कांग्रेस का कार्यकर्ता था, मुझे परेशान किया जा सकता है। मैंने इधर-उधर से पूछा। मुझे पता चला कि चूँकि मैंने स्वयं कोई जुर्म नहीं किया है, इसलिए मुझे सज़ा तो नहीं दी जा सकती, लेकिन मुझे hostile witness क़रार देकर तरह-तरह से परेशान किया जा

सकता है।

पेशीवाले दिन मैं टुंडला स्टेशन पहुँच गया।

स्टेशन पर वही अधिकारी, दो बावर्दी सिपाहियों के साथ मौजूद था। प्लेटफ़ॉर्म पर ही एक सिरे पर फ़र्स्ट क्लास मजिस्ट्रेट की कचहरी थी। मेरे लिए ज़नाना वेटिंग रूम ख़ाली करवा दिया गया था, और मुझे उसमें बैठा दिया गया था।

लगभग नौ बजे एक डिप्टी सुपरिंटेंडेंट साहब तशरीफ़ लाए। मेरा कुशलक्षेम पूछा। जब हम बैठ गए तो उन्होंने गीता की प्रति मेज़ पर रखी और मेरे हाथ में काग़ज़ का वही फड़का दे दिया। मैंने पढ़ा। इस पर वही मज़मून था जिस पर छोटे अधिकारी ने मुझसे तसदीक माँगी थी।

मैंने इनकार कर दिया।

डिप्टी सुपरिंटेंडेंट ने मुझे समझाना शुरू किया और साथ-साथ डाँटना भी।

मैंने फिर से इनकार कर दिया।

फिर उस अफ़सर ने मेरी वह खिंचाई की, मुझे ऐसी-ऐसी धमकियाँ दीं कि अल्लाह मालिक है। उस अनजान रेलवे स्टेशन पर, ज़नाना वेटिंग रूम में जहाँ हम दोनों अकेले बैठे थे, वह कभी धमकाता, कभी समझाता, कभी चिल्लाता, कभी मेरा हाथ गीता पर रखता रहा। मेरा गला सूख रहा था, मेरा सिर चकराने लगा था, मैं बुरी तरह परेशान हो रहा था, पर मैंने अपनी 'गरदान' नहीं छोड़ी।

लगभग घंटे-भर बाद वह उठ खड़ा हुआ और बड़बड़ाता-धमकाता हुआ बाहर निकल गया।

मैं घबराया हुआ तो था पर क़ानून की इतनी जानकारी मुझे मिल चुकी थी कि ये लोग मुझे मुजरिम क़रार देकर जेल के अन्दर नहीं ठूँस सकते। इस ढाँढ़स के कारण मुझमें थोड़ी दृढ़ता आ गई थी और मैं बार-बार एक ही वाक्य दोहराता रहा था।

दस बजे मैं वेटिंग रूम में से बाहर निकला और धीरे-धीरे चलता हुआ प्लेटफ़ॉर्म के एक सिरे पर, लाल ईंटोंवाली उस छोटी-सी इमारत की ओर जाने लगा जहाँ कचहरी लगी थी।

ऊँची कुर्सी पर मजिस्ट्रेट साहब बैठे थे, बलग़मी भारी-भरकम शरीर, दमकता चेहरा, वह मेज़ पर झुका हुआ था। जब उसने सिर उठाया तो मैं सामने हाज़िर हो गया। मैं कुछ देर तक तो कचहरी के बाहर खड़ा रहा था, फिर यह सोचकर कि मुझे अपनी हाज़िरी की इत्तला दे देनी चाहिए, मैं आगे बढ़ आया था। मैंने अंग्रेज़ी में कहा कि गवाह के नाते मैं कोर्ट के हुक्म पर हाज़िर हो गया हूँ।

मजिस्ट्रेट को पहले से ही मेरे रुख़ का पता चल गया था। गुर्राकर बोला :

"We have nothing to do with those who are against the interests of

His Majesty's court."

जिसका मतलब मैंने यही समझा कि मेरा बयान नहीं लिया जाएगा। मैंने चैन की साँस ली और पीछे हट गया।

पर मेरी नज़र उन दो सरदारों पर पड़ी जो कोर्ट में खड़े थे। बड़ी उम्र के सरदार को देखकर तो मेरा दिल धक् से रह गया। वह इस अरसे में सूखकर काँटा हो गया था। और वह सारा वक़्त दोनों हाथ जोड़े अदालत में खड़ा था। दूसरा सरदार जो मुमकिन है उसका बेटा ही रहा हो, सहमा डरा हुआ खड़ा था। मैं वहाँ से लौट आया। कुछ ही देर बाद पता चला कि मुक़द्दमा खारिज हो गया है। मेरे सिवा कोई गवाह नहीं था और मैंने तसदीक करने से इनकार किया था।

दोपहर के वक़्त जब दिल्ली की ओर जानेवाली रेलगाड़ी में मैं बैठने लगा तो दोनों सरदार प्लेटफ़ॉर्म पर खड़े मेरी राह देख रहे थे। बड़ी उम्र के सरदार के हाथ तो अभी भी जुड़े हुए थे और हल्के-हल्के काँप रहे थे। दोनों मेरे लिए पूरी, कचौड़ी और मिठाई का टोकरा लेकर आए थे।

इतने बरसों बाद इस घटना के बारे में सोचते हुए हैरत होती है कि कोई सरकार इतनी निष्ठुर भी हो सकती है कि कोई साधारण नागरिक ब्रिटिश सेना की किसी टुकड़ी के खदेड़ दिए जाने की बात करे और उस पर मुक़द्दमा ठोंक दे। एक बड़ी उम्र के आदमी को महीनों तक जेलख़ाने में रखे। यहाँ तक कि वह सूखकर काँटा हो जाए और उसके हाथ काँपने लगें, इस चिन्ता में कि उस पर आगे क्या बीतेगी। जब अंग्रेज़ी बुद्धिजीवी और कुछ भारतीय बुद्धिजीवी भी ब्रिटिश राज का गुणगान करते हैं तो वे भूल जाते हैं कि न्यायप्रियता की दुहाई देनेवाली व्यवस्था वास्तव में कितनी क्रूर और नृशंस हो सकती है। यदि मैंने उस पुलिस अधिकारी की बातों में आकर कह दिया होता कि हाँ, मैंने सरदार को ब्रिटिश फ़ौज की खिल्ली उड़ाते सुना है तो बदअमनी फैलाने के जुर्म में न जाने उसे और कितनी सज़ा दी जाती। वह कुछ महीने तो पहले ही जेल में काट चुका था।

विश्वयुद्ध अभी चल ही रहा था जब, 1944 में, शीला के साथ मेरा विवाह हुआ। विवाह से पहले हमारे बीच कोई रोमांस रहा हो, कोई प्रेमालाप, कोई चिट्ठी-पत्री, ऐसा कुछ भी नहीं रहा और अब अफ़सोस करता हूँ कि क्यों नहीं हुआ। रोमांस का मौक़ा नाके तक तो दो-एक बार पहुँचता रहा, पर आगे नहीं बढ़ पाया। कारण, मैं कुछ ज़्यादा ही संकोची स्वभाव का था। शादी के बाद वह शिकायत किया

करती कि तुमने मुझे ख़त तक नहीं लिखा, हम एक-दूसरे से मिल तो सकते थे, ऐसा दब्बू आदमी मैंने नहीं देखा।

अपनी ओर से मैं अपनी सफ़ाई देता, "तुमसे क्या बात करता, मुझे दूर से ही आता देखकर तुम्हारा चेहरा लाल हो जाता था, पलकें ऊपर ही नहीं उठती थीं। तुमसे क्या बात करता।"

"मैं शरमाती थी पर तुम तो मुझसे नौ साल बड़े थे।..."

"नौ नहीं, आठ साल।..."

"आठ साल ही सही। आठ साल क्या थोड़े होते हैं ? मेरे घर में सभी कहते थे कि बूढ़े के साथ तुम्हारा ब्याह कर रहे हैं।...तुम मिल नहीं सकते थे तो क्या चिट्ठी भी नहीं लिख सकते थे ?"

मैं जवाब में कहता :

"मैं चिट्ठी लिखता तो ज़रूर तुम्हारे पिताजी के हाथ में पड़ जाती, और वह वही कहते जो उन्होंने उस युवा चित्रकार से कहा था जो तुम्हारी बहन की तस्वीर बनाना चाहता था।"

"क्या कहा था ?"

"कि पहले तुम मेरा चित्र बनाओ, फिर मेरी बेटी का चित्र बनाना।"

इस पर हम दोनों हँस पड़ते। एक युवा चित्रकार शीला की छोटी बहन का चित्र बनाना चाहता था। उन दिनों माँ-बाप का कड़ा पहरा हुआ करता था। एक बार जब लड़का घर के आसपास डोल रहा था तो उसे शीला के पिताजी ने देख लिया। जब पूछने पर उसने अपना आशय बताया तो पिताजी ने बड़े सहज भाव से लड़के की पीठ सहलाते हुए कहा :

"तुम पहले मेरा चित्र बनाओ। मेरा चित्र क्यों नहीं बनाते, बर्खुरदार ?"

इसके बाद वह लड़का ऐसा ग़ायब हुआ कि फिर कभी नज़र नहीं आया।

न मिलने और पत्र-व्यवहार न करने के बावजूद एक नाजुक-सा प्यार का रिश्ता हमारे बीच पनपने लगा था, कम-से-कम मेरे दिल में ज़रूर पनपने लगा था।

शीला, विवाह से पहले, कुछ समय तक कॉलेज में मेरी छात्रा भी रही थी। मैं उसकी कक्षा को पढ़ाता भी रहा था।

"मैं तुम्हें देख तो लिया करता था। क्लास में बेंच पर बैठी अकेली ऐसी लड़की जिसके पाँव ज़मीन पर नहीं लगते थे।" (शीला क़द में छोटी थी)

"वैसे तो मैं भी तुम्हें देख लिया करती थी। तुम्हें अचकन पहनने को किसने कहा था ? लगता था जैसे सारंगी पर लिहाफ़ चढ़ा हो। और सिर के बाल खींचकर पीछे की ओर काढ़े हुए।"

मेरी मौसेरी बहन सन्तोष, शीला की क्लास में ही पढ़ती थी। उसकी सहेली भी थी। हमारी सगाई के पीछे उसका ही हाथ रहा था। बाद में शीला उसे उलाहना भी दिया करती थी :

"तुम्हीं ने इस आदमी के साथ मुझे बाँध दिया।"

जवाब में सन्तोष पूछती :

"यह नहीं तो तुम कैसा आदमी चाहती थी ?"

"जो हँसता-चहकता, मेरे साथ लाड़-प्यार करता, कुछ चुलबुला होता, हम एक साथ भागते-दौड़ते, घूमते-फिरते। इसका मुँह तो पहले दिन से ही लटक रहा है।"

"हम कैसे मिलते ? कैसे घूमते-फिरते ? तुम तो बी.ए. की पढ़ाई के बाद सीधी लाहौर चली गई थी (शीला दर्शनशास्त्र में एम.ए. की पढ़ाई करने के लिए लाहौर के गवर्नमेंट कॉलेज में दाख़िल हो गई थी) हम कब मिलते ? और इम्तहान दे चुकने के दो सप्ताह बाद तो हमारा ब्याह हो गया था।"

पर अगर शीला के दिल में घूमने-फिरने की ललक थी तो मेरे दिल में इससे दोगुनी ही रही होगी। और एक बार तो ऐसी घटना घटी जिसे मैं अब भी छोटा-मोटा चमत्कार मानता हूँ।

यों शीला की एक छोटी-सी तस्वीर मेरे पास थी जिसे मैं दिन में दसियों बार देख लिया करता था। उसे देखते हुए ही मैं सोचा करता कि स्त्री की मुस्कुराहट उसके होंठों के कोनों में छिपी रहती है, और मैं उस दबी मुस्कुराहट को ही देख पाने के लिए बार-बार उस चित्र को बटुए में से निकाल लिया करता था।

पर एक बार मैं लाहौर जा पहुँचा। यह किसी अन्तर्प्रेरणावश ही रहा होगा, क्योंकि लाहौर में मेरा कोई काम नहीं था। और ऐन बारह बजे मैं यूनिवर्सिटी लायब्रेरी के अहाते में भी जा पहुँचा। वहाँ भी मेरा कोई काम नहीं था। लायब्रेरी में मेरा क्या काम जब मैं छात्र नहीं था, और न ही कोई किताब निकलवा सकता था ? और वहाँ शीला का क्या काम ? वह तो गवर्नमेंट कॉलेज में पढ़ती थी। और फिर बारह बजे ही क्यों ?

और ऐन उसी वक़्त शीला, लायब्रेरी में से बाहर आती दिखाई दी। अब इसका पूर्वाभास मुझे कैसे हो गया था—पहले लाहौर, फिर यूनिवर्सिटी लायब्रेरी और वह भी ऐन बारह बजे ? शीला सचमुच बाहर आ रही थी, ढेर सारी किताबें उठाए हुए, छोटी-सी शीला !

मैं आगे बढ़ आया। उसने पलकें उठाईं और दूसरे क्षण उसका चेहरा लाल ही लाल। उसने पलकें झुकाईं और साइकिल स्टैंड की ओर बढ़ गई।

अब उस वक़्त मुझ गधे को चाहिए था न कि आगे बढ़कर उससे जा मिलता :

"कहो शीला, कैसी हो ? लाओ, किताबें मुझे दे दो।" या ऐसा ही कुछ।

मैं बुत-का-बुत बना वहीं खड़ा रहा। और वह पलकें झुकाए-झुकाए, अपने वज़न से ज़्यादा वज़नी किताबों को जैसे-तैसे सँभालते हुए साइकिल स्टैंड तक पहुँची और कैरियर पर उन्हें बाँधने लगी। फिर साइकिल निकाली और मेरी ओर देखा तक नहीं और पैडल पर पाँव रखा और मैदान पार करने लगी।

बाद में शीला कहा करती :

"तुम मेरी ओर नहीं आ सकते थे ? मैं तो किताबें भी धीरे-धीरे बाँध रही थी, इस इन्तज़ार में कि तुम आओगे ?"

"मैं कैसे आता ? तुम तो मुझे देखकर ही झेंपने लगी थी। मैं तो इस इन्तज़ार में रहा कि तुम साइकिल लेकर पास से गुज़रोगी तो मैं तुमसे जा मिलूँगा।"

"तुम लपककर मेरे पास नहीं आ सकते थे ?"

वह घड़ी आई और क्षण-भर में चली गई। और शीला के ओझल होते ही लायब्रेरी का आँगन सूना पड़ गया। और मेरी अन्तर्प्रेरणा जिसने मुझे लाहौर का दौरा करने पर विवश किया था, मुझे धिक्कारने लगी, और मैं अपना-सा मुँह लेकर बाहर निकल आया।

इससे आगे हमारा रोमांस नहीं जा पाया। जितनी देर वह लाहौर में रही, मैं रावलपिंडी में बैठा उसकी छोटी-सी तस्वीर ही देखता रहा और अपने सपने बुनता रहा। पत्राचार तो हो सकता था। वह शिकायत तो करती थी कि मैंने उसे पत्र नहीं लिखा। पर उसकी परीक्षा के दिन सिर पर थे, क्या उसकी परीक्षा के दिनों में मैं उसे प्रेम पत्र लिखता ? क्या मेरे पत्र उसे विचलित नहीं करते ?

इधर शीला की परीक्षा समाप्त हुई, उधर विवाह की तैयारियाँ शुरू हो गईं, शीला का तो कहना था कि उसने तो अपने दहेज़ के कपड़े तक नहीं चुने थे।

"मैं इतनी थकी हुई थी कि घरवालों के साथ मैं बाज़ार तक जाना नहीं चाहती थी। घर में सभी कहते थे कि तुम तो खादी पहनते हो, तो मैंने सोचा मैं ही क्यों रेशमी साड़ियाँ और गोटा-किनारी से सजे सूट लेकर जाऊँ ? मैंने घरवालों पर छोड़ दिया।"

जब कभी मित्र-मंडली के बीच शादी के दिनों की चर्चा होती तो शीला हँसकर कहती :

"यह साहब तो खादी पहनते थे। अचकन, चूड़ीदार पाजामा। अब खादी का चूड़ीदार पाजामा कौन पहनता है ?"

फिर ठठाकर हँस देती, "जैसे-तैसे पहन तो लेते थे, पर उतारते समय इनसे उतरता ही नहीं था। मुझे पाईचों से खींच-खींचकर उतारना पड़ता।"

अक्सर उन दिनों को याद करती हुई सिर झटककर कहती :

"शाम को हम घूमने निकलते। पर घर में इनकी छोटी-छोटी भानजियाँ थीं।

घर से निकलते समय कोई कह दे, मामाजी, मैं भी चलूँगी, तो यह साहब टाल नहीं सकते थे। मेरे साथ अकेले में सैर करते हुए इन्हें डर लगता था।...''

शादी के बाद आजीवन मुझे ऐसे सर्टीफ़िकेट मिलते रहे। बात सही थी। मैं बहुत खुलता नहीं था। हँसी-खेल में भाग तो लेता था पर स्वयं कोई पहलक़दमी नहीं कर पाता था। और अगर भानजी हमारे साथ जाना चाहे तो उसे टालना मेरे लिए सचमुच कठिन हो जाता था।

ऐसी स्थितियों में हमारे विवाहित जीवन का साझा सफ़र शुरू हुआ। लम्बा सफ़र था, चौवन साल तक चलनेवाला। जब कोई व्यक्ति दुनिया से चला जाए तो उसके प्रति हमारी दृष्टि बदल जाती है। आज मैं कुछ कहूँ जिसका वह जवाब ही न दे सकें, तो दिल में कसक तो उठती है। इस पर चला जानेवाला, अपने पीछे, अपने व्यक्तित्व की ऐसी महक छोड़ गया होता है कि उसमें सभी मतभेद, शिकायतें डूब चुके होते हैं।

एक साथ घूमने-फिरने की जिस कमी को विवाह से पहले पूरा नहीं कर पाया, उसे मैंने विवाह के बाद पूरा करने की कोशिश की। पर वह भी अपने ढंग से...

गर्मी के मौसम में हम लोग श्रीनगर चले जाते थे। काश्मीर तो बना ही सैर-सपाटे के लिए है। हनीमून मनाने के लिए काश्मीर से बेहतर सैरगाह कौन-सी होगी ?

एक सुबह मैं दो साइकिलें ले आया। एक तो मेरी अपनी थी, दूसरी लड़कियों की साइकिल, मैं हमसायों के घर से उठा लाया।

''आओ शीला, आज साइकिलों पर सैर करेंगे।''

शीला को भी मेरा सुझाव पसन्द आया। और हम निकल पड़े।

साइकिलें निकालते समय मेरा इरादा था कि हम दोनों साइकिलों पर 'डल' झील को जाएँगे। वहाँ कहीं साइकिलें रखकर शिकारे में बैठेंगे और 'डल' झील में नौका-विहार करेंगे और वापसी पर 'आहदू रेस्तराँ' में जाएँगे और वहाँ बैठकर नाश्ता करेंगे।

पर जब हम 'डल गेट' के पास पहुँचे तो मेरा इरादा बदल गया। साइकिलों पर ही लम्बी सैर क्यों न करें ? सुबह का सुहाना वक़्त था, हवा में हल्की-हल्की खुनकी थी, और शीला को साइकिल चलाने में मज़ा आ रहा था।

अब 'डल गेट' से दाएँ हाथ को मुड़ो तो तुम जल्दी ही 'डल झील' तक जा पहुँचते हो, पर अगर 'डल गेट' का पुल पार करके सामने की ओर निकल जाओ तो सड़क तुम्हें सीधी गान्धरबल की ओर ले जाएगी। क्यों न गान्धरबल को चलें ?

पंजाबी भाषा में एक शब्द है 'हुत्थल'। हिन्दी में हुत्थल के लिए कौन-सा शब्द है, मैं नहीं जानता, शायद 'हुत्थल' वाला मिज़ाज ही पंजाबियों का होता है। मतलब कि सीधा एक रास्ते पर चलते-चलते तुम्हें सहसा ही कुछ सूझ जाए और तुम रास्ता बदल लो। वह मानसिक स्थिति जो तुम्हें रास्ता बदलने के लिए उकसाती है, वह 'हुत्थल' कहलाती है। उसे 'उलेल' भी कहते हैं।

अगर उस दिन मुझे यह 'हुत्थल' न आई होती तो एक बढ़िया हनीमून की शुरुआत हो चली थी।

शीला बेशक़ खुश थी, उसके बाल भी हल्के-हल्के उड़ रहे थे और होंठों पर मुस्कान खेल रही थी। मैंने सोचा उसे ज़रूर मेरा सुझाव पसन्द आया होगा, और हम गान्धरबल की ओर चल पड़े।

अब श्रीनगर से गान्धरबल लगभग आठ मील की दूरी पर था। या कुछ ज़्यादा। हँसते-हँसते यह फ़ासला तय कर लेंगे। पर अभी कुछ ही दूर गए थे कि सड़क ऊबड़-खाबड़ निकल आई। जगह-जगह गड्ढे, कहीं तो पत्थर निकले हुए। कुछ ही समय बाद धूप तेज़ होने लगी। शीला के लिए साइकिल चलाना मुश्किल होने लगा। उसका चेहरा लाल हो गया और पसीने की परत झलकने लगी।

यह मैं क्या कर बैठा ? मैं कैसे भूल गया कि कुछ ही दिन पहले शीला इम्तहान दे रही थी। फिर ब्याह-शादी की थकान। वह बेहद थकी हुई थी। पर अब मैं करता भी तो क्या ? आधा रास्ता तो हम तय कर चुके थे।

"बस, थोड़ी ही दूर है," मैंने उसे आश्वासन देते हुए कहा।

उसने शिकायत-भरी नज़र से मुझे देखा पर पलकें झुका लीं।

मैंने मन-ही-मन कहा—ऐसी कोई बात नहीं। यह भी एडवेंचर है। साइकिलों पर घूमने का अपना मज़ा है। बाद में याद करेगी तो इसे अच्छा लगेगा। रेस्तराँ में नाश्ता तो कभी भी किया जा सकता है।

"आगे देखना, घरों के झुरमुट जब ख़त्म होंगे, और खुले मैदान सामने आएँगे तो तुम्हें बहुत अच्छा लगेगा।" मैंने कहा। फिर साथ ही जोड़ा, "गान्धरबल काश्मीर के प्राचीनतम स्थलों में से है। साथ में खीर भवानी है। और कुछ ही दूरी पर मानसबल झील है। शीशे की तरह साफ़ ! तुम्हें बड़ा अच्छा लगेगा।"

शीला ने फिर मेरी ओर देखा, पर मुँह फेर लिया।

सूर्य आकाश के बीचोबीच पहुँच चुका था जब हम गान्धरबल पहुँचे। शीला तब तक निढाल हो चुकी थी। हमने एक पेड़ के साथ साइकिलें खड़ी कीं और मन्दिर के सामने फ़र्श पर बैठे ही थे कि शीला का रोना निकल गया।

मेरा दिल धक् से रह गया। अब मैं शीला से क्या कहूँ कि यह बड़ा पुराना तीर्थ स्थल है, कि यहाँ रक्षाबन्धन के अवसर पर बहुत बड़ा मेला लगता है।

शीला की चुप्पी को देखकर मुझे बड़ी कोफ़्त हो रही थी। थोड़ी देर तक तो हम पेड़ के नीचे बैठे रहे। अब खाने का क्या हो ? गान्धरबल में एक ही हलवाई की दूकान थी, और मैंने पलटकर देखा तो वह बन्द थी। मेरा दिल धक् से रह गया। अगर शीला को इस तरह की 'पिकनिक' पर लाना था तो साथ में कुछ खाने-पीने का सामान तो ले आता।

मैं उठा कि जाऊँ और कहीं से लोटा-भर पानी ही ले आऊँ। मैं अभी उठकर मन्दिर की ओर जा ही रहा था कि देखा, हलवाई अपनी दूकान खोल रहा है। मेरी जान में जान आई। मन हुआ दौड़कर जाऊँ और उसे छाती से लगा लूँ।

कुछ तो खाने को मिला, भले ही वे ठंडी पूरियाँ और आलू की ठंडी भाजी ही थे।

हम पेड़ ही के नीचे बैठे सुस्ताते रहे। शीला कुछ नहीं बोली। न हूँ, न हाँ। बस, सिर हिलाती रही।

दोपहर ढल रही थी, जब मन्दिर के सामने एक बस आकर रुकी। वह श्रीनगर को जानेवाली बस थी। उसे देखते ही मेरे रोम-रोम में बिजली दौड़ गई। मैंने एक-एक करके साइकिलें छत पर रखवाईं। टिकट ख़रीदे और हम लोग बस में चढ़कर बैठ गए। शीला मेरी ओर देखकर पहली बार मुस्कुराई। और जब बस चली तो मेरे कन्धे पर सिर रखकर थोड़ी ही देर में सो गई।

ऐसी 'हुत्थलें' मुझे बाद में भी आती रहीं। वह कहा करती, "गान्धरबल की यात्रा से ही मैं जान गई थी कि इस आदमी के साथ आराम की ज़िन्दगी बिताने की उम्मीद नहीं की जा सकती।"

शीला के साथ सगाई से बहुत पहले, लगभग आठ वर्ष पहले, एक जगह मेरी सगाई की बात हो चुकी थी। इसमें मेरा कोई दख़ल नहीं रहा था। मुझे केवल बताया गया था कि तुम्हारी सगाई कर दी गई।

बलराज के विवाह के दिनों में बाहर से आनेवाले मेहमानों में मेरे पिताजी के एक पुराने मित्र थे जो पेशावर से आए थे। जब बलराज के विवाह की रस्में पूरी की जा रही थीं तो उन्होंने पिताजी से कहा :

"आपका छोटा बेटा अब हमारा बेटा हुआ।"

और जवाब में पिताजी ने कहा :

"मेरा बेटा है तो आपका ही बेटा है। आपकी दौलत है।"

और इस तरह सगाई हो गई। उन दिनों ऐसे ही सगाइयाँ हुआ करती थीं। शायद आज भी होती हैं। उन दिनों बाज़ार में भी ऐसे ही लेन-देन हो जाया करते थे। सड़क पर चलते-चलते ही एक व्यापारी, दूसरे से कह देता 'लिये, दिये !' और सौदा पक्का हो जाता, बाद में लिखा-पढ़ी होती रहती।

उन दिनों मैं कॉलेज में पढ़ता था। मुझे शादी का ख़्वाब-ख़याल भी नहीं था। पिताजी के मुँह से यह सूचना सुनकर मैं हैरान-सा रह गया। पर जो वाक्य मेरे मुँह से निकला, वह था :

"मुझे अभी ब्याह नहीं करना है।"

जवाब में पिताजी बोले :

"अभी कोई जल्दी नहीं है। लड़की भी पढ़ रही है।..."

और बात ख़त्म हो गई।

पर यह सूचना शैतान की आँत बन गई। उस समय मुझे दो-टूक कह देना चाहिए था : मुझे इस ढंग से ब्याह नहीं करना है। पर मेरे मुँह से केवल इतना ही निकल पाया कि मुझे अभी ब्याह नहीं करना है। और कुछ कहने की तो सुध ही नहीं रही। अगर उस समय मैं कह भी देता कि मैं इस ढंग से ब्याह नहीं करूँगा तो पिताजी पूछते, तू किस ढंग से ब्याह करना चाहता है ? और अगर मैं कहता मैं इस घर में नहीं करूँगा तो पिताजी पूछते, तू किस घर में ब्याह करना चाहता है ? है कोई लड़की तेरी नज़र में ?

मैंने मन-ही-मन कहा, देखा जाएगा जो होगा। उस समय तो बात टल गई, पर गाहे-बगाहे मुझे परेशान ज़रूर करती रही।

वक़्त बीतने लगा। मैं पढ़ाई करके लौट आया, व्यापार करने लगा, साल पर साल बीतने लगे, कभी घर में चर्चा होती तो मैं कह देता, मुझे अभी ब्याह नहीं करना है, तो पिताजी चुप हो जाते। यह वाक्य कि मुझे इस ढंग से ब्याह नहीं करना है, मेरे गले में फँसकर रह जाता।

मैंने लड़की को नहीं देखा था। न ही उसके बारे में कुछ जानता था। पर जब देखने का मौक़ा मिला तो मेरी सगाई नाटक का रूप ले चुकी थी।

जब बहुत से बरस बीत गए और मैं न-न करता रहा तो मेरे घरवालों को तो नहीं पर लड़की के घरवालों को ज़रूर चिन्ता होने लगी। लड़की उम्र में बड़ी होती जा रही थी। अब उनकी ओर से चिट्ठियों पर चिट्ठियाँ आने लगीं। यह मुहूर्त अच्छा है, वह अच्छा है, पर इधर मैं गुमसुम। इतने बरस बीत जाने पर अब मैं कैसे कहूँ कि मुझे इस ढंग से ब्याह नहीं करना है। जो यही कहना था तो वक़्त पर कह दिया होता।

गर्मी के मौसम में हमारा परिवार श्रीनगर चला जाता था। और अक्सर

मित्र-सम्बन्धी कुछ दिन की तफ़रीह के लिए हमारे यहाँ आ जाते थे।

तभी एक दिन लड़कीवाले, अपनी लड़की को लेकर हमारे घर पहुँच गए। काश्मीर यात्रा के बहाने उन्होंने लड़की को उसके भाई-भावज के साथ श्रीनगर भेज दिया।

उस समय लड़की की झलक तो मिल गई पर मेरा माथा ठनका कि अब तो मेरा छुटकारा मुश्किल है। अब तो मैं फँस गया। मैं करूँ तो क्या करूँ। उसके नाक-नक्श की ओर तो मेरा ज़्यादा ध्यान नहीं गया, मुझे तो यह नहीं सूझ रहा था कि इस गोरख धन्धे में से कैसे निकलूँ। लड़की गोरी-चिट्टी थी, कुछ-कुछ गोल-मटोल सी। हाँ, सुनहरे फ्रेम का चश्मा आँखों पर लगाती थी जो उन दिनों लड़कियों में अतिरिक्त आकर्षण माना जाता था। पर गुपचुप रहती, जिससे लगता था जैसे उसे बाँधकर लाया गया है।

लड़की के बड़े भाई डॉक्टर थे। मैं उन्हें कुछ-कुछ जानता था। वह व्यापारी ज़्यादा और डॉक्टर कम थे। दो-एक दिन श्रीनगर में रहने के बाद उन लोगों ने पहलगाम जाने का प्रोग्राम बनाया।

"भीष्मजी, आप भी हमारे साथ चलिए। हम पहली बार काश्मीर आए हैं। ठौर-ठिकाने का बन्दोबस्त करना हमारे लिए कठिन होगा।"...

उनके मुँह से वाक्य निकला ही था कि पिताजी ने झट से जोड़ दिया, "हाँ, जाओ बेटा, इनकी मदद हो जाएगी। तुम भी थोड़ा घूम-फिर लोगे।"

और एक घबराए हुए आज्ञाकारी पुत्र की तरह मैं साथ हो लिया। मुमकिन है पिताजी की सहमति से ही यह प्रोग्राम बनाया गया हो।

हम लोग पहलगाम पहुँचे। एक होटल में दो कमरे लिये गए। पहले दिन ही भोजन के बाद, डॉक्टर और उनकी पत्नी मुझे विश्राम करने के लिए छोड़ गए और स्वयं घूमने निकल गए। मैं भी बिस्तर पर पसर गया।

कुछ देर बाद मैंने करवट बदली तो क्या देखता हूँ कि साथवाली खाट पर लड़की लेटी हुई है। उसका चेहरा मलमल की झीनी-सी चुन्नी से ढका हुआ था। उसके भाई ने सोचा होगा कि मुँह-दिखाई के लिए लड़का खुद ही उसके चेहरे पर से चुन्नी हटा देगा। झीनी चुन्नी के नीचे लेटी हुई 'स्वप्न सुन्दरी' न जाने वह कितना सो रही थी और कितना जाग रही थी और क्या सोच रही थी और उसे क्या कहने और कैसा व्यवहार करने का पाठ पढ़ाया गया था।

पर मुझे अजीब धक्का-सा लगा। मुझे ऐसा महसूस हुआ जैसे डॉक्टर ने कपट किया है, चाल खेली है।

मुझे और तो कुछ नहीं सूझा, मैं हौले से उठा, पाँवों में जूते पहने और दबे पाँव दरवाज़े तक जा पहुँचा। हौले से दरवाज़ा खोला—यह ग़नीमत थी कि डॉक्टर

साहब बाहर से चिटख़नी नहीं लगा गए थे—और बाहर निकल आया और सीधा बस-स्टैंड की राह ली।

बरसों तक जो मेरी जुबान नहीं खुल पाई थी वह श्रीनगर पहुँचते ही खुल गई। मैंने पिताजी से तो कुछ नहीं कहा पर माँ को सब बता दिया। माँ ने मुझे डाँट तो दिया :

"लड़कियाँ ढोर-डंगर होती हैं, क्या ? तुम पहले क्यों नहीं बोले ? इतने दिन लटकाए क्यों रखा ?"

पर डॉक्टर के व्यवहार पर उन्होंने कहा तो कुछ नहीं, पर नाक सिकोड़कर मुँह फेर लिया।

पिताजी को पता चला तो वह बहुत झुंझलाए। पर सगाई टूट गई।

वे लोग जब पहलगाम से लौटे तो मैं रावलपिंडी में बैठा था।

1944 में बलराज विलायत से लौट आए। चार साल तक बी.बी.सी. के भारतीय विभाग में अनाउंसर के रूप में काम करते रहे थे। लन्दन के लिए रवाना होने से पहले, मुझे याद है, बलराज ने घर में रखे रेडियो सेट की सुई बी.बी.सी. के कार्यक्रम पर लगा दी थी और माताजी से कहा था कि हर दिन शाम के सात बजे बटन दबा दिया करें ताकि कार्यक्रम में उनकी आवाज़ सुन सकें।

उनके चले जाने के बाद माताजी हर शाम, रेडियो सेट के सिरहाने जा बैठतीं और बटन दबा देतीं। यह सिलसिला पूरे चार साल तक रहा। कभी कार्यक्रम में बलराज बोलते, कभी नहीं बोलते। पर माताजी उनकी आवाज़ सुन पाने के लिए हर रोज़ वहाँ बैठी होतीं।

उधर, भारत लौटने पर, बलराज ने अपना एक क़िस्सा सुनाया। कहने लगे, मेरे मन में सहसा लौट आने का कोई इरादा नहीं था, मैं कुछ देर और वहाँ बने रहना चाहता था। एक शाम, प्रोग्राम ब्रॉडकास्ट करने से पहले, मैं कुछ भारतीय गानों के रिकॉर्ड लाने के लिए संग्रहालय में गया। वहाँ अचानक मेरी नज़र सहगल के रिकॉर्डों पर पड़ी। मैं सहगल का एक रिकॉर्ड बजाने लगा। सहगल की आवाज़ सुनने की देर थी कि मैं बेचैन हो उठा। सुनता जाऊँ और रोता जाऊँ। मैंने एक के बाद एक सहगल के अनेक रिकॉर्ड बजाए और रोता रहा।

जब संग्रहालय में से निकला तो मन-ही-मन फ़ैसला कर लिया कि अब मैं यहाँ नहीं रहूँगा। अपने देश जाऊँगा। और दो ही दिन बाद इस्तीफ़ा देकर अपना सामान बाँधने लगा।

ऐसी भावुक वृत्ति हर देश और जाति के लोगों में होती है पर हम हिन्दुस्तानियों

में कुछ ज़रूरत से ज़्यादा है। मुझे एक बार—यह बरसों बाद की बात है—अफ़्रीका में ब्राज़ील कांगो जाने का अवसर मिला। वहाँ पर कुछ भारतीय परिवार रहते थे। एक परिवार ने मुझे और मेरे एक साथी लेखक को खाने पर बुलाया। वहाँ भी मुझे ऐसा ही कुछ देखने को मिला। उस घर की गृहिणी ने खाने के पहले, ग्रामोफ़ोन पर एक रिकॉर्ड लगा दिया, 'चिट्‌ठी आई है।' गीत सुनते हुए वह स्वयं इतनी भावुक हो उठी कि बेकाबू होकर रोने लगी। फिर बीच में से उठकर अन्दर चली गई।

हम हिन्दुस्तानी अपना देश छोड़कर विदेश जाने के लिए भी उतावले होते हैं और बाद में लौटने के लिए भी बेचैन होने लगते हैं।

जिस दिन बलराज लौटे, उसी दिन शाम को हमारे बीच गर्मागर्म बहस छिड़ गई। यों तो हमारे बीच बहसें बहुत हुआ करती थीं, पर अबकी बार उसमें कुछ ज़्यादा ही तेज़ी-तुर्शी आ गई।

उस शाम कम्पनी बाग़ के निकट, इस्लामिया स्कूल के मैदान में मुस्लिम लीग का एक जलसा होने जा रहा था, जिसमें फ़ीरोज़ख़ान नून बोलनेवाले थे। कुछ समय पहले तक फ़ीरोज़ख़ान नून, पंजाब के ब्रिटिश गवर्नर की कौंसिल के सदस्य थे, अब मुस्लिम लीग में शामिल हो गए थे। बलराज कहने लगे कि वह उस जलसे में जाएँगे। मुझे गहरा धक्का लगा। उस वक़्त तक पाकिस्तान की माँग ज़ोरों से की जाने लगी थी।

मैं बलराज की बात सुनकर हैरान रह गया था। फ़ीरोज़ख़ान नून तो उम्र-भर अंग्रेज़ों का पिट्‌ठू रहा था। और अब मुस्लिम लीग में जा मिला था, क्योंकि मुस्लिम लीग का प्रभाव तेज़ी से बढ़ रहा था। हर हालत में वह जलसा कांग्रेस के ख़िलाफ़ होगा, और मेरी नज़र में कांग्रेस ही ऐसी जमात थी जो गांधीजी के नेतृत्व में राष्ट्रीय स्तर पर देश की स्वाधीनता के लिए संघर्ष कर रही थी।

हमारे बीच बहस छिड़ गई।

"मुस्लिम लीग घोर साम्प्रदायिक पार्टी है," मैंने कहा।

"पर वह इस वक़्त मुसलमानों की नुमाइन्दा जमात है," बलराज का तर्क था।

"फ़िरकावाराना जमात भारत की एकता को भंग करनेवाली जमात है। कल तक तो फ़ीरोज़ख़ान नून अंग्रेज़ी गवर्नर की कौंसिल का सदस्य था, अब वह जननेता कैसे बन गया ? मुस्लिम लीग भी मुसलमान जनता का प्रतिनिधित्व नहीं करती। वह केवल बड़े-बड़े जमींदारों जागीरदारों की जमात है।...मैं हैरान हूँ तुम समझ

क्यों नहीं रहे। यह गांधीजी और जिन्ना को बराबरी का दर्जा देने की कोशिश है। देश के अन्दर और गहरी फूट डालने की कोशिश है।"

"पर मुसलमान देश की सबसे बड़ी माईनारिटी हैं। उन्हें आप दरगुज़र नहीं कर सकते।"

बलराज नए अन्दाज़ में बोल रहे थे। मैं हैरान था। बलराज इंग्लैंड से वामपन्थी विचारधारा से गहरे में प्रभावित होकर आए थे।

जहाँ तक गांधीजी और जिन्ना के बीच समझौते का सवाल है, इससे सभी सहमत थे, लेकिन मुसलमानों को और हिन्दुओं को अलग-अलग क़ौम का दर्जा देना हर तरह से ग़लत था। वाम विचारधारा के समर्थकों ने यह आवाज़ उठाई थी कि कांग्रेस और मुस्लिम लीग के बीच समझौता होना चाहिए, लेकिन यह मानकर नहीं कि मुसलमान एक अलग क़ौम हैं।

मैं अब भी समझता हूँ कि वामपन्थियों विशेषकर कम्युनिस्ट पार्टी के नेताओं ने अपनी बात स्पष्टता से नहीं रखी। कम्युनिस्ट भी देश का बँटवारा नहीं चाहते थे। वे भी देश की एकता को खंड-खंड करने के हक़ में नहीं थे। लेकिन जातियों के सवाल पर उन्होंने अपनी दृष्टि स्पष्टतः नहीं रखी। इसी कारण लोगों के मन में ऐसी धारणा बनती जा रही थी कि कम्युनिस्ट, मुस्लिम लीग को मुसलमानों की प्रतिनिधि पार्टी मानने के कारण पाकिस्तान की माँग का गर्मजोशी से विरोध नहीं कर रहे थे।

जंग के दौरान ही सोवियत संघ की लोकप्रियता और प्रभाव विश्वव्यापी स्तर पर बढ़ते जा रहे थे। दूसरे महायुद्ध का सबसे अधिक दबाव सोवियत संघ ने ही झेला था। इंग्लैंड, अमरीका तो दूसरा मोर्चा बनाना टालते ही रहे थे जब हिटलर की फ़ौजें सोवियत संघ में दूर-दूर तक जा पहुँची थीं। फिर जंग ने पलटा खाया और सोवियत संघ की लाल सेना हिटलरी फ़ौजों को खदेड़ती हुई बर्लिन तक जा पहुँची। इतना बड़ा महाज़ कभी देखा नहीं गया था। सारा परिदृश्य ही बदल गया था। बड़ी संख्या में युवा पीढ़ी के लोग वाम विचारधारा की ओर आकर्षित हुए थे। बलराज जो पहले कहा करते थे कि उनकी राजनीति में कोई दिलचस्पी नहीं है, कि वह सदा सांस्कृतिक क्षेत्र में ही काम करेंगे अब बड़ी गर्मजोशी से वामपन्थी विचारधारा में विश्वास करने लगे थे।

वामपन्थी विचारधारा का असर मुझ पर भी हुआ था। मेरे एक अध्यापक मित्र—वी.डी. चोपड़ा—कम्युनिस्ट कार्यकर्ता थे और मुझे अक्सर वाम साहित्य पढ़ने के लिए देते रहते थे। रजनी पॉम दत्त द्वारा लिखित Rise of National Socialism in Europe में यूरोप में फ़ासीवादी ताक़तों के उत्तरोत्तर बढ़ते ख़तरे पर प्रकाश डाला गया था। और बाद में उनकी पुस्तक 'इंडिया टुडे'। उन्हीं दिनों फ़िलिस

बॉटम का उपन्यास The Mortal Storm मेरे हाथ लगा था जिसमें एक जर्मन परिवार के अन्दर बढ़ते फ़ासी प्रभाव का रोंगटे खड़े करनेवाला चित्रण था। इससे पहले मेरा अध्ययन बर्टरैंड रस्सेल, ऑल्डस हक्सले आदि तक ही सीमित रहा था, जिनमें ऊँचे स्तर पर चिन्तन तो था जो जनतन्त्रात्मक मूल्यों तथा पद्धति पर बल देता था, पर जो इंग्लैंड के साम्राज्यवादी रवैए को नज़रन्दाज़ कर जाता था। जिस जुझारू स्थिति में से दुनिया गुज़र रही थी उसके प्रति एक प्रकार की अकादमिक तटस्थता उनके लेखन में पाई जाती थी।

बलराज आगे क्या करेंगे, इस बारे में अब भी बलराज के ज़ेहन में कोई रास्ता साफ़ नहीं था। कुछ समय के लिए वह काश्मीर चले गए जहाँ उनकी मुलाक़ात अपने कॉलेज के मित्र चेतन आनन्द से हुई। चेतन उन दिनों मक्सीम गोर्की के नाटक Lower Depths के आधार पर 'नीचा नगर' नाम से एक फ़िल्म बनाने की सोच रहे थे। बलराज को अपनी इस स्कीम में शामिल करना चाहते थे और बलराज, कुछ भी स्पष्टतः निश्चय किए बिना बम्बई के लिए रवाना हो गए।

कांग्रेस के काम में मेरी सरगर्मियाँ बराबर चल रही थीं। कुछ ही समय बाद मुझे कांग्रेस की ज़िला कमेटी में ले लिया गया था। 1945 के अन्त में Provincial Autonomy के अन्तर्गत, प्रान्तीय एसेम्बलियों के चुनावों की घोषणा हुई। पंजाब एसेम्बली की लेबर-सीट के लिए, हमारे ज़िला कांग्रेस के सदस्य, अब्दुल अज़ीज़ को नामज़द किया गया, और मुझे उसका चुनाव-अधिकारी नियुक्त किया गया। मैं उस चुनाव अभियान में सक्रिय रूप से भाग लेने लगा और यह मेरे लिए बड़ा अनूठा अनुभव साबित हुआ।

लेबर-सीट का निर्वाचन क्षेत्र बड़ा लम्बा-चौड़ा, बिखरा हुआ इलाक़ा था। जहाँ कहीं छोटे-मोटे कल-कारख़ाने, वर्कशॉप आदि थे, वहीं पर कुछेक वोटर पाए जाते थे। यहाँ तक कि जेहलम ज़िले में भी खीवड़ा, पिंड दादन ख़ान, ममदोट आदि में स्थित छोटी-मोटी फ़ैक्टरियाँ-कारख़ाने भी इसी निर्वाचन क्षेत्र में आ जाते थे। मैं, अब्दुल अज़ीज़ और उसका बड़ा भाई जो पेशे से हकीम था और बड़ा संजीदा-तबीयत, मिलनसार व्यक्ति था, हम लोग बग़ल में वोटरों की सूचियाँ दबाए, एक शहर से दूसरे शहर, एक क़स्बे से दूसरे क़स्बे, अपने निर्वाचन अभियान पर निकल पड़े। हम लोग छोटे-बड़े वर्कशॉपों-फ़ैक्टरियों में जाते, मज़दूरों से मिलते, वहाँ के असर-रसूख़वाले चौधरियों, प्रबन्धकों आदि से मिलते।

पिछले ही कुछ सालों में बहुत कुछ घट चुका था, बहुत कुछ बदल चुका था, जिसका भास मुझे बार-बार बड़ी तीव्रता से होने लगा।

पहला तजरबा तो जेहलम के निकट खीवड़ा नाम के क़स्बे में हुआ।

सुबह-सवेरे हम लिस्टें लिये अपने ठिकाने से बाहर निकले। खीवड़ा बड़ा सुन्दर

क़स्बा है, यहीं पर, एक ओर को, कुछ ऊँचाई पर पत्थरी नमक की खानें हैं और नीचे दूर-दूर तक लहलहाते खेत। काम शुरू करने से पहले चाय की तलब हुई तो सामने ही लकड़ी के एक खोखे में क़हवाख़ाना था, हम उस ओर बढ़ चले।

हम सीढ़ी चढ़कर खोखे के अन्दर जा ही रहे थे जब क़हवाख़ाने के मालिक ने हमें रोक दिया। मुझे सम्बोधन करते हुए बोला :

"बाबूजी, आप आ सकते हैं पर इन ग़द्दारों को मैं चायख़ाने में पाँव नहीं रखने दूँगा।"

खीवड़ा जैसे छोटे से नगर में भी, और वह भी मामूली दूकानदारों तक में साम्प्रदायिकता के प्रचार का असर देखने को मिलेगा, इसकी मुझे उम्मीद नहीं थी।

मैं सीढ़ी पर से उतर आया और हम लोग वहाँ से हट गए।

क़हवाख़ाने का मालिक मुसलमान था। मेरे बहुत इसरार करने पर भी वह नहीं माना। हम उन्हीं क़दमों लौट पड़े।

उसी दोपहर एक और घटना घटी। हम तब ममदोट में थे। अब चुनाव में अपने उम्मीदवार के लिए काम करते हुए हम एक-एक वोटर के पास तो जा नहीं सकते थे। हम उस फ़ैक्टरी के चौधरी या चौधरियों के पास जाते थे जिनका मज़दूरों में असर-रसूख़ होता है।

ऐसे ही एक चौधरी साहब, जो छोटे-मोटे ज़मींदार भी थे एक पहाड़ी के ऊपर छोटे से बँगले में रहते थे। मैंने अब्दुल अज़ीज़ और उनके भाई को तो नीचे ही छोड़ा और ख़ुद पहाड़ी चढ़कर चौधरी साहब के बँगले की ओर बढ़ चला।

दोपहर का वक़्त था, हल्की-हल्की हवा बह रही थी और चौधरी साहब बँगले के बाहर ही पेड़ की छाँव में बैठे सुस्ता रहे थे। बड़ी-बड़ी मूँछें, तोंद, खुमार-भरी आँखें।

मैंने अभी बात छेड़ी ही थी कि वह उठकर बैठ गए और मुझ पर बरसने लगे।

"आपकी हिम्मत कैसे हुई मेरे पास आने की ? चले जाइए ! मेरी नज़र से फ़ौरन दूर हो जाइए, वरना मुझसे बुरा कोई नहीं होगा।"

उसकी आवाज़ उत्तरोत्तर ऊँची होती जा रही थी। यह सब बदलाव पिछले कुछेक महीनों में हुआ था।

मैं ढलान उतर गया। हम फिर भी कुल-कारख़ानों में जाते रहे। कामगारों के बीच भी साम्प्रदायिकता का विष फैलता जा रहा था। ऐसी ही स्थिति लगभग सभी छोटे-बड़े स्थानों पर थी।

मैंने देखा, जहाँ हिन्दू कामगारों की संख्या अधिक होती, वहाँ कांग्रेस के उम्मीदवार को अधिक वोट मिलने की सम्भावना रहती।

फिर भी जब चुनाव के परिणाम सामने आए तो हमें यह देखकर हैरत हुई कि हमारा उम्मीदवार केवल 100 मतों से हारा था। हैरत की सबसे बड़ी बात यह थी कि अब्दुल अज़ीज़ के विरोध में खड़ा व्यक्ति, पंजाब के तत्कालीन मुख्यमन्त्री सिकन्दर हयात ख़ान का छोटा भाई बरकत हयात ख़ान था जिसके पास पूँजी भी थी और रसूख़ भी और सरकारी दबाव भी। कांग्रेस का उम्मीदवार इन सुविधाओं से वंचित था। फिर भी अगर 51 वोट उसे और पड़ जाते तो हमारा उम्मीदवार निश्चय ही जीत जाता। इसका मतलब यह हुआ कि दबाव के बावजूद कल-कारख़ानों में कामगारों पर साम्प्रदायिकता की भावना अभी तक हावी नहीं हो पाई थी।

इस प्रकार के विचलित करनेवाले अनुभव अब अक्सर होने लगे थे। मेरा पड़ोसी, मेरा हमसाया अशरफ़, नए मोहल्ले की ढलान पर खड़ा था जब मैं हकीम साहिब—अब्दुल अज़ीज़ के बड़े भाई—के साथ राह जाते उसे मिला। हम दोनों रुक गए, मैंने हकीम साहब का परिचय कराया तो अशरफ़ मुँह फेरकर बोला :

"हम हिन्दुओं के कुत्तों के साथ हाथ नहीं मिलाते।"

मुझे लगा जैसे यह रवैया जान-बूझकर किसी निर्णयानुसार अपनाया जा रहा है, कांग्रेसी मुसलमानों का पानी उतारने, बेइज़्ज़त करके उन्हें अपने सहधर्मियों से अलग करने के लिए।

उन्हीं दिनों मौलाना अबुल क़लाम आज़ाद की पत्नी का देहान्त हुआ था। तब मौलाना आज़ाद सम्भवतः जेल में थे। मुस्लिम लीग के हर जलसे में शोकग्रस्त मौलाना आज़ाद की खिल्ली उड़ाई जाती। सुनकर गहरा धक्का लगता था। मुसलमानों की संख्या चूँकि कांग्रेस में कम थी, इस कारण कांग्रेसी मुसलमानों को बेइज़्ज़त करना, एक षड्यन्त्र की तरह अपनाया जा रहा था।

सामान्य जीवन बाहर से तो ज्यों-का-त्यों चल रहा था पर अन्दर-ही-अन्दर से दूरियाँ बढ़ने लगी थीं। जगह-जगह छोटे-छोटे साम्प्रदायिक विस्फोट भी होने लगे थे। हमसायों के व्यवहार में भी अब औपचारिकता का स्वर बढ़ने लगा था। "बहुत बुरा हो रहा है," ऐसी टिप्पणी तो हमसाए करते, पर वार्तालाप इसके आगे नहीं बढ़ पाता था। क्योंकि और कुछ कहने पर न केवल मतभेद ही व्यक्त होने लगेंगे, बल्कि दबे-छिपे द्वेष भाव भी सामने आने लगेंगे। वह पहलेवाला खुलापन नहीं रह गया था। दोस्त-यार अब भी मिलते, पर एक-दूसरे के साथ छिछले, पुराने मज़ाक ही दोहराते, किसी गम्भीर मसले पर बात नहीं करते, न ही खुलकर बात करते। रिश्तों में खिंचाव आ रहा था। मेरा अपना सहपाठी और जिगरी दोस्त इल्ताफ़ हुसैन,

जो मुस्लिम लीग में शामिल हो गया था (जैसे मैं कांग्रेस में शामिल हो गया था) सड़क पर आमने-सामने आ जाने पर नज़रें छिपाने लगे थे। एक-दूसरे के साथ कोई हल्का-छिछला मज़ाक़ करने के बाद, जल्दी ही एक-दूसरे से अलग हो जाते। (इल्ताफ़ के साथ मेरे सम्बन्ध बँटवारे के बहुत बाद फिर से सामान्य हो पाए, जब मैं दिल्ली में रह रहा था और वह रावलपिंडी में था। वह भी चिट्ठी-पत्री द्वारा।)

मार्च महीने में हमारे शहर में दंगा हुआ जो पाँच दिन तक रहा। शहर की ख़बरें जब देहात में पहुँचीं तो वहाँ भी दंगे भड़क उठे। उसके बाद शहर का दृश्य बदलते देर नहीं लगी। आसपास के गाँवों में से हिन्दू और सिख परिवार शहर में पहुँचने लगे। अपनी गठरियाँ-बक्से सिर पर उठाए अपने-अपने ठौर-ठिकाने ढूँढ़ते हुए। तरह-तरह की अफ़वाहें फैलने लगीं। सुनते हैं कैन्टोन्मेंट के अस्पताल में हिन्दू-सिख ज़ख़्मी लोगों का इलाज नहीं किया जा रहा। सुनते हैं मर जानेवाले मरीज़ों को एक साथ गड्ढों में दफ़नाया जा रहा है। सुनते हैं शहर के बड़े थाने में सभी हिन्दू-सिख सिपाहियों को अपनी बन्दूक़ें मालख़ाने में दाख़िल कर देने का हुक्म हुआ है। ऐसा हुक्म मुसलमान सिपाहियों को नहीं दिया गया। हिन्दू-सिक्ख सिपाही निहत्थे हो गए हैं। प्रत्येक ऐसी ख़बर से वातावरण में अनिश्चय और आतंक घुलने लगते।

हमारा शहर तो चहल-पहल वाला शहर था। पर अब चुप्पी छाने लगी थी। कहीं से भी कोई ऊँची आवाज़ सुनाई पड़ती तो कान खड़े हो जाते। एक अजीब-सी दहशत का-सा भास होने लगा था। लोग धीमी आवाज़ में सुनी-सुनाई बातों की चर्चा करते।

कभी सहसा नारे गूँजने लगते। हमारे इलाक़े में से 'ले के रहेंगे पाकिस्तान !' 'अल्लाह-ओ-अकबर !' 'क़ायद-ए-आज़म मुहम्मद अली जिन्ना ज़िन्दाबाद !'

और दूर शिवालय की ओर से।

"हर हर महादेव !"

इस सबके बावजूद दिन का व्यापार तो चल रहा था, पर अन्दर से जैसे खोखला हो रहा था। दूकानें तो खुलतीं पर लोग ज्यादातर सड़कों के किनारे गाँठें बनाए खड़े सुनी-सुनाई बातों की चर्चा करते रहते। हिन्दू परिवार मुसलमानों के मोहल्लों में से निकल-निकलकर हिन्दुओं के मोहल्लों में जाकर रहने लगे थे। व्यापारी लोग भी अपना माल मुसलमान इलाक़ों के गोदामों में से निकाल-निकालकर हिन्दुओं के गोदामों में रखने लगे थे। वातावरण में अनिश्चय डोल रहा था। कोई छोटी-सी भी घटना घट जाए तो सारे इलाक़े में दहशत फैल जाती थी। खट-खट करते दूकानों के ताक बन्द कर दिए जाते। कोई दरवाज़ा खटखटाए तो मत खोलो। पहले छज्जे पर जाकर पूछो कि कौन है।

माहौल ऐसा बन रहा था कि यदि कोई कुत्ता भी भागता हुआ सड़क पर जा रहा होता तो आसपास खड़े लोग चौंककर उसकी ओर देखने लगते। मन उखड़ रहे थे। पर लोग केवल तरह-तरह के कयास ही लगा पा रहे थे कि आगे क्या होगा।

पर इसी दौरान मैं अपने घर के लिए एक भैंस ख़रीद लाया था। इस बात का अनुमान तक कर पाना कठिन था कि किसी दिन मुझे अपना घर-बार छोड़ जाना पड़ सकता है।

उन्हीं दिनों श्री कृपलानी, रावलपिंडी में तशरीफ़ लाए थे। स्थानीय कार्यकर्त्ताओं के बीच बैठे हालात का जायज़ा ले रहे थे। यह अप्रैल महीने की बात रही होगी। एक नौजवान कार्यकर्ता ने उनसे पूछा :

"हमें रास्ता सुझाएँ, हमें क्या करना चाहिए। क्या हम लोग शहर छोड़ जाएँ या यहीं पर बने रहें ?"

आचार्य कृपलानी कोई स्पष्ट उत्तर नहीं दे पाए। युवक ने जब दूसरी बार पूछा तो उस पर बरस पड़े।

"तेरी माँ का दूध तेरे होंठों पर अभी सूखा नहीं है और तू हमारे साथ बहस करता है।"

हिन्दू-सिख उत्तरोत्तर अकेले पड़ रहे थे। पहले लोग मिल-जुलकर फ़ैसले करते थे कि क्या करें, किस ओर क़दम उठाएँ। अब हर व्यक्ति, हर परिवार अकेला पड़ गया था। किसी को किसी दूसरे का सहारा नहीं रहा। प्रत्येक परिवार अपने भाग्य के साथ स्वयं जूझने पर मजबूर हो गया था।

शहर के बाहर, लगभग तीन मील की दूरी पर शरणार्थी शिविर बनाया गया। हज़ारों की संख्या में गाँवों से आए हुए लोग डेरा डाले हुए थे। एक दिन दोपहर को मैं शिविर में दाख़िल हो रहा था जब मेरी नज़र कुछ दूरी पर, दीवार के साथ पीठ लगाए ज़मीन पर बैठे रोशनलाल पर पड़ी। रोशनलाल मेरा सहपाठी रहा था।

"तुम यहाँ क्या कर रहे हो, रोशन ?" मैं उसके पास जाकर पूछता हूँ।

"तुमने मेरे माँ-बाप को कहीं देखा है ? वे मुझे नहीं मिल रहे। वे 'बाड़ियाँ' से चल पड़े थे पर यहाँ नहीं पहुँचे," वह बदहवास हो रहा है।

"मैं उन्हें ढूँढ़ने आया हूँ। नहीं, अन्दर कैम्प में नहीं हैं।"

उसके होंठ सूख रहे हैं और वह बहुत घबराया हुआ है।

हमारे मोहल्ले में तीन आदमी मारे गए थे। एक पूर्बिया, कुल्फ़ी बेचनेवाला भय्या था जो दंगों के दूसरे दिन ही, अपने साइकिल पर कुल्फ़ी की सन्दूक़ची रखे, कुल्फ़ी बेचने चला आया था। उसके मोहल्ले में आने पर कुल्फ़ी खाने के लिए मोहल्ले-भर के बच्चे मचल उठते थे। वह उस दिन भी कुल्फ़ी बेचने पहुँच

गया था, और गली के नाके पर, साइकिल की घंटी बजा-बजाकर बच्चों को बुला रहा था जब गली के अँधेरे में से कोई आदमी निकलकर उस पर पिल पड़ा था, और फिर गली के अँधेरे में ही लौट गया था। दूसरा एक काश्मीरी 'हतो' (मज़दूर) था, जो नमकहलाली का मारा ऐसे दिन भी लकड़ियों के स्टाल पर लकड़ियाँ-कोयला ढोने पहुँच गया था। वह तो सड़क के बीचोबीच मारा गया था और ज़ख़्मी हालत में भी, अधमरा होने पर भी, सड़क पर बड़ी देर तक रेंगता रहा था। और तीसरी एक बागड़ी औरत, अपनी अन्य बागड़ी साथिनों के साथ गली के रास्ते जाने के लिए निकल पड़ी थी पर रास्ते में ही दबोच ली गई थी। उसकी साथिनें तो जैसे-तैसे निकल भागी थीं पर वह फँस गई थी। वह अपने आतताइयों के सामने देर तक गिड़गिड़ाती रही थी, "मुझे मत मारो। मुझे अपने घरों में रख लो। तीन-तीन आदमी रख लो। पाँच-पाँच आदमी रख लो। मुझे मारो नहीं..." फिर उसकी आवाज़ सुनाई पड़ना बन्द हो गई थी।

मुझे वह युवा सरदार भी याद आता है जो थोहा खालसा के उस कुएँ के किनारे, मेरी बग़ल में खड़ा था जिसमें उसकी पत्नी और बच्चे के अतिरिक्त लगभग चालीस सिख औरतें डूब मरी थीं ताकि बलवाइयों के हाथों में न पड़ जाएँ। लाशें फूलकर ऊपर आ चुकी थीं। अंग्रेज़ डिप्टी कमिश्नर ने हुक्म दिया था कि कुएँ में पाउडर डाला जाए ताकि लाशों की सड़ाँध से किसी बीमारी के फूटने का डर न रहे। और हेल्थ ऑफ़िसर को इस काम का दायित्व सौंपा गया था और मैं हेल्थ ऑफ़िसर के साथ वह कुआँ देखने चला आया था। युवा सरदार जो अपने ग़म और बदहाली के कारण नीमपागल हो चला था, मुझे बार-बार कुएँ की ओर इशारा करते हुए कह रहा था :

"वीरजी, वह मेरी घरवाली है जिसकी जाँघों के बीच हमारा हरनाम फँसा हुआ है। वीरजी, उसकी कलाई पर सोने का गोखड़ू देखते हो, वह मैंने उसे बनवाकर दिया था। वीरजी, वह गोखड़ू मुझे निकलवा दो, वीरजी..."

"मैं कैसे निकलवा दूँ, सरदारजी," मैं जवाब में कहता हूँ, "मुर्दे की कलाई पर से गोखड़ू काटकर निकालना कोई आसान काम है ? और सरकारी हुक्म के बग़ैर कौन निकाल सकता है ?"

"वीरजी, पर वह मेरा माल है, मैंने अपने पैसों से बनवाया था। मेरी चीज़ है।"

पर जब उसके बार-बार इसरार करने पर मैं वहाँ से हटने की कोशिश करता हूँ तो वह बिफर उठता है :

"तो मैं भूखा मर जाऊँ ? सिर छिपाने के लिए मेरे पास जगह नहीं है। मैं कहाँ जाऊँ ?"...

पाउडर डालकर फूली हुई लाशों को ढक दिया गया है। हेल्थ ऑफ़िसर और उसके कर्मचारी और थोहा खालसा के कुछ निवासी जो हमारे साथ शहर से आए थे अब लौट रहे हैं। वह विक्षिप्त सरदार भी, कभी एक की बग़ल में अपना रोना रोता हुआ, कभी दूसरे की बग़ल में...आसपास के पेड़ों पर गिद्ध और चीलें बैठी हैं और कुछ आकाश में मँडरा रही हैं।

6 जून को पाकिस्तान बनाए जाने का ऐलान हुआ था। सुबह-सवेरे मैं घर के छज्जे पर खड़ा था जब सामनेवाली गली से एक आदमी भागता हुआ गली के नाके पर आया था—वह बैरिस्टर महमूद था—और ऊँची आवाज़ में हाथ झुलाता हुआ उछल-उछलकर बोल रहा था :

"हो गया फ़ैसला ! पाकिस्तान बनेगा ! रेडियो पर ख़बर आई है। पाकिस्तान ज़िन्दाबाद ! मुसलमानो, जश्न मनाओ ! क़ायद-ए-आज़म, ज़िन्दाबाद ! ज़िन्दाबाद !"

मुझे गहरा धक्का लगा था। यह अप्रत्याशित था। कल तक तो इसकी कोई ख़बर नहीं थी। यह कैसे हो गया ?

ऐलान तो हो गया था पर किसी को मालूम नहीं था कि आगे क्या होगा, इस ऐलान को अमली जामा कैसे पहनाया जाएगा।

मुझे याद है मैं और पिताजी, घर के चबूतरे पर खड़े थे जब बग़लवाली गली में से तरलोक सिंह बढ़ई, और उसका भाई, एक छकड़े को खींचते हुए गली में से बाहर निकले थे। घर का सामान, गट्ठर, बक्से, भांडे-टिंडर की बोरी आदि के अलावा दोनों भाइयों की बूढ़ी माँ और बाप भी छकड़े पर बैठे थे। और छकड़े के पीछे तरलोक सिंह की पत्नी और चारेक साल का बेटा चलते आ रहे थे।

यह पहला परिवार था जो हमारी गली में से शहर छोड़कर जा रहा था। पिताजी के पूछने पर तरलोक सिंह बोला :

"अब यहाँ से दाना-पानी उठ गया है, बाबूजी," तरलोक सिंह ने थकी-सी आवाज़ में कहा था, "जो देहात से लुट-पिटकर यहाँ शहर में आए थे, वे अपने गाँवों को नहीं लौट रहे हैं। अब यहाँ से दाना-पानी उठ गया है," कहता हुआ वह फिर से छकड़ा खींचने लगा था। छकड़े का रुख़ रेलवे स्टेशन की ओर था।

शीघ्र ही ऐसे दृश्य बार-बार देखने को मिलनेवाले थे। पर उस समय पिताजी ने सिर झटक दिया था।

"इसे कोई कैसे समझाए। अमलदारियाँ तो बदलती रहती हैं। आज एक अमलदारी है तो कल कोई दूसरी होगी। पर क्या अमलदारी बदल जाने पर रियाया अपना घर-बार छोड़कर चली जाती है ? कभी यों भी हुआ है ?"

और पिताजी का यह विश्वास बहुत दिन तक बना रहा था।

उस समय तक जब शहर हिन्दुओं और सिखों से लगभग ख़ाली हो गया था और वह अकेले अपने घर में नवम्बर महीने तक बने रहे थे। शायद उनके मन में इस बात की सम्भावना रही हो कि जो लोग घर छोड़कर जा रहे हैं, वे कुछ देर बाद अपनी ग़लती समझकर लौट आएँगे। एक और कारण यह भी हो सकता है कि पिताजी ने अपनी बहुत-सी कमाई ज़मीन-जायदाद में लगा दी थी। कुछ दूकानें, कुछ घर, कुछ ज़मीन के टुकड़े उन्होंने ख़रीद रखे थे। शायद उनके मन में रहा हो कि ये सब छोड़कर कैसे चले जाएँ ?

उन्हीं दिनों पिताजी के नाम एक पत्र आया। पत्र मेरे ससुर की ओर से था। वह उन दिनों फ़ीरोज़पुर में पुलिस के उच्च अधिकारी थे। लिखा था, "मैंने आप सबके लिए फ़ीरोज़पुर में एक बँगला किराए पर ले लिया है। सुना है हालात और ज़्यादा बिगड़ेंगे, आप लोग चले आओ।"

पिताजी ने ख़त पढ़ा और हँस दिए। यों भी कोई अपना घर छोड़ देता है ? हुकूमतें तो बदलती रहती हैं पर रियाया भी क्या अपना घर-बार छोड़ जाती है ?

ऐसे ही विचार मेरे मन में भी थे जब 13 अगस्त के दिन मैं फ्रांटियर मेल पर सवार हुआ और पिताजी से यह कहकर कि मैं सप्ताह-भर में लौट आऊँगा, कि मैं दिल्ली में आज़ादी का जश्न देखने जा रहा हूँ जब लालकिले पर भारत का झंडा लहराया जाएगा, आदि।

दिल्ली पहुँचने की देर थी कि पता चल गया कि लौट पाना असम्भव हो गया है, रेलगाड़ियों का आना-जाना बन्द हो गया था। सहसा ही मेरे लिए सारा चित्रपट बदल गया। मेरे लिए ही क्यों, हमारे परिवार के लिए। उस ऐतिहासिक पर्व की झलक तो मिली। लालकिले पर झंडा फहराई की रस्म तो देखी। अगले दिन लॉर्ड माउंट बैटन की विदाई का दृश्य भी संसद भवन के बाहर देखा। सड़कों पर गहमा-गहमी भी देखी। गलियों-सड़कों पर छोटे-छोटे लड़कों को राष्ट्रीय ध्वज के रँगोंवाले पतंग उड़ाते हुए देखा, सरकारी दफ़्तरों पर, पुलिस चौकियों-थानों पर यूनियन जैक की जगह राष्ट्रीय झंडा लहराते हुए देखा जिससे लगता था कि देश सचमुच आज़ाद हो गया है। साथ-ही-साथ दिल्ली की सड़कों पर शरणार्थियों की भीड़ भी देखी। एक ओर जश्न का-सा समाँ, दूसरी ओर बेघर लोगों की बदहाली, पर कुल मिलाकर वातावरण में आज़ादी की लहर का अधिक प्रभाव था।

जश्न तो देख लिया पर अब समस्या उठ खड़ी हुई थी कि करूँ तो क्या करूँ ? गाड़ियों के बन्द हो जाने पर मैंने पिताजी को उसी दिन तार दे दिया था, बाद में उसी दिन पत्र भी लिख दिया। उन्हें न तो मेरा तार मिला, न पत्र। उस समय हमारे परिवार के सदस्य बिखरे हुए थे—मैं दिल्ली में, पिताजी अकेले रावलपिंडी

में, बलराज बम्बई में (कुछ ही समय पहले उनकी पत्नी, दमयन्ती का देहान्त हो चुका था), मेरी माताजी, मेरी पत्नी शीला, हमारी बेटी कल्पना और बलराजजी के दोनों बच्चे, शबनम और परीक्षित सब श्रीनगर में, साथ में मेरा भानजा-भानजियाँ भी और हमारे बहनोई भी।

दिल्ली में पिताजी के साथ सम्पर्क न हो पाने के कारण चिन्ता होने लगी और मैं बम्बई चला गया। सबसे बड़ी चिन्ता तो इस बात की थी कि पिताजी को रावलपिंडी में से कैसे निकाला जाए। तरह-तरह के असम्भव सुझाव हमें सूझते, यहाँ तक कि हवाई जहाज़ चार्टर करने का सुझाव भी। किसी ने यह भी कहा कि कालबादेवी का एक व्यापारी हवाई जहाज़ में अपना माल लाहौर को भेजता है। हम कालबादेवी में उस गुजराती सेठ से भी जा मिले। मतलब कि हमें कुछ भी सूझ नहीं रहा था और हम हाथ-पाँव मार रहे थे। और पूँजी के नाते हमारे पास था ही क्या जो हम हवाई जहाज़ द्वारा पिताजी को निकाल लाने की सोच रहे थे। इससे केवल हमारी घबराहट ही ज़ाहिर होती है। बम्बई जैसे शहर में बैठकर, रावलपिंडी में से किसी व्यक्ति को कैसे निकाला जा सकता था ? जब हम घबरा जाते तो मैं दिल्ली का रुख़ कर देता कि वहाँ से कोई-न-कोई प्रबन्ध हो सकेगा।

उधर कबायलियों ने काश्मीर पर हमला कर दिया। अब तक पिताजी के साथ कोई सम्पर्क सूत्र नहीं बन पा रहा था, अब श्रीनगर में बैठे हमारे परिवार से भी हमारा सम्पर्क कट गया।

दिल्ली पहुँच जाने पर, परिचित लोग, कभी निकट सम्बन्धी, कभी कोई पुराना रावलपिंडी का जानकार मिल तो जाते, पर अक्सर वे अपनी जगह, किसी-न-किसी विकट स्थिति में होते। मेरी क्या मदद करते ! फिर भी कभी इससे मिल, कभी उससे, वस्तुस्थिति की थोड़ी-बहुत जानकारी मिलती, इससे अधिक कुछ नहीं।

कबायलियों के हमले को विफल करने के लिए दिल्ली से हवाई जहाज़ों द्वारा सैनिक और फ़ौजी सामान भेजा जाने लगा था। एक दिन पता चला कि जो जहाई जहाज़ फ़ौजी सामान तथा सैनिकों को लेकर काश्मीर भेजे जाते हैं, वे वहाँ से ख़ाली लौटते रहे हैं। पर अब ख़ाली लौटने के बजाय वे अपने साथ नागरिक परिवारों को काश्मीर से ला रहे हैं।

उसी शाम मैं भागा हुआ सफ़दरजंग हवाई अड्डे पर पहुँचा। वहाँ मेरी तरह सैकड़ों लोग अपने प्रियजनों की राह देखते हुए पहुँचे थे। हवाई अड्डे पर ब्लैक आउट के कारण घुप्प-अँधेरा था। मैं इधर-उधर डोल ही रहा था कि किसी परिचित ने मुझे पहचान लिया।

"शीला को ढूँढ़ रहे हो ? वह तो दो दिन पहले आ गई थी। मैंने उसे देखा था।"

पर वह यह नहीं बता पाया कि शीला कहाँ पर टिकी हुई है। पर मेरी ढाँढ़स बँध गई। जो शीला आ गई है तो माताजी और सभी बच्चे भी आ गए होंगे।

फिर इधर-उधर खोज-ख़बर, पूछताछ करने पर ठिकाना मिल गया। वे सभी मेरे मौसेरे भाई जे.एन. साहनी, जो जाने-माने पत्रकार थे, के घर पर टिके हुए थे।

अब केवल पिताजी रावलपिंडी में अकेले रह रहे थे और उनके साथ कोई सम्पर्क नहीं हो पा रहा था।

पिताजी नवम्बर महीने तक रावलपिंडी में ही रहे। घर का पुराना नौकर उनके साथ था जो खाना वग़ैरा बना देता था। तब तक लगभग सभी हिन्दू-सिख परिवार शहर छोड़कर जा चुके थे, जो पीछे अभी भी रह रहे थे उन्हें पाकिस्तान की सरकार ने एक अलग गली में इकट्ठा कर दिया था। पर पिताजी अपने ही घर में अन्त तक रहे। और जब वह निकले भी तो अचानक ही।

श्रीनगर को जानेवाली एक मोटरकार में एक सीट ख़ाली थी। मोटरकार एजेंसी के मालिक पिताजी के मामू के लड़के थे। उन्होंने इस आशय का सन्देश पिताजी को भेजा कि फ़ौरन तैयार हो जाइए, कुछ ही मिनटों में आपके घर के बाहर मोटरगाड़ी पहुँच जाएगी। सुरक्षा के लिए उन्होंने पिताजी के लिए रूमी टोपी भेज दी कि इसे पहनकर मोटर में बैठना।

पिताजी, मोटरकार के पहुँचते ही, दो कपड़ों में, घर को ताला लगाकर निकल आए। नौकर को छुट्टी दे दी, जो अपने गाँव के अन्य लोगों से जा मिला। इस तरह श्रीनगर के लिए रवाना हो गए। बाद में पता चला कि मोटर ने पहला मोड़ ही काटा था कि हमारे घर का ताला तोड़ डाला गया। बाद में यह भी सुनने को मिला कि हमारे घर का नौकर अपने गाँव के लगभग चालीस आदमियों के साथ अपने गाँव (पुंछ) की ओर जत्थे के रूप में पैदल जा रहा था जब रास्ते में सभी लोग घेर लिए गए और सभी को मार डाला गया।

बरसों बाद जब बलराज ने पाकिस्तान की यात्रा की और अपना पुश्तैनी घर देखने गए तो उस समय उस घर में एक मुस्लिम परिवार रह रहा था जो पूर्वी पंजाब से वहाँ गया था। उस दिन उस परिवार में ब्याह की तैयारियाँ चल रही थीं। वह परिवार बड़ा मिलनसार निकला। बलराज भी बड़े उत्साह के साथ तैयारियों में शामिल हो गए। और जब बारात आई तो उसे खाना खिलाते रहे। और बलराज ने बताया कि हमारे ही घर के बर्तनों का इस्तेमाल किया जा रहा था। बहुत से बर्तनों पर पिताजी का नाम खुदा हुआ था।

4

उन दिनों दिल्ली की सड़कों पर घूमना बड़ा अनूठा अनुभव था। दिल्ली शहर, शरणार्थियों से अटा पड़ा था। जहाँ जाओ, जिस ओर जाओ, शरणार्थी घूमते-फिरते मिलेंगे, सभी किसी-न-किसी तलाश में। तरह-तरह के चुटकुले सुनने को मिलते। एक सरदार गाड़ीवान फटीचर-सा ताँगा चलाते हुए कह रहा था :

आज़ादी आई...
घर-घाट से आज़ाद
रोज़ी-रोटी से आज़ाद
ठौर-ठिकाने से आज़ाद
आज़ाद ही आज़ाद !

सड़कों पर चलते हुए इस बात का तो भास होता कि देश के इतिहास ने करवट बदली है, देखते-ही-देखते दृश्य बदल गया है, पर साथ ही एक अजीब धूप-छाँह का-सा भास भी होता। बाहर से आनेवाले लोग दुखी थे, पर अक्सर वे अपना रोना नहीं रोते थे।

जो सब पर बीती है वह हम पर भी बीती है। देश के आज़ाद हो जाने से उनके मन को सान्त्वना ज़रूर मिलती थी।

करोलबाग़ में सारा वक़्त भीड़ लगी रहती। भीड़ में से रास्ता बनाते हुए मैं आर्य समाज रोड की ओर बढ़ रहा था, जब एक परिचित-सी आवाज़ कानों में पड़ी :

छींट जापानी...चार आने !
चार आने भाई चार आने !

आवाज़ जानी-पहचानी थी। मैंने मुड़कर देखा। हमारे शहर का एक दूकानदार जो वहाँ पर बड़ा आसूदा-हाल हुआ करता था, अब एक छोटे-से ठेले पर जापानी छींट (एक प्रकार का सस्ता कपड़ा) के कुछ 'थान' रखे, उसी ठेले के एक कोने में बैठा, चिल्ला-चिल्लाकर छींट बेच रहा था :

चार आने भाई चार आने
छींट जापानी, चार आने।

मन हुआ, उससे जाकर मिलूँ। मैं मुड़ा भी, पर पाँव ठिठक गए। और कुछ देर बाद मैं आगे बढ़ गया।

पर मेरी सोच ग़लत थी। मैं उससे मिल भी जाता तो वह झेंपता नहीं। ज़िन्दगी से जूझनेवाले झेंपते-झिझकते नहीं। वह भी वही कुछ कहता जो मैं उन दिनों बहुत लोगों के मुँह से सुन रहा था :

"जो सब पर बीती है वह हम पर भी बीती है, बाबूजी। अब हाथ पर हाथ रखकर तो नहीं बैठ सकते।"

शरणार्थियों को एक और बात का भी सहारा था। स्थानीय लोगों ने, जहाँ तक उनसे बन पड़ा शरणार्थियों की मदद की। ढेरों लोग घर में पहुँच जाने पर भी उनकी पेशानी पर बल नहीं आया। क्या यह इसलिए हुआ कि बहुत-से शरणार्थियों के नाती-रिश्तेदार भारत के नगरों में मौजूद थे ? या इसलिए कि भारतीय परम्परा रही है कि संकटग्रस्त व्यक्ति की मदद करो ?

कुछ ही समय बाद 'शरणार्थी' शब्द इन बेघर लोगों को अखरने लगा था। "हम शरणार्थी नहीं हैं, हम पुरुषार्थी हैं," वे कहते।

सड़कें अँधेरी थीं, सड़कों पर गड्ढे-ही-गड्ढे थे, बसें खचाखच भरी हुईं, वातावरण अवसाद से बोझिल पर मन मरे हुए नहीं थे। शायद इस आशावादिता का एक

कारण यह भी रहा हो कि ये शरणार्थी मुख्यतः पंजाब से आए थे, और इस देश के लम्बे इतिहास में पंजाब सदा ही उथल-पुथल का इलाक़ा रहा है, अमन-चैन उसके नसीब में नहीं रहा। हज़ारों वर्ष का इतिहास उथल-पुथल का ही इतिहास रहा है। उसका कुछ तो असर पंजाबियों की मानसिकता पर रहा होगा।

पर दिल को बेधनेवाले दृश्य अभी भी देखने को बहुत बचे थे।

अजमेरी गेट के बाहर मुझे अचानक ही अपने स्कूल के अध्यापक खुशहाल चन्द मिल गए। बड़े दुबला गए थे। कपड़े भी मैले और मुचड़े हुए। इसकी मुझे आशा नहीं थी क्योंकि मास्टरजी सदा ही बड़े साफ़-सुथरे रहा करते थे। माँडी लगी सलवार और सिर पर आए दिन नए रंग में रँगी पगड़ी पहना करते थे। उनकी बग़ल में खड़ा आदमी भी हमारे नगर का ही था, किताबें-कॉपियाँ बेचा करता था। मास्टरजी से कह रहा था :

"दिल को मज़बूत करने के लिए सन्तरा बहुत अच्छा फल है, मास्टरजी, अगर खा सको तो एक सन्तरा रोज़ खाया करो।"

मास्टरजी ने बोझिल-सी नज़रों से उसकी ओर देखते हुए कहा :

"जब जेब में पैसे होंगे, सन्तरा भी खा लेंगे।"

मास्टरजी को दिल्ली पहुँचने पर ले-देकर, अजमेरी गेट के ही इलाक़े में एक कमरा रहने को मिला था। वह भी जहाँ आसपास के घरों में वेश्या रहती थीं। लगता था दिन के वक़्त मास्टरजी अपने कमरे में से निकलकर अजमेरी गेट के बाहर खुले मैदान में आ जाया करते थे, जहाँ खिली धूप थी, और खुली हवा थी। रावलपिंडी में मास्टरजी का अपना घर था, कम्पनी बाग़ के निकट, उनके घर में से बाहर निकलो तो सड़क पर ऊँचा शीशम का पेड़ था और चौड़ी सड़क।

पर मास्टरजी चुपचाप सन्तरे की प्रशंसा सुनते रहे थे और उसके सप्ताह-भर बाद ही सुनने में आया कि मास्टरजी नहीं रहे।

इसी भाँति एक दिन पंडित बुद्धदेव को भी देखने का मौक़ा मिला। पंडित बुद्धदेव भी बचपन में मेरे हीरो हुआ करते थे, श्रद्धा के पात्र रहे थे। आर्य समाज के वार्षिकोत्सवों के समय वह हमारे शहर में आया करते। उनकी वाणी में रस था। अपने व्याख्यानों में वह दृष्टान्त कथाएँ सुनाया करते, और मैं दत्तचित्त होकर सुना करता। कथा सुनाते-सुनाते वह कथा का ही कोई अंश गाकर सुनाने लगते।

पर उस दिन पंडितजी, चिलचिलाती धूप में, एक लम्बी लाइन में सबसे पीछे खड़े थे। लाइन किसी सरकारी दफ़्तर के बाहर लगी थी और पंडितजी शायद कोई अर्ज़ी देने आए थे, क्योंकि वह हाथ में काग़ज़ का पुर्ज़ा पकड़े हुए

थे।...मंच पर बैठे बुद्धदेव बड़े विशिष्ट व्यक्ति लगा करते थे, विलक्षण व्यक्ति जिनकी वाणी में जादू था, यहाँ तो पंडितजी भिखारी से लग रहे थे, पीला चेहरा, चेहरे पर कितने ही दिन की दाढ़ी, होंठ सूखे हुए, अकेले...

यह सब तो अनिवार्य था। पर ऐसे दृश्यों को देखते हुए लगता जैसे माला टूट चुकी है और उसके मणके, कोई यहाँ तो कोई वहाँ, बिखरे पड़े हैं।...

आज़ादी मिलने पर मैं भी एक तरह से आज़ाद हो गया था। व्यापार से आज़ाद, कॉलेज के अध्यापन से आज़ाद; कांग्रेस की सरगर्मियों से आज़ाद, रावलपिंडी की सभी व्यस्तताओं से भी आज़ाद। मेरे कांग्रेस के साथी कोई किस ठौर तो कोई किस ठौर जा लगा था। कभी कोई एक शहर की सड़क पर मिलता, कभी कोई किसी दूसरे शहर की सड़क पर। सभी अपना ठौर-ठिकाना बना पाने की फ़िक्र में थे। और मैं बम्बई की सड़कें नाप रहा था। अन्ततः हमारा परिवार बम्बई में बलराजजी के घर में इकट्ठा हुआ।

बलराज बम्बई में गए तो फ़िल्म में काम करने, पर बम्बई में पहुँचने के शीघ्र ही बाद 'इप्टा' के कार्यकलाप में गर्मजोशी से काम करने लगे थे। मैं बीच-बीच में उनसे मिलने जाता रहता था। 'इप्टा' के कलाकारों में इतना उत्साह हुआ करता कि मैं भी उस उत्साह से अछूता नहीं रहता था।

पहली बार जब मैं उनसे मिलने गया तो उनके लन्दन से वापसी के कुछेक महीने ही के बाद की बात थी। तब तक देश का बँटवारा नहीं हुआ था। उन दिनों पिताजी को बलराज के कामकाज के बारे में बड़ी चिन्ता रहती थी, और वह मुझे बलराज के पास एक तरह से जासूसी करने के लिए भेजते थे कि जाकर देखो वह क्या कर रहा है, और उसे समझा-बुझाकर लौटा लाओ। पिताजी को बलराज का फ़िल्मों में काम करना पसन्द नहीं था। जासूसी का यह काम मेरा मनपसन्द भी हुआ करता था। इसमें हमें कुछ दिन एक साथ बिताने, मटरगश्ती करने का मौक़ा मिल जाता था। और पहली बार जब बम्बई पहुँचा तो बलराज 'इप्टा' में ख़्वाजा अहमद अब्बास के नाटक 'ज़ुबैदा' का निर्देशन कर रहे थे। वहाँ न तो किसी फ़िल्म की चर्चा थी और न ही फ़िल्मी माहौल था। यहाँ तो नाटक की रिहर्सलें चल रही थीं और इस बात की चर्चा चल रही थी कि हॉल के अन्दर दूल्हे की बारात का सजा-सजाया घोड़ा कैसे लाया जाए। और जब नाटक सुन्दरबाई हॉल में खेला गया तो मुझे भी उसमें एक छोटा-सा पार्ट मिल गया। यहीं पर मैंने पहली बार कम्युनिस्ट पार्टी के जनरल सेक्रेटरी पी.सी. जोशी को देखा। 'इप्टा' की मूल अवधारणा में पी.सी. जोशी की ही प्रेरणा रही थी। सामाजिक स्थिति

के प्रति सचेत करने की दिशा में, कला और साहित्य बड़ी प्रभावशाली भूमिका निभा सकते हैं, मुख्यतः इसी लक्ष्य को लेकर 'इप्टा' की स्थापना हुई थी।

पी.सी. जोशी बड़े मिलनसार, स्नेही स्वभाव के व्यक्ति थे, उनमें एक प्रकार का खुलापन, अपनापन था, जिससे व्यक्ति उनके साथ बड़ी जल्दी हिल-मिल जाता था। मेरे साथ बड़े प्यार से मिले।

किसी भी कालखंड में पाया जानेवाला माहौल, हमारी सांस्कृतिक गतिविधि को और साहित्य-सृजन को भी प्रभावित करता है। प्रभावित ही नहीं करता, दिशा भी देता है। 'इप्टा' ऐसे ही तूफ़ानी कालखंड की उपज था। एक ओर देशव्यापी स्वतन्त्रता संग्राम के वलवले थे, दूसरी ओर समाज के भीतर पाए जानेवाले अन्तर्विरोधों के तनाव, उन अन्तर्विरोधों को दूर करने, प्रतिगामी शक्तियों से जूझने का दृढ़ संकल्प, एक नए प्रकार की जागरूकता, 'इप्टा' की सरगर्मियाँ ऐसी ही भावनाओं से प्रेरित थीं। जनजीवन से जुड़ने की उत्कट इच्छा, 'इप्टा' को नाटकगृहों के बाहर ले आई थी। यह उसके ध्येय के अनुरूप ही था। वह सीधा जनसाधारण के बीच, जनसाधारण को सम्बोधन करने के लिए पहुँच गया था। इस तरह वह उस विशाल जनान्दोलन से जुड़ता था जो उस समय चल रहा था।

मैं, इससे पहले बंगाल के दुर्भिक्ष पर 'इप्टा' का एक कार्यक्रम रावलपिंडी में देख चुका था। मैं स्वयं भी नाटक खेलता रहा था, इसलिए बम्बई से लौटते समय मैं 'ज़ुबैदा' नाटक की एक प्रति अपने साथ लेता आया था जिसका मंचन कुछ समय बाद मैंने रावलपिंडी में किया था।

देश के बँटवारे से कुछ समय पहले, मैं फिर बम्बई गया था। तब मैं पहले से भी ज़्यादा उत्साह के साथ 'इप्टा' के कार्यक्रमों में भाग लेता रहा था।

'इप्टा' को लोग आज भी बड़ी श्रद्धा से याद करते हैं, इसलिए कि वह देशव्यापी भावनाओं, आकांक्षाओं को वाणी देता था, जनता ही उसके केन्द्र में थी, वह बड़ी स्पष्ट, प्रेरणाप्रद भाषा में उन आकांक्षाओं-उद्‌गारों को व्यक्त करता था। कला के स्तर पर वह न केवल लोककला की परम्पराओं से जुड़ता था, उन्हें अपनाता था, बल्कि उस कला को वर्तमान और भविष्य की अपेक्षाओं के अनुरूप ढालता भी था, भविष्योन्मुखी था, नए-नए प्रयोग करता था। जनसाधारण के दिल की बात करता था और उनके दिल तक पहुँचता था। उसकी कला-कृतियों में नए-नए प्रयोग हो रहे थे, उनमें एक विशेष रचनात्मक ओजस्विता पाई जाती थी। उसके गीतकारों ने—प्रेम धवन, शंकर शैलेन्द्र तथा अनेक अन्य भाषाओं के गीतकारों ने—प्रचलित तथा लोकगीतों की धुनों पर, तथा नवनिर्मित धुनों पर समकालीन भावनाओं को व्यक्त किया।

और ऐसा ही उन सभी प्रदेशों में हो रहा था जहाँ 'इप्टा' की इकाइयाँ सक्रिय

थीं। जिन लोगों ने अमरशेख़ की गूँजती आवाज़ को सुना है, उसे भुलाए नहीं भूल सकता। 'इप्टा' में कुछ भी व्यावसायिक नहीं था। बस, जनता तक अपने उद्‌गारों को पहुँचाना ही उसका ध्येय था। अन्नाभाऊ साठे, गव्हाणकर और उसकी मंडली घंटों तक 'पवाड़ा' प्रस्तुत करती। 'इप्टा' कोई नाटक खेलनेवाली व्यावसायिक संस्था नहीं थी, वह एक लहर थी, एक देशव्यापी सांस्कृतिक आन्दोलन था।

उन बीते दिनों के बारे में लिखते हुए, उस समय के अपने कार्य-कलाप मैं उसी नज़र से देखने लगता हूँ जिस नज़र से कोई बुज़ुर्ग अपने जवान बेटे की कारगुज़ारियों को देखता है। तब मैं अपने से पूछता हूँ, "तू जो उन दिनों नाटक करता फिरता था, ऐसे वक़्त में जब देश के बँटवारे के बाद हमारा कोई ठौर-ठिकाना नहीं था अगर उस वक़्त बलराज का घर नहीं होता तो हम कहाँ सिर छिपाते ? किस ठौर बैठते ? तेरी बीवी थी, बच्ची थी, और तू गाने गाता फिरता था। उस वक़्त तुम्हें अपनी जिम्मेदारियों का अहसास होना चाहिए था पर तू नुक्कड़ नाटकों में दिन-रात एक किए हुए था। बलराज के काम का भी कोई ठौर-ठिकाना नहीं था। आज है तो कल नहीं है।"

उन दिनों के बारे में सोचते हुए ऐसे विचार तो मन में गाहे-गाहे ज़रूर उठते हैं, शायद बुढ़ापे के कारण। पर उन दिनों यही कार्य-कलाप सबसे ज़्यादा संगत और सोद्‌देश्य जान पड़ता था। जहाँ जो मिला, खा लिया, जहाँ कहीं रात को शो ख़त्म हुआ, वहीं पड़ रहे। एक रात अँधेरी में शो देर से ख़त्म हुआ। रात वहीं स्टेज पर ही सो कर बितायी। प्रेम धवन मेरे साथ था। हमारे ज़िम्मे यह काम डाला गया था कि रंगमंच का सारा सामान बैलगाड़ी पर सुबह लदवाकर ग्रांट रोड स्टेशन के पास इप्टा के कार्यालय (देवधर हॉल) में पहुँचाना होगा। हम लोग सुबह उठे, बैलगाड़ी का प्रबन्ध किया, उस पर सारा सामान लदवाया, और सामान पर खुद चढ़कर बैठे और प्रातः दस बजे के चले हुए दोपहर चार बजे कार्यालय के बाहर पहुँचे। एक सड़क से दूसरी सड़क, और सारा वक़्त 'इप्टा' के गाने गाते हुए। यह जुनून ही था, और उम्र के इस हिस्से में पहुँचकर बचकाना लग भी सकता है। पर शायद वे सरगर्मियाँ इतनी बचकाना नहीं थीं, न ही खिलवाड़ मात्र थीं। कोई भी संस्कृतिकर्मी इनकी सार्थकता से इन्कार नहीं करेगा। देश और समाज के परिप्रेक्ष्य में, विशेष रूप से।

मुझे इस वक़्त भले ही कभी-कभी बचकाना लगे पर क्या उस समय जब मैं और मेरा भाई उनमें भाग ले रहे थे, क्या उस समय वे हमारे बुज़ुर्गों को भी बचकाना लगा करती थीं ?

हमारे पिताजी अक्सर बलराज के बारे में चिन्तित रहते थे क्योंकि बलराज, उनकी नज़र में, बिना सोचे-विचारे, 'उलेल' में आकर किसी ओर चल पड़ता था।

एक बार पिताजी स्वयं बम्बई आ पहुँचे थे। यह देश के बँटवारे के साल-भर पहले की बात है। उस समय तक बलराज का कोई भी ठिकाने का काम नहीं बन पाया था। अबकी बार पिताजी ने स्वयं बम्बई पहुँचकर, अपनी आँखों से देखने का निश्चय किया था।

पिताजी के पहुँचने के दो-तीन दिन बाद ही 'इप्टा' की नाट्य-गान मंडली का, अँधेरी में, जहाँ मंडली के कलाकार रहते थे, एक नृत्यगान कार्यक्रम होने जा रहा था।

बलराज, पिताजी को उस कार्यक्रम में ले गया। मैं भी साथ में था। कार्यक्रम का आयोजन खुले आँगन में किया गया था जो दर्शकों से खचाखच भरा था। सबसे अगली पाँत में पिताजी बैठे थे। मैं उनके साथ बैठा था। पिताजी के सिर पर पगड़ी थी जो सभी दर्शकों का ध्यान आकर्षित कर रही थी जब कि मैं झेंप रहा था।

कार्यक्रम इस गीत से आरम्भ हुआ :

मेरी जन्मभूमि, प्यारी जन्मभूमि
स्वर्ग उतर आया जहाँ धरती का हो के
चरण चूमता है जहाँ सिन्धु...

मैं प्रत्येक प्रस्तुति के बाद पिताजी की प्रतिक्रिया जान पाने के लिए उनकी ओर कनखियों से देखता।

पर जब कार्यक्रम समाप्त हुआ और बलराज, पिताजी के पास आए तो पिताजी ने उन्हें बाँहों में भर लिया। प्रोग्राम ने उन्हें गहरे में भावोद्वेलित किया था :

''अगर तू बम्बई में यह करने आया है, तो मुझे कोई आपत्ति नहीं।''

ऐसे कार्यक्रम 'इप्टा' प्रस्तुत कर रहा था !

1947 के जाड़ों में अहमदाबाद में 'इप्टा' का अखिल भारतीय सम्मेलन हुआ। इस अवसर पर देश-भर के 'इप्टा' के रंगकर्मी, अलग-अलग प्रदेशों से अपने-अपने कार्यक्रम लेकर आए थे। एक मंच पर विभिन्न भाषाओं में रंगारंग के कार्यक्रम देखने का सुअवसर मिला। लोकभाषाओं में, लोकनाट्य शैलियों के कार्यक्रम, साथ में नए-नए प्रयोग, बंगाल के रंगकर्मी 'जात्रा' ही नहीं चलते-फिरते छायाचित्रों का एक बिल्कुल अनूठा प्रयोगात्मक कार्यक्रम लेकर आए थे। तीन दिन तक यह उत्सव रहा जो भुलाए नहीं भूलता। सूर्य डूबते ही कार्यक्रम आरम्भ हो जाता और आधी रात के बाद तक चलता रहता। इप्टा ने अद्भुत मंच जुटाया था देश की समृद्ध

संस्कृति को एक सूत्र में पिरोने की दृष्टि से, एक नई जागरूक दृष्टि से प्रेरित। रचनात्मक ओजस्विता लिये हुए।

इस अवसर पर मेरे निर्देशन में 'भूतगाड़ी' नाटक भी खेला गया। यह वह नाटक था जिसका मूल अंग्रेज़ी पाठ बलराजजी ने कुछ वर्ष पहले मुझे शान्तिनिकेतन से भेजा था और जिसका मंचन (हिन्दुस्तानी अनुवाद से) मैंने रावलपिंडी में किया था। पर अहमदाबाद में खेलने के लिए इसे हिन्दुस्तानी जामा पहनाया गया, मतलब अनुवाद न रहकर, इसे हिन्दुस्तानी परिवेश में ढाला गया। और यह काम ख़्वाजा अहमद अब्बास के सहयोग से हुआ। अब्बास साहब को भारतीय रंग देने और चुस्त, पैने संवाद लिखने में कमाल हासिल था। और यह काम हमने इस्मत चुग़ताई के घर पर बैठकर किया था। नाटक मूल-रूप में कम्युनिस्ट विरोधी था पर अब्बास साहब ने उसे साम्प्रदायिकता विरोधी नाटक में बदल दिया। नाटक की प्रस्तुति में बलराज, ख़्वाजा अहमद अब्बास, प्रेम धवन और उसकी नवविवाहिता पत्नी, कैफ़ी आज़मी की पत्नी शौकत, मैं और शीला आदि थे। नाटक ख़ूब कामयाब रहा।

कल्पना हमारी बेटी, उन दिनों बहुत छोटी थी। उसे भी हम साथ ले गए थे। जाड़ों के दिन थे। अक्सर हम उसे अपने साथ ले जाते और स्टेज के पिछले भाग में सुला देते। सभी नाट्यकर्मियों को उसकी चिन्ता रहती। जो भी उसके पास से गुज़रता, यह सोचकर कि बच्ची को ठंड न लग रही हो अपना कोट उतारकर, या कोई और कपड़ा लेकर उस पर डाल देता। जिस शाम हम उसे घर पर छोड़ जाते उस शाम उस यूनिट के सदस्य, जिनका प्रोग्राम उस शाम नहीं होता था, उसकी देखभाल करते। स्नेहपूर्ण मैत्री और सहयोग का यह अनुभव इतना सुखद और गहरा रहा कि हम आज तक उसे याद करते हैं। पारस्परिक सद्भाव के आधार पर एक देशव्यापी, राष्ट्रीय स्तर का संगठन उभर रहा था—सभी भाषाओं के प्रति समान रूप से आदर-भाव, कोई बड़ा, कोई छोटा नहीं था, सभी एक-दूसरे की मदद करते, एक-दूसरे से सीखते, अनुभवों का आदान-प्रदान होता, परम्परागत लोक शैलियाँ अपनाते, उन्हें नए साँचों में ढालते। उदात्त सामाजिक दृष्टि जिसमें जात-पाँत, साम्प्रदायिकता आदि के लिए कोई स्थान नहीं था, देश-भर के संवेदनशील कलाकार उसके साथ जुड़ते जा रहे थे।

मैं बड़ी गर्मजोशी से 'इप्टा' में काम कर रहा था। कमाई के नाते छोटा-मोटा काम मिल जाता, कभी किसी रेडियो प्रोग्राम में, कभी कोई लेख लिखता और वह भी 'इप्टा' की सरगर्मियों के बारे में। शीला साथ में थी। उसे भी रेडियो

में छोटे-मोटे प्रोग्राम मिलते रहते। मेरी एक कहानी 'मुर्ग़ी की क़ीमत' का अंग्रेज़ी अनुवाद 'फ्री प्रेस जर्नल' अख़बार में छप गया। कभी-कभी लगता कि शायद किसी फ़िल्म में भी रोल मिल जाए, हालाँकि फ़िल्मों में जाने का मेरे अन्दर कोई उत्साह नहीं था। फिर भी, 'मुफ़्त हाथ आए तो बुरा क्या है' वाली मनःस्थिति थी। एक बार तो प्रेम धवन मुझे एक फ़िल्मी दफ़्तर में ले भी गया था, इंटरव्यू के लिए, और मुझे प्रभावशाली बना पाने के लिए मेरी ख़ाकी पतलून उतरवाकर अपनी नई फ़लालैन की पतलून पहनने को दी थी। पर काम नहीं बना था।

हाँ, एक बार तो हीरो बनने के नाके तक जा पहुँचा था।

उन दिनों 'इप्टा' के हम कुछ लोग जयन्त देसाई के स्टूडियो में एक बंगाली फ़िल्म को हिन्दी संवादों में रूपान्तरित कर रहे थे। उनमें कैफ़ी थे, अली सरदार जाफ़री की पत्नी सुल्ताना थीं, सम्भवतः दीना पाठक भी थीं, शीला और मैं थे, प्रेम धवन था। और सबसे उत्साहवर्द्धक बात यह थी कि मुझे रूपान्तरण (डबिंग) में हीरो की भूमिका में रखा गया था। काम तो नीरस था, एक-एक वाक्य को तीन-तीन बार बोलना पड़ता, चाय की तलब सारा वक़्त बनी रहती और वह मिलती दिन में केवल दो बार थी—एक बार सुबह ग्यारह बजे, दूसरी बार शाम के चार बजे—और मेरे कान सारा वक़्त प्यालों के खनकने की आवाज़ पर लगे रहते कि कब चाय मिलेगी।

तभी एक दिन बादलों में रोशनी की किरण फूटी। एक कर्मचारी ने मुझे आकर कहा कि बाहर चलिए, वीरेन्द्र साहब बुलाते हैं। वीरेन्द्र साहब जयन्त देसाई के छोटे भाई थे और डबिंगवाला काम उन्हीं के निर्देशन में चल रहा था।

मैं बाहर गया तो वीरेन्द्र साहब लॉन में खड़े मेरी राह देख रहे थे। हाथ में कैमरा था, जिस पर नज़र पड़ते ही मेरे अन्दर से आवाज़ उठी, लो काम बन गया, मैं अगली फ़िल्म के लिए चुन लिया गया !

कहने लगे :

''आइए, आपके कुछ फ़ोटो लें।''

पास में उनका छोटा बेटा भी खड़ा था।

मैंने पोज़ मारा। वीरेन्द्र साहब ने बटन दबाकर चित्र ले लिया। मैंने एक और पोज़ मारा, वीरेन्द्र साहब ने उसका भी फ़ोटो ले लिया। इस पर उनका बेटा इसरार करने लगा कि वह भी फ़ोटो खींचेगा। उसने भी पिता के हाथ से कैमरा लेकर दो-तीन फ़ोटो उतार लिये, फिर वीरेन्द्र साहब ने मेरी कमर में हाथ डाला और बेटे ने बटन दबाकर हम दोनों का साझा चित्र ले लिया।

लगभग पन्द्रह मिनट तक यह सिलसिला जारी रहा। फिर उन्होंने 'थैंक यू !' कहा, हाथ मिलाया, और मैं हवा में तैरता हुआ-सा 'डबिंग' वाले स्टूडियो में लौट आया। मेरे अन्दर पहुँचने तक 'डबिंग' के मेरे सभी साथी मुझे 'एक्स्ट्रा' नज़र आने लगे थे। पर मैंने अपने चुने जाने का राज़ किसी के सामने नहीं खोला।

उसके बाद इस इन्तज़ार में दिन गिनने लगा कि कब बुलावा आएगा, कब फ़िल्म की कहानी सुनाई जाएगी, कब मेरे रोल की चर्चा होगी और कॉन्ट्रेक्ट पर हस्ताक्षर की माँग की जाएगी। दिन पर दिन उतावली बढ़ती जा रही थी। वीरेन्द्र साहब रोज़ मिलते, पर मैं जान-बूझकर ज़िक्र नहीं करता था। उदीयमान हीरो को उतावली नहीं करनी चाहिए। धीर-गम्भीर बने रहना चाहिए।

पर जब महीना-भर बीत गया और वीरेन्द्र साहब ने मुँह नहीं खोला, तो मुझसे नहीं रहा गया। पूछ ही बैठा :

"वीरेन्द्र साहब, उन फ़ोटो-चित्रों का क्या हुआ जो आपने उस दिन लिये थे ?"

(मैंने मन-ही-मन सोच रखा था कि सीधे कॉन्ट्रेक्ट की बात नहीं करनी चाहिए।)

"हाँ-हाँ," उन्होंने सिर हिलाकर कहा, "वह कैमरा अच्छा निकला। अच्छे फ़ोटो खींचता है। कभी तुम्हें फ़ोटो दिखाऊँगा।"

वे चित्र, कैमरे की जाँच करने के लिए लिये गए थे जो वीरेन्द्र साहब अपने बेटे के लिए उसके जन्मदिन पर उपहारस्वरूप ले आए थे।

सपनों का एक महल तो इस तरह भुरभुराकर गिरा। अच्छा हुआ कि इसका ज़िक्र मैंने अपने 'इप्टा' के किसी साथी से नहीं किया था, वरना बड़ी भद्द होती।

'इप्टा' का आकर्षण बेशक अत्यधिक था, पर मैं बेरोज़गार था, मेरी बीवी थी, बच्ची थी।

एक तो शायद इसलिए कि मैं अभी तक अपने माँ-बाप के घर में सुरक्षित-सा रहता आया था, चलता घर था, अपना घर बनाने-चलाने की ओर कभी ध्यान ही नहीं गया था। उसी रौ में अब भी रह रहा था। बलराजजी के घर में न आए होते तो शायद अपनी वास्तविक स्थिति का सामना करना पड़ता। लिखने की ओर ध्यान अब भी था। पर यह विचार मन में नहीं आया था कि मैं लेखन की ओर मुख्य रूप से ध्यान दूँ। मैं कभी लेखक भी बन सकता हूँ, ऐसी कल्पना भी तब तक मेरे मन में नहीं उठी थी। उठने लगती तो बेहतर था क्योंकि तब मैं एकाग्र मन से उस ओर उन्मुख होता। शायद एक कारण यह भी रहा हो कि उन दिनों पेशेवर लेखक बनने का सवाल भी पैदा नहीं होता था। पर मैं लेखकों से दबता-झेंपता भी था। मेरी नज़र में लेखक बहुत पहुँचे हुए लोग थे, और मैं उनके बीच जा बैठने तक से कतराता था। उन्हीं दिनों बम्बई में अली सरदार जाफ़री,

कृष्ण चन्दर, साहिर लुधियानवी, ख़्वाजा अहमद अब्बास, कैफ़ी आज़मी, सआदत हसन मंटो, इस्मत चुग़ताई आदि ख़ूब लिख रहे थे, पर मैं कभी उनकी निशस्त में नहीं गया। हिम्मत ही नहीं हुई।

पर 'इप्टा' में मैं बढ़-चढ़कर भाग ले रहा था। शायद इस 'जुनून' के पीछे उस समय 'इप्टा' की सार्थकता का भी मुझे गहरा भास था। रावलपिंडी के दंगे देख चुका था। पंजाब के जलते शहर भी देख चुका था। लाहौर, जहाँ हमारी रेलगाड़ी चार घंटे तक रुकी रही थी शहालमी की ओर से आग के उठते शोले देखता रहा था। इसलिए 'इप्टा' में काम करते हुए मन को सन्तोष होता था कि मैं कोई सार्थक काम कर रहा हूँ, मात्र मनबहलावे के लिए नहीं कर रहा हूँ।

5

पर शीघ्र ही मेरी जीवन-यात्रा का काँटा बदल गया। और मैंने बम्बई से सीधा अम्बाला की राह ली जो उन दिनों पंजाब का अंग हुआ करता था।

बम्बई में मुझे एक दिन एक तार मिला। तार जसवन्तजी की ओर से था जो रावलपिंडीवाले कॉलेज में प्रिंसिपल हुआ करते थे और मेरे प्रिय अध्यापक और दमयन्ती (बलराजजी की पत्नी) के बड़े भाई थे। तार इस आशय का था कि मैं अम्बाला में कॉलेज खोल रहा हूँ, कि तुम अंग्रेज़ी के अध्यापक के रूप में चले आओ।

मैं झट से तैयार हो गया। मैंने शीला से बात की तो उसने कोई उत्साह नहीं दिखाया। उसे बम्बई में रहना ज़्यादा पसन्द था। पर मैंने निकलने की ठान ली। उसका एक कारण यह भी था कि बम्बई के जलवायु में मेरा साँस फूलने लगा था। रात को सो नहीं पाता था। तीन-चार बजे तक तो मैं हाँफता हुआ उठ बैठता था। यह रोज़ का आलम था। और फिर बिन माँगे नौकरी मिल रही थी। शीला क्या कहती। मैंने मंजूरी का तार दे दिया। मन-ही-मन कहीं

इस बात की झेंप भी रही होगी कि मैं, बिना कोई काम-धाम किए, मुफ़्तख़ोरों की तरह घर में बैठा हूँ। (कौन जाने मेरा साँस भी इसी कारण फूलने लगा हो)। रहा इप्टा का काम, वह वहाँ भी चलता रहेगा।

ज़िन्दगी का काँटा बदलते देर नहीं लगती। कौन जाने ज़िन्दगी क्या रुख़ पकड़ती अगर मैं बम्बई में ही बना रहता। उन्हीं दिनों मेरे लिए 'फ्री प्रेस जर्नल' में छः महीने की पत्रकारिता में ट्रेनिंग लेने की सम्भावना बनी थी।

पति-पत्नी के बीच कुछ निर्णय बार-बार बहस का मुद्दा बनते रहते हैं। बम्बई छोड़ने का निर्णय भी एक ऐसा ही मुद्दा हमारे बीच बार-बार बनता रहा।

"साँस फूलना तो कोई ऐसी बड़ी बात नहीं थी। जिन लोगों का साँस फूलता है, क्या वे शहर छोड़ जाते हैं ?" शीला कहा करती।

"मैं रात को सो नहीं पाता था। सुबह के तीन बजते-बजते दम घुटने लगता..."

"चेतन आनन्द को भी तो दमा की शिकायत है। क्या उसने बम्बई छोड़ दिया है ? तुम्हें मेरी परवाह नहीं थी। मेरी परवाह होती तो बम्बई में ही बने रहते।"

"तुम्हें बम्बई से क्योंकर ऐसा लगाव होने लगा ?"

"क्यों ? मैं चित्रकला सीखती। बड़ौदा पास ही तो है। मैं वहाँ कोर्स कर लेती। मैं इतना चाहती थी..."

"और बच्ची को कहाँ छोड़तीं ? कल्पना अभी डेढ़ साल की भी नहीं थी।"

"कल्पना को तुम लोग देखते। तुम दोनों भाई रखते। माताजी घर में थीं..."

"वाह जी, कल्पना को तुम छोड़ जातीं ? उसे छींक आ जाए तो तुम्हारी देह काँप जाती थी, उसे छोड़कर बड़ौदा जा बैठतीं..."

"तुम करके तो देखते। सच पूछो तो तुम्हें मेरा चित्रकला सीखना ही पसन्द नहीं था। तुम दोनों भाई 'इप्टा, इप्टा' की ही रट लगाए रहते थे..."

उस समय तो यही सही लगा था कि बड़ौदा जाने की बात बेमानी-सी है, वास्तव में शीला कभी भी वहाँ नहीं रह पाती। पर यह भी ज़रूर सच है कि हम दोनों भाइयों की नज़र में चित्रकला सीखने का कोई विशेष महत्त्व नहीं था। 'इप्टा' का काम सार्थक काम था, सोद्देश्य था जबकि चित्रकला सीखना मात्र ज़ेहनी ऐयाशी थी। ऐसा ही हम लोग उन दिनों सोचते थे।

मैं अम्बाला पहुँच गया। शीला, बच्ची को लेकर आगे धर्मशाला चली गई जहाँ उसके पिता उन दिनों पुलिस सुपरिंटेंडेंट थे। यही निश्चय हुआ कि अम्बाला में हमारा ठौर-ठिकाना बन जाने पर वह आ जाएगी।

पता चला कि कॉलेज का अपना ठौर-ठिकाना अभी तक ठीक तरह से नहीं बन पाया था। प्रिंसिपल जसवन्त राय बड़ी निष्ठा से इस काम में लगे हुए थे। फूस की छत का एक पुराना घर कॉलेज की इमारत का काम दे रहा था। उसमें से आए दिन बल खाता हुआ साँप निकलता था। कमरों के लिए लकड़ी के बेंच अभी तराशे जा रहे थे। सारा माहौल कुछ-कुछ शरणार्थी शिविर जैसा था।

पर बहुत-से पुराने साथी पहुँचे हुए थे। और सभी जसवन्तजी के शागिर्द रह चुके थे। कॉलेज में बड़ा मैत्रीपूर्ण माहौल था। प्रिंसिपल साहिब ने मुझे अपने ही घर में ठहरा लिया। घर पुराना था, पर उसके बाहर बहुत-सी ज़मीन थी जो ख़ाली पड़ी थी। उन्होंने ही एक दिन सुझाव दिया कि चाहो तो इस ख़ाली ज़मीन पर अपने लिए दो कमरे खड़े कर लो। तजवीज़ मुझे पसन्द आई। और इस पर मेरी किस्मत, कॉलेज के ही एक शातिर बढ़ई ने कहा, मैं एक हज़ार में तुम्हारे लिए दो कमरे बना दूँगा, उसमें दो कमरे ही नहीं, बरामदा भी होगा, कहोगे तो बरामदे के सिरे पर एक छोटी-सी स्टडी भी बना दूँगा। मेरी बाँछें खिल गईं और दूसरे दिन ही मेरा घर बनने लगा। मेअमार ने 'ऐरे' खोदने को ज़रूरी नहीं समझा और घर की उसारी होने लगी। लकड़ी चमकती तो बहुत थी, पर थी शायद सफ़ेदे की। अब सुना था अम्बाला में बारिश बहुत होती है, घरों के छत अक्सर ढलवाँ इसीलिए बनाए जाते हैं, पर बढ़ई ने इसे भी ज़रूरी नहीं समझा और चपटी-सपाट छत मुहैया कर दी। देखते-ही-देखते घर तैयार हो गया।

देखने में सचमुच बँगला नज़र आता था। मेरा दिल बल्लियों उछलने लगा और अब शीला और कल्पना को जल्दी ही बुला लेंगे। एक हज़ार में तो 'बँगला' बना, मैंने एक हज़ार और ख़र्च करके उसे सजा दिया। कमरों के फ़र्श पर कॉयर-मेटिंग लगवाए, रंग-रोग़न करवाया। खाट-कुर्सी-तिपाई आ गए।

मैंने इसकी कोई ख़बर शीला को नहीं दी। उसे सरप्राइज़ देना चाहता था। इस काम में मेरे दोस्त-यार भी हाथ बँटा रहे थे। जसवन्तजी मुझे अपने परिवार का सदस्य ही मानते थे।

जिस दिन शीला पहुँची, उस दिन रंगीन काग़ज़ों के फूल और लड़ियों से सारे बँगले को सजा दिया गया था। मेरा बस चलता तो कहीं से बैंड-बाजा भी बुला लेता।

शीला पर सचमुच जादू का-सा असर हुआ। और जब मैंने बताया कि यह

अपना घर है, निजी सम्पत्ति है तो वह चहक उठी। दिन ख़ूब मज़े में बीतने लगे।

बड़ा सुखद, वात्सल्यपूर्ण माहौल था। बँटवारे की पूर्ववेला और भटकन, बिखराव का-सा माहौल नहीं था। वातावरण में जैसे स्थिरता लौट आई थी। जसवन्तजी का परिवार बहुत बड़ा था, उनके भाई, भाइयों के परिवार। शाम का भोजन कर चुकने पर सभी बड़े कमरे में बैठते, हँसी-मज़ाक़ होता, मैं और शीला 'इप्टा' के गीत गा-गाकर सुनाते।

तभी मैंने कॉलेज के निकट एक हॉल में 'इप्टा' का शो भी कर डाला। एक गान मंडली तैयार की और एक जलसे में मंडली ने बहुत से गीत प्रस्तुत किए। लड़के-लड़कियों का उत्साह बढ़ा और 'इप्टा' की एक नाटक-मंडली भी तैयार हो गई।

अम्बाला से कुछ दूरी पर बहुत बड़ा शरणार्थी शिविर चल रहा था। यह वह ज़माना था जब हज़ारों की संख्या में परिवार एक-एक शिविर में रह रहे थे, जिनका अपना ठौर-ठिकाना अभी तक नहीं बन पाया था।

एक दिन, जसवन्तजी का बेटा रमेश और मैं साइकिलों पर उस शिविर को देखने जा रहे थे जब एक जगह हमने देखा कि सामने से एक बहुत बड़ी भीड़ हमारी ओर चली आ रही है। हम साइकिलों पर से उतरकर एक ओर को खड़े हो गए।

वह शरणार्थियों का हुजूम था। हाथों में घड़े, बाल्टियाँ, गागर आदि बर्तन उठाए वे पानी की खोज में निकले हुए थे। उन्हें किसी ने बताया था कि कैन्टोन्मेंट के निकट एक बड़ा कुआँ है, वे उसकी खोज में चले आ रहे थे।

उनसे दो बातें हुईं तो मेरा शरीर सिर से पाँव तक झनझना उठा। वे सब मेरे पुश्तैनी वतन भेरा की बोली बोल रहे थे। वे सब भेरा मियाणी के रहनेवाले थे। उनकी बोली दिल को छू गई। मैं भावुक हो उठा। उनकी बदहाली ने मुझे और भी ज़्यादा भावुक बना दिया।

हम लौटकर आए तो मैंने फ़ैसला कर लिया कि हम इन लोगों की दिलजोई के लिए 'इप्टा' का शो करेंगे। हो सका तो इनके शिविर में जाकर करेंगे, नहीं तो अम्बाला के ही किसी खुले मैदान में करेंगे।

मैंने तैयारी शुरू कर दी। मदद के लिए अम्बाला के डिप्टी कमिश्नर से जा मिला। हमें एक खुले मैदान में जगह मिल गई। बिजली का प्रबन्ध हो गया। माइक्रोफ़ोन मिल गया।

और शो वाले दिन शाम होते-होते दर्शक पहुँचने लगे। देखते-ही-देखते मैदान शरणार्थियों से खचाखच भर गया। और दर्शकों की भीड़ उत्तरोत्तर बढ़ती जा रही थी। मैंने इतनी बड़ी भीड़ 'इप्टा' के किसी भी शो पर पहले नहीं देखी थी। मैं

घबरा गया। दर्शक जोक-दर-जोक आते जा रहे थे। लम्बी दूरी तय करके आए थे, इस उम्मीद पर कि 'मंडुवा' देखेंगे।

हम घबराए इसलिए कि जो कार्यक्रम हमने तैयार किया था--कुछ गीत, एक एकांकी नाटक, दो-तीन नृत्य और बस--वह तो घंटे-भर में ख़त्म हो जाएगा, और यह भीड़--?

अब क्या हो ? अँधेरा उतर रहा था फिर भी शरणार्थियों की टोलियाँ आती जा रही थीं। प्रोग्राम शुरू हुआ। पहले देशभक्ति के गीत गाये गए।

मेरी जन्मभूमि, प्यारी जन्मभूमि...

और उसके बाद

जागा रे जागा, सारा संसार

दोनों गीत ख़ूब जमे। पर दस मिनट में ख़त्म हो गए। उसके बाद :

सारे जहाँ से अच्छा, हिन्दोस्ताँ हमारा

यह गीत अभी भारत में क़ौमी गीत के रूप में ही गाया जाता था। वह भी अच्छा रहा।

उसके बाद हम हिन्दू-मुस्लिम एकता के गीत गाने लगे। उनमें भी बड़ा दर्द था, बड़े प्रभावशाली गए। हालाँकि लुटे-पिटे बेघर लोगों के सामने इस गीत को गाने में अब कोई तुक नहीं थी।

सुनो हिन्द के रहनेवालो,
सुनो, सुनो !
ये किन बच्चों की चीख़ें हैं
किस दुखिया माँ की आहें हैं,
किस बेवा दुल्हन की
ख़ामोश निगाहें हैं ?
हम हिन्दू हैं
हम मुस्लिम हैं
हम सब गुलाम, सब दुखियारे,
सब एक ही बिपदा के मारे
बन्द करो ! बन्द करो यह ख़ून की होली बन्द करो !
बस्ती-बस्ती मौत का डेरा

गली-गली श्मशान
धरती लहू-लुहान है सारी
धरती लहू-लुहान !
आदि-आदि।

पर जब हम सियासी गीत गाने लगे, जैसे शैलेन्द्र कृत यह गीत :

"लीडरो न गाओ गीत रामराज का
इस स्वराज्य का
क्या हुआ किसान कामगार राज का ?
तुम बदल गए हो अब बदल गई हवा
भेद खुल गया
भेद खुल गया, यह बात साफ़ बात है
एक साथ है क़दम, जहान साथ है..."

तो श्रोताओं पर इसका कोई असर होता नज़र नहीं आया। न ही कोई प्रतिक्रिया दिखाई दी। मैं स्वयं अटपटा-सा महसूस करने लगा। यह गीत भी इन बेघर शरणार्थियों के सामने गाया जानेवाला नहीं था। इनके सामने तो ऐसे गीत प्रस्तुत किए जाते जो इनकी हिम्मत बढ़ाते, इनके धैर्य की, इनकी कर्मठता को प्रोत्साहित करते। यह अवसर नेहरू सरकार की कड़ी आलोचना करने का नहीं था। ऐसा मैंने महसूस किया। श्रोता, कुछ हैरान-से गीत को सुनते रहे पर मुझे लगा जैसे उनके पल्ले कुछ नहीं पड़ रहा है, और यदि पड़ रहा है तो वे दिग्भ्रमित-सा महसूस कर रहे हैं।

उसके बाद नाटक खेला गया। वह भी 'इप्टा' का चहेता नाटक था जो उन दिनों बम्बई में खेला जा रहा था। नाम था 'सड़क के किनारे'। वह किसी पाश्चात्य नाटक का रूपान्तर था जिसमें एक बेरोज़गार युवक की दारुण स्थिति का चित्रण था। पहले अपनी किस्मत पर रोवो, फिर मंडुवे में आकर दूसरे की किस्मत पर रोवो। मुझे झेंप होने लगी। यह मैं क्या कर बैठा ? मुझे यह क्यों नहीं सूझा कि यह नाटक इस मौक़े के लिए नहीं है। शहरी दर्शकों के लिए, नुक्कड़ नाटक के रूप में सम्भवतः फिर भी चल जाता, पर शरणार्थी दर्शकों के लिए सर्वथा अनुपयुक्त था। बड़ा अवसादपूर्ण नाटक था, कहीं से भी आशा की किरण फूटती नज़र नहीं आती थी।

छोटे क़स्बों के हमारे लोग एकांकी नाटक देखने के अभ्यस्त नहीं हैं, उन्हें तो भरे-पूरे, घंटों चलनेवाले कार्यक्रमों, नाच-गाने में मज़ा आता है, जिनमें गीत-संगीत

भी हो, भाव-विभोर करनेवाले संवाद भी हों, हँसी-मज़ाक़ भी हो, भड़ैंत भी हो।

हमारा कार्यक्रम डेढ़ घंटे में समाप्त हो गया। दर्शक अभी भी आ रहे थे। हमें एक ही बात सूझी कि कुछ गीत बार-बार दोहराते जाओ, कुछ नृत्य भी, साथ-ही-साथ हम ढूँढ़ने लगे कि स्थानीय कॉलेज का कोई छात्र ग़ज़ल गा सकता हो, नक़ल उतार सकता हो, मसख़रियाँ कर सकता हो, आए और अपना हुनर दिखाए। फिर, दो-एक तकरीरें करवा दीं जिनमें शरणार्थियों की हिम्मत और सहनशीलता की प्रशंसा की गई, आदि आदि। हम लोग ढूँढ़ते रहे कि कोई 'हीर' गानेवाला मिल जाए तो 'हीर' के पद सुनवा दें।

उन दर्शकों के लिए हमारा कार्यक्रम इसलिए भी अटपटा था कि उसका 'जामा' शहरी था। क़स्बे के लोगों के बीच खेलने के लिए उनकी दिलचस्पी, उनके सौन्दर्यबोध को ध्यान में रखना नितान्त आवश्यक है। महाराष्ट्र में 'पवाड़ा' इसलिए लोकप्रिय है कि वह क़स्बई परम्परा की चीज़ है, हर कोई उससे परिचित है, घंटों तक चलता रहे तो भी दर्शक उसमें रस लेता रहेगा। महाराष्ट्र में 'इप्टा' की लोकप्रियता का एक कारण यह भी था कि परम्परागत लोक-शैली को बड़ी ख़ूबी से अपनाया गया था, शैली जानी-मानी थी और उसमें भरा जानेवाला कथ्य अपने काल की विसंगतियों, परेशानियों, आकांक्षाओं को वाणी देता था। हमारे लिए यह नितान्त आवश्यक था कि हम अपने दर्शकों की स्थिति, उनकी रुचि, उनकी मनोदशा, उनकी अपेक्षाओं की ओर ध्यान देते हुए उनके लिए प्रेरणाप्रद प्रोग्राम तैयार करते। पर ऐसा नहीं हो पाया। हम वही प्रोग्राम यहाँ दोहरा रहे थे जो बम्बई में करते थे। कुछेक गीतों को छोड़कर प्रोग्राम स्थिति के अनुरूप नहीं था। फिर भी जैसे-तैसे हम किसी हद तक उन्हें आश्वस्त कर पाए।

फिर, आज़ादी के बाद 'इप्टा' की नीति और कार्यक्रमों में बहुत बड़ा परिवर्तन आने लगा था जिसने, मेरी दृष्टि अनुसार 'इप्टा' की कमर तोड़ दी। अभी तक 'इप्टा' विशाल सांस्कृतिक जनान्दोलन का रूप लिये हुए था, राष्ट्रव्यापी महत्त्वाकांक्षाओं को वाणी देता था। पर अब, राजनीतिक स्तर पर वह कम्युनिस्ट पार्टी की नई नीति का वाहक बनने लगा था। इस नई नीति के अनुसार, नेहरू सरकार की नीतियाँ जन-विरोधी समझी जा रही थीं, इसलिए 'इप्टा' के कार्यक्रमों में नेहरू सरकार की कटु आलोचना की जाने लगी थी बल्कि उसकी खिल्ली भी उड़ाई जाने लगी थी।

अब, 'इप्टा' में ऐसे कलाकार भी थे जो नेहरू सरकार की कटु आलोचना का समर्थन नहीं करते थे। उनमें से कुछेक तो 'इप्टा' के संस्थापकों में से थे, जैसे ख़्वाजा अहमद अब्बास। ऐसे कार्यकर्ताओं को हाशिए पर डाला जाने लगा था। 'इप्टा' के कार्यकलाप में तंगनज़री आने लगी। यह बड़ा दुर्भाग्यपूर्ण था। कुछ

भी कहो, सांस्कृतिक क्षेत्र राजनीतिक क्षेत्र नहीं होता, वह हर आए दिन बदलनेवाली राजनीतिक नीतियों का वाहक नहीं बन सकता। 'इप्टा' हमारी बहुमुखी, जनतन्त्रात्मक राष्ट्रीय चेतना का वाहक था, उसे व्यक्त करता था, उसका यह स्वरूप बराबर बने रहना चाहिए था। नेहरू सरकार की नीतियों की आलोचना भले ही की जाती, पर उसे 'इप्टा' के कार्यक्रमों का एकमात्र मुद्दा बना देना बहुत बड़ी भूल थी। इससे 'इप्टा' के कार्यक्रमों में तंगनज़री आने लगी। यही नहीं, 'इप्टा' के ही कार्यकर्ता एक-दूसरे की मीन-मेख निकालने लगे, कौन उनके बीच संशोधनवादी है, कौन सुधारवादी है। जबकि लगभग सभी मध्यवर्ग से आए थे। कुछ सक्रिय कार्यकर्ताओं को तो इसी आधार पर निकाल भी दिया गया। जो लहर देशव्यापी सांस्कृतिक आन्दोलन का रूप ले रही थी और देश की सांस्कृतिक एकजुटता को मज़बूत बना रही थी उसमें गतिरोध पैदा हो गया।

अम्बाला पहुँचने पर, मैं पहली बार किसी पक्की नौकरी में काम करने लगा था, बँधी-बँधाई मासिक आयवाली नौकरी। और तभी नौकरीपेशा कॉलेज के अध्यापकों के जीवनयापन की वास्तविक स्थिति की जानकारी भी मिलने लगी।

देश के बँटवारे के बाद शरणार्थियों के रेले यहाँ भी पहुँचे थे, यहाँ भी स्कूलों-कॉलेजों के अध्यापक नौकरियाँ ढूँढ़ रहे थे, रहने के लिए घर ढूँढ़ रहे थे। कॉलेज के अध्यापकों की स्थिति सचमुच सन्तोषजनक नहीं थी। यह विस्थापित अध्यापकों की ही बात न थी, पहले से काम करनेवाले अध्यापकों के भी न तो बँधे-बँधाए ग्रेड थे, न वक़्त पर तनख़्वाहें मिलती थीं, बड़ी संख्या में वे दड़बों में रह रहे थे, और उन्हें किसी प्रकार की सुविधाएँ भी उपलब्ध नहीं थीं।

ज़ाहिर है इस कारण उनमें बेचैनी पाई जाती थी। अम्बाला में उस समय दो कॉलेज थे, एक छावनी में, सनातन धर्म कॉलेज और दूसरा शहर में, डी.ए.वी. कॉलेज। जो कॉलेज जसवन्तजी ने खोला था वह गांधी मेमोरियल नेशनल कॉलेज कहलाता था और छावनी में था।

हमारे कॉलेज के अध्यापकों ने यूनियन बनाई और अम्बाला के अन्य कॉलेजों के अध्यापकों से भी आग्रह किया कि वे भी अपने-अपने कॉलेज में यूनियनें बनाएँ। धीरे-धीरे इस प्रकार की पहलक़दमी पंजाब के हर शहर में ली जाने लगी। और मैं इस काम में सक्रिय हो गया। पढ़ाने के साथ-साथ यूनियन का काम करने लगा। मुझे अपने कॉलेज की यूनियन का और बाद में अम्बाला के सभी कॉलेजों की साझी यूनियन का सेक्रेटरी चुन लिया गया। मैं मीटिंगें करने लगा, रिपोर्टें लिखने लगा। ज़िन्दगी का ढर्रा तेज़ी से बदलने लगा।

कुछ समय बाद पंजाब के (उस समय अम्बाला पंजाब का ही अंग था) लगभग प्रत्येक शहर में इस प्रकार की साझी यूनियनें बन गईं। तभी प्रदेश के स्तर पर

कॉलेज टीचर्स यूनियन बनी और जब उसका अधिवेशन हुआ तो मुझे जनरल सेक्रेटरी चुन लिया गया।

शीला ने इस नए उलझनोंवाले काम में मेरा विरोध तो नहीं किया, पर इतना बार-बार कहती रहीं कि उतना काम सिर पर लो जिसे सुभीते से निभा सको, और तुम्हारा पारिवारिक जीवन भी बना रहे। पर नई यूनियन थी, और पंजाब बहुत बड़ा प्रान्त था, तब हिमाचल और हरियाणा अलग प्रान्त नहीं बने थे। एक ओर चिट्ठी-पत्री, दूसरी ओर कभी एक शहर से दूसरे शहर की यात्रा, फिर मीटिंगें, फिर रिपोर्टें टाइप करना और इस पर तुर्रा यह कि मुझे सुचारु व्यवस्थित ढंग से काम करना नहीं आता था। शाम को बाहर से लौटता तो रिपोर्टें टाइप करने बैठ जाता। सुबह-सवेरे शीला और बच्ची उठकर आते तो मुझे टाइपराइटर के सामने बैठा देखते। एक दिन तो शीला को ऐसा गुस्सा आया कि मेरी सारी-की-सारी टाइपशुदा रिपोर्ट उठाकर फाड़ दी। पारिवारिक जीवन में कोई सन्तुलन नहीं रह गया था। एक बार तो विकट-सी स्थिति पैदा हो गई। शीला बाहर से लौटी तो कमरे में यूनियन के पदाधिकारी मेम्बरों की मीटिंग चल रही थी। हम लोग हड़ताल करने के बारे में विचार कर रहे थे। शीला के अन्दर आ जाने पर सभी लोग सहसा चुप हो गए। शीला को लगा जैसे हम लोग उससे छिपाकर किसी बात की चर्चा कर रहे हैं। शीला को तो आग लग गई। चिल्लाकर बोली :

"आज से आप लोगों की मीटिंगें मेरे घर में नहीं होंगी। अगर मुझसे भी छिपाकर आपको बात करना है तो ये मीटिंगें यहाँ पर नहीं होंगी।...क्या मेरा यह काम है कि आप लोगों के लिए चाय बना-बनाकर भेजूँ, और आप मेरे अन्दर आने पर मुँह बन्द कर लें ? नहीं होंगी आपकी मीटिंगें यहाँ पर...।"

यूनियन के कार्यकर्ता भौंचक-से रह गए।

मैं क्योंकर यूनियन का काम करने लगा था ? क्या मैं अपने आपसे भाग रहा था ? क्या मैं अपनी पारिवारिक ज़िम्मेदारियों से मुँह चुरा रहा था ? मैं अत्यधिक उत्साही इस दिशा में क्यों बन रहा था ? मुझे याद है, एक दिन जब घर में कुछ लोगों ने शाम को सिनेमा देखने का प्रोग्राम बनाया, और मैंने भी कहा कि मैं वक़्त पर पहुँच जाऊँगा। पर शाम होने पर जब मैंने शीला से कहा कि मैं नहीं जा पाऊँगा, तुम रमेश आदि के साथ चली जाओ तो वह बहुत बिगड़ी थी।

यों मेरा यूनियन के काम में दिलचस्पी लेना कोई असामान्य बात नहीं थी। मेरे साथ काम करनेवाले अन्य अध्यापक भी बड़ी गर्मजोशी से काम कर रहे थे। और यह मेरे तत्कालीन व्यवसाय से जुड़ा हुआ काम था। इससे पहले मैं कांग्रेस में भी और दंगों के बाद रिलीफ़ कैम्प में भी काम करता रहा था। इस काम को भी दायित्व समझकर ही कर रहा था।

एक और कारण भी रहा होगा। कुछ वर्ष पहले, रावलपिंडी में, आर्य स्कूल के अध्यापकों ने अपनी तनख़्वाहें बढ़वाने की माँग की थी। मेरे पिताजी अन्तरंग सभा के सदस्य थे। अध्यापकों ने यह सोचकर कि मैं अपने पिताजी के सामने उनकी वकालत कर सकूँगा, अपनी माँगों का ब्योरा मुझे दिया था। और मैं यह देखकर हैरान रह गया था कि प्राइमरी स्कूल के टीचरों की तनख़्वाहें ग्यारह या बारह रुपए प्रतिमास से अधिक नहीं थीं। उनमें से अनेक मेरे अध्यापक रह चुके थे। मैंने, जहाँ तक मुझसे बन पड़ा उनकी मदद की थी।

ख़ैर, तो यूनियन का काम चलता रहा और प्रादेशिक स्तर पर यूनियन की माँगें उठाई जाने लगीं। उन दिनों 'ट्रिब्यून' अख़बार अम्बाला से निकला करता था। उसके माध्यम से भी हमारी यूनियन का ख़ूब प्रचार होने लगा। उसमें एकजुटता आ गई। तभी यूनियन ने एक दिन की अलामती हड़ताल का नारा दिया। और, मुझे याद है, मैं अपने साथियों के साथ, इस अलामती हड़ताल के इश्तहार अम्बाला नगर की दीवारों पर लगाता फिर रहा था।

अलामती हड़ताल कामयाब हुई, अध्यापकों के ग्रेडों का सवाल अहमियत पकड़ने लगा जो कॉलेजों के प्रबन्धकों को पसन्द नहीं था, किसी भी कॉलेज की गवर्निंग बॉडी इस हक़ में नहीं थी कि ग्रेडों से सम्बन्धित हमारी माँगों को मंजूरी दी जाए।

हमारा आन्दोलन चल ही रहा था जब मैं अपना बायाँ बाजू तुड़वा बैठा। बरसात के दिन थे और कुछ दिन से बड़ी तेज़ बारिश होती रही थी। मेरा, चपटी छतवाला न्यारा बँगला बुरी तरह से चूने लगा था। छत टपकती ही नहीं रही थी, उसमें बहुत बड़ा सूराख़ हो गया था और पानी एक परनाले की तरह घर के अन्दर बहने लगा था। मैंने उस सूराख़ को बन्द करने के लिए छत पर जाने का दुस्साहस किया, और बुरी तरह से नीचे गिर पड़ा, जिससे बाएँ बाज़ू की कोहनी टूट गई।

शीला के पिताजी उन दिनों शिमला में नियुक्त थे। वह मुझे शिमला ले गए और अस्पताल में दाखिल करवा दिया। कॉलेज में उन दिनों छुट्टियाँ थीं। मेरा इलाज चलता रहा। मेरा बाजू अभी पलस्तर में था जब 'इप्टा' के मेरे कुछ उत्साही सहकर्मियों ने सुझाव दिया कि इप्टा के नाटक 'कुर्सी' का मंचन शिमला में करें। हम उसकी तैयारी में लग गए। यह नाटक नेहरू सरकार की कड़ी आलोचना करता था, और नाटक के नाते बम्बई में बड़ा कामयाब रहा था। तीनेक सप्ताह तैयारी में निकल गए। काली बाड़ी के हॉल में हमने तीन दिन तक नाटक खेला। नाटक ख़ूब कामयाब रहा, पर तीसरे दिन के शो पर पुलिस पहुँची हुई थी। और हमारे कुछ नाट्यकर्मी घबरा गए थे। कुछेक ने तो अल्टीमेटम भी दे दिया कि यदि अमुक, सरकार विरोधी गीत गाया गया तो वे नाटक में भाग नहीं लेंगे। शीला भी नाटक

में भाग ले रही थी।

अभी पर्दा नहीं उठा था जब शीला के पिताजी ने एक बड़ी हृदयस्पर्शी बात की। उन्होंने रंगकर्मियों के लिए लड्डुओं का एक थाल भेज दिया। साथ में शीला को सन्देश भेजा कि डरने-घबराने की ऐसी कोई बात नहीं।

पर्दा उठा, नाटक खेला गया। उस आपत्तिजनक गीत में से हमने एकाध पंक्ति काट दी, साथ ही प्रमुख पात्र के सिर पर से गांधी टोपी हटा दी, बाक़ी सब वैसा-का-वैसा ही रहा, और नाटक का मंचन हो गया।

उस समय तो कुछ नहीं हुआ पर पुलिस हमारे पीछे पड़ गई। हमने सोचा था कि यह नाटक जगह-जगह खेलेंगे। पर पुलिस ने बन्दिश लगा दी।

क़िस्सा अभी ख़त्म नहीं हुआ था जब कॉलेज की नौकरी से मुझे छुट्टी मिल गई। मैं रिक्शा में बैठा एक दिन प्रातः अपना बाज़ू दिखाने अस्पताल की ओर जा रहा था जब सड़क पर एक परिचित सज्जन ने जिसके हाथ में उस दिन का अख़बार था, मुझे यह सूचना दे दी कि मुझे नौकरी से बर्ख़ास्त कर दिया गया है।

कम्युनिस्ट पार्टी के साथ मेरा सम्बन्ध, मेरी सरगर्मियों के अनुरूप ही था। 'इप्टा', कॉलेज के अध्यापकों की यूनियन तथा प्रगतिशील लेखक संघ, यही तीन इदारे थे जिनमें, एक के बाद एक, मैं सक्रिय रहा था। इप्टा के साथ 1946 से 1950 तक, अध्यापकों की यूनियन के साथ 1948 से 1950 तक और प्रगतिशील लेखक संघ के साथ 1976 से 1986 तक। प्रगतिशील लेखक संघ का दौर सबसे लम्बा रहा और इस दौरान पार्टी का निर्देशन सबसे कम रहा।

जिन दिनों मैं किसी क्षेत्र में सक्रिय होता, तो मैं पार्टी का सदस्य क़रार दिया जाता था। पर सक्रियता समाप्त हो जाने पर मेरी सदस्यता भी नाममात्र ही रह जाती। इस तरह पार्टी के कार्यकलाप को नज़दीक से देखने-जानने का मुझे अवसर नहीं मिला। मैं किन्हीं निष्कर्षों तक पहुँचा तो अपने ही अनुभवों के आधार पर। और उनकी चर्चा मैं यहाँ ज़रूर करना चाहता हूँ।

कम्युनिस्ट विचारधारा से प्रभावित व्यक्ति की दृष्टि निश्चय ही सामाजिक स्तर पर अधिक स्पष्ट और सटीक होती है। वह साम्प्रदायिक नहीं होता, जातिभेद में विश्वास नहीं रखता, न रंगभेद में। हमारे समाज में, इस दृष्टि से सबसे विश्वसनीय लोग वाम विचारधारा को माननेवाले लोग रहे हैं--और आज भी हैं। उनकी मानसिकता जनजीवन से जुड़ने की मानसिकता होती है। उनके लिए आर्थिक-सामाजिक सरगर्मियों को आँकने की मुख्यतः एक ही कसौटी होती है कि वह मेहनतकश जनता के हित में है या नहीं है। उनके चिन्तन का धरातल ही जनहित होता है। इसमें उनकी गहरी निष्ठा होती है।

उनकी इस निष्ठा के अनुरूप ही उनकी सोच होगी। कम्युनिस्ट विचारधारा में विश्वास करनेवाले लोग, स्वार्थ हित को प्राथमिकता नहीं देते। धनलोलुप नहीं होते। आमतौर पर कम्युनिस्ट कार्यकर्ता बड़ी सादा और संयम की ज़िन्दगी गुज़ारते हैं। ऐसा मैंने देखा है। आज के माहौल में भी भ्रष्टाचार का दोष कम्युनिस्ट कार्यकर्ताओं अथवा नेताओं पर नहीं लगाया जा सकता। पश्चिम बंगाल में पिछले 26 साल से मिली-जुली वामपन्थी सरकार चल रही है। वहाँ न तो साम्प्रदायिक दंगे होते हैं, न ही भ्रष्टाचार के संगीन मामले। कुछ तो है जो उस प्रादेशिक सरकार को अन्य प्रादेशिक सरकारों से अलग करता है।

पर जहाँ मुझे त्रुटियाँ नज़र आईं, उनकी चर्चा मैं अपने अनुभव के आधार पर ज़रूर करना चाहता हूँ।

पहला कटु अनुभव तो इप्टा के कार्यकलाप को लेकर हुआ—जब 1947-48 में सहसा ही कम्युनिस्ट पार्टी की नीति बदल जाने पर इप्टा की कार्यनीति भी बदल दी गई। आज़ादी के पहले इप्टा उस विशाल देशव्यापी जनान्दोलन से जुड़ता था जो देश की आज़ादी के लिए संघर्ष कर रहा था—तथा एक न्यायसंगत, समानता पर आधारित समाज-व्यवस्था का प्रचार-प्रसार कर रहा था। नीति बदल जाने के बाद जब नेहरू सरकार की नीतियों की कटु आलोचना की जाने लगी तो उसके साथ-ही-साथ उन कार्यकर्ताओं को भी हाशिए पर डाला जाने लगा जो नेहरू की नीतियों के समर्थक रहे थे। ख्वाजा अहमद अब्बास नेहरू समर्थक थे पर वह इप्टा के मूल संस्थापकों में से भी थे और इप्टा के सरगर्म नेता रहे थे। इस तरह इप्टा के कार्यकलाप में तंगनज़री आई। इप्टा को उसकी व्यापक, जनतन्त्रात्मक ज़मीन पर बने रहने देना चाहिए था। इप्टा के स्टेज पर से भले ही नेहरू सरकार की नीतियों की कटु आलोचना की जाती, पर उसे एकमात्र मुद्दा बना देना ग़लत था। इप्टा के स्टेज पर अनेक विषयों को केन्द्र में रखकर नाटक खेले जाते थे—रंगभेद, साम्प्रदायिकता, स्त्रियों की स्थिति, आदि। सभी क्षेत्रों में तो आप नेहरू की नीतियों की आलोचना नहीं कर रहे थे। इप्टा एक व्यापक जनतन्त्रात्मक मंच था, उसकी दृष्टि भविष्योन्मुखी, प्रगतिशील थी। इप्टा का खुला मंच बने रहना नितान्त आवश्यक था, व्यापक, बहुआयामी। आपने उसे ज़रूरत से ज़्यादा राजनीतिक रंग दे दिया। इतना ही नहीं, उसकी सदस्यता अपने राजनीतिक समर्थकों तक सीमित कर दी। इससे एक व्यापक सांस्कृतिक आन्दोलन, जो एक प्रबल लहर की तरह उठा था, देखते ही देखते क्षीण पड़ गया।

शिमला में हमने 'कुर्सी' नामक नाटक खेला। नाटक बड़ा कामयाब रहा, तीन दिन तक चला। नेहरू सरकार की खिल्ली तो उड़ाई गई थी पर नाटक के नाते, उसका व्यंग्य-विनोद, पैने संवाद, संगीत आदि बड़े रोचक रहे थे।

पर नाटक के बाद, एक दिन सुबह जब मैं नाटक की कामयाबी पर बड़ा ख़ुश था, कि मेरी जवाबतलबी हो गई। एक सज्जन आए, मुझे एक ओर ले जाकर कहने लगे, "तुमने कल, नाटक के मंचन में जो तब्दीलियाँ की थीं, वे सुधारवादी तब्दीलियाँ थीं। ऐसा तुमने क्यों किया ?"

मैं चौंका, मैंने तब्दीलियाँ ज़रूर की थीं, परन्तु ये तब्दीलियाँ मुझे नाटक के आख़िरी दिन, मजबूरी में करनी पड़ी थीं। पहले दो दिन नाटक अपने मूल रूप में ही खेला गया था। एक तब्दीली तो महत्त्वपूर्ण थी। प्रहसन के एक सीन में केन्द्रीय पात्र जब सिर पर से अपना टोप उतारता है तो नीचे उसने गांधी टोपी पहन रखी है। मतलब कि कांग्रेस सरकार अभी भी ब्रिटिश सरकार की नीतियों पर चल रही है--एक तब्दीली तो यह थी। दूसरी तब्दीली, मैंने एक गीत में एक पंक्ति कटवा दी थी जिसमें नेहरू सरकार को सीधा ललकारा गया था। वह पंक्ति स्वयं भी मुझे आपत्तिजनक लगी थी, क्योंकि उसमें हिंसा की भनक थी।

अब क़िस्सा यह था कि पहले दो दिन तो नाटक बिना किसी तब्दीली के खेला गया था, पर तीसरे दिन पुलिस पहुँच गई थी, पुलिस को देखकर हमारे दो-तीन युवा अदाकार घबरा गए थे। और उन्होंने हठ किया था कि वे नाटक नहीं खेलेंगे यदि उस गीत में से पंक्तियाँ नहीं निकाली गईं। जहाँ कुछ लड़के अपनी जगह हठ कर रहे थे वहाँ एक लड़की—और वह मेरी भानजी थी--इस बात पर हठ कर रही थी कि वह सारे का सारा गीत ज़रूर गाएगी। उधर पर्दा उठने में केवल पाँच मिनट रह गए थे। मैंने सोच-समझकर यही ठीक समझा कि गीत में से एक मिसरा निकाल दूँ और गांधी टोपी को हटा दूँ जिससे व्यंग्य का डंक तो ज़रूर कमज़ोर पड़ता था पर नाटक के संवाद फिर भी नाटक का व्यंग्यात्मक लक्ष्य स्पष्ट कर देते थे, और हम पुलिस की गिरफ़्त में भी आने से बचते थे।

"आपने किससे पूछकर ये तब्दीलियाँ की थीं ?"

"मैंने मंचन की स्थिति को देखकर ये तब्दीलियाँ की थीं।"

"ये तब्दीलियाँ Right reformist तर्ज़ की हैं।"

"नाटक के संवाद तो ज्यों-के-त्यों बने रहे।

नाटक के व्यंग्य का लक्ष्य तो वैसे का वैसा बना रहा।"

पर मेरे प्रश्नकर्ता सन्तुष्ट नहीं हुए। लगभग एक घंटे तक वह मेरी खिंचाई करते रहे।

एक तो यह क़िस्सा मुझे याद आता है। मुझे डर कि वह मेरी शिकायत करेंगे और मेरी जवाबतलबी होगी। पर उन दिनों एक-दूसरे मामले में उनकी अपनी जवाबतलबी चल रही थी। मुमकिन है मेरी ओर किसी ने ध्यान न दिया हो या मेरे 'सुधारवादी' रवैए को संगीन जुर्म न समझा गया हो। बहरहाल मेरे दिल में

कुछ दिन तक ज़रूर ख़दशा बना रहा था।

एक तो यह क़िस्सा हुआ।

दूसरा अध्यापकों की यूनियन को लेकर हुआ। यूनियन बड़े प्रभावशाली ढंग से काम कर रही थी। मेरे साथियों में अनेक बड़े कर्मठ और उत्साही सहयोगी थे—ओ.पी. मोहन, द्वारका दास नरूला, नरेश कँवर आदि।

यूनियन के कार्यकलाप में हमें अंग्रेज़ी के दैनिक समाचार-पत्र 'ट्रिब्यून' से बड़ा सहयोग मिलता। उन दिनों 'ट्रिब्यून' के कार्यालय में श्री सूद नाम के एक सज्जन उपसम्पादक हुआ करते थे। वह हमारे संगठन की बड़ी मदद करते। वह स्वयं कुछ समय पहले तक कॉलेज के लेक्चरर रह चुके थे और उन्हें अध्यापकों के साथ गहरी और सच्ची हमदर्दी थी। इस तरह वह न केवल हमारे प्रस्ताव और बयान और सूचनाएँ तत्परता से छाप देते, बल्कि हर आए दिन हमारी माँगों को लेकर सम्पादकीय भी लिख दिया करते थे। और 'ट्रिब्यून' प्रान्त-भर में पढ़ा जानेवाला समाचार-पत्र था। निश्चय ही उनके योगदान से हमारी यूनियन की प्रतिष्ठा और प्रभाव ख़ूब बढ़ रहे थे और उसे एकबद्ध करने में बड़ी मदद मिल रही थी।

कुछ समय बाद यूनिवर्सिटी सेनेट के चुनाव आ पहुँचे। एक बार मिलने पर सूद साहब ने इच्छा व्यक्त की कि उस चुनाव में यदि अध्यापकों की यूनियन उन्हें अपना उम्मीदवार बनाए तो वह चुनाव के लिए खड़े होना चाहेंगे।

मुझे उनका सुझाव बड़ा सही लगा था। यूनियन को इससे लाभ-ही-लाभ था। इससे अध्यापकों को अपनी आवाज़ उठाने का एक और फ़ोरम मिल जाएगा।

उसके शीघ्र ही बाद एक दुर्घटना में मेरे बाएँ बाज़ू की हड्डी टूट गई और मुझे इलाज के लिए शिमला जाना पड़ा। पर केवल हड्डी ही नहीं टूटी, मुझे उन्हीं दिनों, नौकरी से भी बर्खास्त कर दिया गया। लगभग एक महीना बाद जब मैं अम्बाला लौटा तो पार्टी की ओर से हुक्मनामा मिला कि चुनाव में तुम स्वयं अध्यापकों के प्रतिनिधि के रूप में लड़ोगे।

मुझे धक्का लगा। यह फ़ैसला बिना स्थिति को समझे, बिना हम लोगों के साथ विचार-विमर्श किए, किया गया था। नौकरी के बर्खास्त कर दिए जाने पर मेरी स्थिति बदल गई थी। अध्यापकों के प्रतिनिधि के नाते मेरी स्थिति कमज़ोर पड़ गई थी। उधर मैं अस्वस्थ था। मुझसे न पूछते, अध्यापकों की कार्यकारिणी से तो पूछते। उन दिनों हुक्मनामे आकाशवाणी की तरह आते थे।

मैं क्या करता, वोटरों की सूची बग़ल में दबाए, वोट माँगने निकल पड़ा। उधर बाज़ू पर पलस्तर चढ़ा हुआ था, शरीर दुबलाया हुआ। मैं फड़का हाथ में लिये कभी लुधियाना जा रहा हूँ, कभी अमृतसर, कभी जालन्धर। नतीजा वही

हुआ जिसकी मुझे उम्मीद थी। नौकरी से निकाले हुए अध्यापक को भला कौन अपना उम्मीदवार बनाता है। चुनाव में मुझे मुँह की खानी पड़ी।

पर मुझे इसका इतना खेद नहीं था जितना इस बात का कि यूनियन ने एक अच्छा सहायक खो दिया। सूद साहब को भी इस बात से बड़ी रंजिश हुई थी।

कम्युनिस्ट पार्टी का प्रभावक्षेत्र नहीं फैला है तो इसका एक कारण यह भी है। उसके कार्यकलाप में ज़्यादा खुलापन होना चाहिए था। यह बचकानापन था, जो छोटे-छोटे नेता, पर्दे के पीछे बैठे हुक्म चला रहे थे। वह भी मेरे जैसे ही अधकचरी समझ के लोग थे। विरले ही कोई गहरी सूझ-बूझवाला जानकार रहा होगा। इस तरह का संचालन आस्था और उत्साह पैदा करने की जगह तंगनज़री और संशय पैदा करता है। चाहिए तो यह था कि वामपन्थी विचारधारा से प्रभावित लोगों का एक खुला मंच सारा वक़्त बना रहता जिस पर सारा वक़्त खुलकर विचार-विमर्श चलता रहता। इससे बहुत से मुद्दे स्पष्ट होते, लोगों का उत्साह बढ़ता, पर ऐसा नहीं हुआ और आज तक नहीं हुआ।

कुछ दिन तक शिमला में रहने के बाद मैं अम्बाला लौट आया। शीला शिमला में ही रही।

यूनियन के मेरे सहकर्मियों ने मेरे मामले को ज़रूर पूरी हमदर्दी से उठाया, कुछ समय तक मीटिंगें आदि भी होती रहीं पर कुछ बना-बनाया नहीं।

अब मैं सड़क पर था।

मेरी स्थिति अनूठी-सी थी। मैं यूनियन का काम तो अभी भी कर रहा था, पर बिना किसी कॉलेज में नौकरी किए। यह चल नहीं सकता था। मेरे लिए यह ज़रूरी था कि कहीं नौकरी मिले। चुनांचे मैं यूनियन का काम भी कर रहा था और जगह-जगह नौकरी भी ढूँढ़ रहा था। पर अब कहीं नौकरी मिल ही नहीं रही थी। कॉलेजों के प्रबन्धक सतर्क हो गए थे। इस दौरान जेब के पैसे भी ख़त्म हो रहे थे। पैसों के लिए तो मैं अपने पिताजी को लिख सकता था, पर मैं टालता जा रहा था, कुछ संकोच भी था। एक दिन मुझे सचमुच भूख का सामना करना पड़ा। ऐसा मौक़ा ज़िन्दगी में एक ही बार आया, पर आया ज़रूर।

मैं उस दिन अमृतसर में था। इससे कुछ समय पहले प्रान्त के कॉलेज-अध्यापकों ने मेरे हक़ में आवाज़ उठाने के लिए, एक मीटिंग का आयोजन अम्बाला में किया था। इस आशंका से कि कहीं शान्ति भंग न हो, पुलिस के कुछ सिपाही वहाँ तैनात कर दिए गए थे। मैं भी उस मीटिंग में मौजूद था, पर मेरे कुछ साथियों ने यह समझकर कि कहीं पुलिस मुझे गिरफ़्तार न कर ले, मुझे वहाँ से निकल

जाने को कहा था और मैं वहाँ से निकल गया था। पर इस घटना के कारण अध्यापकों में दहशत-सी फैल गई थी।

अमृतसर में उस दिन मुझे यूनियन के ही काम से यूनियन के प्रधान श्री कपूर से मिलने जाना था। मैं सड़कें नापता हुआ उनके कॉलेज तक पहुँच तो गया, पर भूख बुरी तरह सता रही थी और जेब में इतने पैसे नहीं थे कि कहीं कुछ खा सकूँ।

कपूर साहब तो कॉलेज में मुझे क़दम रखते ही देखकर घबरा गए। उन्हें डर था कि कहीं पुलिस मेरा पीछा न कर रही हो। मैंने यूनियन के काम के बारे में जो बात करनी थी वह उन्होंने मिनटों में कर डाली और फिर उठ खड़े हुए।

तभी मैंने उनसे दो रुपए की माँग की। पर बड़े संकोच के साथ, मजबूर होकर। उन्होंने झट से दो रुपए का नोट मेरे हाथ में दिया और मुझसे छुटकारा पाने के लिए मुझे अपने कमरे से बाहर ले आए। उनकी घबराहट बेबुनियाद थी क्योंकि पुलिस मेरा पीछा नहीं कर रही थी। पर मुझसे छुटकारा पाकर उन्होंने ज़रूर राहत की साँस ली।

कॉलेज की परिधि में से निकलकर मैं सीधा एक हलवाई की दूकान पर जा बैठा और कटोरा-भर दूध गटक गया। वह राहत मिली कि क्या बताऊँ। "भूख आग है..." जो गीत 'इप्टा' के स्टेज पर गाया करता था, उसकी सच्चाई का अनुभव उस दिन हुआ था।

पर उसी दिन, अचानक ही, दिल्ली से पिताजी की ओर से चालीस रुपए का मनीऑर्डर आ गया था और मुझे किसी मित्र अथवा सम्बन्धी के सामने हाथ फैलाने की नौबत नहीं आई थी।

दिन बीतने लगे। कुछ समय बाद मुझे सचमुच नौकरी मिल गई। मेरे सहयोगी मित्र सन्त सिंह सेखों, वरयाम सिंह आदि अमृतसर के खालसा कॉलेज में पढ़ा रहे थे। वरयाम सिंह इतिहास के अध्यापक थे। वही एक ऐसे प्रोफ़ेसर मैंने देखे थे जिनके घर के बाहर—कॉलेज के परिसर में भी—गाय, भैंस बँधी रहती थीं, और जो पेड़ के नीचे खाट पर पसरना पसन्द करते थे, उन्होंने विशेष रूप से मेरी मदद की और मुझे नौकरी मिल गई। भाई जोध सिंह कॉलेज के प्रिंसिपल थे। वे पुरानी वज़ह के सज्जन थे, उन्होंने अपने चेहरे की मांसपेशियों को ऐसा ट्रेन कर रखा था कि किसी के सामने आ जाने पर अपने आप ही मुस्कान का-सा रूप ले लेती थीं, भले ही सरदार साहब ने उस व्यक्ति को देखा या पहचाना तक न हो। उनकी यह मुस्कान बड़ी भ्रामक हुआ करती थी। नौकरी मिलने के दो-एक दिन बाद ही कॉलेज के बरामदे में सामने पड़ जाने पर जब वह मुझे देखकर मुस्कुराए

तो मैं बड़ा प्रोत्साहित हुआ, मैंने सोचा वह मुझे पहचानने लगे हैं और बड़ी आत्मीयता से मेरे साथ पेश आ रहे हैं।

कॉलेज में नौकरी मिलने के कुछ ही दिन बाद मुझे 'इप्टा' के संयोजकों की ओर से आदेश मिला कि मैं कलकत्ता में होनेवाले 'विश्वशान्ति' सम्मेलन में भाग लेने पहुँचूँ। मैं इतना तो समझता था कि दो दिन की नौकरी के बाद मैं प्रिंसिपल के पास छुट्टी की दरख़्वास्त लेकर जाऊँगा तो वह ज़रूर बिगड़ेंगे। पर उनकी मुस्कुराहट को याद करते हुए मैं फिर भी उनके दफ़्तर में पहुँच गया।

मेरे अन्दर क़दम रखने पर वह मुस्कुराए। जब मैंने छुट्टी की दरख़्वास्त उनके सामने रखी तो उन्होंने सिर हिलाया और दरख़्वास्त पढ़ने के बाद बोले :

"बीबा, आप जाओ कलकत्ता और फिर कलकत्ता में ही कहीं नौकरी कर लेना।"

कहते हुए फिर मुस्कुराए और मेरी अर्ज़ी मेरे हाथ में देते हुए बोले :

"सोच लो ! मैं पूरी छुट्टी दे दूँगा।"

मैं खालसा कॉलेज में पढ़ाने लगा था। होस्टल में ही एक कमरा रहने के लिए मुझे दे दिया गया जहाँ मेरे अलावा शहर के मच्छरों का डेरा था। गर्मी के दिन और मैं मुँह-सिर ढाँपकर सोता था।

नौकरी मिल जाने पर मैंने अलग से कोई घर किराए पर लेकर रहने का निश्चय किया। पुतलीघर के निकट एक छोटा-सा घर मिलता था। एक वयोवृद्ध सरदार उसके मालिक थे। उनके घर के सामने ही मेरी जान-पहचान के एक सज्जन का दफ़्तर था, जो रावलपिंडी से ही आए हुए थे। उनके साथ मेरा उठना-बैठना भी था। उन्हीं ने सरदार साहब से मेरी सिफ़ारिश भी की थी।

पर दो दिन बाद जब मैं सरदार साहब से यह पूछने गया कि मैं कब अपना सामान लेकर आऊँ, तो सरदार ने मुझे नहीं पहचाना, पर मेरे बाज़ू पर हाथ रखकर मुझे एक ओर ले गए और फुसफुसाकर बोले :

"पर जी सुना है वह सरकार के ख़िलाफ़ ड्रामे करता फिरता है। पुलिस उसके पीछे पड़ी हुई है। उसे तो मैं अपना किराएदार नहीं बनाऊँगा। ऐसे लोगों का क्या भरोसा, मेरा घर ही ज़ब्त कर ले।"

एक-दूसरी जगह पर घर मिला, पर वह गली के अन्दर था, मैंने मच्छरों का डेरा छोड़ा और यहाँ आ गया। कुछ ही दिन बाद शीला, हमारी बच्ची को लेकर पहुँच

गई। पर घर देखकर घबरा गई। घर बुरा तो नहीं था पर तंग गली में होने के कारण कमरों में दिन के वक़्त भी अँधेरा छाया रहता। मैं तो सुबह घर से निकल जाता, और दोपहर गए लौटता, वह अकेली पड़ी रहती। इस पर एक छोटी-सी घटना ने उसे बेचैन कर दिया।

एक बार गुसलख़ाने में बैठी नहा रही थी जब कल्पना ने जो उस समय दो-ढाई वर्ष की रही होगी, खेल-खेल में गुसलख़ाने की बाहर से चिटख़नी चढ़ा दी। शीला को पता चला तो वह उससे बार-बार चिटख़नी खोलने को कहे, उधर कल्पना को इतनी समझ ही नहीं थी कि चिटख़नी खोल सके। वह बाहर ही खड़ी हँसती-चहकती रही। और अन्दर बैठी शीला की रूह काँपने लगी कि अगर बच्ची ने चिटख़नी न खोली तो क्या होगा। उधर गलीवाला दरवाज़ा भी अन्दर से बन्द था, मैं बाहर से आया तो कौन दरवाज़ा खोलेगा। शीला की जान साँसत में थी कि अचानक ही कल्पना ने अपने आप ही चिटख़नी खोल दी।

उसे तो चपत पड़ी और मेरे घर लौटने पर शीला बुरी तरह से रोई।

वह घर यों भी हमें रास नहीं आया, क्योंकि पड़ोस में जो परिवार रहता था, उसे हम देख तो नहीं पाते थे, पर उनकी आवाज़ों को अक्सर सुनते रहते। उस घर की गृहिणी का एक ही काम था, अपने बेटे को पीटना, वह भी बेंत से। लगता था उनका सौतेला पुत्र रहा होगा—उसके पति की किसी पहली पत्नी से—वरना अपने बेटे को तो कोई इतनी बेरहमी से नहीं पीटता। शीला, ऐसे घर में, या तो अकेली पड़ी रहती, या पड़ोसवाले घर में लड़के को पड़ते बेंत सुनती रहती।

पर ज़्यादा वक़्त उसे नहीं रहना पड़ा। उसकी छोटी बहन के ब्याह के महीना-भर पहले वह कल्पना को लेकर शिमला, अपने पिताजी के पास चली गई थी।

मेरी व्यस्तताएँ वैसी ही बनी रहीं। 'इप्टा' के नाटक खेलना तो ठप्प हो गया था, क्योंकि यहाँ कोई मंडली नहीं थी, पर यूनियन का काम जारी था। दिसम्बर महीने में यूनियन की एक प्रादेशिक मीटिंग हुई जिसमें ग्रेडों का मसला फिर से रखा गया। और फिर से कोई कड़ा क़दम उठाने पर विचार किया गया।

वहाँ से लौटने के कुछ ही दिन बाद खालसा कॉलेज की नौकरी से भी मुझे छुट्टी मिल गई। ग़नीमत थी कि शीला अभी शिमला में ही थी। छुट्टी ही नहीं मिली, मेरी तनख़्वाह भी रोक ली गई, क्योंकि मैंने हाज़िरी का रजिस्टर पेश नहीं किया था। अब हाज़िरी का रजिस्टर छुट्टियों में कहीं इधर-उधर हो गया था। मैं प्रिंसिपल साहब से मिलने गया। वह मुस्कुराते और सिर हिलाते रहे, पर टस-से-मस नहीं हुए।

पहले तो मेरी समझ में नहीं आया कि क्यों मुझे नौकरी से बर्खास्त किया

गया है। एक ही कारण हो सकता था, यूनियन की मीटिंग में 'कड़ा क़दम' उठाने पर विचार किया गया था, फ़ैसला अभी नहीं किया गया था। सम्भवतः असली कारण यह रहा हो कि कुछ ही समय पहले उसी खालसा कॉलेज में छात्रों की लम्बी हड़ताल हुई थी और भाई जोधसिंह परेशान हो गए थे, यहाँ तक कि उन्होंने अध्यापकों की एक मीटिंग में कह दिया था कि वह कॉलेज में पुलिस को बुलाएँगे, और अगर पुलिस ने छात्रों पर गोली चला दी तो इससे उन्हें सन्तोष ही होगा, अफसोस नहीं होगा।

यूनियन भले ही छात्रों की हो अथवा अध्यापकों की, प्रिंसिपल जोध सिंह को दोनों से चिढ़ थी, और मैं इसी घृणा का शिकार हुआ था।

मैं अमृतसर छोड़कर जालन्धर में आ गया और यूनियन के दो-तीन सक्रिय कार्यकर्ताओं के साथ जो माई हीराँ गेट के निकट एक साझा घर किराए पर लेकर रह रहे थे, रहने लगा। उनमें मेरा प्रिय मित्र द्वारकादास नरूला भी था।

यूनियन का काम बराबर चल रहा था, पर अब लगता था जैसे ज़िन्दगी का काँटा बदलनेवाला है। मैं बराबर अलग-अलग शहरों की सड़कें नाप रहा था। दोनों काम—यूनियन का काम और नौकरी ढूँढ़ने का काम—साथ-साथ कर रहा था। उन दिनों को याद करता हूँ तो मैं कभी किसी लम्बी सड़क पर चलता जा रहा हूँ, कभी किसी सड़क पर, अमृतसर, जालन्धर, लुधियाना, अम्बाला सभी मेरी 'बीट' पर थे। हर कॉलेज में जाना होता था।

जालन्धर में पहली बार मेरी मुलाकात मोहन राकेश से हुई। वहाँ के डी. ए.वी. कॉलेज में पढ़ा रहा था, और उन दिनों कॉलेज के अधिकारियों के साथ उलझा हुआ था। वहाँ पर उसने भी यूनियन के ढंग की-सी ही हड़ताल कर रखी थी। मोहन राकेश मूलतः अमृतसर का रहनेवाला था। अड़ियल तबीयत का मालिक था। किसी बात पर समझौता करना उसके मिज़ाज में नहीं था। कुछ ही मुद्दत बाद पता चला कि उसने नौकरी से इस्तीफ़ा दे दिया है।

उन्हीं दिनों, एक दिन, रात के लगभग ग्यारह बजे का वक़्त होगा जब मुझे सहसा याद आया कि वह दिन तो हमारी बिटिया का जन्मदिन था। मुझसे न रहा गया। मैंने एक जगह से टेलीफ़ोन कर दिया। उन दिनों वे लोग शिमला में थे। देर तक घंटी बजती रही। पर जब चोंगा उठाया गया तो शीला के पिताजी की आवाज़ थी। उस दिन पहली बार वह रुखाई से बोले। पर शीघ्र ही सँभल गए। मेरी सरगर्मियों के प्रति उनकी सहानुभूति कहाँ तक रही होगी यह मैं नहीं कह सकता पर उन्होंने कभी भी शिकायत नहीं की थी। फिर उन्होंने चोंगा शीला के हाथ में दे दिया। शीला के साथ बात हुई। मेरा दिल भर-भर आया। शायद उसका भी। उस समय बेटी तो गहरी नींद सो रही थी।

इसके कुछ ही दिन बाद जालन्धर में ही एक इतवार के दिन यूनियन की कार्यकारिणी की मीटिंग डी.ए.वी. कॉलेज के ही किसी कमरे में चल रही थी, जब मैंने आँख उठाई तो क्या देखता हूँ कि दरवाज़े पर शीला खड़ी है। मैं हैरान रह गया, यह कैसे पहुँच गई ?

मैं लपककर उसके पास गया और उसे अन्दर ले आया। यूनियन के मेरे अधिकांश साथियों को वह जानती थी। सबको उससे मिलकर बहुत अच्छा लगा।

"तुम यहाँ कैसे पहुँच गईं ?"

जब मेरे मित्र नरूला ने पूछा तो वह बोली :

"बस पहुँच गई। अख़बार में तुम लोगों की मीटिंग के बारे में पढ़ा था। मैं उसी वक़्त शिमला से चल पड़ी।...और जब यहाँ आई तो इस कमरे के बाहर जूतों के जोड़े रखे हुए थे। मैंने मन-ही-मन कहा, जिस जोड़े में फीते नहीं होंगे, और रंग-रोगन उड़ा हुआ होगा, वही मेरे घरवाले का जूता होगा। और यह सच ही निकला।..."

जालन्धर में पहुँचकर शीला अपने कॉलेज के दिनों की एक सहेली के घर जा पहुँची थी, वहीं पर सामान रखा, कल्पना को छोड़ा और मुझे ढूँढ़ने निकल आई थी।

जालन्धर में हम लोग बच्ची को लेकर पहले एक मित्र के घर फिर शीला के चच्चा के घर जो उन दिनों रेलवे इंजीनियर थे, कुछ दिन रहे। पर उन दिनों रेलवे हड़ताल होनेवाली थी, और शीला के चच्चा मेरी हरक़तों को देखते हुए शंकित हो उठे थे कि हम लोगों को घर पर ठहराना जोखिम मोल लेना तो नहीं होगा। उन्होंने एक दिन अपने दिल की बात कह ही डाली और हम उसी दिन उनका घर छोड़कर अपने मित्र के घर जा पहुँचे।

कुछ दिन तक तो हम उसी 'डेरे' में रहे जिसमें अन्य तीन अध्यापकों के साथ मैं रह रहा था। पर फिर एक दिन शीला अपने बलबूते पर ही जालन्धर की आकाशवाणी शाखा के दफ़्तर में जा पहुँची। रेडियो प्रसारण का उसे कुछ अनुभव था क्योंकि बम्बई में हम लोग रेडियो कार्यक्रमों में यदा-कदा भाग लेते रहे थे। जालन्धर रेडियो स्टेशन पर उन्हें अनाउंसर की ज़रूरत थी। शीला की आवाज़ अच्छी थी, उसे नौकरी मिल गई।

घर में ख़ुशहाली आ गई। फिर क्या था, हम दोनों, एक और साथी, विश्वनाथ के साथ 'डेरा' छोड़कर जालन्धर के मॉडल टाउन में आ गए। एक घर किराए पर लिया और ठाठ से रहने लगे। उन्हीं दिनों पंजाब सरकार ने जालन्धर में ही प्रदेश-भर के पटवारियों का सम्मेलन किया था। भारी संख्या में पटवारी आए थे। उस अवसर पर सरकार ने सैकड़ों खाट जुटाए थे, और अब सम्मेलन के बाद

सरकार वे खाट आठ-आठ आने में बेच रही थी। मैं और विश्वनाथ भागते हुए गए और दो-दो खाट ख़रीद लाए।

मुझे याद है, गर्मी के दिन थे और हम लोग घर के बाहर खुले में सोते थे। शीला अपने काम के बाद अक्सर रात गए आती थी। और खाना खाने के बाद खाट पर पड़ रहती थी। सुबह के वक़्त जब सूरज निकल आता और धूप उसकी खाट पर पड़ने लगती तो हम लोग–विश्वनाथ और मैं, धीरे-से उसकी खाट उठाकर छाँव में कर देते थे। वह देर तक आराम से सोई रहती।

कुछ महीने तक तो ऐसे ही चला, और वे बड़े अच्छे दिन बीते। अक्सर शीला, कल्पना को अपने साथ काम पर ले जाती। पर शाम की ड्यूटी के समय हम लोग उसे अपने पास रखते।

इस बीच अपने एक पत्र में पिताजी ने लिखा कि उन्होंने विस्थापितों के लिए सरकार द्वारा बनाए गए घरों में से पूर्वी पटेल नगर में एक घर ख़रीद लिया है। अभी वहाँ पानी-बिजली नहीं आई, पर बेहतर होगा अब तुम लोग यहाँ चले आओ।

सड़कों की खाक छानना तो मेरा अभी बन्द नहीं हुआ था, पर यूनियन के मेरे साथियों ने समझ लिया था कि इस तरह यूनियन की गाड़ी नहीं चलेगी। नौकरी किसी भी कॉलेज में नहीं मिल रही थी। हाँ, जालन्धर के एक महिला कॉलेज में मिल सकती थी, पर वह प्राइवेट कॉलेज था, विश्वविद्यालय के साथ जुड़ा हुआ कॉलेज नहीं था, उसमें पढ़ाते हुए, मैं यूनियन का पदाधिकारी नहीं रह सकता था।

शीला कल्पना को लेकर दिल्ली चली गई–और पटेलनगरवाले घर में रहने लगी।

मैं अभी पंजाब में ही था।

कुछ अरसा तो ऐसे ही चलता रहा। मैं अभी भी इस उम्मीद पर कि पंजाब के किसी कॉलेज में जगह मिल जाएगी, कभी एक तो कभी दूसरे शहर की खाक छान रहा था। कहीं नौकरी नहीं मिली। यूनियन का ठप्पा मेरे माथे पर ऐसा लगा था कि किसी कॉलेज का फाटक लाँघते ही प्रिंसिपल सतर्क हो जाता था। फिर भी मैं नगर-नगर घूमता रहा, कुछ यूनियन के काम से, कुछ नौकरी की तलाश में।

•

कुछ समय बाद, एक दिन, एक अजीब घटना घटी। मैं उस शाम अमृतसर में था। मैं जालन्धर से अमृतसर आया था और स्टेशन के बाहर निकलकर एक ढाबे पर खाना खाने जा बैठा था। अँधेरा पड़ चुका था। लगभग आठ बजे का वक़्त

रहा होगा। मैं खाना खा ही रहा था जब ढाबे में रखे एक रेडियो-सेट से आवाज़ सुनाई दी :

"एह आल इंडिया रेडियो ए। हुण तुसी शीला साहनी तों पंजाबी विच खबराँ सुणो।"

शीला की आवाज़ थी। जानी-पहचानी। मेरा तो रोम-रोम पुलक उठा। यह मेरे लिए बिल्कुल अप्रत्याशित था। तो इसका मतलब है शीला को रेडियो में नौकरी मिल गई है। जैसे उसने जलन्धर में दौड़-धूप करके अनाउंसर की नौकरी ले ली थी, वैसे ही दिल्ली में भी दौड़-धूप करती रही होगी। मैं देर तक अभिभूत-सा महसूस करता रहा, इधर-उधर टहलता रहा। शीला की आवाज़ बड़ी साफ़, ख़बरें पढ़ने का ढंग बड़ा सहज और प्रभावशाली था।...फिर तो हर शाम मैं जहाँ कहीं भी होता, पंजाब के किसी भी शहर में—जालन्धर, लुधियाना, अम्बाला, अमृतसर—हर शाम, आठ बजेवाली ख़बरों में शीला की आवाज़ सुन लेता—"हुण तुसी शीला साहनी कोलों पंजाबी विच खबराँ सुणो।"

कुछ दिन तक तो मैंने और दौड़-धूप की पर फिर कोई चारा न देखकर, मैंने भी यूनियन के साथियों से रुख़्सत ली और दिल्ली के लिए रवाना हो गया।

पंजाब छोड़ने से बहुत पहले, अम्बाला से मेरा दाना-पानी उठ चुका था। 'न्यारा बँगला' धीरे-धीरे ढह रहा था। यदा-कदा मैं वहाँ जाता रहा, पर सब मिट्टी हो रहा था। कुछ हितैषियों ने छत को सहारा देने के लिए नीचे से लकड़ी के खम्भे लगा दिए थे। कुछ सामान बचा, कुछ ढह-ढेरी हो गया।

पर इसका मुझे खेद नहीं था। खेद यदि था तो इस बात का कि जसवन्तजी के साथ मेरे सम्बन्ध में थोड़ी दूरी आ गई थी। मैं नहीं जानता, मेरे कारण उन्हें किन दबावों को झेलना पड़ा होगा। वह स्वयं कभी भी मुझे कॉलेज से न निकालते, विशेषकर जब उन्होंने स्वयं मुझे आमन्त्रित किया था। फिर वह मेरे गुरु थे, निकट के सम्बन्धी थे, उनसे मुझे बड़ा स्नेह और वात्सल्य मिला था। वह कड़ी मेहनत से उस कॉलेज को खड़ा कर रहे थे। और उन्हें कहीं से ज़्यादा मदद नहीं मिल रही थी। इन दबावों के कारण उन्हें दिल का दौरा पड़ा था। पंजाब छोड़ने के बाद जब मैं आखिरी बार अम्बाला गया तो वह बीमार थे। शाम का वक़्त था जब मैं वहाँ पहुँचा था। मैं केवल बाहर से ही उन्हें देख पाया, वह बिस्तर में लेटे हुए थे। और मैं उन्हें नमस्कार कर उल्टे क़दमों लौट आया था।

इस सम्बन्ध में शीला के पिताजी का भी ध्यान आता है। उनके प्रति भी गहरा श्रद्धाभाव है, विशेषकर इसलिए कि मेरे अव्यवस्थित जीवन के कारण वह अपनी बेटी को लेकर चिन्तित रहे होंगे, पर उन्होंने कभी एक बार भी मुझसे शिकायत नहीं की।

पुलिस में होने के कारण उन्हें मेरी गतिविधि की पूरी जानकारी थी। बहुत बाद में उन्होंने एक बार यह भी बताया कि शिमला में 'कुर्सी' नाटक का सारा मसौदा उनके पास मंचन से बहुत पहले से पहुँच चुका था कि यह काम हमारी नाट्यमंडली के एक बड़े उत्साही सदस्य द्वारा किया गया था, जो शुद्ध खादी के कपड़े पहनता था और रिहर्सलों में भाग लेने के लिए पाँच मील का फ़ासला पैदल चलकर हर रोज़ समय पर पहुँच जाता था।

पंजाब-निवास के आख़िरी दिनों में, मैं अम्बाला में बाज़ार की ओर जा रहा था जब किताबों की एक दूकान पर रुक गया। कोई विशेष प्रयोजन नहीं था, यों ही क़दम उस ओर उठ गए थे। वहाँ हिन्दी के कुछ रसाले भी रखे थे। मैं रसालों के पन्ने पलट रहा था जब सहसा ही मेरी नज़र अपने नाम पर पड़ी। मेरी ही एक कहानी ('जोत' नाम से) उसमें छपी थी। विस्मय और ख़ुशी की लहर मेरे अन्दर दौड़ गई। कहानी मेरी ही थी जो मैंने हमारी शादी के कुछ अरसा बाद रावलपिंडी में लिखी थी और वहीं से पत्रिका को भेजी थी। विवाह के बाद शीला और मैं, कुछ दिन के लिए जोगिन्दर नगर (हिमाचल प्रदेश) में गए थे जहाँ शीला के चच्चा बिजली-इंजीनियर के पद पर थे। हिमाचली परिवेश पर ही केन्द्रित वह कहानी थी। उसके लिखने और भेजने के बाद इतना कुछ घट चुका था कि वह कहानी मुझे लगभग भूल चुकी थी। उसे प्रकाशित रूप में देखकर मुझे रोमांच-सा हुआ और लगा जैसे मुझे कोई खोई हुई चीज़ मिल गई है। जब पाकिस्तान बना था तो व्यापार से नाता टूट गया था और कांग्रेस से भी और अब जब पंजाब से नाता टूटा तो टीचर्स यूनियन से भी और 'इप्टा' से भी और सड़कें नापने से भी और मुझे लगा जैसे मेरे जीवन का मूल आकर्षण मेरी याददहानी करने के लिए अम्बाला में पहुँच गया हो।

6

दिल्ली में मुद्दतों बाद अपना घर था—हालाँकि अभी घर में न बिजली थी, न पानी—वहाँ पर शीला तो थी, बच्ची कल्पना थी, पिताजी थे, माताजी थीं। घर की छत थी, पारिवारिक जीवन की स्निग्धता थी।

पटेलनगर की यह नई बस्ती करोलबाग़ के निकट, पश्चिमी दिल्ली के नाके पर बनी थी। उस समय उसके आगे, दूर-दूर तक ख़ाली मैदान ही मैदान थे। हम लोग कहा करते : पिताजी ने किस वीराने में घर लिया है। रात को गीदड़ बोलते और दिन को सूअर सड़कों पर घूमते। शाम पड़ते ही सन्नाटा छा जाता और शीघ्र ही अँधेरा सारी बस्ती को ढक लेता। कहीं मोमबत्तियाँ टिमटिमातीं तो कहीं हरीकेन लैम्प। कौन जानता था कि कुछ ही सालों में यही इलाक़ा मीलों-मील तक फैली घनी बस्तियों में से एक घनी बस्ती बनकर रह जाएगा।

यह शरणार्थियों की बस्ती थी, कोई कहीं से आया था, कोई कहीं से। सभी अपने लिए नई ज़िन्दगी के सूत्र पकड़ रहे थे और कहीं पैर जमाने की फ़िक्र में थे।

शाम पड़ने पर लोग घरों में से निकल आते और बस्ती की कच्ची सड़कों पर टहलते। थे तो सभी विस्थापित, अपनी मान-मर्यादा, धन-दौलत, पाकिस्तान में खोकर आए थे, पर यहाँ फिर से अपनी साख बनाने की धुन में थे। वकील मोहकम चन्द, बातों-बातों में यह बताना नहीं भूलते कि पीछे मियाँवाली में तीन पक्के मकान छोड़कर आए हैं। और अवकाशप्राप्त इंजीनियर धवन साहब का मुलतान में अंग्रेज़ डिप्टी कमिश्नर के साथ उठना-बैठना था। लगभग सभी गर्दन ऊँची किए सड़कों पर टहलते। बलीराम, पेशावर में म्यूनिसिपल कमिश्नर हुआ करते थे। अब फिर से अपनी साख बनाने के लिए, दिल्ली की नगरपालिका के चक्कर लगाने लगे थे। पर अब, साइकिल पर पैडल मारते हुए जाते थे। और बिजली-पानी के लिए दी जानेवाली अर्ज़ियों पर अपनी सिफ़ारिशी मोहर लगाने का अधिकार हासिल कर लिया था और तद्नुसार अपनी मोहर भी बनवा ली थी और अपने नए हमसायों के साथ रख-रखाव बढ़ा रहे थे। नगरपालिका के चुनाव में खड़े होने का इरादा बना चुके थे।

ज़िन्दगी कभी किसी को मुड़-मुड़कर पीछे देखने की इज़ाज़त नहीं देती। न ही अपने पर तरस खाने की। पटेलनगर में आकर बसनेवाले शरणार्थी, अपने अतीत के बारे में डींग तो हाँक सकते थे, पर न तो कोई अपना रोना रोता था, और न कोई किसी का रोना सुनना चाहता था। थोड़ा-बहुत फ़रेब सभी करते थे, डींग भी हाँकते थे और असलियत को छिपाते भी थे। पर सभी जैसे-तैसे अपने लिए नया ठौर-ठिकाना बनाने की कोशिश में थे। हमारी पूरी बस्ती में एक ही बेढब-सा आदमी था जो लायलपुर से आया था, जो किसी पर अपना रोआब गाँठने की कोशिश नहीं करता था, और न जाने कैसे अपने साथ अपनी गाय को भी हाँककर लाने में कामयाब हो गया था जो उसके घर के बाहर बँधी रहती। उसकी पत्नी और उसकी माँ में आपस में पटती नहीं थी। वे तो घर के अन्दर एक-दूसरे के साथ झगड़तीं, पर यह घर के बाहर आकर चीख़ने-चिल्लाने लगता। और कभी अपनी पत्नी को और कभी अपनी माँ को बुरा-भला कहने लगता। उसे इस बात का भास ही नहीं था कि घर के लड़ाई-झगड़े पर कैसे पर्दा डाला जाता है।

पिताजी ने अपने घर के आँगन में हर रविवार की प्रातः आर्यसमाज का सत्संग लगाना शुरू कर दिया था और इस तरह अपने धर्म भाई इकट्ठा कर रहे थे।

शाम होने पर बस्ती की स्त्रियाँ भी बन-ठनकर बाहर निकलतीं। सिन्ध से आनेवाली स्त्रियों के कपड़े ज़्यादा शोख़ रंगों के होते, ज्यादा भड़कीले, और पंजाबिनों पर रोआब गाँठने के लिए कूल्हे मटका-मटकाकर चलतीं। और बस्ती के लड़के-लड़कियाँ नई-नई दोस्तियाँ गाँठने लगे थे। सभी के लिए जीवन का नया अध्याय खुल रहा था।

उन्हीं दिनों, संयोगवश, मेरी मुलाक़ात रामकुमार से हो गई। मैं बस में बैठा करोलबाग़ की ओर जा रहा था, जब मुझे साथवाली सीट पर रामकुमार बैठा नज़र आया। हमारी जान-पहचान पहले से थी हालाँकि अब याद नहीं पड़ता कि हम लोग पहली बार कब और कहाँ मिले थे। रामकुमार भी उन दिनों करोलबाग़ के इलाक़े में रहते थे। बातों-बातों में उन्होंने बताया कि करौल बाग़ के ही एक प्राइवेट कॉलेज में, हर इतवार की शाम कुछ लोग जिन्हें लिखने में रुचि है, मिल बैठते हैं और एक-दूसरे को अपनी रचनाएँ सुनाते हैं। रामकुमार ने मुझे भी आने को कहा।

मैं अगले ही इतवार जा पहुँचा। और अगले इतवार से ऐसा जाने लगा कि पूरे चार साल तक हर इतवार जाता रहा। उस इतवारी बैठक को 'कल्चरल फ़ोरम' का नाम दिया गया था। देवेन्द्र इस्सर उसके सेक्रेटरी थे, कर्ता-धर्ता थे, रूह-ए-रवाँ थे। बड़े दोस्ताना माहौल में सभी लोग अपनी-अपनी रचनाएँ पढ़कर सुनाते। यह बड़े सौभाग्य की बात थी कि वहाँ कोई महारथी नहीं था। महारथी गाहे-बगाहे बाद में आने लगे थे, कोई दिल्ली से, कोई इलाहाबाद से, पर तब तक महारथियों का आतंक हमें परेशान नहीं करता था। हिन्दी, उर्दू, पंजाबी तीनों भाषाएँ चलती थीं, जिसमें जिसने जो लिखा हो। आनेवालों में हंसराज रहबर शायद उम्र में सबसे बड़े थे। रामकुमार, निर्मल वर्मा, कृष्ण बलदेव वैद, मनोहरश्याम जोशी, योगेश कुमार, महेन्द्र भल्ला, नरेश कुमार शाद, देवेन्द्र इस्सर और कितने ही अन्य साथी जिनके नाम मैं इस समय भूलता हूँ। खुलकर बात होती। कोई छिपाव-दुराव नहीं था। किसी को अपनी धाक नहीं जमानी थी। सब एक-दूसरे से सीखना चाहते थे।

लगभग दो घंटे तक यह महफ़िल जमती। फिर साथी लोग प्राइवेट कॉलेज की बेंचों पर से उठकर, नज़दीक ही एक ढाबे पर जा बैठते। वहाँ चाय का दौर चलता, गप्प-शप्प होती, हँसी-मज़ाक चलता। जेब में किसी के भी ज़्यादा पैसे नहीं होते थे, इकन्नी में उन दिनों चाय का प्याला मिल जाता था। जो जिसकी जेब में होता निकालकर रख देता। उसके बाद अपने-अपने घर, कोई साइकिल पर, कोई पैदल। बड़े अच्छे दिन थे, तन-बदन में नई स्फूर्ति लहरें मारती थी।

रामकुमार से हुई वह संयोगवश मुलाक़ात मुझे बड़ी रास आई। कुछ ही समय बाद मेरा पहला कहानी-संग्रह तैयार हो गया, जो 1953 में 'भाग्यरेखा' नाम से छपा, और मैं पहली प्रति हाथ में लिये भागता हुआ जैनेन्द्रजी के घर जा पहुँचा और 'आपके आशीर्वाद का प्रार्थी' लिखकर उन्हें पुस्तक भेंट की। मेरा दिल बल्लियों उछल रहा था। बाद में, मैंने सुना, उन्होंने पुस्तक की नज़रसानी की थी और मुझे अपने आशीर्वाद का अधिकारी मान लिया था।

कल्चरल फ़ोरम की बैठक इतवार शाम को होती। सप्ताह के शेष दिन शाम

के वक़्त मैं बैठा कहानियाँ लिखता। शीला रेडियो की अपनी ड्यूटी पर सुबह और शाम दो बार जाती। मैं तब घर पर ही रहता। शाम के एकान्त समय में मेरा मन लिखने-पढ़ने में. ख़ूब लगता। पर शीला को एक शिकायत रहती। हमारी बेटी कल्पना अभी बहुत छोटी थी। वह शाम के वक़्त आसपास के छोटे-छोटे बच्चों के साथ कभी कहीं, कभी कहीं इधर-उधर निकल जाती। मैं उसकी ओर ध्यान नहीं दे पाता था। शीला के लौटने पर कई बार हम उसे ढूँढ़ने निकलते। इस कारण शीला का मन अशान्त रहता। इसी वजह से जब वह पाँच-छः वर्ष की हुई तो हमने उसे शिमला के निकट सनावर के स्कूल में भेज दिया जहाँ बलराजजी के बच्चे पढ़ रहे थे। उस समय तो शीला को शिकायत रही थी, बाद में बड़ी हो जाने पर कल्पना को इस बात की शिकायत रही कि पाँच बरस की उम्र में तुम लोगों ने मुझे घर से बाहर निकाल दिया था।

दिल्ली लौट आने पर मुझे नौकरी के लिए दौड़-धूप तो करनी पड़ी, पर ज़्यादा नहीं। यहाँ आरज़ी नौकरियाँ निकलती रहती थीं, कहीं दो साल के लिए, कहीं तीन साल के लिए। पहली आरज़ी नौकरी मिली श्रीराम कॉलेज ऑफ कॉमर्स में, दूसरी मिली हिन्दू कॉलेज में और उसके बाद तीसरी, पर पक्की नौकरी मिल गई मिर्ज़ा महमूद बेग के दिल्ली कॉलेज में।

पर इन पाँच-छः सालों में मैंने अपनी ज़िन्दगी का रास्ता चुन लिया था और उस पर स्थिरता से चलने भी लगा था। मेरा दूसरा कहानी-संग्रह 'पहला पाठ' (1956) छपकर आ चुका था।

पहला कहानी-संग्रह छपने पर रॉयल्टी की किस लेखक को सुध होती है। उसका छप जाना ही सबसे बड़ी रॉयल्टी होता है। फिर भी कुछ समय बीत जाने पर जब मैंने प्रकाशक (राजहंस प्रकाशन) से इसकी चर्चा की तो कुछ दिन बाद उन्होंने ग्यारह रुपए का चेक भेज दिया। अगले साल सोलह रुपए का। उसके बाद यह 'धन वर्षा' समाप्त हो गई। सूखा पड़ने लगा। जब उनसे ज़िक्र किया तो उन्होंने यह कहकर कि उनका अब कोई इरादा पुस्तक प्रकाशन का नहीं है, अब से वे केवल कैलेंडर छापा करेंगे, मेरे कहानी-संग्रह का पूरा-का-पूरा ढेर मेरे घर पर भेज दिया, जो अभी भी मेरे पास पड़ा है।

दूसरा कहानी-संग्रह मेरे एक निकट के सम्बन्धी साहनी प्रकाशन ने प्रकाशित किया। जब कुछ मुद्दत बाद मैंने रॉयल्टी का ज़िक्र किया तो हैरान होकर बोले—रॉयल्टी किस बात की ? तुम तो हमारे अपने हो ! भाइयों में भी क्या लेन-देन होता है, और हँसते हुए मेरे साथ बग़लगीर हो गए।

कल्चरल फ़ोरम भी जड़ जमा चुका था। उसकी ख्याति भी फैल रही थी। बाहर से कभी-कभी, साहित्य के पीर-पैग़म्बर भी आने लगे थे। हम जैसे महत्त्वाकांक्षी

'नौसिखुआ' तो जगह-जगह से आते रहते। यहीं पर मेरी मुलाक़ात शेखर जोशी, अमृतराय, नरेश मेहता आदि कितने ही लेखक-बन्धुओं से हुई। गाहे-बगाहे श्रीपतराय भी आते थे। उन दिनों वह 'कहानी' पत्रिका निकाल रहे थे, जिसके विशेषांक मील का पत्थर साबित हो रहे थे। उन विशेषांकों में मेरी भी कहानियाँ छपीं, इसका भी शर्फ़ हासिल हुआ। उन दिनों हमारे बीच नई-नई किताबों की भी बड़ी चर्चा रहती। धर्मवीर भारती की 'सूरज का सातवाँ घोड़ा' उन्हीं दिनों छपकर आई थी और बहुत दिन तक चर्चा का विषय बनी रही। मतलब कि सचमुच के साहित्यिक माहौल में मैं लिख-पढ़ रहा था जो मेरे लिए बड़ा प्रेरणाप्रद था।

उन्हीं दिनों दोस्तों ने फ़ैसला किया कि एक पत्रिका निकालेंगे। साधन तो न के बराबर थे, अनुभव भी नहीं था, पर सपने 'आकाशचुम्बी' थे। नाम भी सोच लिया—'साहित्यकार', क़ीमत प्रति कॉपी, आठ आने।

"अरे, बेचना क्या मुश्किल है। हम लोग अपने-अपने थैले में प्रतियाँ भरकर, चौराहों पर, सड़क किनारे खड़े होकर बेच लिया करेंगे। अठन्नी ही तो क़ीमत रखी है, कौन नहीं लेगा ?" मुझे याद है मैंने डींग मारी थी और भाई लोग वर्षों तक मेरा मज़ाक़ उड़ाते रहे थे। रामकुमार तो आज तक याद करता है। सम्पादक मंडल बना, मीटिंगें होने लगीं। रचनाएँ इकट्ठा की जाने लगीं। सम्पादक-मंडल में कल्चरल फ़ोरम के सभी महारथी थे : रामकुमार, मनोहरश्याम जोशी, कृष्ण बलदेव वैद, मैं।

तभी, जैसे कोई फ़रिश्ता आकाश से उतरता है, श्री नरेश मेहता अवतरित हुए। उन दिनों इलाहाबाद हिन्दी जगत का तीर्थस्थल था। नरेश मेहता वहीं से आए थे। वह हम जैसे नौसिखुवा नहीं थे। सोलह आने लेखक थे, वंशभूषा में, चाल-ढाल में। चेहरे पर लेखकीय दाढ़ी भी थी। हम मुग्ध हो उठे। उन्हें भी इस योजना में भागीदार बनने का न्योता दिया। और उन्होंने हमारी 'विनती' स्वीकार कर ली, पर इस शर्त पर कि सम्पादक-मंडल में उनका नाम सबसे ऊपर रहेगा जो हमें मंजूर था (वह न भी कहते तो भी हम ऐसा ही करते), साथ ही उनके नाम के नीचे एक पंक्ति की जगह ख़ाली रहेगी, शेष सदस्यों के नाम इस ख़ाली पंक्ति के नीचे होंगे। मतलब कि शिखर पर उनका नाम होगा और नीचे वग़ैरा-वग़ैरा में हम सबका। यह भी हमने नतमस्तक मंजूर किया।

पहला अंक निकला, उनके 16 पेज के सम्पादकीय के साथ। बड़ा सारगर्भित सम्पादकीय था, जिसमें साहित्य के विभिन्न पहलुओं पर तो प्रकाश डाला ही गया था, भाषा और लिपि के नए-नए प्रयोग भी सुझाए गए थे।

छपाई और काग़ज़ का बिल वैसे ही चुकाया गया जैसे इतवार की गोष्ठी के बाद ढाबे पर चाय का बिल चुकाया करते थे, मतलब जिसकी जेब में जितने

पैसे हैं सबके सब निकालकर रख दे।

बिल चुकाने में ही हम लोग इतने थक गए थे कि सड़क के किनारे और चौराहों पर खड़े होकर पत्रिका का अंक बेचने के लिए उत्साह नहीं बचा रह गया था। प्रधान सम्पादक हमसे पूछते रहते कि बिल चुकाने की क्या स्थिति है। और नसीहत भी करते रहते कि पैसों का जुगाड़ हमें कैसे करना चाहिए।

लगभग तीन महीने बाद दूसरा अंक निकालने की योजना बनी। वह पत्रिका क्या जिसका एक ही अंक निकले, और जो प्रवेशांक भी हो और प्रस्थानांक भी। इससे कल्चरल फ़ोरम की छवि पर असर पड़ता था।

अबकी बार हमने पन्नों की संख्या कम कर दी थी, पत्रिका का आकार भी छोटा कर दिया। सम्पादकीय को छोटा करने का हममें साहस नहीं था, पर इस बीच नरेश मेहता ने स्वयं ही हाथ खींच लिया। सम्भवतः यह सोचकर कि जिस पत्रिका के पहले अंक की प्रतियाँ अभी तक बिक नहीं पाई हैं, उस पत्रिका के साथ उनके नाम का जुड़ना उनकी साख के लिए हितकर नहीं होगा। कोई और कारण भी रहा होगा क्योंकि जब 'साहित्यकार' का दूसरा अंक छपकर आया तो वह दिल्ली में नहीं थे। अब मुझे ठीक याद नहीं कि दूसरे अंक पर सम्पादक-मंडल के शिखर पर उनका नाम भी था या नहीं।

पत्रिका छप जाने पर सबसे बड़ा सवाल यह नहीं था कि उसे कैसे बेचा जाए, सबसे अहम सवाल दरपेश था कि उसके बंडल रखे कहाँ जाएँ। रामकुमार-निर्मल के घर की छत पर बरसाती थी, सोचा बंडल वहाँ डाल दें, पर वह कमरा मात्र बरसाती नहीं था, रामकुमार का स्टूडियो भी था, वहीं पर, गर्मी-सर्दी वह चित्र बनाता था, और जब वह चित्र नहीं बना रहा होता था तो उसका भाई निर्मल वहाँ बैठकर नॉवेल पढ़ता था।

बरसाती मेरे घर में भी थी, और चूँकि मैंने किसी अभागी घड़ी में यह सुझाव दिया था कि पत्रिका को सड़क किनारे खड़े होकर बेचेंगे तो स्नेही मित्रों ने यही सुझाव दिया कि पत्रिका के बंडल मेरे घर की बरसाती में ही रखे जाएँ। यही उचित रहेगा।

''वहीं से झोले में डालकर सड़क किनारे बेचने के लिए ले जाया करना,'' किसी बेरहम दोस्त ने टिप्पणी भी की थी।

इस तरह दोनों अंकों के बंडल मेरे घर की बरसाती में आ गए। और मेरे घर में पूर्णतया साल-दर-साल तक सुरक्षित रहे। मेरे मास्को जाने तक सुरक्षित थे, सात बरस बाद मैं मास्को से लौटा तो भी वहाँ सुरक्षित पड़े थे। मैं फिर से कॉलेज की नौकरी करने लगा—तब तक कल्चरल फ़ोरम की गतिविधि बन्द हो चुकी थी--पर 'साहित्यकार' के बंडल सुरक्षित थे और 1980 तक, जब मैंने कॉलेज की

नौकरी से अवकाश ग्रहण किया, सुरक्षित रहे। 1955 से 1980 तक, और कुछ वर्ष उसके बाद भी, वे सुरक्षित रखे रहे हों, यह अपने में मामूली उपलब्धि नहीं है।

'कल्चरल फ़ोरम' की गोष्ठियों के दिन अब भी याद आते हैं। वहाँ अनौपचारिकता थी, अपनापन था। न कोई छोटा था, न बड़ा, खुले दिल से एक-दूसरे की रचनाएँ सुनते थे, खुले दिल से सराहते थे।

उधर, दिल्ली में साहित्य अकादेमी की स्थापना हुई। अनेक लेखक उसकी ओर आकृष्ट होने लगे थे। उसका पहला दफ़्तर कनॉट प्लेस में, 'रीगल सिनेमा' वाली बिल्डिंग में, पहली मंज़िल पर था। प्रभाकर माचवे, नेमिचन्द जैन, भारतभूषण अग्रवाल से वहाँ पहली बार मिलने का सुअवसर मिला।

यों, आज़ादी के बाद सांस्कृतिक परिवेश बदल रहा था। इलाहाबाद से, जो हिन्दी साहित्य का तीर्थस्थल माना जाता था, लेखक धीरे-धीरे निकलने लगे थे। धर्मवीर भारती बम्बई जा पहुँचे थे। भैरवप्रसाद गुप्त, कमलेश्वर दिल्ली आ गए थे और राजेन्द्र यादव आगरा से। दिल्ली और बम्बई मुख्यतः आकर्षण के केन्द्र थे। वही हिन्दी की साहित्यिक गतिविधि के केन्द्र भी बनते जा रहे थे और यह रुझान बहुत दिन तक बना रहा। नामवर सिंह, कुछ दिन बाद, बनारस से दिल्ली पहुँच गए। मोहन राकेश जालन्धर (पंजाब) से दिल्ली आ गया। इस रुझान ने साहित्यिक गतिविधि के स्वभाव और रूप को भी प्रभावित किया। अखाड़ेबाज़ी भी पनपने लगी। अपना स्थान बनाने, झंडा गाड़ने की प्रवृत्ति को बल मिलने लगा। इससे पहले निश्चय ही साहित्यिक गतिविधि में सहजता अधिक थी। इसके कुछ ही समय बाद, कहानी विधा को ही लेकर अनेक 'आन्दोलन' चलनेवाले थे—'नई कहानी', 'सचेतन कहानी', 'अकहानी', 'समसामयिक कहानी' आदि।

इन गुटबन्दियों का कोई साहित्यिक आधार न रहा हो, ऐसा भी नहीं था। आज़ादी के पहले देश की स्वतन्त्रता का लक्ष्य न केवल प्रेरणा का स्रोत था बल्कि राष्ट्रीय एकजुटता का भी, उसमें जनजीवन से जुड़ने का आग्रह था, उसके पीछे न्यायसंगत व्यवस्था की आकांक्षाएँ थीं। पर आज़ादी के बाद दृष्टि में बदलाव आना लाज़मी था। अनेक क्षेत्रों में मोहभंग का होना भी अनिवार्य था। नई-नई पेचीदगियाँ भी पैदा हो रही थीं। आज़ादी के लिए संघर्ष करनेवालों में जनसाधारण की भूमिका अग्रणी रही थी, पर क़ानून बनाने, व्यवस्था के नए-नए इदारे बनाने, संस्थाएँ खड़ी करने का काम सांसदों, मंत्रिमंडलों और सरकारी ओहदेदारों के हाथ में आ गया। उस कार्यकलाप के प्रति आलोचनात्मक दृष्टि का पनपना अनिवार्य था। माहौल निश्चय ही तेज़ी से बदलने लगा था। और तद्नुसार साहित्यिक कृतियों में भी तरह-तरह के नए स्वर सुनाई पड़ने लगे थे। पहलेवाली आकांक्षाओं और यथार्थ

के बीच पाए जानेवाले अन्तर को देखते हुए आलोचनात्मक और कहीं-कहीं मोहभंग की-सी मानसिकता का पनपना भी लाज़मी था।

गुटबन्दियों से एक नुक़सान भी हुआ--हम साहित्यिक रचनाओं पर लेबल लगाने लगे। रचनाओं पर भी और लेखकों पर भी। ख़ेमे बनने लगे। रचनाओं पर लेबल लगाना कठिन था। रचना पर से लेखक का नाम हटा दो तो कहना कठिन था कि रचना किस कोटि में आती है, हाँ, लेखक के माथे पर लेबल चस्पाँ करना आसान था। और ऐसा हुआ भी।

'नई कहानी' किस दृष्टि से नई थी, इसकी व्याख्या बहुत लोगों ने अपने-अपने ढंग से की है।

प्रेमचन्द की सबसे बड़ी देन, मेरी नज़र में यह थी कि वह अपने भाग्य से जूझते व्यक्ति को समाज के परिप्रेक्ष्य में रखकर देखते थे। उनका साहित्य समाजोन्मुख था। मैं इसे सही और प्रेरणाप्रद समझता था। इस दृष्टि से रचे गए साहित्य में पात्र का व्यक्तित्व बहुआयामी बनकर हमारे सामने उभरता है। उसे मात्र उसके व्यक्तिगत गुण-दोष के परिप्रेक्ष्य में देखना मुझे एकांगी लगता था। और प्रेमचन्द की दृष्टि हमारे उस उथल-पुथलवाले काल के अनुरूप भी थी जिसमें हमारा देश उन दिनों गुज़र रहा था, और हमारा इतिहास एक बहुत बड़ी करवट ले रहा था।

'नई कहानी' में पात्र के व्यक्तिगत गुण-दोष पर, बल्कि उसकी आन्तरिक भावनाओं-वृत्तियों पर फिर से ज़्यादा बल दिया जाने का आग्रह था। कम-से-कम मैं ऐसा ही समझता था, और इसमें ज़्यादा मतभेद की गुंजाइश नहीं थी। मनुष्य आर्थिक-सामाजिक दबावों की जकड़ में रहता है, बेशक, पर उसकी इच्छाशक्ति उस जकड़न में से निकलने के लिए भी छटपटाती है। उसके जीवन में उसकी इच्छाशक्ति की भी उतनी ही बड़ी भूमिका रहती है। दोनों एक-दूसरे के पूरक हैं।

इससे आगे मेरी सोच नहीं जा पाती थी। मैं उस नई कहानी आन्दोलन की बारीकियों को आज तक नहीं समझ पाया। कौन-सा लेखक नई कहानी लिखता है और कौन-सा सचेतन कहानी, इसका भेद कर पाना मेरे लिए कठिन रहा है, और मैं इसकी ज़्यादा ज़रूरत भी नहीं समझता था।

भैरवप्रसाद गुप्त 'नई कहानियाँ' के सम्पादक बने। यह पत्रिका राजकमल प्रकाशन गृह से निकलती थी। भैरवजी से मुझे प्रोत्साहन मिला, मेरी अनेक रचनाएँ उन्होंने छापीं। उन दिनों जहाँ तक मुझे याद है, कहानियों को लेकर ज़्यादा मीन-मेख नहीं निकाले जाते थे। सभी तरह की कहानियाँ एक साथ छपती थीं। श्रीपतराय 'कहानी' पत्रिका निकालते थे जिसके वार्षिक विशेषांकों की उन दिनों धूम थी।

एक और पत्रिका 'कल्पना' नाम से पित्तीजी निकालते थे जिसकी अपनी गरिमा थी। कुल मिलाकर कहानी, साहित्य की प्रमुख विधा का स्थान ले रही थी।

इसी दौरान मैं कुछ अरसे के लिए बनारस जा बैठा। अपने कॉलेज की नौकरी को पक्का कर पाने के लिए, मैंने पी-एच.डी. करने का निश्चय किया। अंग्रेज़ी में करता तो बरसों निकल जाते। डॉ. इन्द्रनाथ मदान के सुझाव पर जो उन दिनों चंडीगढ़ में हिन्दी विभाग के अध्यक्ष थे और उन्हीं के निदेशन में, मैंने 'हिन्दी उपन्यास में नायक की अवधारणा' विषय ले लिया और अध्ययन के लिए बनारस जा पहुँचा। अपनी थीसिस मुझे अंग्रेज़ी भाषा में 'Concept of the Hero in Hindi Novel' शीर्षक के अन्तर्गत लिखना था।

वे दिन भी बड़े सुखद रहे। पहले कुछ दिन मैं पंडित हज़ारीप्रसाद द्विवेदीजी के यहाँ रहा। वह बलराजजी के गहरे मित्रों में से थे। बलराज, शान्तिनिकेतन में उनके नेतृत्व में हिन्दी विभाग में काम करते रहे थे। बाद में उन्होंने ही विश्वविद्यालय के एक होस्टल में मेरे रहने का प्रबन्ध कर दिया। गर्मी की छुट्टियों के दिन थे, उन्हें सपरिवार गाँव जाना था, मेरे लिए सारा प्रबन्ध करके मुझे अपना लायब्रेरी कार्ड भी दे गए। मैं नागरी प्रचारिणी सभा के पुस्तकालय में भी जाने लगा। इस तरह पढ़ने का ख़ूब मौक़ा मिला।

प्रमुख तीर्थस्थल के नाते, वाराणसी की ऐतिहासिक गरिमा थी। दूर अतीत के धुँधलके में से निकलकर आया था। पीढ़ी-दर-पीढ़ी, लाखों-लाख भारतीयों की अगाध श्रद्धा का केन्द्र, वाराणसी रूमानी छवि लिये हुए था।

दूसरी ओर वाराणसी की तंग, टेढ़ी-मेढ़ी, अँधेरी गलियाँ, वाराणसी के हृदयहीन पंडे, जो किसी जजमान की खाल भी उतार लें, घाटों की सीढ़ियों पर बैठे अनगिनत भिखमंगे, कुष्ठ रोगी और इस पर गंगा मैया का दूषित जल। यह सब भयावह था।

इस तरह वाराणसी की दोनों परस्परविरोधी छवियाँ बरबस आँखों के सामने घूम जाती थीं।

यहाँ धर्मान्धता का विकराल रूप भी था और धर्मान्धता को चुनौती देनेवाली आवाज़ भी गाहे-बगाहे यहीं उठाई गई थी। दूर अतीत में गौतम बुद्ध ने अपना पहला प्रवचन वाराणसी के ही निकट दिया था। निर्गुणियाँ कबीर वाराणसी की ही गलियों में और सड़कों के किनारे अपने सत्संग लगाता रहा था, और यहीं पर तुलसीदास द्वारा 'रामचरित मानस' की रचना हुई थी। और यहीं पर बाद में भारतेन्दु ने नवजागरण के अपने गीत गाए थे। और यदि मैं भूल नहीं करता तो जब इसकी गलियों में कबीर के निर्भीक स्वर गूँज रहे थे तो 'मोहे चाकर राखो जी' गाती हुई राजराणी मीरा भी वाराणसी की परिधि में दाख़िल हुई थी। और

मैंने कहीं पढ़ा था कि युवा गुरु नानक की भेंट यहीं पर कबीर से हुई थी। इसलिए वाराणसी में कुछ समय तक रहना मुझे एक विरल अनुभव जैसा लगता था।

घूमना मेरी दिनचर्या का अंग था। कभी किसी घाट पर जा बैठता, कभी गलियाँ लाँघता, गाहे-बगाहे गंगा में स्नान करता, घुमक्कड़ साधुओं के साथ बतियाता फिरता, पर उनमें से अधिकांश दाल-भात की ही चर्चा करते, कि किस सेठिए के लंगर में भोजन कैसा मिलता है। कभी एक भी साधु ऐसा नहीं मिला जिसने कभी अध्यात्म की बात की हो, या जिसकी सोच में मौलिकता की झलक मिली हो। घाटों पर बैठे भिखारी भी अपनी-अपनी जाति के मद में एक दूसरे का सिर फोड़ने के लिए तैयार बैठे मिलते। भीख माँगने के लिए टीन का डिब्बा किसके पास है और कमंडल किसके पास ?

विश्वविद्यालय के परिसर में मैं एक छात्र की तरह रह रहा था। होस्टल गर्मी की छुट्टियों के कारण ख़ाली था, केवल रसोई चल रही थी। दिल्ली से चलने से पहले शीला ने मुझे दही जमाना सिखा दिया था। और मैंने उसमें ऐसी कुशलता प्राप्त कर ली थी कि रसोईघर के मिश्रजी मुझसे कई बार पूछने आते कि 'जामन' लगाने से पहले दूध कितना गर्म होना चाहिए। बिस्कुटों का एक बड़ा डिब्बा शीला ने मुझे साथ में दे दिया था। लकड़ी के तख़्त पर—जिस पर लेट जाओ तो पलंग बन जाता था, और पालथी मारकर बैठ जाओ तो पत्थर की शिला बन जाता था, मेरा सारा दिन बीतता। फिर सुबह-शाम का घूमना।

बड़े सुखद, प्रेरणाप्रद अनुभव हुए। वहीं पर पहली बार नामवरजी से परिचय हुआ जो एम. ए. पास कर चुके थे। साहित्य पर उनकी बड़ी पैनी नज़र थी। उनके साथ साहित्य चर्चा रहती। विश्वनाथ त्रिपाठी का शायद पढ़ाई का अन्तिम वर्ष था। हँसोड़ तबीयत के धनी, खिला हुआ चेहरा पर जिनका पता नहीं चलता कि मज़ाक का मज़ा ले रहे हैं या मज़ाक उड़ा रहे हैं। उन्हीं के हाथ से भाँग का पहला गिलास पीने को मिला जिसका सरूर आज तक क़ायम है। नई-नई किताबों के बारे में जानने की उनकी उत्सुकता मुझे बहुत प्रभावित करती थी और उनका खुलापन, अपनापन। फिर गंगा किनारे की वे सैरें, चायख़ानों में बैठकर गप्प-शप्प। मुझे बहुत अच्छा लगता।

एक छोटा-सा क़िस्सा याद आता है। शायद द्विवेदीजी उस वक़्त तक अपने गाँव से लौट आए थे। किसी विरल पुस्तक का पुनः प्रकाशन हुआ था जिसकी एक प्रति हज़ारी प्रसादजी को भेजी गई थी। हम सब लोग घूमकर लौटे थे और हज़ारीप्रसादजी के घर में प्रवेश ही किया था, जब हज़ारीप्रसादजी की नज़र उस

पर पड़ी थी और उन्होंने पैकेट खोला था। नामवर पास में खड़े थे। पुस्तक पर नज़र पड़ते ही दोनों उत्साह से उछले और दोनों ही जैसे उसे ले पाने के लिए झपटे।

नामवरजी, पंडितजी के चहेते शिष्य थे। दोनों के बीच सम्बन्धों का खुलापन, आत्मीयता, पुस्तक के प्रति उत्साह मेरे लिए देखते बनता था।

मैं थीसिस की पढ़ाई करने के बाद दिल्ली लौट आया, फिर उसे लिखने में लग गया। बहुत दिन इसमें निकल गए। और जब नतीजा निकला तो मैं मास्को में बैठा था।

बनारस से दिल्ली लौट आने के कुछ ही दिन बाद हमारे बेटे वरुण ने जन्म लिया। उसके जन्म से जुड़ी एक अनूठी घटना याद आती है।

उन दिनों बलराजजी दिल्ली में आए हुए थे। और उस रोज़ रात का भोजन करने के बाद हम लोगों ने ही कोई फ़िल्म देखने का निश्चय किया। मुझे फ़िल्म का नाम याद नहीं और हम तीनों—बलराजजी, शीला और मैं फ़िल्म देखने निकल गए। लगभग तीन-साढ़े तीन घंटे बाद जब हम लौटकर आए तो शीला बेचैन महसूस करने लगी और मैं फ़ौरन उसे टैक्सी में बैठाकर अस्पताल ले गया। अस्पताल, हमारे घर से काफ़ी दूर था। जनाना अस्पताल था और मैं रात-भर अस्पताल के बाहर बैठा रहा।

सुबह सात बजे के क़रीब नर्स ने आकर बताया कि बेटे का जन्म हुआ है और माँ-बेटा कुशल से हैं। मेरी भानजी, हर्ष, शीला के पास थी।

मैंने आश्वस्त महसूस किया और घर की राह ली।

जब मैं घर पहुँचा तो पिताजी मिले। उन्होंने अपने कुर्ते की जेब में से कागज़ का एक पुर्ज़ा निकालकर मेरे हाथ में दिया। उस पर उनके हाथ से लिखा था :

"अभी-अभी सात बजकर पाँच मिनट पर शीला राणी ने पुत्र को जन्म दिया है।"

मैं हैरान रह गया। पिताजी को कैसे पता चल गया ? हमारे घर में उन दिनों टेलीफ़ोन नहीं था और न ही किसी मित्र-सम्बन्धी को शीला के अस्पताल में दाख़िल होने की जानकारी थी। और बलराज ऊपर लम्बी ताने सो रहे थे।

और पिताजी ने स्वयं जो कुछ बताया वह सचमुच विस्मयजनक था।

पिताजी ने कहा कि वह नहाने के लिए गुसलख़ाने में गए। कपड़े उतारे और नहाने जा ही रहे थे कि रुक गए, कपड़े फिर से पहन लिये और बाहर चले आए। और सीधा पेंसिल उठाकर कागज़ के पुर्ज़े पर लिख दिया।

"7 बजकर 5 मिनट पर शीला राणी ने बेटे को जन्म दिया है।"

वह काग़ज़ का पुर्ज़ा मैंने डायरी में टाँक दिया जो अब भी कहीं अटका मिल जाएगा।

ऐसी ही भाग्य की पूर्वसूचनाएँ दो-एक बार और भी मिली हैं। पाकिस्तान बनने से पहले हम लोग काश्मीर में थे जब एक बार वुल्लर झील की यात्रा पर निकले थे। मित्र-मंडली में एक बंगाली युवक भी थे जिन्हें हस्तरेखा बाँचने का शौक़ था। मैंने भी उनके सामने अपनी हथेली खोल दी। उन्होंने ज़्यादा तो कुछ नहीं कहा, पर इतना ज़रूर बताया कि तुम्हारे बाएँ बाजू को चोट आएगी। मैंने सिर झटक दिया, पर इस पेशीनगोई के लगभग बारह बरस बाद अम्बाला में अपने 'बँगले' की छत पर से गिरने पर मेरे बाएँ बाजू की हड्डी टूटी थी। डबल फ्रेक्चर हुआ था। तभी मुझे उस पेशीनगोई की याद भी आई।

एक बार...और उसे याद करना मेरे लिए दुःखद भी है—हम लोग शिमला में थे जब संस्कृत के एक विद्वान ने शीला का माथा और हाथ आदि देखकर बताया था कि शीला पर उसकी अवस्था का 76वाँ वर्ष भारी है और यह सच साबित हुआ था और अपने 76वें वर्ष में शीला चल बसी थी।

ऐसी ही एक घटना मेरे मास्को निवास से भी जुड़ी है। मैं मास्को में अनुवाद कार्य के लिए चुन लिया गया था। पर जाने से महीना भर पहले मैं बीमार पड़ गया। मैं स्वस्थ नहीं हो पा रहा था जब मेरे ससुर मुझे एक वैद्यजी के पास ले गए। उन्होंने दवाई लिख दी। वह वैद्यजी हस्तरेखा भी जानते थे। कहीं ज्योतिष की बात चली तो उन्होंने मेरी रेखा भी देखी। मेरी हथेली पर उनकी नज़र गई ही थी कि हैरान होकर बोले, "अरे तुम यहाँ कैसे बैठे हो ? तुम्हें तो अब तक विदेश में होना चाहिए था।" इससे पहले मेरी उनसे कोई जानकारी नहीं थी। मुझे ज़रूर अचम्भा हुआ था।

7

रूमानी-आदर्शवादी नज़र का जवाब नहीं। जब दिल्ली के हवाई-अड्डे पर से हवाई जहाज़ उड़ा तो लगा जैसे किसी नीलमदेश की यात्रा पर निकला हूँ। तन-बदन गें उत्सुकता लहरें मार रही थी। बलराज दो वर्ष पहले किसी फ़िल्मी शिष्टमंडल के साथ सोवियत यात्रा कर चुके थे और लौटने पर कितने दिन तक गुणगान करते रहे थे।

हवाई जहाज़ की खिड़की में से वयोवृद्ध माता-पिता साथ-साथ खड़े नज़र आए जो मुझे विदा करने आए थे। उन्हें देखकर झटका-सा लगा, दिल बैठ भी गया कि उन्हें इस उम्र में छोड़े जा रहा हूँ। पर इस बात की तसल्ली भी थी कि बलराज उन्हें अपने साथ बम्बई ले जाएँगे। यह केवल रूमानी मानसिकता रही हो, ऐसा भी नहीं था। मैं पहली बार घर से बाहर निकल रहा था, विदेश यात्रा कर रहा था, इसका भी चाव था। और एक समाजवादी देश को देख पाने का तो था ही जहाँ इंसानी बराबरी के आधार पर एक नई व्यवस्था जड़ जमा रही थी, जिसकी जाँबाज़ फ़ौज और जनता ने हिटलर की फ़ौज़ों के छक्के छुड़ा दिए थे। इस तरह की सोच भी इस उतावलेपन

के पीछे थी और इस सब पर रूमानी कल्पना का रंग तो था ही।

मैं मास्को जाने के लिए इतना उतावला हो उठा था कि कॉलेज की पक्की नौकरी से इस्तीफ़ा दे दिया, जो कठिनाई से मिली थी। शीला की रेडियो की पक्की नौकरी छुड़वा दी जिसमें वह सात साल से काम करती आ रही थी और ख़ूब नाम कमाया था और खुश थी।

मेरा यह उतावलापन निजी तौर पर किसी को रास नहीं आया, मेरे भी नहीं। पर उस समय यही सही जान पड़ता था, कि यह नादर मौक़ा है, निकल चलो। बाद में छोटी-मोटी नौकरी तो कहीं मिल ही जाएगी।

उन दिनों डेकोटा हवाई जहाज़ चला करते थे। दिल्ली से काबुल, काबुल से दर्मियस, दर्मियस से ताशकन्द और फिर ताशकन्द से मास्को तक की लम्बी उड़ान जो दस घंटे में पूरी होती थी।

पर पहला ही पड़ाव लाँघकर काबुल पहुँचे थे कि मौसम की ख़राबी के कारण पाँच दिन तक काबुल में रुकना पड़ा। काबुल में मैं घुमक्कड़ी पर निकला। मैंने सुन रखा था कि मेरे पुरखे कभी काबुल में रहा करते थे। काबुल का अपना माहौल था। पठानों के चुग़े, लम्बी-लम्बी दाढ़ियाँ, गाढ़े के कपड़े, सिर पर पग्गड़, मुझे लगा कभी मेरे पुरखों का भी ऐसा ही पहरावा रहा होगा।

दूसरे ही दिन, एक सड़क के किनारे पटरी पर, एक सरदार हाट लगाए बैठा था। मैं चौंका। यह यहाँ क्या कर रहा है ? मैं लपककर उसके पास जा पहुँचा। मैंने सोचा, मेरे पुरखे तो निकल आए थे, इसके पुरखे यहीं बने रहे होंगे। मैंने बड़े चाव से पंजाबी में उसका अभिवादन किया। पर वह चुप। मैं पंजाबी में कुछ कहूँ तो वह पश्तो में बोले। न मैंने उसका एक भी शब्द समझा, न उसने मेरा, सिवा शायद सत सिरी अकाल के। मैंने सोचा था उससे अपने पुरखों की चर्चा करूँगा, पर वह तो बिल्कुल ही अजनबी निकला।

हर दिन उड़ान स्थगित हो रही थी। मैंने सोचा घरवालों को तार कर दूँ। ढूँढ़ता हुआ तारघर जा पहुँचा। जनवरी का महीना था और बला की सर्दी पड़ रही थी। तारघर में तीन कर्मचारी एक सिगड़ी के इर्द-गिर्द बैठे आग ताप रहे थे। मैंने तार-फ़ॉर्म भरकर दे दिया। एक कर्मचारी, कुछ देर बाद, बड़े अनमनेपन से उठा, देर तक अँगड़ाइयाँ लेता रहा, फिर मेरे हाथ से फ़ॉर्म लेकर पीछे चला गया और मेज़ पर जा बैठा।

कुछ देर बाद रसीद बनाकर लौटा।

"साढ़े सात सौ अफ़गानी," वह बोला।

पर जब मैं रक़म निकालने को हुआ तो वह चहककर बोला :

"तुम हिन्दुस्तान से आया। हिन्दी-अफ़गानी भाई-भाई। तुम पाँच सौ अफ़गानी

दे दो।"

हर दिन कोई-न-कोई रोचक अनुभव होता। शहर के बाहर एक शाम एक छोटी-सी पहाड़ी की तलहटी पर घूम रहा था जब तीन अफ़गान लड़के एक जगह बैठे हिन्दुस्तानी फ़िल्मों के गीत, एक के बाद एक, गा रहे थे। मैं रुक गया तो बड़ी मिलनसारी से मिले, विशेषकर जब उन्हें मालूम हुआ कि मैं बलराज साहनी का भाई हूँ।

चौथे दिन धूप निकल आई। आसमान साफ़ था। मैंने सोचा आज हवाई जहाज़ उड़ान भरेगा, हम लोग निकल जाएँगे। सभी यात्री हवाई अड्डे पर जा पहुँचे। यात्रियों में एक अफ़गान सज्जन भी थे जो सरकारी अफ़सर जान पड़ते थे। उनके साथ दो स्त्रियाँ थीं जो बुर्के ओढ़े हुए थीं। जब यात्री हवाई जहाज़ में बैठे तो अन्दर क़दम रखते ही दोनों स्त्रियों ने बुर्के उतार दिए। देखकर अचम्भा हुआ कि दोनों यूरोपीय वेशभूषा में थीं। बाल कटे हुए, घुटनों तक स्कर्ट, लिपस्टिक और मेक-अप आदि।

काबुल हवाई अड्डे पर मैंने पहली सोवियत महिला की झलक देखी थी—लम्बा चुन्नटोंवाला कोट, पाँवों में ऊँचे बूट, सिर पर किश्तीनुमा टोपी, ऊँचा लम्बा क़द, आत्मविश्वास की प्रतिमा, मैं उसकी ओर देखता ही रह गया। वह उतरनेवाले हवाई जहाज़ों को रास्ता दिखा रही थी।

हवाई जहाज़ उड़ा तो वही महिला हवाई जहाज़ के अन्दर एयर होस्टेस का काम कर रही थी। हवाई जहाज़ सोवियत संघ की ओर उड़ा जा रहा था और मैं खिड़की के साथ चिपका बैठा बराबर नीचे की ओर देखे जा रहा था, यह देखने के लिए उत्सुक कि सोवियत संघ की सीमा कहाँ से शुरू होती है।

सोवियत महिला पास से गुज़री तो मैंने उससे पूछा कि सोवियत सीमा कहाँ से आरम्भ होती है तो उसने अपनी टूटी-फूटी अंग्रेज़ी में जहाज़ की खिड़की में से नीचे की ओर देखते हुए कहा :

"बस, आमू दरिया आनेवाला है। मैं तुम्हें बता दूँगी। वही सोवियत संघ की सीमा रेखा है।"

मैं सन्तुष्ट होकर बैठ गया। थोड़ी देर बाद वह दौड़ी आई। फिर से नीचे की ओर देखकर बोली।

"वह है आमू दरिया। यही सोवियत सीमा रेखा है।"

मैं एकटक नीचे देखता रहा। शरीर में झुरझुरी भी हुई कि सोवियत संघ की परिधि में पहुँच गया हूँ। पर थोड़ी ही देर बाद ऐसा लगा जैसे जहाज़ उतरने लगा

है। मैं तनकर बैठ गया, सोचा कि अभी हवाई जहाज़ दर्मियस के हवाई अड्डे पर उतरेगा। पर इतनी जल्दी हम दर्मियस में कैसे पहुँच गए ? क्या दर्मियस नदी के किनारे बसा हुआ नगर है ? पर जहाज़ सचमुच उतरने लगा। और वह उतरा भी। मैं झाँक-झाँककर खिड़की में से बाहर की ओर देख रहा था। नीचे हवाई अड्डा कुछ-कुछ पहचाना सा लगा। लगा जैसे उसे पहले कहीं देखा है। फिर मन ने समझाया, हवाई अड्डे अक्सर एक जैसे ही होते हैं। पर जब हवाई जहाज़ उतरकर रन-वे पर भाग रहा था तो पिछली सीट पर बैठे किसी यात्री ने खीझकर कहा :

"हम फिर से काबुल हवाई अड्डे पर पहुँच गए हैं।"

अफ़गान लड़कियों ने बड़बड़ाते हुए फिर से बुर्के ओढ़ लिये। सोवियत नारी ने मुस्कुराकर मेरी ओर से मुँह फेर लिया। मैं नहीं समझ पाया कि उसे स्वयं मुग़ालता हुआ था या उसने ध्यान से देखे बिना मुझे आमू दरिया दिखा दिया था। सभी मुसाफ़िरों के साथ मैं भी बड़बड़ाता हुआ नीचे उतर आया।

पर अगले दिन यात्रा सही बैठी, मैंने आमू दरिया देखने का इरादा छोड़ दिया कि नीचे आँखें लगाए देखूँगा तो क्या मालूम जहाज़ फिर से काबुल के हवाई अड्डे पर जा पहुँचे।

अगले दिन शाम को जब हवाई जहाज़ मास्को के व्नूकोवो हवाई अड्डे पर उतरा तो मुसाफ़िरों ने चैन की साँस ली। उस वक़्त दोपहर के तीन बज रहे थे। तीन तो बज रहे थे, पर यह दोपहर नहीं थी। अँधेरा पड़ चुका था, चारों ओर बर्फ़ के तोदे और वातावरण में फैली नीली आभा और उस नीली आभा में जगह-जगह चमकते बिजली के कुमकुमे। मैं सचमुच किसी नीलमदेश में पहुँच गया था।

और यही दृश्य उस फ़्लैट की खिड़की में से भी देखने को मिला जिसमें रहने के लिए उस शाम मुझे लाया गया था। आठ मंज़िला इमारत जिसमें सैकड़ों की संख्या में फ़्लैट थे, और फ़्लैटों की खिड़कियाँ बहुत बड़े आँगन में खुलती थीं। पहली झलक मन पर अपनी अमिट छाप छोड़ जाती है। वह पहली शाम का दृश्य भी मुझे भुलाए नहीं भूलता। मुझे पाँचवीं मंज़िल पर फ़्लैट मिला था। नीचे, उस विशाल आँगन में वैसे ही बर्फ़ के तोदे, वैसी ही वातावरण में फैली नीली अलौकिक आभा, और उस आभा में फ़्लैटों में जलते बिजली के कुमकुमे, कहीं लाल तो कहीं हरे तो कहीं पीले रंग के शेडों से ढके। अजीब नज़ारा था। और बर्फ़ पर छोटे-छोटे रूसी बच्चे बर्फ़ में खेलते हुए मोटे-मोटे कोट पहने जो कभी एक-दूसरे से उलझ जाते तो लगता भालुओं के बच्चे एक-दूसरे से गुत्थम-गुत्था हो रहे हैं।

जिस प्रकाशन गृह में मैं अनुवादक के रूप में काम करने गया था, वहाँ विश्व की 27 भाषाओं में सोवियत पुस्तकों के अनुवाद किए जाते थे। उस समय भारत

से हम लोग चार भारतीय भाषाओं में अनुवाद करने के लिए भेजे गए थे—हिन्दी, उर्दू, बँगला और तमिल। बाद में अन्य भारतीय भाषाओं में भी अनुवाद कार्य होने लगा था और भारतीय भाषाओं की संख्या तेरह तक जा पहुँची थी।

दूसरे दिन ही सुबह मैं लाल चौक (रेड स्क्वेयर) जा पहुँचा जहाँ वातानुकूलित कक्ष में लेनिन और स्तालिन के शव रखे थे। मेरे लिए यह तीर्थयात्रा के समान था। यह शव कक्ष क्रेमलिन के बाहर स्थित था। मैं पहुँच तो गया पर मुझे मास्को की भयानक सर्दी का पहली बार अनुभव हुआ। चारों ओर बर्फ़ और शवकक्ष के बाहर फ़र्लांग-भर लम्बी श्रद्धालुओं की लाइन। भारत से जो गर्म ओवरकोट बनवाकर लाया था, उसे पहने मैं ऐसा ठिठुर रहा था मानो मैंने केवल मलमल का कुर्ता पहन रखा हो और लाइन चींटी की चाल से आगे बढ़ रही थी। जेब में रखे जिस रूमाल से मैं बार-बार नाक और आँखें पोंछ रहा था वह लकड़ी के टुकड़े के समान कड़ा हो गया था।

आख़िर मेरी बारी आई और मैंने काले संगमरमर के बने शवकक्ष में क़दम रखा। दर्शकों की पाँत एक दरवाज़े से प्रवेश करके, धीरे-धीरे आगे बढ़ती हुई, दर्शन करने के बाद दूसरे दरवाज़े में से निकल जाती। लेनिन अपने काले कोट-पतलून में, स्तालिन मार्शल की वर्दी में, एक-दूसरे से थोड़ा हटकर लेटे हुए। कक्ष में ख़ामोशी ऐसी कि सुई भी गिरे तो सुनाई दे जाए। वे इतने सजीव लग रहे थे, मानो सचमुच आराम कर रहे हों।

उन दिनों ख़ुश्चेव का ज़माना था, स्तालिन की भूमिका की कड़ी आलोचना की जा रही थी। पर उनके शव को तब वहाँ से हटाया नहीं गया था। यह बहुत बाद में हुआ। मेरी नज़र में उस समय उनकी भूमिका एक दृढ़ाग्रही नेता की थी जिनके नेतृत्व में लाल सेना ने हिटलर-मुसोलिनी की फ़ौजी के छक्के छुड़ा दिए थे और दुनिया को फ़ासीवाद से बचा लिया था। लेनिन पर उस समय तक किसी ने उँगली नहीं उठाई थी। आए दिन केवल स्तालिन की आलोचना सुनने को मिल रही थी। इसके शायद दो या तीन साल बाद जब मास्को से दूर सरातोव नगर में मैं शीला के पिताजी के साथ घूम रहा था—जो कुछ समय के लिए हमसे मिलने आए थे—तो स्तालिन का एक धराशायी बुत देखा। बुत गिरा पड़ा था। सिर से कमर तक का हिस्सा अलग और निचला हिस्सा अलग, बुत लगभग सौ फ़ीट लम्बा रहा होगा। तब तक स्तालिन की आलोचना हर किसी की ज़बान पर थी और उन लोगों को भी जो बड़े-बड़े ओहदों पर, उनके सहयोगी रहे थे, जैसे वोरोशीलोव, मोतोलाव आदि को चुन-चुनकर अपदस्थ किया जाने लगा था। पर यह बहुत बाद की बात है।

मेरे मास्को-निवास के शुरू-शुरू के ही दिनों में अंग्रेज़ी की पाक्षिक पत्रिका

'न्यू टाइम्स' में स्तालिन सम्बन्धी एक लेख छपा था जिसमें चीन में प्रकाशित स्तालिन से सम्बन्धित ही किसी लेख की चर्चा थी। मैंने अपने प्रकाशन गृह के ही एक रूसी मित्र से उसकी चर्चा की ओर जानना चाहा कि चीन में प्रकाशित उस लेख की प्रति कहीं से मिल सकती हो तो मैं पढ़ना चाहूँगा। उस सज्जन ने मेरी ओर इस तरह देखा मानो अपने जीवन में स्तालिन का नाम पहली बार सुन रहे हों और उन्होंने बड़ी आत्मीयता से सिर हिला दिया कि उन्हें इस बारे में कोई भी जानकारी नहीं। मैं समझ गया कि हमारे सोवियत सहकर्मियों से इस बात की अपेक्षा की जाती होगी कि हम विदेशियों के साथ वे किसी राजनीतिक विषय पर बात नहीं करेंगे।

और ऐसा ही बाद में भी देखने को मिला।

और मैंने मन-ही-मन इस स्थिति को स्वीकार भी कर लिया। जब से क्रान्ति हुई थी, इस नए समाजवादी देश का गला घोंटने, साम्राज्यवादी ताक़तें सारा वक़्त ताक में रहती रही थीं। यदि इस प्रकार का अनुशासन इस व्यवस्था ने अपने नागरिकों पर लागू किया है तो उसे समझा जा सकता है। उस समय तो मेरी ऐसी ही प्रतिक्रिया रही।

उन्हीं, शुरू-शुरू के दिनों में ही एक बड़ा सुखद और प्रेरणाप्रद अनुभव हुआ।

मैं अपने कुछ अनुवादक साथियों के साथ, एक दिन प्रातः उक्रइना होटल की ओर जा रहा था। हम लोग कीव्स्की मेट्रो स्टेशन पर उतरे थे, और वहाँ से पैदल चलते हुए उक्रइना होटल की ओर जा रहे थे जब दूसरी ओर से बड़ी उम्र की एक रूसी महिला को आते देखा। जब वह नज़दीक पहुँची तो हमें देखकर रुक गई।

"क्या आप लोग भारत के रहनेवाले हैं ?" उसने रूसी भाषा में पूछा।

मेरे साथियों में केवल ज़ोए अंसारी ही रूसी भाषा जानता था। उसने जब जवाब में कहा, "जी, हम भारत के रहनेवाले हैं।" तो उस महिला ने सहसा ही झुककर ज़मीन को छुआ और बोली, "आप टैगोर के देश के निवासी हो। आपका स्वागत है।" और मुस्कुराती हुई, मानो हमें आशीष देती हुई आगे बढ़ गई। जब हमें पता चला कि उसने क्या कहा है तो हम अभिभूत-सा महसूस करते रहे।

भारत के साथ उन दिनों, सोवियत संघ के बड़े नज़दीकी सम्बन्ध पनप रहे थे।

यह 1957 की बात है। क्रान्ति के बाद, सांस्कृतिक क्षेत्र में सोवियत संघ ने जो नीति अपनाई थी, उसके अन्तर्गत बड़े व्यापक स्तर पर अनुवाद कार्य किया जा

रहा था। जहाँ रूसी तथा अन्य सोवियत भाषाओं से अनुवाद किए जाते रहे वहाँ अन्य देशों के साहित्य के भी रूसी आदि भाषाओं में अनुवाद हुए। पूरे सोवियत शासन काल में लगभग एक हज़ार भारतीय पुस्तकों के अनुवाद हुए होंगे। इनमें साहित्य, दर्शनशास्त्र, समाजशास्त्र आदि शामिल थे। उन्हीं दिनों जब उस रूसी महिला से भेंट हुई रवीन्द्रनाथ ठाकुर का पूरा साहित्य, आठ खंडों में छपकर आया था।

उन दिनों मेरे लिए सचमुच नए-नए प्रभावों की बाढ़ आ गई थी। मुझे लगता था जैसे मैं एक नई दुनिया में पहुँच गया हूँ।

बेटी को स्कूल में दाख़िल कराना था। स्कूल हमारे घर की बग़ल में ही था। मुझे पता चला कि हर बस्ती में स्कूल को ऐसी जगह पर बनाया जाता है कि वहाँ पहुँचने के लिए किसी भी बच्चे को सड़क पार न करना पड़े। ऐसा उनकी सुरक्षा के लिए किया गया था। मैं स्कूल में बच्ची को लेकर गया। सारा स्कूल चम-चम कर रहा था। पता चला कि स्कूल के बच्चे उसे साफ़-सुथरा रखने में मदद करते हैं। स्कूल का चक्कर लगाने के बाद मैंने आँगन में खड़े-खड़े सिगरेट सुलगाई तो झट से आवाज़ आई कि स्कूल के अहाते में सिगरेट पीने की मनाही है।

उसी शाम दो स्त्रियाँ घर पर आईं, यह बताने के लिए कि हमारी बेटी को स्कूल में किस-किस चीज़ की ज़रूरत होगी—स्कूल की वर्दी की, पुस्तकों-कॉपियों आदि की। दोनों महिलाएँ parents' committee की सदस्याएँ थीं, अपना दायित्व निभा रही थीं।

(मेरी बेटी स्कूल में सात साल तक और बाद में विश्वविद्यालय में चार साल तक पढ़ी जहाँ उसने पी-एच.डी. किया। बाद में मेरा बेटा मास्को यूनिवर्सिटी में आठ साल तक भौतिकी विज्ञान पढ़ता रहा। उसने भी ऐस्ट्रो-फ़िज़िक्स में पी-एच. डी. की उपाधि ली। मुझे दोनों बच्चों की शिक्षा पर एक कौड़ी का बोझ भी नहीं सहना पड़ा। उनकी सारी तालीम मुफ़्त हुई, बल्कि यूनिवर्सिटी में पढ़ते हुए तो दोनों को अनुदान मिलता रहा। और ऐसी ही निःशुल्क शिक्षा सोवियत संघ में उनके अपने सभी बच्चों को दी जाती थी।)

क्रान्ति से पहले रूस में भारी संख्या में लोग निरक्षर थे। जब हम लोग वहाँ रहते थे तो शत-प्रतिशत लोग—स्त्रियाँ भी और मर्द भी—साक्षर ही नहीं थे, सबके लिए माध्यमिक शिक्षा तक पढ़ाई अनिवार्य थी।

मैं इस समय बैठा ऐसी व्यवस्था का गुणगान कर रहा हूँ जो तहस-नहस हो

चुकी है। पर मैं क्या करूँ ? अपने अनुभवों को झुठला तो नहीं सकता।

मैं अपनी पत्नी और दो बच्चों के साथ वहाँ गया था, इसलिए मुझे दो कमरों का फ़्लैट मिला था। पर मेरे फ़्लैट में झाड़-पोंछ करनेवाली एक तातार औरत को जो उसी अपार्टमेंट हाउस में रहती थी, तीन कमरों का फ़्लैट मिला हुआ था, क्योंकि उसका परिवार बड़ा था।

एक बार उस औरत की छोटी बेटी बीमार पड़ गई। महीना-भर अस्पताल में रही। जब घर लौटकर आई तो माँ-बाप को डॉक्टर की ओर से हिदायत दी गई कि हर पखवाड़े उसे जाँच के लिए अस्पताल में लाया जाए।

पर लगता है घरवालों ने परवाह नहीं की, क्योंकि एक मरतबा डॉक्टरनी मेरी उपस्थिति में लड़की की माँ को बड़ी कड़ाई से डाँट रही थी :

"दो पखवाड़े बीत गए तुम लड़की को जाँच के लिए नहीं लाईं। अगर अगले पखवाड़े भी नहीं लाईं तो हम तुम्हें 'अयोग्य माँ-बाप' घोषित कर देंगे और तुम्हारी बेटी का लालन-पालन सरकार अपने हाथ में ले लेगी।"

ऐसी चेतावनी मैंने पहले कभी नहीं सुनी थी।

ऐसी चेतावनी मैंने एक बार उस स्कूल में भी सुनी थी जिसमें हमारी बेटी पढ़ती थी। यह चेतावनी कक्षा की अध्यापिका के मुँह से सुनी जो छात्रों की परीक्षा के बाद उनके माँ-बाप के सामने, parents' meeting में अपनी रिपोर्ट सुना रही थी।

फ़ौज का कोई बड़ा अफ़सर अपनी वर्दी में बैठा, अध्यापिका की शिकायत सुन रहा था।

"आपका बेटा सड़कों पर आवारा घूमता रहता है, न माँ उसकी ओर ध्यान देती है, न बाप। उसकी पढ़ाई उत्तरोत्तर खराब हो रही है। यदि अगले सत्र तक ऐसा ही चलता रहा तो प्रशासन आपको अयोग्य माँ-बाप ठहराकर बच्चे का लालन-पालन अपने हाथ में ले लेगा।"

मैं स्वयं उस मीटिंग में बैठा था। फ़ौजी अफ़सर ने अध्यापिका को आश्वासन दिया कि उसे फिर शिकायत का मौक़ा नहीं दिया जाएगा।

बड़े ऊँचे लक्ष्य लेकर वह व्यवस्था स्थापित हुई थी। यदि नाकाम रही—भले ही अपनी त्रुटियों-ग़लतियों से नाकाम रही हो—उसका खेद तो होगा ही। वरना कौन-सी ऐसी व्यवस्था रही है जिसने जनसाधारण के जीवन को बेहतर बनाने का बीड़ा उठाया हो ?

हम लोग सात साल तक मास्को में रहे। मास्को-निवास के सात वर्षों में क्या खोया,

क्या पाया, इसके बारे में सोचो तो व्यक्तिगत स्तर पर तो पछतावे ही ज़्यादा मन में उठते हैं। न तो अच्छी तरह से रूसी भाषा सीखी, न उसका साहित्य ही जमकर पढ़ा, न तो जनजीवन की ज्यादा जानकारी हासिल कर पाया, न ही उनकी आर्थिक-सामाजिक व्यवस्था को किसी गहराई से जान-समझ पाया। अनुवाद-कार्य के बोझ के नीचे ही दबा रहा। यहाँ तक कि भारत लौटनेवाले दिन को भी ख्रुश्चेव की लम्बी तक़रीर सीधा रूसी से अनुवाद करता रहा क्योंकि कार्यालयवालों ने 'फ़ौरी अनुवाद' की माँग की थी। पैसे जेब में इतने भी नहीं थे कि शीला भारत में अपने मित्रों-सम्बन्धियों के लिए दिल खोलकर तोहफ़े ख़रीद सकती। जो पूँजी थी वह एक 'विदाई डिनर' में ही लुट गई जो हमने कार्यालय के अपने मित्रों सहकर्मियों को दिया। यहाँ तक कि हवाई अड्डे पर सामान ज़्यादा निकला तो मेरे मित्र सोम सुन्दरम ने अपने जेब से ख़सारा पूरा किया।

हाँ, इतनी ढाँढ़स ज़रूर थी कि कुछेक अच्छी किताबों का अनुवाद किया, अनुवाद कला के कुछ गुर सीखे। छिटपुट कहानियाँ भी लिखीं। मेरी पाँच कहानियों का एक छोटा-सा संग्रह भी रूसी भाषा में प्रकाशित हुआ। फिर, यूरोप की सैर की, सोवियत संघ की भी। और ढेर सारे प्रभाव बटोरे।

इसके अतिरिक्त एक नाटक का मसौदा भी इकट्ठा कर लाया जिसकी लिखाई भारत लौटने के लगभग तेरह बरस बाद पूरी हो पाई। यह 'हानूश' नामक मेरे पहले नाटक का मसौदा था।

मुझे गली-बाज़ार में घूमने का शौक़ था। रूसी भाषा की जानकारी उन दिनों न होने के कारण, मैं बार-बार रास्ता भटक जाता, पर इसी भटकाव में कभी-कभी ऐसी जगह जा पहुँचता जो मेरे लिए ऐतिहासिक महत्त्व की होती। एक दिन गोर्की स्ट्रीट से थोड़ा हटकर, एक तंग से रास्ते पर चला जा रहा था कि एक रंगशाला पर नज़र पड़ी। मास्को आर्ट थिएटर का नाट्यगृह था, वही जिसमें स्तानिस्लाव्स्की नाटकों का निर्देशन किया करते थे। यहीं पर चेख़व के तथा अन्य लेखकों के नाटक खेले जाते रहे थे। और महान नाट्यकर्मी तथा अभिनेता स्तानिस्लाव्स्की ने अभिनय सम्बन्धी अपना ग्रन्थ An Actor Prepares लिखा था।

उन दिनों मेरी मनःस्थिति अजीब-सी हो रही थी। बरसों पहले रूसी साहित्य की अनेक कृतियाँ पढ़ने पर रूसी जीवन की जो छाप मन पर पड़ी थी, इधर-उधर घूमते हुए जब कहीं उस रूसी जीवन की झलक देखने को मिलती, मैं बड़े चाव से झाँक-झाँककर देखता रहता। भूमिगत रेलवे में कभी-कभी कोई किसान परिवार देखने को मिल जाता, लम्बी दाढ़ी, घुटनों तक के ऊँचे बूट, पुरानी वज़ह की पोशाक, साथ में बैठी गोल-मटोल रूसी महिला, सिर पर रूमाली बाँधे और नीचे लम्बा फ्रॉक। लगता तुर्गनेव या टॉल्स्टॉय के किसी उपन्यास के पन्नों पर से उतर आए

हैं। कहीं किसी गिरजे का दरवाज़ा खुला देखता तो अन्दर घुस जाता। काला चुग़ा, लम्बी दाढ़ी और हाथ में पूजा का उपकरण झुलाता हुआ जिसमें से महकता धुआँ उठ रहा होता, 'पादरी' अपनी गहरी खरज आवाज़ में आराधना के शब्द बुदबुदा रहा होता। रूसी गिरजाघर के अन्दर का माहौल बड़ा रहस्यपूर्ण, गहरे में प्रभावित करनेवाला होता है। किसी पर्व पर तो उसके अलंकरण और संगीत का जवाब नहीं। सारा गिरजा गूँज रहा होता है।

रूसी जीवन के हर पहलू में अपनी तरह की मौलिकता रही है। उनके देश की दृश्यावली रही हो, वेशभूषा, रहन-सहन के तौर-तरीक़े, वास्तुशिल्प (उनके गिरजों की बनावट) अपनी तरह की, बावजूद इस बात के कि रूस का धनी वर्ग और हुकूमत के इदारे फ्रांस और जर्मनी के रीति-रिवाज और संस्कृति को अपनाने की भरसक चेष्टा करते रहे थे।

कभी कोई सैनिक, तराशी मूँछें और सिर पर किश्तीनुमा फ़ौजी टोपी लगाए सामने से गुज़र जाता तो मुझे टॉल्सटॉय के उपन्यासों के पात्र उसमें नज़र आने लगते। मैं खिड़की के पीछे खड़ा देर-देर तक बाहर का दृश्य देखता रहता। रूसी लड़कियों में मुझे टॉल्सटॉय के उपन्यासों की नायिकाएँ नज़र आने लगतीं, कहीं नताशा, कहीं कात्यूशा...यह सब बावजूद इस बात के कि मास्को का माहौल यूरोपीय शहरों के माहौल से बहुत कुछ मिलता-जुलता था। पर मेरी आँखें उसमें अठारहवीं-उन्नीसवीं शताब्दी के रूस की झलक पाना चाहती थीं। गाहे-बगाहे किसी कन्सर्ट में उनके लोकगीत सुनने को मिलते, जिनकी मिसाल नहीं। बाद में एक बार मेरे दफ़्तर के एक रूसी मित्र अर्बाकोव की बुढ़िया माँ से स्तेपी से जुड़े लोकगीत सुने, जो आज भी मेरे कानों में गूँजते हैं। लोकजीवन में पग-पग पर जीवनयापन की परम्परागत छवि देखने को मिलती थी। मास्को के बोल्शोई थिएटर में 'स्वान लेक' नामक बैले देखा। बल्शोई थिएटर के अन्दर पहली बार मैं और शीला गए थे—शीला का मन तभी तक मास्को में उखड़ा-उखड़ा रहा था—पर बल्शोई थिएटर को और बैले नृत्य को मन्त्रमुग्ध-सी देखती रही।

"आज मेरी सारी थकान उतर गई है," उसने चहककर कहा था।

ऐसा ही अनुभव मुझे मास्को की भूमिगत रेलवे (मेट्रो) को देखकर हुआ था जिसका प्रत्येक स्टेशन महल जैसा लगा था। और जब यह पता चला कि इसका निर्माण पायोनियर व कौमसोमौल युवक-युवतियों के श्रमदान द्वारा हुआ है तो मैं और भी अधिक प्रभावित हुआ था। क्रान्ति के फ़ौरन बाद के कुछ वर्षों में जिस उत्साह और निष्ठा से नई व्यवस्था की नींव रखी गई वह निश्चय ही बड़ा प्रेरणाप्रद था।

एक तो जहाँ भी मुझे रूस के परम्परागत जीवन की झलक मिलती मैं उस

ओर खिंचा जाता। दूसरे, सोवियत संघ की उपलब्धियों से तो मैं प्रभावित था ही। मेरी दिलचस्पी का एक और केन्द्र भी था। मैंने अपने देश के प्राचीन इतिहास में पढ़ा था कि आर्य जाति के लोग सेंट्रल एशिया से भारत आए थे। और सेंट्रल एशिया सोवियत संघ का इलाक़ा ही तो था। और मैं बड़े चाव से वहाँ की जातिगत समानता तथा साझी सांस्कृतिक परम्परा के अवशेष पहचानने की चेष्टा करता रहता। ऐसी दिलचस्पी केवल मेरी ही रही हो, ऐसा नहीं था। बहुत से भारतीय नागरिक और विद्वान इस ओर आकृष्ट हुए हैं। हमारी संस्कृत भाषा और रूसी भाषा में ढेरों ऐसे शब्द हैं जिनमें समानता पाई जाती है, विशेष रूप से ऐसे शब्द जिनका प्रयोग धार्मिक सन्दर्भ में हुआ है, जैसे :

	रूसी	
नभ	नेबो	आकाश
अग्नि	अगोन	अग्नि
चशक	चाश्का	चशक
मदिरा	मदीरा	मदिरा
दैव	देव	देवता
धाम	दोम	घर
धूम्र	दिम	धुआँ
वायु	वेतिर	हवा
वसन्त	विसना	वसन्त
गिरि	गरा	पहाड़
ग्रीवा	ग्रीवा	गला
विधवा	व्दोवा	विधवा
सदा	वसिग्दा	सदा
मधु	म्योद	मधु

उनके अतिरिक्त साधारण शब्दों की तो भरमार है :

द्वार	द्वेर	door	द्वार
मातृ	मात्	mother	माता
दादा	दैद	grandfather	दादा, आदि-आदि

श्रीमती कमला रत्नम, भारतीय दूतावास के तत्कालीन संस्कृति अधिकारी की पत्नी ने तो गहराई से खोज की थी और सैकड़ों शब्द खोज निकाले थे और पूरी पुस्तक लिख डाली थी।

गाहे-बगाहे हम लोग मास्को स्थित भारतीय दूतावास में जाते थे। पता चला

कि जब नेपोलियन ने रूस पर हमला किया था और उसकी फ़ौजें मास्को पर उतर आई थीं तो यही इमारत नेपोलियन का सदर मुक़ाम हुआ करती थीं और यहीं से वह युद्ध का संचालन किया करता था। उस जंग में नेपोलियन की फ़ौज के पाँव उखड़ गए थे, उसे मुँह की खानी पड़ी थी और नेपोलियन कूच का हुक्म देने पर मजबूर हुआ था। हम लोग सुनते आए थे कि कूच का मुख्य कारण मास्को का असहनीय जाड़ा था, जिसे फ्रांसीसी सैनिक बर्दाश्त नहीं कर पाए। पर जब कभी हम लोग इसकी चर्चा किसी रूसी सहकर्मी से करते तो उसे अच्छा नहीं लगता था, वह अक्सर जवाब में कहता :

"तो इसका मतलब हुआ, नेपोलियन की पराजय रूसी सेना के हाथों नहीं हुई, जाड़े के हाथों हुई। यही ना ?"

ऐसी ही टिप्पणी कभी-कभी दूसरे विश्वयुद्ध में इटली और जर्मनी की फ़ौजों के खदेड़े जाने के बारे में भी सुनने को मिलती थी जिनसे लाल सेना तीन साल तक जूझती रही थी।

इसी भारतीय दूतावास के आसपास के इलाक़े का एक और महत्त्व भी था। मक्सिम गोर्की के नाटक 'नीचा नगर' की बस्ती, या झोंपड़-पट्टी यहीं पर हुआ करती थी। यहीं पर मज़दूर लोग रहते थे। पर अब वहाँ पर उसका लेशमात्र भी नहीं था, बड़ी-बड़ी इमारतें बन चुकी थीं।

मास्को और मास्को के आसपास बहुत कुछ देखने को था, संग्रहालय, ऐतिहासिक स्थल, लेखकों-कलाकारों के जीवन से जुड़े अनेक भवन, टॉल्सटॉय का मास्को-स्थित घर, टॉल्सटॉय का यास्नाया पल्याना स्थित घर, जिसमें लेखक की डायरी में गांधीजी के सम्बन्ध में टॉल्सटॉय की टिप्पणी पढ़ने को मिली। बहुत कुछ था जो मेरे लिए बड़ा रोचक था।

पर कभी-कभी चौंकानेवाले अनुभव भी होते। एक दिन शाम के वक़्त, जब अँधेरा उतर रहा था और मैं एक तंग-सी गली में से गुज़र रहा था तो मेरी नज़र एक बूढ़े आदमी पर पड़ी जो गली के नाके पर रखे बड़े से कूड़ेदान में हाथ डाले, कुछ ढूँढ़ रहा था। मुझे अचम्भा हुआ। यह क्यों ऐसा कर रहा है ? क्या इसका कुछ खो गया है, या अपना पेट भरने के लिए कुछ ढूँढ़ रहा है। मन को निश्चय ही धक्का-सा लगा। फिर मैं स्वयं ही इसकी सफ़ाई भी देने लगा। कोई सनकी होगा, कोई पागल ही कूड़े के ढेर में हाथ डालेगा। वरना सोवियत देश में कोई क्योंकर ऐसा करेगा ?

इसी भाँति एक बार मेरे मित्र सोम सुन्दरम की बेटी का जन्मदिन था। उस शाम मैं कुछ सामान ख़रीदने के लिए रसद की एक दूकान में, लम्बी लाइन में खड़ा था और अपनी बारी का इन्तज़ार कर रहा था। तभी मैंने देखा कि एक

तीसेक साल का आदमी मेरी बग़ल में आकर खड़ा हो गया है और मुझसे कुछ कहना चाहता है। मैंने यह समझकर कि वह लम्बी लाइन में पीछे खड़ा न होकर मेरे साथ आकर नत्थी हो जाना चाहता है ताकि उसकी ख़रीद भी मेरे साथ ही हो जाए मैंने उसे नज़रन्दाज़ किया। पर वह धीरे से बोला :

"तुम्हें यहाँ शहर में सब कुछ मिल जाता है। मैं गाँव से आया हूँ। वहाँ कुछ भी नहीं मिलता। तुम मेरी मदद करो।..."

"मैं तुम्हारी क्या मदद करूँ ?"

इस पर वह इधर-उधर झाँकने लगा, मानो देख लेना चाहता हो कि उसे कोई देख तो नहीं रहा, फिर धीरे-से बोला, "तुम मुझे दो किलो गोश्त ले दो।"

मैं चुप रहा, पर थोड़ा सतर्क हो गया। उसकी माँग तो ज़्यादा नहीं थी, पर उसका लहजा, इधर-उधर झाँकना, मेरे मन में संशय-सा उठने लगा कि न जाने यह कौन आदमी है। कोई गुप्तचर भी हो सकता है। मैंने उसे गोश्त तो ले दिया पर उससे पिंड छुड़ाने के लिए जल्दी से दुकान के बाहर भी निकल आया।

यह मैंने सुन रखा था कि देहात में वह सब नहीं मिलता जो शहर की दुकानों में आसानी से मिल जाता है, पर इतनी ज़्यादा कमी होगी कि किसी को शहर में आकर गोश्त ख़रीदना पड़े, वह भी माँगकर, ज़ाहिर है, मेरे लिए यह मानना कठिन हो रहा था।

जब भी मुझे आसपास के जीवन में कोई त्रुटियाँ नज़र आतीं तो मैं स्वयं ही उनकी सफ़ाई भी ढूँढ़ लिया करता। यदि लोग शराब बहुत पीते हैं और सड़कों पर गिरे मिलते हैं तो मैं उसके लिए भी सफ़ाई ढूँढ़ लेता। "जिन लोगों ने दूसरी जंग में इतना कुछ झेला हो, हिटलर की सेनाओं से जूझे हों, उस कड़े संघर्ष में ही इन्हें पीने की लत पड़ गई होगी।" और यदि देहात में खाने-पीने की चीज़ें उपलब्ध न हों तो भी मैं कहता, "अभी जंग को ख़त्म हुए कितने साल बीत पाए हैं। जंग के ज़ख़्म भरते ही भरेंगे। आदि आदि।" इन युक्तियों में सच्चाई तो थी पर वास्तविकता से आँख चुराने की वृत्ति भी थी। और मेरे लिए अन्तर्विरोधों के पीछे काम करनेवाले कारक तत्त्वों को समझ पाना कठिन भी था।

प्रकाशन गृह में डेक्स्टर नाम के एक बड़ी उम्र के अंग्रेज सज्जन भी काम करते थे। शुरू-शुरू के दिनों में वह हम हिन्दुस्तानियों की बड़ी मदद करते रहे थे क्योंकि हम लोग रूसी भाषा नहीं जानते थे।

एक दिन मेरे मुँह से सोवियत संघ का महिमागान सुनते हुए बोले, "मिस्टर साहनी, यहाँ पर त्रुटियाँ बहुत हैं पर धीरे-धीरे समाजवादी व्यवस्था उन्हें दूर कर लेगी, इन पर क़ाबू पा लेगी।"

यह सज्जन पिछले बाईस वर्ष से मास्को में रह रहे थे, जाति के अंग्रेज़ थे,

कम्युनिस्ट थे और प्रकाशन गृह के अंग्रेज़ी विभाग में अनुवादक थे। कमज़ोरियाँ तो थीं, पर समाजवादी व्यवस्था उन्हें दूर कर देगी, उन्हें इसका पूरा विश्वास था। पर मैं तो कमज़ोरियाँ देख ही नहीं पा रहा था।

मतवाला बने घूमने में अपना रस है, इंसान धरती पर चलने के बजाय उड़ता अधिक है, पर वास्तविकता पर उसकी पकड़ कमज़ोर ही बनी रहती है। अपने आसपास के यथार्थ को समझने के लिए वस्तुपरक, सन्तुलित दृष्टि ही सहायक होती है। बेशक़ रूमानी, आदर्शोन्मुख दृष्टि आशावादी, प्रेरणाप्रद होती है पर उसके प्रभावाधीन नकारात्मक पहलुओं को देखने की तीव्र इच्छा ही मन में नहीं उठती। वस्तुपरक दृष्टि हो तो सन्तुलन बना रहता है।

एक बार एक रूसी महिला मेरे पास आईं। उनके हाथ में कुछ तस्वीरें, कुछ काग़ज़ात थे। उन्हें दिखाते हुए बोलीं :

''बरसों पहले एक भारतीय युवा डॉक्टर यहाँ काम करते थे। हमारा प्रेम हो गया। हमारा विवाह हुआ। फिर सहसा ही एक दिन वह लापता हो गए। यह उनकी तस्वीर है। मैं नहीं जानती कि वह ज़िन्दा हैं या नहीं। आप मेरी मदद कीजिए और पता लगाइए कि उनकी क्या गति हुई। अगर वह ज़िन्दा हैं और जेल में हैं तो ख़ुश्चेव की सरकार को उन्हें रिहा कर देना चाहिए।''

अब मैं क्या कहूँ ? हिन्दुस्तानी डॉक्टर की तस्वीर देखी, कोई बंगाली था, बड़ा ख़ूबसूरत जवान था, बड़ा संवेदनशील नज़र आता था।

''मैं आपके काग़ज़ात भारतीय दूतावास के पास ले जा सकता हूँ। वही इसकी पूछताछ में मदद कर सकते हैं, वरना मैं अकेला किसके पास जाऊँ ? या मैं अपने प्रकाशन गृह के अधिकारियों के पास जा सकता हूँ। इनके अतिरिक्त तो मैं किसी को जानता नहीं।''

उसने कोई उत्तर नहीं दिया। निराश-सी नज़र आई। पर इससे ज़्यादा मैं कर भी क्या सकता था ?

कुछ दिन तक वह महिला कहीं-न-कहीं डोलती मुझे नज़र आती रही। पर उसकी दौड़-धूप का क्या नतीजा निकला, मैं नहीं जानता। फिर वह नज़र आना बन्द हो गई।

मास्को जाने से पहले मैंने अनुवाद कार्य बहुत कम किया था, कुछेक पुरस्कृत हिन्दी कहानियों का अनुवाद अंग्रेज़ी में किया था, पर हिन्दी में अनुवाद करने का मौक़ा नहीं मिला था। मुझे जो नौकरी मिली थी तो अपने दो कहानी-संग्रहों के बल पर। इंटरव्यू के दिन उत्तर प्रदेश के एक सज्जन, एक मज़दूर के सिर

पर अपनी अनूदित पुस्तकों से भरा बक्सा उठवाकर लाए थे जिसे देखकर मेरा दिल बैठ गया था।

पर नौकरी मिल गई और मैं मास्को पहुँच गया था। और अब अनुवाद की कठिनाइयों का सामना कर रहा था। अनुवाद कार्य भी एक कला है, पाठक को जो रस कहानी-उपन्यास को मूल भाषा में पढ़ने पर मिले, वैसा ही रस अनुवाद में भी मिले तभी अनुवाद को सफल और सार्थक अनुवाद माना जाएगा। शाब्दिक अनुवाद—जिसे मक्खी पर मक्खी बैठाना कहा जाता है—साहित्यिक कृतियों के लिए नहीं चल सकता। न ही भावात्मक अनुवाद जिसमें आप मूल कृति के भावार्थ को ले लें और फिर खुले बन्दों अपनी भाषा और मुहावरे में उसे ढाल दें। ऐसे अनुवाद में लोच तो होगी, मुहावरा होगा, पठनीयता तो होगी, पर रचना पर भारतीयता का रंग आ जाएगा, लगेगा, आप किसी भारतीय लेखक की रचना पढ़ रहे हैं, और वह सटीक अनुवाद भी नहीं होगा। जगह-जगह मनमानी की गई होगी। जब मुझे टॉल्सटॉय के उपन्यास Resurrection का अनुवाद करने को कहा गया—यों, यह बहुत बाद की बात है—तो मेरे साथ काम करनेवाली रूसी सम्पादिका ने चेतावनी दी थी, "टॉल्सटॉय की रचनाओं के अनुवाद में हम किसी प्रकार की छूट नहीं देंगे।" जिससे उसका तात्पर्य था कि हम रचना का सही सटीक अनुवाद चाहते हैं, किसी तरह का मनगढ़न्त अनुवाद नहीं होना चाहिए।

ऐसा अनुवाद बड़ी धीमी गति से हो पाता है और बड़ी मेहनत माँगता है।

उस समय रूसी भाषा का ज्ञान न होने के कारण हम लोग अंग्रेज़ी के माध्यम से उन रूसी पुस्तकों का अनुवाद करते थे जो पहले से अंग्रेज़ी भाषा में अनूदित हो चुकी थीं।

साथ-ही-साथ हम रूसी भाषा सीखने लगे थे। दफ़्तरवालों ने इसका प्रबन्ध हमारे लिए कर रखा था। इस दिशा में रूसी भाषा टेढ़ी खीर साबित हुई। मैं बड़ी गम्भीरता से रूसी सीखने लगा। भाषा क्या और व्याकरण के नियम क्या, मैं जैसे हाथ धोकर रूसी भाषा के पीछे पड़ गया। दोनों रट रहा था। किसी ज़माने में पिताजी ने हमें गुरुकुल में डाला था, वहाँ मैं व्याकरण के सूत्र रटता रहा था। यहाँ भी मैं व्याकरण के नियम और गरदानें रटने लगा। व्याकरण मेरे दिमाग़ पर छाया रहता। रूसी का वाक्य बोलने लगूँ तो ध्यान उसी ओर लगा रहे कि ग्रामर की ग़लती न हो, जिसका नतीजा यह होता कि मैं बोल ही नहीं पाता, बोलते-बोलते सहसा चुप हो जाता। कुछ लोग मेरा मज़ाक़ भी उड़ाने लगे। ऐसे मौक़ों पर मेरे दफ़्तर की एक रूसी महिला हँसकर कहती :

"अप्यात ग्रामातिका।"

(व्याकरण फिर से इसके गले में अटक गया है।)

मुझे बड़ी कोफ़्त होती। और लोग मुझसे कहीं ज़्यादा तेज़ी से सीख रहे थे। मेरी बेटी तो हमारे मास्को पहुँचने के पहले दिन ही नीचे आँगन में गई। एक रूसी लड़की का हाथ पकड़े उसे घर ले आई। मैं नहीं जानता कैसी रूसी बोलती रही होगी, पर जो भी बोलती होगी, बेझिझक बोलती होगी। ऐसी ही स्थिति मेरी पत्नी शीला की भी थी। नीचे, सौदा-सूद लेने जाती दो-एक दिन में ख़रीदारी की शब्दावली सीख गई थी। इधर मैं था कि व्याकरण से जूझ रहा था।

अरसा बीत गया। भाषा ज्ञान तो मुझे होने लगा, मैं लिख भी लेता था, पर बोलने में ज़बान खुल नहीं पाई। इसी में बहुत-सा अरसा बीत गया।

मुझे याद है कि एक दिन बल्शोई थिएटर की टिकटें ख़रीदने गया। खिड़की के बाहर ख़रीदनेवालों की छोटी-सी पाँत लगी थी। मैं भी जाकर खड़ा हो गया। मेरे पीछे भी कुछ देर में और लोग पहुँच गए थे। मेरे ऐन पीछे एक ऊँचे लम्बे बड़ी उम्र के सज्जन खड़े थे। जब मेरी बारी आई तो मुझे अपनी ज़रूरत समझाने, और हिसाब लगाने आदि में देरी हुई। आख़िर मैंने टिकट लिये, दाम चुकाए और निकल आया। मेरे पीछे-पीछे वह बुज़ुर्ग भी चले आए। मुझसे बोले :

"भारत से आए हो ?"

"जी !"

"कब से यहाँ रह रहे हो ?"

"क़रीब दो साल से," मैंने कहा।

इस पर छूटते ही सिर हिलाकर बोले :

"बहुत बुरी रूसी बोलते हो।"

फिर फ़ौरन ही बाद, सम्भवतः यह सोचकर कि किसी विदेशी से इतना दो टूक नहीं बोलना चाहिए, मेरी पीठ पर हाथ रखकर, आश्वासन-सा देते हुए बोले :

"पर समझ ख़ूब लेते हो !"

समय बीतने पर पढ़ने-लिखने में तो मैंने उन्नति कर ली, पर बोलने में झिझक बराबर बनी रही।

ज्यों-ज्यों वक़्त बीतता गया–मैं अनुवाद कार्य में अधिकाधिक व्यस्त होता गया। एक तो अनुभव की कमी थी, दूसरे इस बात का भी खटका लगा रहता था कि पंजाब का रहनेवाला होने के कारण मेरी हिन्दी भाषा की पकड़ इतनी मज़बूत नहीं थी कि आसानी से अनुवाद कर सकूँ।

पर ज्यों ही अनुवाद में हाथ खुलने लगा तो ढेरों काम मेरे सामने पहुँचने लगा, धीमी गति से काम करने के कारण मैं ज़्यादा पैसे तो नहीं कमा पाता था, न ही इसका मुझे लालच था–पर मेरा सारा-सारा दिन अनुवाद के काम में निकल जाता। शाम को अँधेरा पड़ने के बाद थोड़ा घूमने के लिए निकलता। कभी-कभी

शीला खीझ उठती। न मैं बच्चों के साथ समय बिता पाता, न शीला के साथ कभी चाय-कॉफ़ी पीने ही बाहर जा पाता। इसका नतीजा यह हुआ कि न हम लोग घूम-फिर पाए, न रूस के जीवन की ही ज़्यादा जानकारी मिली। न ही अपना कुछ लिखने-पढ़ने का काम कर पाया। दिन-भर मेज़ पर बैठा अनुवाद करता रहता।

हमारे फ़्लैट के साथवाले फ़्लैट में एक छोटा-सा लड़का, मेरे बेटे वरुण का दोस्त बन गया था। दोनों एक साथ घूमते-फिरते। उस लड़के का पिता व्यवसाय से बढ़ई था।

दोनों बच्चे एक बार बतिया रहे थे—बढ़ई का लड़का कह रहा था :

''मेरा पिता तो कुर्सी बना सकता है, स्टूल बना सकता है। तेरा पिता तो सारा वक़्त मेज़ पर बैठा स्कूल का काम करता रहता है।''

पर इस सबके बावजूद, आसपास के प्रभावों से अछूता भी नहीं रहा, केवल मेरी जानकारी सतही बनी रही और ऐसी ही मेरी प्रतिक्रियाएँ भी। कुछ रूसी मित्र बने, मेरे भारतीय साथियों में से कुछेक ने रूसी लड़कियों से ब्याह किए, अपनी गृहस्थियाँ बसाईं, उन्हीं के माध्यम से रूसी जीवन, रूसी रीति-रिवाज, रहन-सहन की कुछ जानकारी मिली। लम्बी-लम्बी यात्राएँ भी कीं, सोवियत संघ के अन्दर भी और बाहर यूरोप में भी। जैसी-जैसी जानकारी मिलती रही, जैसे-जैसे अनुभव हुए उन्हीं के आधार पर अपने निष्कर्ष निकालता रहा, और ऐसी ही अल्प-सी पूँजी लेकर भारत लौट आया।

भारत लौटने की प्रक्रिया भी अजीब-सी रही। मैं मूलतः दो साल के लिए गया था। पर प्रकाशन गृहवाले मेरा कांट्रेक्ट बढ़ाते गए। वे लोग मेरा कांट्रेक्ट बढ़ाते तो मैं इसे मेरे काम की प्रशंसा मानकर खुश होता। पर शीला की टिप्पणी भिन्न होती :

''तुम जैसा आज्ञाकारी उन्हें मिले तो उन्हें और क्या चाहिए।''

यों तो शीला भी वहाँ काम करती थी, प्रकाशन गृह में ही प्रूफ़ आदि देखती, अनुवाद करती पर अधिक नहीं। उसका अधिक समय बच्चों की देखभाल में निकल जाता। और वह चिन्तित भी रहती क्योंकि हमारे बेटे को ब्रॉन्काइटिस से बचाए रखने के लिए उसे बहुत सावधान रहना पड़ता था।

पर जब तीन साल से चार, और चार से पाँच और फिर छः साल बीत गए, और प्रकाशन गृहवालों का आग्रह बना रहा तो शीला बिगड़ उठी। उसने अल्टीमेटम दे दिया :

''या तो अब भारत लौट चलो नहीं तो मैं सदा के लिए यहीं पर रहने का निश्चय कर लूँगी।''

''यहाँ हम सदा के लिए क्योंकर रहेंगे ?'' मैंने कहा, तो बोली :

"क्योंकि अब मेरा बेटा बड़ा हो गया है। कुछ ही महीनों में वह स्कूल जाने लगेगा। मेरे पास ज़्यादा वक़्त होगा। मैं किसी आर्ट्स स्कूल में चित्रकला के लिए दाख़िला ले लूँगी। प्रकाशन गृहवाले तीन कमरों का फ़्लैट देने को तैयार हैं।...या तो अब अपने घर लौट चलो..."

फिर सहसा ही उत्तेजित होकर बोली :

"यहाँ तुम कर क्या रहे हो ? छः साल यहाँ रहते हो गए, तुमने केवल एक कहानी लिखी, वह भी मरियल सी। तुम्हें यहाँ क्या मिल रहा है ? प्रकाशन गृहवाले साहनीजी- साहनीजी—कहकर तुम्हारी तारीफ़ कर देते हैं और तुम फूले नहीं समाते। उधर तुम्हारे माँ-बाप बैठे हमारी राह देख रहे हैं।..." वह बड़ी देर तक बोलती रही, पर उसका अल्टीमेटम बराबर बना रहा।

इसमें सन्देह नहीं कि दफ़्तरवाले चाहते थे कि मैं कुछ देर और बना रहूँ। वह तीन कमरों के फ़्लैट का भी प्रलोभन देते रहे।

कुछ समय और निकल गया। मैं निर्णय को टालता रहता। पर एक दिन अचानक ही जब दफ़्तर की ओर जा रहा था तो एक रूसी पड़ोसी मिल गया। बातों-बातों में बोला :

"अब तो तुम यहीं के हो गए। अच्छा है, यहाँ रहन-सहन की सुविधाएँ हैं। यहीं बने रहो..."

तो, न जाने क्यों, मैं अन्दर-ही-अन्दर तड़प उठा। क्यों, मेरा कोई घर-घाट नहीं है क्या ? मैं क्या यहाँ सुविधाओं के लिए बैठा हुआ हूँ ? मन विचलित हो गया और हम लोगों ने उसी दिन भारत लौटने का फ़ैसला कर लिया।

और जब 1963 में भारत लौटे तो मास्को-निवास के लगभग सात साल बीत चुके थे।

मास्को-निवास के दिनों में लिखा तो कुछ नहीं, दो-एक कहानियाँ ही लिखीं। उनमें से एक कहानी 'लेनिन का साथी' शीर्षक से लिखी। वह प्रकाशन-गृह में सुने एक भाषण को लेकर लिखी, जिस पर हुई प्रतिक्रिया दिलचस्प रही।

प्रकाशन-गृह में बड़ी उम्र के एक अंग्रेज़ सज्जन अपने संस्मरण सुना रहे थे। वह सज्जन अक्तूबर क्रान्ति के समय रूस में ही थे और लेनिन को कई बार देख भी चुके थे और मिल भी चुके थे।

उन दिनों की चर्चा करते हुए उन्होंने लेनिन के साथ जुड़ा अपना एक संस्मरण सुनाया। उसका आशय इस प्रकार था :

"एक फ़ैक्टरी के बाहर लेनिन, कुछेक लोगों के सामने भाषण देने लगे। वे

एक ऊँचे पत्थर पर चढ़कर खड़े हो गए। वे कुछ देर तक बोलते रहे। मैं पास में ही खड़ा था। फिर जब भाषण समाप्त कर उतरने लगे तो उन्होंने हाथ बढ़ाकर मेरे कन्धे का सहारा लिया, पर जब वे नीचे उतर रहे थे तो उनके जूते की एड़ी मेरे कोट की जेब में अटक गई। लेनिन तो उतर गए पर मेरे कोट का जेब फट गया।''

अंग्रेज़ सज्जन उस घटना का उल्लेख करते हुए भावुक हो उठे। वह घटना उनके स्मृति-पटल पर अमिट छाप छोड़ गई थी। वह कोट अभी भी उनके पास रखा था जिसका जेब ज्यों-का-त्यों अभी भी फटी हालत में था। बल्कि अंग्रेज़ सज्जन यह सुनाते हुए भी भावुक हो उठे थे और उनकी आँखें भर आई थीं। ''मैंने व्लादीमिर से कहा, 'आपने मेरा जेब फाड़ डाला।' ''

इस पर लेनिन ने युवक का कन्धा थपथपाया और मुस्कुराकर तर्जनी हिलाते हुए बोले, "serve you right."

बस यही संस्करण उन्होंने सुनाया और मैंने इस पर 'लेनिन का साथी' शीर्षक से कहानी लिख डाली, कि इस मामूली-सी घटना की याद को भी वह व्यक्ति आज तक बड़े स्नेह से सँजोए हुए है।

उन दिनों चेर्निशोव नाम के एक रूसी सज्जन जो मास्को की ओरिएंटल इंस्टीट्यूट में अनुसन्धानक थे, प्रकाशन-गृह में मुझसे मिलने आए यह प्रस्ताव लेकर कि मेरे दो प्रकाशित कहानी-संग्रहों में से उन्होंने पाँच कहानियाँ चुनी हैं और उनका रूसी भाषा में अनुवाद कर उसे छोटे से कहानी-संग्रह के रूप में छपवाना चाहते हैं।

नेकी और पूछ-पूछ, मैं मन-ही-मन बेहद खुश हुआ और इस तरह चेर्निशोव साहब से मेरा परिचय हुआ।

बातों-बातों में मैंने उन्हें बताया कि मैंने एक और कहानी लिखी है। और उनके आग्रह पर मैंने वह छोटी-सी कहानी भी उन्हें पढ़ने के लिए दी। पर दो दिन बाद जब वह मिलने आए तो बहुत बौखलाए हुए थे। मेरी कहानी की पांडुलिपि मेरे हाथ में देते हुए गुस्से से बोले :

''यदि आप हमारी जीवन-पद्धति को नहीं समझते हैं तो हमारे बारे में कहानियाँ क्यों लिखते हैं ?''

मैं हैरान हुआ। मैंने ऐसी कौन-सी भूल कर दी थी, जिससे उनकी जीवन-पद्धति का रंग बिगड़ने लगा। उन्होंने कहानी के पन्नों पर उस स्थल पर निशान लगाया हुआ था जहाँ लेनिन कहते हैं, "serve you right !"

"लेनिन कभी ऐसा नहीं कह सकते थे। और इतनी बेमतलब-सी घटना को आपने कहानी का कथानक बनाया। और उसे लेनिन के व्यक्तित्व के साथ जोड़ा ?"

ज़ाहिर है, चेर्निशोव का ध्यान उस हल्के से भावुक जुड़ाव की ओर नहीं गया था जिसकी याद वह व्यक्ति दसियों साल से अपने दिल में सँजोए हुए था।

चेर्निशोव तो मेरी वक़ालत से शायद आश्वस्त नहीं हो पाए, पर कुछ समय बाद प्रकाशन-गृह के किसी साथी ने इसका अनुवाद रूसी भाषा में करके प्रकाशन-गृह की दीवारी पत्रिका में लगा दिया।

वह छोटा कहानी-संग्रह रूसी भाषा में प्रकाशित होनेवाला मेरा पहला कहानी-संग्रह था और उसमें केवल पाँच कहानियाँ थीं।

कुछ समय तक मास्को में रह चुकने के बाद कभी-कभी ऐसा भास होने लगता जैसे सोवियत नागरिक अपनी स्थिति से सन्तुष्ट नहीं हैं। एक प्रकार के असन्तोष का भास होता। शायद इसका एक कारण यह रहा हो कि ख़ुश्चेव के ज़माने में, बाहर की दुनिया के साथ सम्पर्क बढ़ने लगे थे, और पूँजीवादी देशों में खपत के माल की भरमार थी जबकि वहाँ वे लोग कई आवश्यक चीज़ों से भी वंचित रहते थे। हमें घर पर रूसी भाषा पढ़ानेवाली जो उस्तानी आया करतीं, वह भी अक्सर कहा करती :

"हम लोग आधे ग़रीब लोग हैं।"

मास्को में उन दिनों एक या दो प्रकार के टूथपेस्ट मिला करते थे, एक या दो प्रकार के नहाने के साबुन, जबकि विदेशों में दूकानें उपभोक्ता वस्तुओं से ठसाठस भरी रहतीं। यहाँ आवश्यक वस्तुओं के लिए भी दौड़-धूप करनी पड़ती थी। कोई-कोई दिन ऐसा भी होता कि दूध नहीं मिलता या अंडे नहीं मिलते। किसी दुकान में माल आता तो बाहर लम्बी लाइन लग जाती। महँगाई तो नहीं थी पर खपत की चीज़ें नियमित रूप से नहीं मिल पाती थीं। किसी को पता चलता कि अमुक दुकान में मछली आई है तो थैला उठाए उस ओर भागने लगता। सोवियत नागरिकों के बारे में यह कहा भी जाता था कि जब सुबह घर से निकलते हैं तो कोट की एक जेब में ख़रीदारी का थैला तो दूसरी जेब में पढ़ने की किताब या रसाला लेकर चलते हैं कि कौन जाने कहाँ कोई चीज़ मिल जाए, और कौन जाने किसी क्यू में कितनी देर खड़े रहना पड़े। पूँजीवादी देशों में दुकानें खपत के माल से भरी रहती हैं, सोवियत नागरिक सुनता होगा तो ज़रूर मन-ही-मन कहता होगा कि मेरी क़िस्मत में एक दुकान से दूसरी दुकान की ओर भागना, कि एक क्यू से दूसरे क्यू में जाकर खड़े होना ही लिखा है :

इसी स्थिति से जुड़े तरह-तरह के चुटकुले भी सुनने को मिलते थे।

एक दादी माँ अपने छोटे से पोते को उँगली से लगाए सड़क पर चली जा रही थी। और उसे बता भी रही थी कि उसकी जवानी के दिनों में गोश्त की दुकानों के बाहर कितनी लम्बी लाइन लगी रहती थी।

पोता सुनता रहा, फिर बोला, "दादी माँ, गोश्त क्या होता है ?"

मुझे लगता है, कुछ वर्ष पहले लोगों की ऐसी मनःस्थिति नहीं रही होगी। तब शायद वह अपनी स्थिति की तुलना पूँजीवादी देशों की स्थिति से नहीं करते होंगे।

मेरे पास एक रेफ्रिजरेटर था जो मैंने शुरू-शुरू के दिनों में ख़रीदा था। मेरे एक रूसी मित्र ने सुझाव दिया कि मैं उसकी मशीन बदलवा लूँ, उसी में नई मशीन फ़िट करवा लूँ। और उसने स्वयं ही नई मशीन भी मँगवा दी और उसे फ़िट करने के लिए एक मिस्त्री को भी बुला लाया।

मिस्त्री बड़ी उम्र का आदमी निकला और वह ख़ूब बतियाता था। स्तालिन के ज़माने का। मशीन फ़िट करने में दो दिन लगे। शीला के साथ वह देर-देर तक बीते दिनों की बातें करता रहता।

"पुराना ज़माना ज़्यादा अच्छा था," वह एक बार कह रहा था, "स्तालिन के ज़माने में मुझे दस रूबल माहवार तलब मिलती थी। मेरी सब ज़रूरतें पूरी हो जाती थीं। हर तीसरे-चौथे महीने में एक सूट (कोट पतलून) ख़रीद लेता था या जूतों का जोड़ा।..."

यह वह ज़माना था जब समाजवादी व्यवस्था की नींव रखी जा रही थी, जब उपभोक्ता वस्तुओं का अभाव लोगों को अखरता नहीं था। उनका प्रलोभन उन्हें सताता नहीं था। यदि सोवियत व्यवस्था में रहनेवाले नागरिक की अपेक्षाएँ, पूँजीवादी देश के नागरिक की-सी होने लगेंगी तो उसके मन में असन्तोष तो बढ़ेगा ही। और यह सोचकर कि क्रान्ति को हुए दसियों साल बीत गए, अभी तक एक-एक चीज के लिए भागना पड़ता है तो असन्तोष तो बढ़ेगा ही।

एक बार एक डिपार्टमेंट स्टोर में से बाहर निकलने पर जिसमें बच्चों की ज़रूरत की चीज़ें बिकती थीं, बाहर सड़क पर मैंने एक बहुत बड़ी मोटरकार खड़ी देखी। कार अमरीकी थी, शायद लिमोसीन रही होगी, पर उसके इर्द-गिर्द लोग खड़े उसे ध्यान से देख रहे थे। उसके एक-एक हिस्से की मानो जाँच कर रहे थे। फिर सहसा उनमें से एक आदमी सिर झटककर बोला, "हम बना लेंगे !"

मतलब कि हम एक दिन ऐसी कार बना लेंगे। इस टिप्पणी में एक ओर

तो आत्मविश्वास की गूँज थी पर दूसरी ओर इस बात की स्वीकृति भी कि बाहर के देशों में सोवियत कारों से बेहतर कारें बनती हैं।

ख्रुश्चेव ने स्तालिन की ज्यादतियों पर से पर्दा हटाया। उसकी निरंकुशता, तानाशाही—जो बहुत लोगों से छिपी हुई थी, जनता की जानकारी में आई। व्यवस्था को अधिक जनतन्त्रात्मक बनाने की दिशा में यह एक महत्त्वपूर्ण क़दम था। पर धीरे-धीरे पता चला कि स्तालिन की भूमिका के मूल्यांकन में पार्टी के अन्दर मतभेद भी पाए जाते हैं। उन दिनों सोवियत नेताओं के चित्र, शहर में कहीं-कहीं, एक के साथ एक, प्रदर्शित किए जाते थे। पहले, लेनिन के साथ ही स्तालिन का चित्र भी हुआ करता था। अब स्तालिन का चित्र निकाल दिया गया था। पर उन्हीं दिनों जब मैं जार्जिया की राजधानी त्बिलिसी में गया तो वहाँ प्रदर्शित चित्रमाला में स्तालिन का चित्र बराबर मौजूद था। (स्तालिन जार्जिया का रहनेवाला था।) यह मतभेद कम्युनिस्ट पार्टी के अन्दर भी चल रहा होगा, ऐसा मेरा अनुमान था। सुनने में आया था कि स्तालिन की भूमिका के सम्बन्ध में चीन की कम्युनिस्ट पार्टी का मूल्यांकन भी अलग रहा था। जब ख्रुश्चेव भारत आए थे तो उनके साथ बुल्गालिन भी थे। पर शीघ्र ही पता चला कि बुल्गालिन भी अपदस्थ कर दिए गए हैं। उससे पहले मालोतोव को हटा दिया गया था और कुछ ही देर बाद सोवियत संघ के विश्वविख्यात नेता वोरोशीलोव को भी अपदस्थ कर दिया गया था। उन्हें क्यों निकाला गया, उन पर क्या अभियोग लगाए गए, इसकी जानकारी तो सोवियत समाचार-पत्रों द्वारा मिल जाती रही, लेकिन इन वरिष्ठ नेताओं ने अपनी सफ़ाई में क्या कहा, इस बारे में कहीं एक शब्द भी पढ़ने को नहीं मिलता था। सम्भव है सोवियत नागरिकों को पूरी जानकारी मिल जाती रही हो, पर हम विदेशियों को तो समाचार-पत्रों में केवल सरकारी विवरण ही पढ़ने को मिलते थे। मैं नहीं समझता, जनसाधारण को भी इसकी पूरी जानकारी मिलती रही होगी।

उन्हीं दिनों वहाँ पार्टी कांग्रेस हुई। भारत से भी श्री अजय घोष के नेतृत्व (जो उन दिनों भारत की कम्युनिस्ट पार्टी के जनरल सेक्रेटरी थे) एक शिष्टमंडल शामिल हुआ। इस अवसर पर हम भारतीय अनुवादकों ने शिष्टमंडल के लिए दावत की। उस रात, भारतीय कम्युनिस्ट नेताओं से मैंने यह पूछने की धृष्टता की कि मालोतोव पर जो इलज़ाम लगाए गए हैं, वे तो पढ़ने को मिले, पर मालोतोव ने अपनी सफ़ाई में क्या कहा है, यह पढ़ने को नहीं मिला। आप हमें बताइए कि मालोतोव ने अपनी सफ़ाई में क्या बयान दिया है। इस पर अजय घोष ने मुड़कर इस तरह घूरकर मेरी ओर देखा मानो मैंने ऐसी गुस्ताख़ी कर दी है जिसे क्षमा

नहीं किया जा सकता।

अपने सोवियत मित्रों से इन बातों की चर्चा करना और उनसे सही जानकारी हासिल करना बेसूद था। और मैं समझता हूँ अजय घोष साहब को भी मालूम नहीं था कि मालोतोव ने अपनी सफ़ाई में क्या कहा था, और उन्होंने जानने की कोशिश भी नहीं की होगी, और सोवियत कम्युनिस्ट पार्टी के निर्णयों को ध्रुव सत्य मानकर उनका समर्थन कर दिया होगा।

भारत से आनेवाले शिष्टमंडल का ही नहीं, देश-विदेश से आनेवाले शिष्टमंडलों का भी ऐसा ही रवैया रहा होगा, अन्दर खाते सोवियत नेताओं से विचार-विनिमय करते हों तो मैं नहीं जानता, पर ज़ाहिर में तो यही लगता कि आँखें बन्द करके सोवियत पार्टी की नीतियों का समर्थन कर रहे हैं।

सोवियत पार्टी के अन्दर कितनी जनतन्त्रात्मक पद्धति थी मैं नहीं जानता, पर खुलेआम पार्टी की नीतियों की चर्चा नहीं की जाती थी। और इस अभाव के कारण आगे चलकर सोवियत व्यवस्था को बहुत नुक़सान पहुँचा। कोई तो फ़ोरम हो जहाँ खुलकर बात हो, जहाँ बुद्धिजीवी हों या साधारण नागरिक हों, अपनी बात कह सकें, अपनी राय दे सकें। पर ऐसा खुला फ़ोरम कोई नहीं था। सोवियत कम्युनिस्ट पार्टी के अन्दर रहा हो, तो मैं नहीं जानता।

हमारे साथ, प्रकाशन-गृह में, जाने-माने पत्रकार मसऊद अली ख़ान भी काम करते थे। वह भारतीय कम्युनिस्ट पार्टी के मुखपत्र 'न्यू एज' के संवाददाता भी थे। प्रकाशन गृह ने उन्हें मध्य एशियाई जनतन्त्रों के सांस्कृतिक विकास पर एक रिपोर्ट तैयार करने के लिए उन प्रदेशों में भेजा। मसऊद अली ख़ान लम्बे दौरे के बाद लौटे और रिपोर्ट पेश की पर उस पर प्रकाशन-गृह के अधिकारी बहुत बिगड़े। मसऊद अली ख़ान ने अपनी रिपोर्ट में सोवियत नीति की कड़ी आलोचना की थी कि उन एशियाई जनतन्त्रों की अपनी भाषाओं को प्रोत्साहित करने के बजाय रूसी भाषा को प्राथमिकता देकर उनकी अवहेलना की है, और उनके विकास में बाधा पहुँचाई है। स्थानीय भाषाओं को रूसी भाषा के साथ बराबरी का दर्जा दिया जाना चाहिए था, आदि-आदि।

मसऊद अली ख़ान का कहना सही था। वास्तविक स्थिति से मेरा परिचय नहीं था, पर उसूल के तौर पर सभी भाषाओं को बराबरी का दर्जा देते हुए ही जनतन्त्रात्मक पद्धति को मज़बूत बनाया जा सकता है।

यह भी गाहे-बगाहे सुनने में आने लगा था कि अन्य समाजवादी देशों—पोलैंड, चेकोस्लोवाकिया, हंगरी आदि के साथ भी आपसी सम्बन्धों में, विशेषकर आर्थिक-व्यापारिक क्षेत्र में तनाव-सा पाया जाने लगा है क्योंकि सोवियत संघ उन पर दबाव डालता है। चीन के साथ तो जब मतभेद उभरकर सामने आए तो हम

लोग मास्को में ही थे।

चीन के नेता माओ-त्से-तुंग मास्को आए। अचानक ही पता चला कि वह एक फ़िल्म-डॉक्यूमेंट्री देखने एक स्टूडियो में आएँगे। उन दिनों मैं गाहे-बगाहे रूसी डॉक्यूमेंट्री फ़िल्मों का हिन्दी में रूपान्तर किया करता था। उस दिन मैं उस फ़िल्म स्टूडियो में ही था जब पता चला कि माओ-त्से-तुंग पहुँच रहे हैं। मेरे आग्रह पर हॉल में मुझे भी दो सीटें मिल गईं। मैंने शीला को टेलीफ़ोन किया कि सब काम छोड़कर पहुँचो। यह नादर मौक़ा है। वह भी भागती हुई आई और हम अपनी सीटों पर बैठ गए। हॉल खचाखच भरा था और कयास लगाया जा रहा था कि सम्भवतः ख़ुश्चेव भी उनके साथ आएँगे।

उन्हें शायद तीन बजे आना था। पर तीन बज गए, वह नहीं पहुँचे। वक़्त गुज़रता जा रहा था, सवा तीन, फिर चार बज गए। ऐसा पहले कभी नहीं हुआ था। अक्सर वक़्त की पाबन्दी रहती थी।

फिर सहसा ख़बर आई कि माओ-त्से-तुंग नहीं आएँगे। हम लोग बड़े निराश हुए, लोग उठने लगे। अपने-अपने घरों को जाने लगे। पर उस शाम को ही जैसे एक विस्फ़ोट की तरह यह ख़बर फैलने लगी कि ख़ुश्चेव और माओ-त्से-तुंग के बीच गम्भीर मतभेद उठ खड़े हुए हैं। उन दिनों ऐसी किसी ख़बर पर विश्वास करना बड़ा कठिन था कि दो प्रमुख समाजवादी देशों के बीच मतभेद उठ खड़े हों। पर उत्तरोत्तर इस बात का समर्थन मिलने लगा था।

पता चला कि माओ-त्से-तुंग ने प्रस्ताव रखा था कि साम्यवादी गठबन्धन को और अधिक मज़बूत बनाने के लिए सोवियत संघ, चीन को, आणविक हथियारों को बनाने की विधि से अवगत कराए, पर इस प्रस्ताव को ख़ुश्चेव ने यह कहकर नामंज़ूर कर दिया था कि सोवियत संघ के पास आणविक हथियारों का होना, अपने आप में ही चीन की सुरक्षा की गारंटी है। और इस तरह प्रस्ताव ठुकरा दिया गया था। और इस पर आपसी वार्ता टूट गई थी और मन-मुटाव बढ़ने लगा था। और उसके अगले ही दिन माओ अपने देश वापस लौट गए थे, और तदनन्तर तेज़ी से सोवियत संघ और चीन के सम्बन्धों में तनाव पाया जाने लगा था।

इस तरह मुख्यतः सुनी-सुनाई बातों के आधार पर मैं अपने निष्कर्ष निकालता रहता था। पर सोवियत संघ की एकबद्धता पर, मज़बूती पर और अपनी त्रुटियों को दूर कर पाने की उसकी क्षमता पर मुझे तनिक भी सन्देह नहीं था। मैं यह नहीं भूल पाता था कि क्रान्ति के कुछ ही समय बाद साम्राज्यवादी गुट के चौदह देशों ने इस नवजात समाजवादी देश को कुचलने की भरसक कोशिश की थी, दल-बल के साथ इस पर टूट पड़े थे। फिर दूसरे विश्वयुद्ध के दिनों में भी प्रकटतः इसका साथ देते हुए भी उनकी यही कोशिश रही थी कि हिटलर सोवियत संघ

को रौंद डाले। और उसके बाद भी ये देश, अपने प्रचार-माध्यमों तथा अपने कुचक्रों द्वारा सारा वक़्त इसे नुक़सान पहुँचाने, उसे कमज़ोर करने की कार्रवाइयाँ करते रहे थे। और निश्चय ही इन शक्तियों ने सोवियत संघ की कमज़ोरियों का पूरा-पूरा लाभ उठाते हुए, अपनी पूरी शक्ति और षड्यन्त्रों द्वारा सोवियत सत्ता को धराशायी किया है।

मेरी इस अवधारणा के सामने सोवियत व्यवस्था के सभी गुनाह माफ़ थे।

जहाँ त्रुटियों की ओर सरसरी तौर पर ध्यान जाता था, वहाँ सोवियत संघ की उपलब्धियों पर मन पुलक-पुलक जाता था। सोवियत संघ में जब पहला स्पूत्निक छोड़ा गया और इस तरह मानवजाति ने अन्तरिक्ष की दूरियों में प्रवेश किया तो संसार-भर में उत्साह की लहर दौड़ गई थी। ख्रुश्चेव, उस स्पूत्निक का नमूना, एक गेंद के आकार का बड़े गर्व से राजनयिकों को उपहारस्वरूप देते फिरते थे।

इसके कुछ समय बाद, संसार के पहले अन्तरिक्ष नाविक, यूरी गागरिन ने अन्तरिक्ष में अपनी उड़ान भरी। दुनिया एक नए युग में प्रवेश कर रही थी और इसका श्रेय सोवियत संघ के विशेषज्ञों को था। अन्तरिक्ष में पहुँचकर संसार के इतिहास में पहली बार एक मनुष्य ने अन्तरिक्ष की ऊँचाइयों में से पृथ्वी की ओर देखकर चिल्लाकर कहा था :

"अपार सौन्दर्य !"

जिसे सुनकर मुझे संस्कृत के वे शब्द याद हो आए थे :

पश्य देवस्य काव्यम्
न ममार, न जरीयति

सोवियत संघ के एक सिरे से दूसरे सिरे तक गर्व और उत्साह की लहर क्योंकर नहीं दौड़ जाती ?

कुछ ही समय बीता होगा जब वेलेन्तीना तेरेश्कोवा अन्तरिक्ष में जा पहुँचीं, और वह भी एक दिन के लिए नहीं, पूरे पाँच दिन के लिए। मास्को-निवासी सड़कों पर निकल आए थे, एक-दूसरे के बग़लगीर हो रहे थे। गर्व और उल्लास की लहरें उठ रही थीं। और जब उड़ान का तीसरा दिन आया तो सड़क पर चलती औरतें, तेरेश्कोवा को लेकर चिन्तित हो उठी थीं।

"हाय, बेचारी, तीन दिन हो गए, यान में निपट अकेली बैठी है। उसे नीचे क्यों नहीं उतार लेते ? उसे क्यों परेशान कर रहे हैं ?..."

उन दिनों समस्त सोवियत जनता की आँखें अन्तरिक्ष पर लगी थीं।

ऐसी उपलब्धियों के सामने सोवियत व्यवस्था की त्रुटियाँ गौण पड़ जाती थीं।

ऐसी ही मनःस्थिति में मैं 1963 में भारत लौटा था।

8

अंग्रेज़ी साहित्य के पठन-पाठन में एक बात ज़रूर सीखी थी कि रचना में कुछ भी आरोपित नहीं होना चाहिए, रचना खुद बोले, रचना स्वयं ही उसमें निहित विचार तत्त्व का प्रमाण हो, उसके साथ किसी प्रकार का दुमछल्ला लगाना, नैतिक अथवा कोई और सन्देश देनेवाला, रचना को कमज़ोर करता है। मैं अब भी इसे सही मानता हूँ। विशेष रूप से गद्य साहित्य में, कविता की बात दूसरी है। कवि दूसरे धरातल पर जीवन से साक्षात् करता है, और वह विधा इतनी प्रखर है कि वह सन्देश भी देना चाहे तो वह कविता का अनिवार्य अंग बनकर ही आएगा। और कविता को और अधिक पैना बना देगा। हमारा सन्त साहित्य पद्य में है और नैतिक उपदेशों से ओतप्रोत है, पर उस पद्य में इतनी ओजस्विता है कि सैकड़ों वर्षों से लाखों-लाख भारतवासियों की जिह्वा पर है, हम उस पद्य से नैतिक उपदेश ही नहीं लेते उच्च कोटि की कविता का रस भी लेते हैं। पर यह बात गद्य के बारे में नहीं कही जा सकती। कहें भी तो ऐसे गद्य के बारे में कह सकते हैं जो कविता की-सी बहर में लिखा जाता हो।

'हानूश' नाटक की प्रेरणा मुझे चेकोस्लोवाकिया की राजधानी प्राग से मिली थी। यूरोप की यात्रा करते हुए एक बार मैं और शीला प्राग पहुँचे। उन दिनों निर्मल वर्मा वहाँ पर थे। होटल में सामान रखने के फ़ौरन बाद मैं उनकी खोज में निकल पड़ा। उस होस्टल में जा पहुँचा जिसका पता मेरे पास पहले से था। कमरा तो मैंने ढूँढ़ निकाला, पर पता चला कि निर्मल वहाँ पर नहीं हैं। सम्भवतः वह इटली की यात्रा पर गए हुए थे। बड़ी निराशा हुई। पर अचानक ही, दूसरे दिन वह पहुँच भी गए, और फिर उनके साथ उन सभी विरल स्मारकों, गिरजों, स्थलों को देखने का सुअवसर मिला, विशेषकर 'गॉथिक' और 'बरोक' गिरजों को जिनकी निर्मल को गहरी जानकारी थी।

और इसी घुमक्कड़ी में हमने हानूश की घड़ी देखी। यह मीनारी घड़ी प्राग की नगरपालिका पर सैड़कों वर्ष पहले लगाई गई थी, चेकोस्लोवाकिया में बनाई जानेवाली पहली मीनारी घड़ी मानी जाती थी और उसके साथ एक दन्तकथा जुड़ी थी कि इसे बनानेवाला एक साधांरण कुफ़लसाज़ था, कि उसे घड़ी बनाने में सत्रह साल लग गए और जब वह बनकर तैयार हुई तो राजा ने उसे अन्धा करवा दिया ताकि वह ऐसी कोई दूसरी घड़ी न बना सके। घड़ी को दिखाते हुए निर्मल ने उससे जुड़ी यह कथा भी सुनाई। सुनते हुए मुझे लगा कि इस कथा में बड़े नाटकीय तत्त्व हैं, कि यह नाटक का रूप ले सकती है।

यूरोप की यात्रा से मास्को में लौटने के कुछ ही दिन बाद मैं एक दिन मास्को स्थित चेकोस्लोवाकिया के दूतावास में जा पहुँचा। सांस्कृतिक मामलों के सचिव से हानूश की मीनारी घड़ी की चर्चा की और अनुरोध किया कि इसके सम्बन्ध में यदि कुछ सामग्री उपलब्ध हो सके तो मैं आभार मानूँगा। लगभग एक महीने बाद दूतावास से टेलीफ़ोन आया कि आकर मिलो। मैं भागा हुआ जा पहुँचा। अधिक सामग्री तो नहीं मिली, पर किसी पत्रिका में प्रकाशित एक लेख ज़रूर मिला। मैं लेख की प्रति ले आया। पर लेख चेक भाषा में था। सौभाग्यवश, मेरे पत्रकार मित्र मसऊद अली ख़ान की पत्नी, कात्या, चेकोस्लोवाकिया की रहनेवाली थीं। उन्होंने झट से उसका अंग्रेज़ी में अनुवाद कर डाला। मुझे नाटक लिखने के लिए आधार मिल गया। और वह दो पन्नों का आधार मेरे पास था जब मैं भारत लौटा। वे 1963 के दिन थे। नाटक के लिखे जाने में अभी बहुत वक़्त था। और इसकी अपनी कहानी है। (अन्ततः नाटक 1977 में पहली बार खेला गया।)

भारत लौटने पर फिर वही चक्कर शुरू हो गया। मुझे तो बेग साहब ने दिल्ली कॉलेज में नौकरी पर बहाल कर लिया पर शीला को रेडियो की नौकरी के लिए फिर से दौड़-धूप करनी पड़ी, फिर से इम्तहान देने पड़े, पर उसका रिकॉर्ड अच्छा था; इम्तहानों में उत्तीर्ण हुई और ले ली गई।

वह ख़ुश थी। गाड़ी फिर से चलने लगी। हालाँकि कुछ ही मुद्दत बाद एक और भूचाल आनेवाला था। मनुष्य की नियति की यह अजीब विडम्बना है कि वह अपने भविष्य को नहीं देख पाता, उसकी आँखों के सामने पर्दा टँगा रहता है जो उसके भविष्य को छिपाए रखता है। यदि उसे अपने भविष्य की हल्की-सी झलक भी मिल जाए तो शायद वह सँभल पाए। पर नहीं। भविष्य में जो कुछ अनिवार्यतः होनेवाला है, उसकी झलक मिलने पर तो वह और अधिक विचलित होगा। वर्तमान में उसका जीना दूभर हो जाएगा।

दिल्ली में साहित्यिक माहौल बहुत कुछ बदल चुका था। कल्चरल फ़ोरम की बैठकें ख़त्म हो चुकी थीं। और मुझे लगने लगा था कि मेरी पकड़ में कुछ भी नहीं आ रहा है। कुछ दिन बाद एक कहानी लिखी जो निर्मल वर्मा को दिखाने ले गया। उसे कहानी पसन्द नहीं आई, बोला, "ऐसी स्थूल कहानियाँ अब कोई नहीं लिखता।" सुनते ही मेरा दिल बैठ गया और मैं अपना-सा मुँह लेकर घर लौट आया।

कुछ समझ में नहीं आ रहा था कि बिखरे सूत्रों को कहाँ से पकड़ूँ। साहित्यिक माहौल में, पहले से कहीं ज़्यादा, हलचल का भास होता था और तनाव का भी। कहानीकारों के गुट बनने लगे थे। मिल-बैठकर धैर्य से एक-दूसरे की रचनाएँ सुनने, ठहराव के साथ अपनी प्रतिक्रिया व्यक्त करने, चाय की चुस्कियाँ लेते हुए गप्प-शप्प लड़ाने का दौर मानो ख़त्म हो चुका था। अब धुआँधार बहसें होने लगी थीं। कहानियाँ सुनने के बजाय हर कहानी पर चिप्पी लगाई जाने लगी थी कि वह नई कहानी है, सचेतन कहानी है, समसामयिक कहानी है अथवा अकहानी है। कहा जाने लगा था कि हिन्दी कहानी में हर दस साल के बाद बदलाव आता है, एक नई लहर उठती है और कहानी अपना रूप-रंग बदलती है–जो कुछ-कुछ ऐसा सुनाई पड़ता जैसे साँप अपनी केंचुली बदलता है–और वे बदलाव के दिन थे। पहले छोटी-छोटी गोष्ठियाँ हुआ करती थीं, अब सेमिनार होने लगे थे। पर इन महागोष्ठियों का एक बड़ा सकारात्मक पहलू भी था, उनमें वरिष्ठ लेखक (जैसे जैनेन्द्रजी) भी उतने ही उत्साह से भाग लिया करते जैसे युवा लेखक, मोहन राकेश, नामवर सिंह, राजेन्द्र यादव, देवीशंकर अवस्थी आदि। एक और महत्त्वपूर्ण पहलू यह भी था कि कहानी विधा साहित्य-रचना के केन्द्र में आ रही थी, ख़ूब लिखा जा रहा था। चिप्पी लगानेवाली बात तो मनभुलावा थी, और बहुत कुछ मीनमेख निकालनेवाली बात थी। कोई अच्छी कहानी पढ़ने के बाद मैं यह तो कह सकता हूँ कि अच्छी बन पाई या नहीं, पर यह कहना बड़ा कठिन है कि सचेतन बनी अथवा समसामयिक बनी। और इस बात का आग्रह भी दोषपूर्ण है कि मैं लिखने बैठूँ तो सचेतन कहानी लिखूँ, अथवा नई कहानी लिखूँ। किसी हद तक यह प्रवृत्ति

साहित्यिक पत्र-पत्रिकाओं से भी जुड़ती थी। 'नई कहानियाँ' पत्रिका नई कहानी का मुखपत्र बन रही थी।

'नई कहानी' पत्रिका के बारे में जो उन दिनों कमलेश्वर के सम्पादन में थी, एक लेखमाला 'मेरे हमदम मेरे दोस्त' शीर्षक से निकली। उस पर बड़ा बावेला मचा। कहा जाने लगा कि यह लेखमाला 'नई कहानी' के कर्णधारों—कमलेश्वर, मोहन राकेश और राजेन्द्र यादव—को बढ़ावा देने, उनका प्रचार करने के लिए प्रकाशित की जा रही है। मैंने कमलेश्वर से पूछा तो वे बोले, 'हरगिज़ नहीं', मैं तो इस शीर्षक के तहत तुम तीन लेखकों—निर्मल, कृष्ण बलदेव वैद और तुम...को लेकर भी लेख लिखवाने की सोच रहा हूँ।'' इस उत्तर ने मुझे आश्वस्त कर दिया और मैं उस दिन का इन्तज़ार करने लगा कि कब वे लेख छपेंगे, पर वह दिन देखना नसीब नहीं हुआ।

इस तथाकथित आन्दोलन के कारण कहानी लेखन में निश्चय ही बड़ी स्फूर्ति आई। देवीशंकर अवस्थी, नामवर सिंह जैसे सजग आलोचक, कहानी विधा पर गम्भीरता से लिखने लगे।

मैं स्वयं इन बहसों के मुद्दे ठीक तरह से समझ नहीं पा रहा था और अपने को पिछड़ा-पिछड़ा महसूस कर रहा था। मेरी अवधारणा तो यही थी कि जीवन का कोई अनुभव जो लेखक के संवेदन को छू जाए, उस अनुभव में निहित कोई विसंगति, कोई विडम्बना, कोई विरोधाभास, कुछ भी, लेखक का संवेदन, उसके लिए उपजाऊ धरती के समान होता है जिसमें से कहानी का अंकुर फूटता है।

पर प्रत्येक लेखक का संवेदन एक जैसा नहीं होता, एक ही अनुभव रहते हुए भी किसी में अंकुर फूटता है, किसी में नहीं फूटता। यहाँ तक कि यदि दो लेखकों को एक ही अनुभव में से गुज़रना पड़े और दोनों उस अनुभव को लेकर कहानियाँ लिखें, तो दोनों की कहानियाँ भी अलग-अलग तरह की होंगी।

लेखक के संवेदन को उसके संस्कार, उसका परिवेश, उसके अपने अनुभव, उसका पठन-पाठन आदि जो उसे जीवन-दृष्टि देते हैं, उसकी साहित्यिक रुचियाँ आदि सभी प्रभावित करते हैं।

पर यहाँ बहस, कहानी की रचना-प्रक्रिया पर न होकर, कहानी के उद्देश्य पर अधिक थी। उसमें सोद्देश्यता हो या न हो। नया क्या है और पुराना क्या है। क़िस्सागोई की परम्परा से छुटकारा पाना होगा, आदि-आदि।

मैं ऐसी बहसों से हतप्रभ लौटता। मेरे लिए यही बहुत था कि कहानी में कहानीपन हो, उसमें ज़िन्दगी की सच्चाई झलके, वह विश्वसनीय हो, उसमें कुछ भी आरोपित न हो, और वह जीवन की वास्तविकता पर खरी उतरे।

हमारे यहाँ साहित्य की सोद्देश्यता के सवाल को लेकर बहस बरसों से चल

रही थी। बल्कि हमारे यहाँ ही नहीं, देश-विदेश में भी, और आज ही नहीं, शताब्दियों से चल रही है।

क़रीब-क़रीब इसी मुद्दे पर रामविलास शर्मा और अमृतराय के बीच बहस होती रही थी। अली सरदार जाफ़री और सआदत हसन मंटो के बीच भी। बाद में जब 'आलोचना' पत्रिका छपने लगी तो उसमें 'आलोचना के मान' शीर्षक से शिवदान सिंह चौहान की लेखमाला प्रकाशित हुई थी। उस लेखमाला पर टिप्पणी करते हुए बाद में, धर्मवीर भारती ने अपने तेज़-तर्रार लेख लिखे थे। इस बहस में प्रकाशचन्द्र गुप्त का भी महत्त्वपूर्ण योगदान रहा था।

रचना के मूल्यांकन में जहाँ प्रगतिशील आलोचक उसके सामाजिक परिप्रेक्ष्य को महत्त्व देते थे, वहाँ परिमल का कहना था कि साहित्य की कोई सामाजिक मर्यादा नहीं होती, केवल आन्तरिक मर्यादा होती है। इसके जवाब में प्रगतिशीलों का कहना था कि यदि साहित्य की सामाजिक मर्यादा नहीं होती तो लेखक भले ही मानवद्रोही, कुंठावादी, अराजकतावादी, आत्मवादी हो जाए, सब क्षम्य है। जवाब में परिमलवाले कहते कि ये प्रवृत्तियाँ ही आज के साहित्य के केन्द्र में हैं। इस तरह वे साहित्य में व्यक्तिवाद, लघुमानव की स्थापना आदि को आज की स्वाभाविक प्रवृत्तियाँ मानते थे।

यह बहस साहित्यकर्म तक ही सीमित रही हो, ऐसा नहीं था। मार्क्सवाद का विरोध करनेवालों की नज़र में साम्यवादी समाज व्यवस्था का विरोध ही व्यक्ति-स्वातन्त्र्य का चरम रूप था।

इस तरह जहाँ प्रगतिशील विचारोंवाले लेखक साहित्य की समाजोन्मुखता पर बल देते थे, वहाँ परिमलवाले व्यक्तिनिष्ठ अभिव्यक्ति पर। एक की नज़र में साम्यवादी व्यवस्था समाजोन्मुख थी, दूसरे की नज़र में पूँजीवादी व्यवस्था व्यक्ति-स्वातन्त्र्य को सुनिश्चित करती थी। कभी-कभी यह बहस यहाँ तक तूल पकड़ लेती कि लगता प्रगतिवादी, व्यक्ति की भूमिका के महत्त्व को कम कर रहे हैं, और परिमलवाले समाजोन्मुखता को बिल्कुल नकार रहे हैं।

इस तरह की बहसें बहुत अरसे से चलती आ रही थीं। अब 'नई कहानी' को केन्द्र में रखकर यह बहस नया रूप ले रही थी। पर कहानी के इतने नए-नए नाम सामने आने लगे थे कि उनको परिभाषित करना या परिभाषा को समझ पाना मेरे लिए कठिन हो गया था।

पर मैं इस मतभेद को मात्र राजनीतिक मतभेद भी नहीं मानता। बेशक़ इससे इस बहस को सियासी रंग ज़रूरत से ज़्यादा मिल रहा था। अगर प्रगतिवादी समाजोन्मुखता पर बल देते थे तो यह कोई नई बात नहीं थी। जब से हमारे देश में नवजागरण की लहर उठी थी, भारतेन्दु युग के समय से, तब से ही हमारे

साहित्य में समाजोन्मुखता की प्रवृत्ति ज़ोर पकड़ने लगी थी। प्रेमचन्द का साहित्य समाजोन्मुख था। मार्क्सवादी विचारधारा से उनकी जानकारी बहुत बाद में हुई। इस तरह प्रगतिवादी विचारधारा, साहित्य में समाजोन्मुखता की प्रवृत्ति को नहीं लाई। हाँ, उस समाजोन्मुखता के साथ एक आयाम ज़रूर जोड़ा और उसका सम्बन्ध समानता के आधार पर आर्थिक-सामाजिक व्यवस्था की परिकल्पना से था।

पर यह भी कोई नई बात नहीं थी। इससे बहुत पहले यूरोप में, फ्रांसीसी क्रान्ति की पूर्ववेला में, सामन्ती व्यवस्था के विरुद्ध Liberty, Equality, Fraternity से जुड़ी विचारधारा ने साहित्य सृजन को गहरे में प्रभावित किया था। रोमांटिक लहर उसी के प्रभावाधीन उठी थी, वह भी मूलतः आदर्श सामाजिक व्यवस्था के सपने देखती थी। सृजनात्मक लेखन में तब भी रोमांटिक और कलावादी, दो प्रवृत्तियाँ उभरकर आई थीं।

पर इन प्रभावों-संस्कारों के रहते भी, कलाकार का अपना, कलाकार के नाते, स्वतन्त्र व्यक्तित्व होता है। उसका संवेदन कुछ बातों को नकारता, कुछ को स्वीकारता, अंगीकार करता है। उसकी अपनी मौलिक दृष्टि उसमें से पनपती है। राजनीतिक-सामाजिक लहरों का असर तो ज़रूर होता है पर प्रत्येक लेखक की अपनी पहचान उसकी मौलिक दृष्टि और रचनात्मकता से ही बनती है। प्रेमचन्द का अपना व्यक्तित्व था और बाद में रेणु का अपना।

मेरे लिए नई कहानी को परिभाषित करना कठिन हो रहा था। कुछेक तत्त्व पकड़ में आते थे पर वे केवल नई कहानी के ही गुण हों, ऐसा मुझे नहीं लगता था। पिछली कहानी क़िस्सागोई के अन्दाज़ में लिखी जाती थी। मुझे इस अन्दाज़ में बड़ा रस मिलता था। पर कहा जाता था कि इस अन्दाज़ में कहानी वस्तुपरक नहीं रहती। वह क़िस्सा सुनानेवाले की शैली के रंग में रँगी हम तक पहुँचती है। वस्तुपरक नई कहानी हमें स्थिति विशेष के भीतर ले जाना चाहती है, यहाँ तक कि हम उस स्थिति विशेष में जीने लगते हैं। पिछले दौर की कहानी सोद्‌देश्यता पर बल देती थी। नई कहानी सोद्‌देश्य तो होगी, पर किसी विशेष आग्रह से उसकी सोद्‌देश्यता पर बल नहीं दिया जाएगा। नैतिक अथवा सामाजिक उद्‌देश्यों को लेकर लिखी जानेवाली कहानियाँ अक्सर पात्रों के चरित्र का सरलीकरण कर देती हैं। नई कहानी की नज़र में इंसान बड़ा पेचीदा जीव है। किसी आग्रह से लिखी जानेवाली सोद्‌देश्य कहानी चरित्र की इस पेचीदगी को अनदेखा करती है। उसमें पात्रों को काले और सफ़ेद में बाँटने की चेष्टा बनी रहती है।

इस तरह नई कहानी इंसान के बहुआयामी चरित्र पर अधिक बल देती थी। और शिल्प-शैली की दृष्टि से सांकेतिकता पर, कलात्मकता पर।

पर ये विशेषताएँ तो किसी भी अच्छी कहानी के गुण होंगी, विशेष रूप से

नई कहानी के ही क्यों ?

प्रेमचन्द भी सोद्देश्य कहानियाँ लिखते थे और अक्सर क़िस्सागोई के अन्दाज़ में लिखते थे। पर उनकी सोद्देश्यता, जड़ सोद्देश्यता नहीं थी, वह उन उत्कट भावनाओं से जुड़ती थी जो राष्ट्रव्यापी स्तर पर चलनेवाले स्वतन्त्रता संग्राम की उपज थीं। उसमें अपनी ओजस्विता थी। अपना रंग था।

शैली-शिल्प के नाते मैं किसी शिल्प के चौखटे में कहानी को फ़िट बैठाने के हक़ में नहीं था। आरम्भ में लेखक प्रचलित शैली को ही अक्सर अपनाता है, या किसी ऐसे लेखक की शैली को जिसने उसे प्रभावित किया हो। पर धीरे-धीरे उसका संवेदन अपने लिए अपनी शैली गढ़ लेता है। यहाँ तक कि उसकी शैली और शिल्प पर उसके लेखकीय व्यक्तित्व की छाप होती है। नवीनता के नाम पर लेखक से अपेक्षा करना कि वह अमुक शैली को अपनाए, या शैली के आधार पर लेखक की पहचान निर्धारित करना कि उसमें नवीनता है या नहीं, मैं समझता हूँ बड़ी बेतुकी बात है। शैली नवीनता को निर्धारित नहीं करती, रचना में निहित जीवन-दृष्टि निर्धारित करती है और लेखक उस दृष्टि के अनुरूप ही अपनी शैली अपनाता है। कोई भी लेखक अपने काल की धड़कनों से अछूता नहीं रहता, पर ये धड़कनें किस रूप में उसकी रचनाओं में व्यक्त होती हैं यह उसके संवेदन और जीवन-दृष्टि पर निर्भर करता है। शैली माध्यम है, लक्ष्य नहीं।

तूफ़ानी बहस-मुबाहिसों का यह दौर लगभग दस बरस तक रहा। उसके बाद ठंडा पड़ने लगा। लेखकों के जो ख़ेमे बने थे, वे भी कहीं-कहीं पर टूटने-बिखरने लगे थे।

इस दौरान मेरा तीसरा कहानी संग्रह 'भटकती राख' नाम से प्रकाशित हुआ।

मास्को निवास के दिनों में मुझे सुविख्यात सोवियत लेखक चिंगीज़ आइतमातोव की एक पुस्तक 'पहला अध्यापक' का अनुवाद करने का मौक़ा मिला था। उसे पढ़ते हुए मुझे मेरे अपने बचपन के दिन याद हो आए, कुछ चरित्र भी। भारत लौटकर मैं एक छोटे उपन्यास पर काम करने लगा था जो बाद में 'झरोखे' नाम से प्रकाशित हुआ। उपन्यास के क्षेत्र में यह मेरा पहला प्रयास था। इसका एक अंश 'धर्मयुग' में भी प्रकाशित हुआ जिसका सम्पादन धर्मवीर भारती करने लगे थे।

'झरोखे' उपन्यास से प्रोत्साहित होकर मैं एक और उपन्यास पर काम करने लगा। नाम था 'कड़ियाँ', और वह भी बाद में धारावाहिक रूप में 'धर्मयुग' में प्रकाशित हुआ।

अपने आरम्भिक प्रयासों में शायद हर लेखक ऐसे व्यक्तियों को पात्र के रूप में उपन्यास के पन्नों पर लाता है जिन्हें उसने नज़दीक से देखा और जाना हो, जिनके चरित्र के किसी अनोखे पहलू ने उसका ध्यान आकृष्ट किया हो, उसे प्रभावित किया हो। अक्सर ऐसे पात्रों को वह अपने मित्रों-सम्बन्धियों में से भी उठाता है। बाद में उसकी नज़र अधिक व्यापक स्तर पर अपना चुनाव करने लगती है। मेरे साथ ही ऐसा ही हुआ पर इस कारण जो मेरी दुर्गति हुई और जो बाद में आश्चर्यजनक अप्रत्याशित प्रतिक्रिया हुई वह आज तक नहीं भूला हूँ।

जब उपन्यास धारावाहिक रूप से, एक कड़ी के बाद दूसरी कड़ी में छिपने लगा तो मेरी भानजी ने जो कलकत्ता में रहती थी, उपन्यास के दो पात्रों को पहचान लिया। पहचान ही नहीं लिया, उसे बहुत बुरा लगा कि मैं अपने नाते-रिश्तेदारों को नॉवेल में घसीट लाया हूँ।

उसने रोष-भरा पत्र मुझे लिखा। मैं चौंका। मैं समझे बैठा था कि जब कोई व्यक्ति पात्र बनकर किसी उपन्यास में उतरता है तो उसके निजी व्यक्तित्व की कोई संगति उसके साथ नहीं रहती। वह पहचान लिया गया, मेरी नासमझी और असावधानी के कारण, पर जिस कहानी में वह पात्र बनकर आया है, वह उसकी अपनी कहानी तो नहीं है, न ही वह हमारे परिवार की कहानी है, पर मेरी भानजी का रोष बराबर बना रहा।

हर सप्ताह उपन्यास की एक नई कड़ी प्रकाशित हो रही थी और मेरी भानजी का क्षोभ उत्तरोत्तर बढ़ता जा रहा था। उसने अपना रोष प्रकट करते हुए बलराजजी को बम्बई में पत्र लिखा। बलराजजी को भी बुरा लगा। अब स्थिति यह हो गई कि जब भी अगली कड़ी छपकर आती तो मेरा दिल धक्-धक् करने लगता कि न जाने भानजी की और बलराजजी की क्या प्रतिक्रिया रही होगी। मन तो कहता कि मैंने कोई ऐसा बड़ा गुनाह नहीं किया है, परिवार के बाहर तो क्या, परिवार के सदस्यों में से भी, भानजी को छोड़कर, किसी अन्य सदस्य ने नहीं पहचाना होगा। और अगर पहचान भी लिया है तो ऐसा बिगड़ने की क्या बात है, मैं उनकी कहानी तो नहीं कह रहा।

एक दिन सुबह मेज़ पर बैठा ही था कि क्या देखता हूँ, सामने बलराज खड़े हैं। वह भानजी की प्रतिक्रिया से इतने क्षुब्ध हुए थे कि मुझे समझाने बम्बई से दिल्ली पहुँच गए। घंटा-भर तो उन्होंने मेरी अच्छी खिंचाई की। यहाँ तक कि मेरा रोना निकल गया। मैं बार-बार कहता, "यार, मैंने कोई अपराध नहीं किया। परिवार के किसी अन्य सदस्य की ऐसी प्रतिक्रिया नहीं हुई। और भी तो किसी ने पढ़ा होगा।"

पर नहीं, उन्हें मेरा, परिवार के किसी सदस्य को नॉवेल के मनगढ़न्त कथानक

में भी उतारना अक्षम्य अपराध लगा था।

"अब बताओ मैं क्या करूँ ?"

"इसे यहीं ख़त्म कर दो।"

"कभी ऐसे भी हुआ है ? पूरे उपन्यास की पांडुलिपि सम्पादक के पास रखी है। और अगर उसका प्रकाशन रुकवा दूँ तो अव्वल तो सम्पादक मानेगा ही नहीं, अगर वह मान भी जाए तो पाठक चौंकेंगे नहीं कि उपन्यास का प्रकाशन बीच में क्यों रोक दिया गया ?"

बलराज नाराज़ आए थे, नाराज़ ही लौट गए। मैं खिन्न-सा महसूस करने लगा। इससे पहले जब भी उपन्यास की अगली कड़ी छपकर आती थी तो मैं बड़ी उत्सुकता से पत्रिका के पन्ने पलटता था। अब बड़े अनमने मन से खोलता और भय बना रहता कि अबकी बार कहाँ से जूत पड़ेगा।

राम-राम करते उपन्यास का प्रकाशन अठारह किश्तों में समाप्त हुआ। मैंने चैन की साँस ली।

पर इसके कुछ ही दिन बाद एक अजीब-ओ-ग़रीब घटना घटी। जिन दो पात्रों को मैंने अपने परिवार के सदस्यों में से उठाया था, उनमें एक पुरुष था और एक युवती। युवती दिल्ली में ही रहती थी। उपन्यास का प्रकाशन समाप्त होने पर वह मुझसे मिलने आई। मैंने सोचा, अब यह भी मुझ पर बरसेगी।

वह कहने लगी :

"आपने अपने नॉवेल में मुझे इस पात्र में रखा है ना ?"

पर इससे पहले कि मैं कुछ उत्तर दूँ, वह मेरा हाथ पकड़कर बोली :

"अब किसी और नॉवेल में भी मुझे रखना। रखोगे ना ?"

इसके कुछ ही समय बाद मेरे जीवन में एक और अध्याय खुलनेवाला था जिसके बारे में अब सोचूँ तो उसे एक ही शीर्षक दे सकता हूँ—'आ बैल, मुझे मार !'

'नई कहानियाँ' का सम्पादन किसी ज़माने में भैरवप्रसाद गुप्त किया करते थे। बड़े सुलझे हुए, जानकार सम्पादक रहे थे। बाद में, कुछ अरसा बाद पत्रिका का सम्पादन मोहन राकेश और तदनन्तर कमलेश्वर करने लगे थे। उसी कालखंड में नई कहानी आन्दोलन भी ज़ोरों पर था। इस बीच राजकमल प्रकाशन गृह, जिसे श्री ओमप्रकाश चला रहे थे, अब उनके साथ शीला सन्धू भी मिल गई थीं। व्यवस्था में क्या तब्दीलियाँ हुईं मैं नहीं जानता पर एक दिन स्व. श्री पी.सी. जोशी ने मुझे बुला भेजा, और मिलने पर कहा कि मैं 'नई कहानियाँ' का सम्पादन हाथ

में ले लूँ। उन दिनों कमलेश्वर सम्पादन कर रहे थे और मोहन राकेश उनके सौजन्य सहयोगी थे। पर मैंने सुना था कि दोनों इस कार्यभार से मुक्त हो रहे हैं।

मैंने मान लिया। एक दिक़्क़त थी, कि मैं कॉलेज में पढ़ा रहा था, और कॉलेज में नौकरी करते हुए मैं किसी दूसरी जगह तनख़्वाह पर काम नहीं कर सकता था। इसका भी रास्ता निकल आया। मैं सौजन्य सम्पादन करूँगा जिसके लिए मुझे वेतन नहीं मिलेगा, केवल ऑनरेरियम मिलेगा (वह भी पहले 300 रुपए था बाद में 500 बना)।

काम चलने लगा। राजकमल प्रकाशन गृह में पुस्तकों से ठसाठस भरी ऊँची-ऊँची आलमारियों के बीच, एक छोटा-सा कमरा बनता था जिसमें एक वक़्त में केवल एक ही आदमी, मतलब कि केवल सम्पादक ही बैठ सकता था, मेरी छोटी-सी मेज़ लग गई और काम चालू हो गया। मैं भरपूर उत्साह के साथ, कॉलेज का काम ख़त्म होने के बाद, आलमारियों को जोड़कर बनाई गई उस कोठरी में, दो-तीन घंटे के लिए जा बैठता।

बरसों पहले 'साहित्यकार' नामक पत्रिका के सम्पादक मंडल में भी रह चुका था, भले ही उसके केवल दो ही अंक प्रकाशित हुए थे और उनकी प्रतियों के गट्ठर अभी भी मेरे घर की बरसाती में रखे थे। जब वह पत्रिका निकाल रहे थे तो उस समय मैं और मेरे साथी, बड़ी गर्मजोशी से कहा करते, ''पत्रिका को बेचना कौन-सा मुश्किल काम है, पत्रिका की प्रतियाँ झोले में भरकर सड़क किनारे जा खड़े होंगे। और राह जाते लोगों को बेच दिया करेंगे।'' पर यहाँ स्थिति दूसरी थी, यहाँ सड़क किनारे खड़े होकर बेचने की ज़रूरत नहीं थी। छापेख़ाने का बिल चुकाने के लिए भी इधर-उधर से पैसे माँगने की ज़रूरत नहीं थी। प्रतिष्ठित प्रकाशन गृह पीठ पर था, वही बिल अदा करेगा, उसी का कार्यालय विज्ञापन उगाहेगा। मुझे केवल सम्पादन करना था, और मैं जमकर सम्पादक की कुर्सी पर बैठ गया।

कहानी आन्दोलन के नज़ारे देखने के बाद, मैंने मन-ही-मन ठान लिया था कि पत्रिका किसी गुट के साथ नहीं जुड़ेगी, न नई कहानी के साथ, न सचेतन कहानी के साथ, न अकहानी और न ही समसामयिक कहानी के साथ। मेरी पत्रिका स्वतन्त्र पत्रिका होगी। केवल उत्कृष्ट कहानियाँ छापना उसका लक्ष्य होगा। वह किसी साहित्यिक लहर का मुखपत्र नहीं बनेगी।

सम्पादन की बागडोर मेरे हाथ में सौंपते हुए कमलेश्वर ने यह सुझाव दिया था कि वह भी पत्रिका के साथ अपना सहयोग बनाए रखना चाहेंगे और इस हेतु कमलेश्वर एक स्थायी स्तम्भ पत्रिका के लिए लिखते रहेंगे। कमलेश्वर और राकेश दोनों ही मेरे स्नेही मित्र थे और मैं दोनों का ही क़द्रदान था, पर मैंने उनका

प्रस्ताव भी मंजूर नहीं किया, मेरा इरादा सम्पूर्ण रूप से स्वतन्त्र पत्रिका निकालने का था। मैं सबसे अधिक महत्त्व कहानियों को देना चाहता था, बहस को नहीं। बहस तो होनी चाहिए पर साहित्यिक कृतियों को लेकर, न कि गुटबन्दियों को लेकर, आदि-आदि। कहानी के क्षेत्र में गर्मागर्मी चल रही थी, मैं 'नई कहानियाँ' को उससे दूर रखना चाहता था, मैं उसे वाद-विवाद का अखाड़ा न बनाकर, उसे शुद्ध साहित्यिक पत्रिका बनाना चाहता था।

शुद्ध साहित्यिक पत्रिका से मेरा प्रयोजन मात्र बढ़िया कहानियाँ जुटाना था। और इसका मतलब था, प्रति मास प्राप्त होनेवाली लगभग डेढ़ सौ कहानियों (हस्तलिखित पांडुलिपियों) को पढ़ना और उनमें से पाँच-छः कहानियाँ चुनना। इतनी कहानियाँ कौन पढ़े ? पर मैंने फ़ैसला कर रखा था कि उन्हें मैं ही पढ़ूँगा और मैं ही चुनूँगा। शीघ्र ही मेरी यह धृष्टता आड़े आने लगी। इधर कहानियाँ पढ़ता, उधर कॉलेज में पढ़ाने जाता, जल्दी ही मेरा सिर घूमने लगा, कहानियों का पुलिन्दा किसी जन्तु की तरह सारा वक़्त आँखें फाड़े मेरी ओर घूर रहा होता। मैं अभी तक अपनी इस कमज़ोरी से पिंड नहीं छुड़ा पाया था कि सब काम स्वयं करूँगा।

न जाने यह सबक मैंने कहाँ से सीखा था कि सब काम स्वयं करना चाहिए। शायद गांधीवाद का असर रहा हो, या बचपन की शिक्षा का, जिसमें 'सादापन जीवन सजावट मृत्यु है' एक नैतिक नियम था जिसका मतलब था, जाड़ों में भी ठंडे पानी से नहाना, मीलोंमील पैदल चलना, सिर पर सरसों का तेल चुपड़ना, आदि-आदि। जब भी कोई नया काम हाथ में लेता हूँ तो मेरा मानसिक सन्तुलन बिगड़ जाता है। कभी तो अत्यधिक उत्साह के कारण, कभी दायित्वबोध के कारण, कभी बचपन के उन संस्कारों से विवश होकर मैं उसमें कूद पड़ता हूँ। तब, न तो मुझे अपनी क्षमता-सामर्थ्य की सुध रहती है, न अपनी स्थितियों का जायज़ा ले पाता हूँ। बस, चुटिया में गाँठ बाँधकर जुट जाता हूँ। सुचारु, व्यवस्थित ढंग से काम करना मेरे बस का नहीं है।

ऐसी ही मेरी मानसिकता तब भी थी जब बलराज के घर छोड़ जाने पर मैंने पिताजी के व्यापार में हाथ बँटाना शुरू किया था। तब भी मैं तपती दोपहरी में नमूनों का बैग उठाए दूकानों पर जा पहुँचता जब दुकानदार सो रहे होते, जबकि यह काम मेरा नहीं था, बाज़ार में घूमनेवाले दलालों का था। पिताजी के दफ़्तर में मुंशी, दलाल, क्लर्क आदि थे, पर नहीं, मैं स्वयं सब काम अपने हाथ से करूँगा, तो व्यापार के नुक़्ते समझ पाऊँगा, दाँव-पेंच समझ पाऊँगा। अगर मुझे व्यापार के गुर समझना था तो अपने दलाल को अपने साथ ले जाता। पर नहीं, सब काम मुझे स्वयं जो करना था। समझदारी से काम किया होता तो बहुत से तल्ख़ तजरबे व्यापार में भी न हुए होते।

इसी सिलसिले में एक और क़िस्सा याद आता है। आज़ादी के बाद हम लोग दिल्ली में आकर बस गए थे। तब मेरा रुझान वामपन्थी विचारधारा की ओर तेज़ी से बढ़ रहा था। तब जनजीवन से जुड़ने का आग्रह ज़ोरों पर था।

उन दिनों मैं एक कॉलेज में आरज़ी नौकरी पर था। हम लोग पटेलनगर में रहते थे जबकि मेरा कॉलेज दरियागंज के दूसरे छोर पर था और मैं रोज़ सुबह साइकिल पर सवार होकर, पैडल मारता कॉलेज में पहुँचता। तभी पिताजी के आग्रह पर मैंने एक सेकेंड हैंड मोटरसाइकिल ख़रीद लिया। इससे बड़ी सहूलियत हो गई।

मोटरसाइकिल सेकेंड हैंड थी, एक हज़ार रुपए में आई थी। पहले विश्वयुद्ध के समय का मॉडल रहा होगा। मॉडल का नाम 'नॉर्टन' था। और था भी बड़ा मज़बूत। ऐसा मज़बूत कि जब उसे स्टार्ट करता तो उसकी आवाज़ मोहल्ले-भर में गूँज जाती। और जब कॉलेज पहुँचता तो सारा कॉलेज गूँज उठता। और लड़के हँसते हुए कमरों में से निकल-निकलकर बरामदों में मेरा स्वागत करने पहुँच जाते।

क़रीब छः महीने तक तो उसने बढ़िया काम दिया, पर बाद में हिचकियाँ लेने लगा। उसमें दोष पैदा होने लगे और वे इतनी तेज़ी से बढ़े कि मोटरसाइकिल को ओवरहॉल करवाने की ज़रूरत पड़ गई।

उन्हीं दिनों मेरे एक पुराने रावलपिंडी के दिनों के छात्र ने मोटरगाड़ियों की मरम्मत का वर्कशॉप कश्मीरी गेट के पास खोल रखा था। मैं मोटरसाइकिल उसके पास ले गया और उसी ने सुझाव दिया कि मैं उसे ओवरहॉल करवा लूँ। मैंने कहा, ठीक है। पर जब उसने कहा कि दूसरे दिन सुबह ही वह उसे खुलवा देगा, मतलब उसका इंजन और अन्य ज़रूरी पुर्ज़े अलग करेगा ताकि पता चले कि क्या-क्या बदलना ज़रूरी होगा तो उसी समय मेरे अन्दर यह भावना ज़ोर मारने लगी कि इंजन खोलने, उसके पुर्ज़े अलग-अलग करने का काम मुझे स्वयं करना चाहिए।

जब मैंने विश्वनाथ से कहा कि इंजन खोलने का काम मैं स्वयं करूँगा तो वह मुस्कुरा दिया।

"आप क्यों अपने हाथ काले करोगे, मेरे आदमी यह काम कर देंगे। हमारा तो रोज़ का यही धन्धा है।"

पर हाथ काले करना मेरे लिए मज़दूर वर्ग के साथ ज़ेहनी तौर पर जुड़ना था, और उसके लिए यह सुनहरा मौक़ा था।

"पर मैं सीखना चाहता हूँ। मशीन के कल-पुर्ज़े समझना चाहता हूँ," वह फिर मुस्कुरा दिया।

"यह काम आपका नहीं है, आप पास ही कुर्सी पर बैठ जाया कीजिए और देखते रहा कीजिए। बहुत कुछ समझ में आ जाएगा।"

पर मेरे लिए हाथ काले करना गौरव की बात थी, रूहानी जन-सम्पर्क था, मैंने उसकी बात नहीं मानी।

"तो आ जाइए कल सुबह," विश्वनाथ बोला।

और मैं दूसरे दिन सुबह तड़के ही पहुँच गया। और हाथ काले करने लगा।

एक के बाद एक, पुर्ज़े अलग होने लगे। मेरे हाथ काले होने लगे, मेरे अन्दर स्फूर्ति की लहरें दौड़ने लगीं।

दोपहर तक तो मैंने मिस्त्री के आदेशों के अनुसार बहुत कुछ कर लिया था, पर पीठ दुखने लगी थी। शाम के पाँच बजे, वर्कशाप के बन्द होने का समय आया। उस वक़्त तक मैं केवल एक तिहाई मशीन खोल पाया था।

मशीन खोलने में पूरे दो दिन लग गए। मशीन तो खुल गई। हाथों के अलावा, नाक, मुँह और कपड़े भी जगह-जगह काले हुए, पर इसके बाद मुझे इतना भी मालूम नहीं था कि कौन-सा पुर्ज़ा कहाँ से खोला है और कौन-सा पुर्ज़ा क्या काम करता है—और फिर उसे कहाँ जोड़ना होगा।

विश्वनाथ तो वहाँ पर था ही। उसने बोरिंग वग़ैरा का काम हाथ में लेने से पहले, मुझसे कहा :

"यहाँ से कुछ ही दूरी पर ख़राद है। वहाँ हम बोरिंग का काम करवाते हैं, आप मेरे आदमी के साथ चले जाएँ और ख़राद का काम भी देख लीजिएगा।"

उस वक़्त तक मेरा जनसम्पर्क का उत्साह बहुत कुछ ठंडा पड़ चुका था। मैं सोच रहा था कि अगर यह अगले दिन तक टल जाता तो बेहतर था। पर विश्वनाथ कह रहा था :

"ख़राद का काम देखना ज़्यादा ज़रूरी है। पिस्टन कैसे काम करते हैं, इसकी समझ आपको उसी से आएगी। बड़ी बारीक़ी का काम है।"

मेरे चेहरे के भाव को देखते हुए वह हँसकर बोला :

"अभी तो आपको सारी की सारी मशीन जोड़ना भी है।"

मैं मिस्त्री के साथ पाँव घसीटता ख़राद का काम भी देखने गया।

ओवरहॉलिंग का काम होने लगा, विश्वनाथ पुर्ज़े बदलता रहा। मैं किसी दिन उसके वर्कशॉप जाता, किसी दिन नहीं जाता। और आख़िर जब मशीन के कलपुर्ज़े फिर से जोड़ने का दिन आया तो मैं घर पर ही बैठा रहा।

किसी उपन्यास में एक पात्र के बारे में पढ़ा था कि उसे कोई आदेश दो तो वह आदेश को पूरी तरह सुने-समझे बिना ही फ़ौरन चल पड़ता था। उसके लिए चल पड़ना ही आदेश-पालन था। उसके चल पड़ने में ही उसकी तत्परता,

आज्ञाकारिता, पहलक़दमी झलकती थी। मेरा भी चरित्र कुछ-कुछ ऐसा ही रहा है। और तुर्रा यह कि इन तल्ख़ अनुभवों के बावजूद कुछ भी सीख नहीं पाया हूँ।

मूलतः मेरी मानसिकता आगे बढ़कर नया रास्ता खोजने अथवा नेतृत्व करने की मानसिकता नहीं है। यह बहुत बड़ा अवगुण है। और यह मेरे बचपन की देन है जब मैं अन्य लोगों की श्रेष्ठता से अभिभूत होकर अपने को छोटा समझने लगा था। जब अन्य लोगों की श्रेष्ठता आदरभाव नहीं, भक्तिभाव जगाने लगी थी। जिसका एक पहलू अपने को छोटा समझना तो दूसरा इस छुटपन को, इस विनम्रता को, बहुत बड़ा गुण मानना था–ऐसी विनम्रता जो अहंभाव को कुचलने की सीमा तक अपने से अलग रखे। यह पूरा नहीं तो आधा सच ज़रूर है।

आधा सच इसलिए कि जहाँ मुझमें साहसिक क़दम उठाने की, नेतृत्व की क्षमता नहीं है, वहाँ मेरे मन में साहसिक क़दम उठानेवालों के प्रति श्रद्धाभाव ज़रूर है। और इनका समर्थन और किसी-न-किसी रूप में अनुसरण ज़रूर करना चाहता हूँ। शायद यही कारण है कि मैं उन्हीं लोगों से प्रभावित और प्रेरित हुआ हूँ जो साहसिक थे, नए पथ के खोजी थे, चुनौतियाँ स्वीकारने और उनसे लोहा लेनेवाले थे, निर्भीक थे।

'नई कहानियाँ' के सन्दर्भ में मेरी इस धृष्टता ने कि सभी कहानियाँ मैं पढ़ूँगा, पत्रिका को ज़्यादा नुक़सान नहीं पहुँचाया, हाँ, मैं अपने वक़्त का बेहतर उपयोग कर सकता था। कुछ नए हस्ताक्षर ज़रूर सामने आए, कुछ उत्कृष्ट कहानियाँ भी छापीं पर ज़्यादा दूर नहीं जा पाया।

मेरी हठधर्मी एक अन्य दिशा में ज़रूर पत्रिका के लिए हानिकारक साबित हुई। कहानी को लेकर जिस तरह की गर्मागर्मी चल रही थी, मैं 'नई कहानियाँ' को वाद-विवाद का अखाड़ा नहीं बनने देना चाहता था, न ही उसे किसी गुट का मुखपत्र बनने देना चाहता था। यहाँ तक तो ठीक था। पर कहानियों की पत्रिका में केवल कहानियाँ ही पाठक के लिए प्रमुख आकर्षण नहीं होतीं। अनेक अन्य स्तम्भ पत्रिका को रोचक और जीवन्त बनाते हैं–उसमें विचार-विमर्श हो, नई पुस्तकों की चर्चा हो, साहित्यिक गतिविधि की जानकारी देनेवाली परिचर्चा हो, हास्य-व्यंग्य आदि हों, संस्मरण हों। कुछ समय के लिए तो पत्रिका में केवल कहानियों को ही प्राथमिकता दी जाती रही। बाद में उपेन्द्रनाथ अश्क अपने लेख भेजने लगे, हमारे आग्रह पर सोबतीजी 'आर्थर' के नाम से कॉलम लिखने लगीं।

कुछ ही समय बीता होगा कि एक और घटना घटी। कृष्णा सोबती की कहानी 'यारों के यार' पत्रिका में छपकर आई, और अप्रत्याशित रूप से कुछ हल्कों में वाद-विवाद का विषय बन गई। एक पाठक ने तो मुझे यहाँ तक लिखा कि "अब तक तो आपकी पत्रिका पारिवारिक पत्रिका हुआ करती थी, पर यह कहानी

'अत्यधिक साहसिक' है, परम्परागत, पारिवारिक मूल्यों का उल्लंघन करती है।'' कुछेक ने उसे अश्लील भी कहा। वाद-विवाद बढ़ने लगा।

कहानी न तो अश्लील थी, न ही मेरी समझ में किन्हीं पारिवारिक मूल्यों-मान्यताओं का उल्लंघन करती थी। उसमें सरकारी दफ़्तरों के माहौल और क्लर्कों की मानसिकता का चुभता, सटीक वर्णन था। ऐसा नहीं कि मैंने उसे बिना सोचे-विचारे छाप दिया हो। सरकारी दफ़्तरों के अमले की मानसिकता को बड़े जीवन्त ढंग से उभारा गया था। एकाध जगह से दो-एक वाक्यांश बदलने के लिए मैंने सोबतीजी से अनुरोध भी किया था, पर जब वह नहीं मानीं तो मैंने उसे जैसी थी, वैसी ही छाप दिया।

पर वाद-विवाद बढ़ता गया। शीला सन्धू भी विचलित महसूस करने लगीं। हालाँकि अनेक पाठकों की ओर से प्रशंसा के पत्र भी आए थे।

वाद-विवाद तूल न पकड़े, इसे ध्यान में रखते हुए हमने पत्रिका की ओर से जाने-माने लेखकों, आलोचकों, पाठकों की एक मीटिंग बुलाई। जैनेन्द्रजी, नामवर सिंह, निर्मला जैन, नेमिचन्द्र जैन, जर्मन विद्वान लोथार लुत्से आदि लगभग पन्द्रह व्यक्तियों ने इसमें भाग लिया। विचार-विमर्श का पूरा-का-पूरा ब्यौरा हमने पत्रिका के अगले अंक में छाप दिया। उस कहानी को किसी ने भी अश्लील नहीं ठहराया था। डॉ. लुत्से की एक टिप्पणी मुझे याद आती है। अश्लील क्या है और क्या नहीं, इसकी चर्चा करते हुए लुत्से ने कहा था, ''स्त्री के नग्न शरीर की छवि तो कामोत्तेजक मानी जाती है, पर जब कोई भारतीय नारी, शरीर पर साड़ी लपेटे नदी में से नहाकर निकलती है तो उसकी छवि कुछ लोगों को शायद पहले से भी ज़्यादा कामोत्तेजक नज़र आएगी।''

कुछ समय बीता होगा कि एक और कहानी 'पेशाब' नाम से प्रकाशित हुई। इस पर पाठक वर्ग में तो बहस नहीं हुई, पर दिल्ली की नगरपालिका ने हम पर मुकद्दमा ठोंक दिया, यह कहकर कि कहानी अश्लील है।

वह कहानी भी अश्लील नहीं थी। ग़रीब परिवार में एक बच्चा, रात को जाग उठता है और अपने माँ-बाप को एक-दूसरे के साथ गुत्थम-गुत्था देखकर बुरी तरह से डर जाता है। इस कहानी में मुझे कुछ भी आपत्तिजनक नज़र नहीं आया था।

हम एक के बाद एक 'पेशी' पर जाने लगे। मजिस्ट्रेट छोटी उम्र की एक महिला थी। कुछ हम झेंपते थे, कुछ वह झेंपती थी। पहली पेशी पर तो उसने बिना किसी बहस के तारीख़ आगे बढ़ा दी। दूसरी पेशी पर भी ऐसा ही हुआ, पर जब तीसरी बार महिला मजिस्ट्रेट की कचहरी में पहुँचे तो पता चला कि नगरपालिका ने मुकदमा वापस ले लिया है। मजिस्ट्रेट वहाँ मौजूद ही नहीं थी।

कुछ अरसा बाद भैरवप्रसाद गुप्त दिल्ली आए। वे बड़े अनुभवी, सूझ-बूझवाले

सम्पादक रहे थे। उन्होंने ही 'नई कहानियाँ' की जड़ जमाई थी। उनके साथ मिल बैठना हुआ। उन्होंने पत्रिका को सोद्देश्य और लोकप्रिय बनाने के कुछ ज़रूरी गुर सुझाए। एक तो यह कि प्रत्येक अंक में दो-तीन कहानियाँ ज़रूर जाने-माने लेखकों की दिया करो। दो-एक कहानियाँ उदीयमान लेखकों की भी। यदि तुम सभी कहानियाँ या अधिकांश कहानियाँ नए लेखकों की दोगे, जिनके नाम से भी पाठक वर्ग परिचित नहीं तो पत्रिका की माँग कम होगी। साहित्य चर्चा ज़रूर रखो, वाद-विवाद भी बेशक जमकर हो, पुस्तक-समीक्षा, व्यंग्य-लेख, संस्मरण आदि हों। पत्रिका को जीवन्त बनाना होगा।

मेरे लिए बड़े उपयोगी निर्देश थे। पर मैं पत्रिका में नई जान फूँकने जा ही रहा था कि राजकमल प्रकाशन गृह ने पत्रिका से अपना पिंड छुड़ा लेने का फ़ैसला कर लिया और पत्रिका श्री अमृतराय के हाथ में चली गई।

वह ज़िन्दगी क्या जो समतल गति से चले।

कुछ ही दिन बीते होंगे कि शीला की नौकरी छूट गई। 'नई कहानियाँ' से मुक्त होने के बाद लगने लगा था कि ज़िन्दगी फिर से अपने ढर्रे पर आ जाएगी। हमारी बेटी कल्पना कॉलेज में पढ़ने लगी थी, बेटा स्कूल में पढ़ रहा था, हम दोनों अपने-अपने काम पर जाते, खाली वक़्त में मैं कॉलेज की लायब्रेरी में बैठकर लिखने-पढ़ने का काम करता, और शीला अपने रेडियो की ड्यूटी से लौटते हुए अपने संगीत के गुरुजी के पास जाती जब सहसा ही यह झटका लगा। शीला को नौकरी से निकाल दिया गया, और वह भी बिना एक दिन का भी नोटिस दिए।

शीला को इसका गहरा सदमा पहुँचा।

घर की आय में थोड़ी वृद्धि कर पाने के लिए शीला एक दूतावास में दो महिलाओं को अंग्रेज़ी भाषा पढ़ाने लगी थी। मंगोलिया राज्य का दूतावास था जो समाजवादी देश था और चूँकि दोनों महिलाएँ रूसी भाषा जानती थीं और शीला भी जानती थी, इसलिए पढ़ाने में सहूलियत थी।

फिर स्वयं ही हमें ख़्याल आया कि चूँकि शीला सरकारी इदारे में नौकरी कर रही है और विदेशी महिलाओं को पढ़ा रही है, शायद उसे अपने दफ़्तर से इसकी इजाज़त लेने की ज़रूरत हो। उन्हीं दिनों एक अवसर पर शीला की भेंट अपने कार्यालय के उच्चाधिकारी से भी हो गई। शीला द्वारा पूछे जाने पर कि क्या इसके लिए इजाज़त लेने की ज़रूरत है, तो अधिकारी ने कहा कि इज़ाजत लेने की ज़रूरत नहीं पर तुम इसकी सूचना, डायरेक्टर के नाम चिट्ठी लिखकर दे दो।

शीला ने वैसा ही किया पर उसका हश्र यह हुआ कि शीला को बिना कोई नोटिस दिए नौकरी से बर्ख़ास्त कर दिया गया।

शीला बहुत रोई। जिस तरह का नोटिस उसे मिला था, उसे देखते हुए, कहीं कोई सुनवाई की सम्भावना नहीं थी। न ही किसी ने सुना। हमें ऐसा ख़त लिखने की कोई ज़रूरत या मजबूरी नहीं थी। और उस अधिकारी ने भी बड़ी लापरवाही से वह मशविरा दे दिया था।

शीला ने मन ही मन फ़ैसला कर लिया कि अब वह कहीं नौकरी नहीं करेगी। और मैं भी पूर्णतः सहमत था।

पर कुछ अरसा बाद सोवियत सूचना कार्यालय में अनुवादक की ज़रूरत थी। हमारे स्नेही मित्र, रामकुमार की पत्नी, विमला, वहाँ काम कर रही थीं। शीला, यह सोचकर कि वह रूसी भाषा जानती है, कार्यालय में अपनी जान-पहचान के लोग काम कर रहे हैं, कुछ लोग जो हमारे साथ मास्को में थे, वे भी यहाँ काम कर रहे थे, शीला वहाँ जा पहुँची। उन्होंने फ़ौरन ही उसे ले लिया। और वह 'बालस्पूतनिक' पत्रिका के विभाग में काम करने लगी।

पर यह काम शीला को रास नहीं आया। सुबह से शाम तक का काम, उधर घर की देखभाल, उसका संगीत छूटा, उधर कार्यालय का माहौल सन्तोषजनक नहीं था, उसने वहाँ बड़ी मेहनत की, काम में निपुण थी पर खुश नहीं थी। और यह काम एक बार जो शुरू हुआ तो बरसों तक चलता रहा।

शीला अब इस संसार में नहीं है। मेरे कारण उसे बहुत कुछ झेलना पड़ा। कुछ बातों पर हमारा बस नहीं था। शीला, एक पुलिस अधिकारी की बेटी थी। उसके घर का माहौल हमारे घर के माहौल से बहुत कुछ अलग क़िस्म का था। परन्तु प्रथानुसार उसे हमारे ही घर में आकर रहना था और बहुत कुछ हमारे रहन-सहन को अपनाना था। हालाँकि हमारी शादी के दो-एक साल बाद ही देश का बँटवारा हो गया था और तदनन्तर हम बहुत कुछ अपने ही बलबूते पर रहने लगे थे और गृहस्थी की गाड़ी खींचने लगे थे। साझे वर्तमान से जूझने लगे थे और साझे भविष्य के मनसूबे बनाने लगे थे।

पर मूलतः हमारे फ़ैसले मेरे कार्यकलाप को नज़र में रखकर ही किए जाते, भले ही वह 'इप्टा' में काम करना रहा हो, या अम्बाला कॉलेज की नौकरी, अध्यापकों की यूनियन या बाद में लेखन कार्य, अथवा मास्को। इसमें उसकी अपनी आशाएँ-अपेक्षाएँ पूरी नहीं हो पाईं, उन्हें पूरी कर पाने का उसे अवसर ही नहीं मिला। इसका मुझे खेद है, क्योंकि वह बड़ी संवेदनशील और सूझ-बूझवाली महिला थी।

पर यह कैसे सम्भव होता, हम कैसे अपनी-अपनी क्षमताओं-महत्त्वाकांक्षाओं

को किसी ऐसे साझे ढाँचे में ढालते कि दोनों को उनकी पूर्ति के अवसर मिलते। यह लगभग असम्भव जान पड़ता है। पर मेरे कार्य-कलाप में उसने अपना पूरा-पूरा सहयोग दिया, बल्कि अपनी महत्त्वाकांक्षाओं की आहूति दी। इसमें सन्देह नहीं और इसके लिए मेरा रोम-रोम कृतज्ञ है।

वह कई बार कहा करती :

"जब हमारी शादी हुई थी तो मैंने मन ही मन कहा था कि अब यह आदमी मेरा है, जैसा भी है, मेरा है।"

इसी विश्वास के साथ उसने अपना हाथ मेरे हाथ में दिया था और अन्त तक इस विश्वास पर बनी रही थी।

COMPOSITE CULTURE

भीष्म साहनी चन्द्रगुप्त विद्यालंकार के साथ

(बाएँ से) बलराज साहनी, प्रेम कृपाल, बड़ी बहन,
भीष्म साहनी और माँ (बैठी हुईं); 1933

चालीस के दशक में कंग्रेसी कार्यकर्ताओं के साथ रावलपिंडी में सड़क सफाई अभियान के दौरान
भीष्म साहनी खड़े हुए, सबसे बाएँ

लिखते हुए भीष्म साहनी

मोहन जोशी हाजिर हो में दीना पाठक के साथ

भीष्म साहनी और बलराज साहनी

नव विवाहित दम्पति : शीलाजी व भीष्म साहनी; 1949

बलराज साहनी और उनकी पत्नी सन्तोष साहनी के साथ

सपत्नीक बैठे हुए
पीछे खड़े हुए; बेटा वरुण, बेटी कल्पना, और नाती मार्तण्ड; 1980

गिरीश कारनाड द्वारा निर्देशित एक टी.वी. सीरियल में बहादुरशाह ज़फ़र के रूप में भीष्म साहनी

'लिटिल बुद्ध' में अभिनय करते हुए भीष्म साहनी

'हानूश' की घड़ी

रावलपिंडी का वह मकान
जहाँ भीष्म साहनी जन्मे थे (1915)

9

मुझे ठीक से याद नहीं कि कब बम्बई के निकट, भिवंडी नगर में हिन्दू-मुस्लिम दंगे हुए। पर मुझे इतना याद है कि उन दंगों के बाद मैंने 'तमस' लिखना आरम्भ किया था। बलराजजी बम्बई में रहते, मैं अक्सर उनके पास जाता रहता था। एक बार पहुँचा तो दो ही दिन पहले भिवंडी में दंगा हुआ था, और बलराजजी अपने कुछ साथियों–ख़्वाजा अहमद अब्बास, ए. एस. जौहर आदि–के साथ भिवंडी का दौरा करने जा रहे थे। मोटर कार में एक आदमी की जगह ख़ाली थी, मैं उनके साथ हो लिया।

भिवंडी में दाख़िल हुए तो मुझे लगा जैसे मैं उस नगर का दृश्य कहीं देख चुका हूँ। चारों ओर छाई चुप्पी, बरामदों, छतों पर खड़े इक्का-दुक्का लोग, खाली सड़कें, मानो समय की गति थम गई हो। शहर में दाख़िल होने पर पुलिस के सन्तरियों के दो-एक तम्बू और तम्बुओं के बाहर जगह-जगह बैठे सन्तरी, वर्दी में, पर किसी ने वर्दी की टोपी उतार रखी है, किसी ने पेटी खोल रखी है, मानो दंगों की थकान उतार रहे हों। जगह-जगह घूमते आवारा कुत्ते। चारों ओर

छाई चुप्पी—बरामदों-छतों पर खड़े लोग भी मूर्तिवत् से जान पड़ते। चारों ओर एक प्रकार का सूनापन छाया था।

थोड़ा आगे बढ़े तो झुग्गियों की बस्ती थी। लगता था उस पर 'शूरवीरों' का हमला बेरहमी से हुआ था। और लोग वहाँ बदहवासी में भागे थे। जगह-जगह घरों के 'भांडा-टिंडर' बिखरे पड़े थे। एक झुग्गी के बाहर चूल्हे के ऊपर केतली अभी भी रखी थी। एक और झुग्गी के बाहर तोते का पिंजरा रखा था और तोता, पिंजरे के अन्दर मरा पड़ा था। जगह-जगह कपड़े-लीड़े बिखरे हुए मानो भागनेवालों की समझ में नहीं आया हो कि क्या उठाएँ और क्या छोड़ जाएँ। और बाद में लूटनेवाले भी फ़ैसला न कर पाए हों कि चिथड़ों में से क्या चुनें। यहाँ भी कुत्ते झुग्गियों के बीच इधर-उधर घूम रहे थे।

भिवंडी नगर बुनकरों का नगर था, शहर के अन्दर जगह-जगह खड्डियाँ लगी थीं, उनमें से अनेक बिजली से चलनेवाली खड्डियाँ थीं। पर घरों को आग की नज़र करने से खड्डियों का धातु बहुत कुछ पिघल गया था। गलियों में घूमते हुए लगता हम किसी प्राचीन नगर के खंडहरों में घूम रहे हों।

पर गलियाँ लाँघते हुए, अपने क़दमों की आवाज़, अपनी पदचाप सुनते हुए लगने लगा जैसे मैं यह आवाज़ पहले कहीं सुन चुका हूँ। चारों ओर छाई चुप्पी को भी 'सुन' चुका हूँ। अकुलाहट-भरी इस नीरवता का अनुभव भी कर चुका हूँ। सूनी गलियाँ लाँघ चुका हूँ। घरों में परिवार बसे हुए हों तो कहीं से हँसने की आवाज़ आती है, कहीं से किसी को पुकारने की, कहीं से बच्चे की किलकारी की, कोई बच्चा दौड़ता हुआ गली लाँघ जाता है, एक घर से दूसरे घर में जा पहुँचता है, कहीं कोई गृहिणी अपने घर की दहलीज़ पर खड़ी किसी की राह देख रही होती है। बसा हुआ नगर किसी खिली फुलवाड़ी का-सा भास देता है। पर वीरान नगर पर दुर्भाग्य के साए डोल रहे होते हैं।

पर मैंने यह चुप्पी और इस वीरानी का ही अनुभव नहीं किया था। मैंने पेड़ों पर बैठे गिद्ध और चीलों को भी देखा था। आधे आकाश में फैली आग की लपटों की लौ को भी देखा था, गलियों-सड़कों पर भागते क़दमों और रोंगटे खड़े कर देनेवाली चिल्लाहटों को भी सुना था, और जगह-जगह से उठनेवाले धर्मान्ध लोगों के नारे भी सुने थे, चीत्कार सुनी थी।

भिवंडी की सूनी गलियाँ लाँघते हुए मैं तरह-तरह की आवाज़ें सुनने लगा था।

लगभग चार घंटे तक हम लोग उस वीरान नगर का दौरा करते रहे, शरणार्थी शिविर में मेरे साथी वहाँ के निवासियों से मिले। मेरे भाई डायरी में टिप्पण दर्ज करते रहे, अब्बास साहिब अपनी दृष्टि अनुसार ऐसी घटनाओं के ब्योरे इकट्ठा करते रहे जिनमें साझे कारोबार, साझे-लेन देन, साझे आदान-प्रदान के उदाहरण

मिल सकें, कहीं पर हिन्दू और मुसलमान मिलकर दुकान चलाते रहे थे, कहीं बुनकरों के काम में हिन्दुओं-मुसलमानों की शिरकत रही थी।

दोपहर ढलने लगी तो हम लोग वहाँ से चल पड़े। बलराज ने फ़ैसला किया कि वह दो-एक दिन में फिर से भिवंडी लौटकर आएँगे और सप्ताह-भर के लिए वहीं पर रहेंगे।

कुछेक दिन तक बम्बई में रहने के बाद मैं दिल्ली लौट आया। भिवंडी पीछे छूट चुका था। उसकी सूनी गलियाँ धीरे-धीरे विस्मृति में खोने लगी थीं। जिन यादों को उसने जगाया था वे फिर से मेरे अवचेतन के दरबों में जा पहुँची थीं। दिल्ली की गहमा-गहमीवाली दिनचर्या फिर से चलने लगी थी।

आमतौर पर मैं शाम के वक़्त लिखने बैठता था। मेरा मन शाम के वक़्त लिखने में लगता है। न जाने क्यों। पर उस दिन नाश्ता करने के बाद मैं सुबह-सवेरे ही मेज़ पर जा बैठा था। शायद छुट्टी का दिन था। पर कोई विशेष आग्रह रहा हो, ऐसा भी नहीं था। वास्तव में कुछ लिखने के इरादे से भी मेज़ पर नहीं जा बैठा था।

यह सचमुच अचानक ही हुआ, पर जब कलम उठाई और काग़ज़ सामने रखा तो ध्यान रावलपिंडी के दंगों की ओर चला गया। कांग्रेस का दफ़्तर आँखों के सामने आया, कांग्रेस के मेरे साथी, एक के बाद एक, योगी रामनाथ, बख़्शीजी, बालीजी, हकीमजी, अब्दुल अज़ीज, मेहरचन्द आहूजा, अज़ीज़, जरनैल...मास्टर अर्जुनदास...उनके चेहरे आँखों के सामने घूमने लगे। मैं उन दिनों की यादों में डूबता गया।

योगीजी सिर हिला-हिलाकर कह रहे हैं, "शहर पर चीलें उड़ेंगी ! शहर पर चीलें उड़ेंगी !" उनकी आवाज़ में चिन्ता है, दर्द है। यही वाक्य वह बाद में अंग्रेज़ी डिप्टी कमिश्नर से भी कहते रहे थे, "साहिब, इस समय फ़िसाद रुक सकता है, उसे रोक दो। नहीं तो शहर पर चीलें उड़ेंगी !" और डिप्टी कमिश्नर मेज़ पर रखे काग़ज़ पर पेंसिल से टिप्पण लिखता रहा था—वह लिख रहा था या यों ही पेंसिल चला रहा था, और सिर हिलाता हुआ कह रहा है, "मैं शहर में फ़ौज की गश्त का इन्तज़ाम नहीं कर सकता। फ़ौज पर मेरा हुक्म नहीं चलता।..." यादों की बाढ़, फिर कानों में भागते क़दमों की आवाज़ें पड़ने लगती हैं। कुछ चरित्र उभरने लगते हैं। वह जरनैल चला आ रहा है, अपनी बग़ल में बेंत दबाए हुए, लेफ़्ट-राइट करता हुआ। "गांधीजी कहते हैं पाकिस्तान मेरी लाश पर ! मैं भी कहता हूँ, पाकिस्तान मेरी लाश पर !" जरनैल जज़्बाती आदमी था, सनकी था, अपनी मुचड़ी हुई वर्दी और फटी हुई चप्पलों में लेफ़्ट-राइट करता फिरता था, पर दिल का खरा, निर्भीक, देश पर निछावर..."साहिबान, जब कांग्रेस ने पूर्ण

आज़ादी की शपथ ली थी तो मैंने भी शपथ ली थी। उस दिन पंडित जवाहरलाल नेहरू के साथ मैं भी कौमी झंडे के नीचे नाचा था। साहिबान, यह सब अंग्रेज़ की शरारत है।...'' किस तरह ये आवाज़ें मेरे कानों में गूँजने लगी थीं और मैं उत्तरोत्तर भावोद्वेलित होता जा रहा था।

यह सच है। किसी उपन्यास की रचना लेखक की क़लम नहीं करती, उसका मस्तिष्क नहीं करता, उसका भावविस्वल हृदय करता है।

मेरी क़लम चल निकली। कभी एक दृश्य आँखों के सामने उभरता, कभी दूसरा, उन्हें तरतीब देने का विचार ही उस समय मन में नहीं उठ रहा था। थोहा खालसा की यात्रा आँखों के सामने घूम गई। मैं उस कुएँ के पास खड़ा हूँ जिसमें दसियों सिख स्त्रियाँ, अपनी इज़्ज़त बचा पाने के लिए कुएँ में कूद मरी थीं। मेरी बग़ल में खड़ा सरदार जो अपने दुःख और क्लेश के कारण नीमपागल हुआ जा रहा है, फूली हुई लाशों की ओर इशारा करते हुए कह रहा है :

''वह है जी, मेरी घरवाली, वीरजी। वह देखते हो न ? उसकी कलाई पर सोने का गोखड़ू है। वह गोखड़ू निकलवा दो वीरजी। वह तो चली गई, उसके किस काम का। वह मैंने बनवाकर उसे पहनवाया था वीरजी। वह मेरी चीज़ है।...''

लाशें फूलकर कुएँ के ऊपर तक आ गई हैं। उन पर सफ़ेद पाउडर (Disinfectant) छिड़का जा रहा है। पाउडर छिड़क दिए जाने पर, लाशें–उनके अंग एक दूसरे में उलझे, अब लाशें नहीं, संगमरमर की मूर्तियाँ-सी नज़र आने लगी हैं। कुएँ के आसपास अनेक सरदार, हाथ बाँधे खड़े हैं। ये उन औरतों और बच्चों के सगे सम्बन्धी हैं। किसी-किसी वक़्त कोई सरदार फफक उठता है, पर फिर, अपने रुदन को दबाने, संयत रहने की चेष्टा करते हुए, सिर झुकाकर गुरुवाणी के शब्द बुदबुदाने लगता है। पर उसकी आँखें, कुएँ पर से हट नहीं पातीं। ''वह औरत जी, जिसकी टाँगों में बच्चे की लाश फँसी पड़ी है, वह मेरी घरवाली है जी, और वह मेरा बेटा हरनाम है जी, मेरा बेटा...'' और वह फिर से फफक उठता है।

लिखते हुए, ज्यों-ज्यों रचना आगे बढ़ती है, वह अपना स्वतन्त्र अस्तित्व ग्रहण करने लगती है। कथानक, मूलरूप से भले ही वास्तविक जीवन में से उठाया गया हो, भले ही सच्ची घटनाओं पर आधारित हो, फिर भी वह घटना जब उपन्यास के पन्नों पर आती है तो उसकी संगति उपन्यास की माँगों के अनुरूप होने लगती है।

धीरे-धीरे उपन्यास में, वास्तविक जीवन में से उठाए गए पात्र, काल्पनिक पात्रों के सहगामी होने लगते हैं। सूअर मारनेवाला नत्थू काल्पनिक है। नत्थू और उसकी पत्नी, दोनों काल्पनिक हैं। इस तरह यथार्थ और कल्पना घुलने-मिलने लगते हैं।

एक पात्र का काल्पनिक होना और दूसरे का वास्तविक होना, इससे कोई फ़र्क़ नहीं पड़ता। दोनों का विश्वसनीय होना ज़रूरी है।

यही बात घटनाओं पर भी लागू होती है। उपन्यास के आरम्भ में सूअर मारने का प्रसंग काल्पनिक है। उपन्यास की सच्चाई के मानदंड इस बात पर निर्भर नहीं होते कि अमुक घटना वास्तव में घटी थी या नहीं, बल्कि इस बात पर कि जीवन के समूचे यथार्थ के परिप्रेक्ष्य में वह घटना विश्वसनीय बन पाई है या नहीं।

काल्पनिक और वास्तविक की चर्चा के सम्बन्ध में कहूँ तो सजीव, विश्वसनीय लेखन के लिए ज़रूरी नहीं कि जीवन में से उठाई गई किसी घटना का यथावत् चित्रण कर दिया जाए। बल्कि मैं तो कहूँगा कि कभी-कभी वास्तविकता का यथावत् चित्रण इतना प्रभावशाली नहीं होता जितना कल्पना की मदद से किया गया चित्रण। कल्पना की उड़ान से मतलब मनगढ़न्त चित्रण नहीं है। कथानक के विकास के अनुरूप ही आपके पात्रों का व्यवहार होगा। और आपकी कल्पना द्वारा नई-नई स्थितियों का आविष्कार भी। बेशक, वास्तविकता की जानकारी आधार का काम करेगी, पर उसके अन्दर पाई जानेवाली सच्चाई का उद्‌घाटन कल्पना द्वारा ही होगा। वरना आप पढ़ते रहिए, तथ्य और आँकड़े बटोरते रहिए, जितना अधिक आप किसी रचना को जानकारी के आधार पर, तथ्य-आँकड़ों की मदद से लिखेंगे, उतनी ही रचना कमज़ोर होती जाएगी।

इस तरह, यदि लेखक किसी ऐतिहासिक व्यक्ति अथवा कालखंड को अपने कथानक के लिए चुनता है तो जितने कम तथ्य-आँकड़े इकट्ठा करेगा, उतना ही उसकी कृति के प्रभावशाली तथा विश्वसनीय होने की सम्भावना होगी। किसी हद तक तो यथार्थ के तथ्य-आँकड़े सहायक होंगे, उसके बाद वे रचना के स्वतन्त्र विकास के आड़े आने लगेंगे, यहाँ तक कि तथ्य-आँकड़े लेखक के मस्तिष्क पर ऐसे हावी होने लगेंगे कि लेखक की कल्पना अवरुद्ध हो जाएगी, वह तथ्य-आँकड़ों की जकड़ में ऐसी फँसेगी कि स्वतन्त्र रूप से रचना के विकास में उसकी कोई भूमिका ही नहीं रह जाएगी।

फिर शरणार्थी शिविर आँखों के सामने आ गया। वहाँ मुझे आँकड़े इकट्ठा करने का काम दिया गया था। गाँवों से भाग-भटककर आए शरणार्थी वहाँ पड़े थे। यहाँ पर मुझे उस सफ़ेदरीश सरदार ने अपनी कहानी सुनाई थी जो अपनी अधेड़ उम्र की पत्नी के साथ अपना गाँव छोड़कर भागा था।

"बन्तो, अगर हम पकड़े गए तो इस बन्दूक से सबसे पहले मैं तुम्हें मार डालूँगा..."

उसके शब्द मुझे याद आए जो वह एक जगह से दूसरी जगह भटकते हुए अपनी पत्नी से कहता रहा था।

बाद में, गोविन्द निहलाणी द्वारा फ़िल्माए जाने पर मैंने फ़िल्म में उसी सरदार की भूमिका निभाई थी।

शरणार्थियों के हर चेहरे के पीछे एक कहानी थी। जो कुछ उन दिनों देखा था, अनुभव किया था, कैसे याद न आता ? कभी आँखों के सामने मिशन अस्पताल का बरामदा घूम जाता जो ज़ख़्मी शरणार्थियों से भरा पड़ा था और त्रिलोक सिंह, जिसकी आँखों पर पट्टी बँधी थी, कह रहा था :

"रब्ब झूठ न बुलवाए, मुझे हमीदे ने नहीं मारा। मेरे सिर पर गँडासा पिछली ढोक से आए किसी अनजान आदमी ने मारा था।"

इस प्रकार की स्मृतियों के आधार पर लिखे जानेवाले उपन्यास का कोई बँधा-बँधाया कथानक नहीं होता। यादें ही क़लम चलाती हैं, संयम, धैर्य क़लम नहीं चलाते। अन्दर की छटपटाहट चलाती है। कथानक के क्रमिक विकास की ओर ध्यान नहीं जाता। इतिहास का वह परिच्छेद ही मूल विषय होने के नाते, अपने पट स्वयं खोलता जाता है। उपन्यास की बनावट, कथानक का क्रमिक विकास और पात्रों का व्यवहार...सब बाद की बातें हैं। अब तो जो उद्‌गार मन में उठते हैं, जो प्रसंग आँखों के सामने उभरते हैं उन्हें क़लमबन्द करो। करते जाओ। यदि उस भयानक परिच्छेद से जुड़ते हैं तो ज़रूर कहीं उनकी संगति बैठेगी।

शायद यही कारण है कि यादों के दबाव में लिखे उपन्यास, गठन की दृष्टि से शिथिल होते हैं। उनमें प्रसंगों की तो भरमार हो सकती है, और ज़िन्दगी की धड़कन भी सुनाई पड़ेगी, पर उपन्यास का ढाँचा बहुत चुस्त-दुरुस्त नहीं होगा, क्रमिक विकास आदि की दृष्टि से।

मेरे अनुभव में कोई नत्थू जैसा किरदार नहीं आया था, जो जानवरों की खाल उतारता हो। न ही मैंने कभी कोई सुअर मरते देखा था। और न ही मैं जानता था कि सूअर को कैसे मारा जाता है। बल्कि सुअरवाला प्रसंग लिखने से पहले और लिखने के बाद भी मैं इस कोशिश में रहा कि उसे मारने का ठीक-ठीक ढंग कहीं से पता चले।

लीज़ा और रिचर्ड का प्रसंग भी कल्पना पर आधारित था। हाँ, मेरे ही एक अंग्रेज़ अध्यापक को गौतम बुद्ध की ऊर्ध्वकाय मूर्तियाँ इकट्‌ठा करने का जुनून हुआ करता था।

मुरादअली भी काल्पनिक पात्र था । अनेक प्रसंगों के पात्र कल्पना की उपज थे। पाशोवाला प्रसंग पूर्णतया काल्पनिक है।

किताब लिखी गई। छप गई। छपने से पहले उसकी पांडुलिपि शीला ने पढ़ी। कृष्णा सोबतीजी ने पढ़ी। जब प्रूफ़ निकल रहे थे तो बलराज अचानक दिल्ली आ गए। उन्होंने पढ़ी। सभी ने मेरा हौसला बढ़ाया।

यह 1974-75 की बात है। लगभग दस बरस बाद इस पर फ़िल्म बनी। इसके फ़िल्माए जाने से जुड़ी भी कुछ यादें मन में उठती हैं :

जिस जज़्बाती दबाव में मैंने किताब लिखी थी, वैसे ही जज़्बाती दबाव में गोविन्द निहलाणी ने वह फ़िल्म बनाई। फ़िल्माने से पहले वह मुझसे ऐसे सवाल पूछते कि मैं चौंक-चौंक जाता। तुम्हारे शहर में घरों की बनावट कैसी थी, अगर कोई मोहल्ला दिखाना हो तो वह कैसा होना चाहिए ? (बाद में, बम्बई शहर के बाहर, 'फ़िल्म सिटी' में, सेट के नाते वैसे ही घरों का पूरा का पूरा मोहल्ला बनवाया, लागत की परवाह नहीं की)। फ़िल्म स्टूडियो के अन्दर पूरा का पूरा गुरुद्वारा बनवाया, यहाँ तक कि दीवारों पर भित्तिचित्र भी बनवाए। गुरुद्वारा इतना प्रभावशाली बना कि वह फ़िल्मी सेट न रहकर सचमुच का गुरुद्वारा माना जाने लगा। जो कोई उसमें प्रवेश करता, जूते उतारकर अन्दर जाता। उसके अन्दर बैठकर कोई सिगरेट नहीं पीता था, ऊँची आवाज़ में बोलता नहीं था। ऐसा ही देहात के घरों को चुनते हुए भी किया।

पर जिस घटना का मैं उल्लेख करना चाहता हूँ उसका सम्बन्ध फ़िल्म में दिखाए गए शरणार्थियों के एक दृश्य से है।

जिस समय शरणार्थियों का सीन फ़िल्माया जा रहा था तो मैंने शीला (मेरी पत्नी) को एक बड़ी उम्र की महिला के साथ बातें करते हुए देखा, जो उस सीन में एक्स्ट्रा का काम कर रही थीं। मुझे हैरानी हुई। फ़िल्म में कोई जलसा-जुलूस दिखाया जाना हो तो फ़िल्मवाले एक्स्ट्रा लोगों को भाड़े पर बुला लेते हैं। उनकी, फ़िल्म में, व्यक्तिगत स्तर पर कोई भूमिका नहीं होती। वे केवल भीड़ का अंग होते हैं, बड़ी मामूली-सी उजरत पर इन लोगों को बुला लिया जाता है।

शीला उस एक्स्ट्रा औरत के साथ क्यों जा बैठी है, और क्या बातें कर रही है ? पूरे के पूरे सीन में मैंने कई बार उन्हें बतियाते देखा।

बाद में जब मैंने शीला से पूछा तो वह भावुक-सी होकर बोली :

"तुम लोग तो रिफ़्यूजियों का सीन दिखा रहे हो न, वह सचमुच की रिफ़्यूजी है।"

"क्या मतलब ?"

"मतलब कि जब पाकिस्तान बना था तो ये लोग बेघर हो गए थे। यह अपने घरवाले के साथ अपना गाँव छोड़कर भागती फिरी थी। जगह-जगह ठोकरें खाने के बाद ये लोग बम्बई पहुँचे। पर इसकी हैसियत अभी भी रिफ़्यूजी की ही है। इसका घरवाला खाट से जुड़ा है, न काम, न काज। एक्स्ट्रा के रूप में कभी-कभी इसे कोई बुला ले तो दो पैसे बन जाते हैं। मुझे कह रही थी 'यह रिफ़्यूजियों का सीन है न, मैं इसमें सचमुच की रिफ़्यूजी हूँ'।"

कुछ लोगों की जीवन कहानी में बँटवारे का अध्याय अभी तक ख़त्म नहीं हुआ था।

एक और चुभती-सी, किन्तु सुखद याद भी इस फ़िल्म के साथ जुड़ी है।

फ़िल्म सिटी में शूटिंग चल रही थी। गर्मी बहुत थी, मैं कॉस्ट्यूम में था, जिसका मतलब लम्बी दाढ़ी, सिर पर पग्गड़ आदि सबसे लैस था। मेरे काम में अभी थोड़ी देर थी और मुझे गोविन्दजी ने एक केबिन में आराम करने के लिए भेज दिया।

मुझे दाढ़ी-मूँछ लगाने का तो बचपन से शौक़ रहा है पर ऐसी दाढ़ी-मूँछ का नहीं जो गर्मी के मौसम में 'तमस' के लिए लगानी पड़ी थी।

केबिन में पंखे के नीचे लेटा मैं सुस्ता रहा था जब किसी ने केबिन का दरवाज़ा खटखटाया। मैंने उठकर दरवाज़ा खोला तो सामने स्मिता पाटिल खड़ी थीं। मैं चौंका। मैंने सोचा शायद इनकी फ़िल्म भी यहीं कहीं फ़िल्मायी जा रही है और यह मेकअप करवाने के लिए आई हैं और भूल से ग़लत केबिन का दरवाज़ा खटखटा दिया है।

''नहीं जी, मैं आप ही से मिलने आई हूँ। आप इस फ़िल्म के लेखक हैं न ? मुझे गोविन्दजी ने बताया तो मैं आपसे मिलने चली आई।''

वह खाट के सिरे पर बैठ गईं और बोलीं :

''मेरी बड़ी इच्छा इस फ़िल्म में काम करने की थी, अब भी है, पर क्या करूँ मजबूर हूँ।'' (स्मिता पाटिल गर्भवती थीं)

वह थोड़ी देर तक बैठीं, भावविह्वल-सी, फ़िल्म के उस कथानक की, उसके उद्देश्य की चर्चा करती रहीं, फिर उठते हुए बोलीं :

''बस, मैं इतना ही कहने आई थी। आपसे मिलने आई थी। अपनी इच्छा और अपनी मजबूरी बताने आई थी।''

और नमस्कार कर, उठकर चली गईं।

और दुर्भाग्यवश, कुछ महीने बाद, वह चल बसीं।

हानूश

'हानूश' नाटक पर मैं लम्बे अरसे से काम कर रहा था। पहली बार जब नाटक की पांडुलिपि तैयार हुई तो मैं उसे लेकर बम्बई जा पहुँचा, बलराजजी को दिखाने के लिए। उन्होंने पढ़ा और ढेरों ठंडा पानी मेरे सिर पर उँडेल दिया। 'नाटक लिखना तुम्हारे बस का नहीं है।' उन्होंने ये शब्द कहे तो नहीं, पर उनका अभिप्राय यही

था। उनके चेहरे पर हमदर्दी का भाव भी यही कह रहा था।

पर मैं हतोत्साह नहीं हुआ। घर लौट आया, उसे कुछ दिन के लिए ताक पर रखा, पर फिर उठाकर उस पर काम करने लगा। और कुछ अरसा बाद नाटक की संशोधित पांडुलिपि को लिये उनके पास फिर जा पहुँचा।...उन्होंने पढ़ा और फिर सिर हिला दिया। उनका ढाढ़स बँधाने का अन्दाज़ भी कुछ ऐसा था कि यह काम तुम्हारे बस का नहीं है, इस पचड़े में से निकल आओ।

उनकी प्रतिक्रिया सुनते हुए मुझे संस्कृत की एक दृष्टान्त कथा याद हो आई जिसे बचपन में सुना था। एक गीदड़ अपने दोस्तों के सामने डींग हाँक रहा था कि शेर को मारना क्या मुश्किल है। बस, आँखें लाल होनी चाहिए, मूँछें ऐंठी हुई, और पूँछ तनी हुई, शेर आए तो एक ही झपटे में उसे चित्त कर दो।...वह कह ही रहा था कि उधर से शेर आ गया। बाक़ी गीदड़ तो इधर-उधर भाग गए पर यह गीदड़, शेर से दो-चार होने के लिए तैयारी करने लगा। वह मूँछें ऐंठ ही रहा था जब शेर पास आ पहुँचा और गीदड़ को एक ही झापड़ दिया कि गीदड़ लुढ़कता हुआ दूर जा गिरा।...जब गीदड़ फिर से इकट्ठा हुए तो गीदड़ अपनी सफ़ाई देते हुए बोला, "और सब तो ठीक था पर मेरी आँखें ज़्यादा लाल नहीं हो पाई थीं, मूँछों में ज़्यादा ऐंठ भी नहीं आई थी।" पास में एक बूढ़ा गीदड़ भी खड़ा सुन रहा था। गीदड़ को समझाते हुए बोला :

"शूरोऽसि कृतविद्योऽसि दर्शनीयोऽसि पुत्रक
यस्मिन् कुले त्वमुत्पन्नः सिंहस्तत्र न हन्यते।"

बेटा, तुम बड़े शूरवीर हो, बड़े ज्ञानी हो, सभी दाँव-पेंच जानते हो, देखने में भी बड़े प्रभावशाली हो। पर जिस कुल में तुम पैदा हुए हो उसमें शेर नहीं मारे जाते।"

मैं अपना-सा मुँह लेकर दिल्ली लौट आया।

अब मैं बलराजजी की बात कैसे नहीं मानता। उनके निष्कर्ष के पीछे 'इप्टा' के मंच का बरसों का अनुभव था, फिर फ़िल्मों का अनुभव।

मेरे अपने प्रयासों में भी त्रुटियाँ रही थीं। 'हानूश' का कथानक तो मुझे बाँधता था, पर उसे नाटक में कैसे ढालूँ, मेरे लिए कठिन हो रहा था। पहले भी बार-बार कुछ लिखता रहा था, फिर निराश होकर छोड़ देता रहा था। न छोड़ते बनता था, न लिखते बनता था। ऐसा अनुभव शायद हर लेखक को होता है। एक बार कीड़ा दिमाग़ में घुस जाए तो वह निकाले नहीं निकलता। हर दूसरे-तीसरे महीने मैं उसे

फिर से उठा लेता। कथानक के नाम पर मेरे पास गिने-चुने ही तथ्य थे, नाटक का सारा ताना-बाना मुझे बुनना था। कथानक की पृष्ठभूमि ऐतिहासिक थी और वह भी मध्ययुगीन यूरोप की, चेकोस्लोवाकिया की, मेरे अपने देश की भी नहीं।

कुछ अरसा बाद नाटक की एक और संशोधित पांडुलिपि तैयार हुई। या यों कहूँ एक और पांडुलिपि तैयार हुई। अबकी बार मैं उसे बलराजजी के पास नहीं ले गया। नाटक की टंकित प्रति उठाए मैं सीधा अलकाज़ी साहब के पास जा पहुँचा, जो उन दिनों राष्ट्रीय नाट्य विद्यालय के निर्देशक थे। मैंने बड़ी विनम्रता से, अनुनय-विनय के साथ कहा :

"यदि आप इसे एक नज़र देख जाएँ। मैं आपकी प्रतिक्रिया जानना चाहता हूँ।"

वे मुस्कुराए। अलकाज़ी उन दिनों मुझे इतना भर जानते थे कि मैं बलराज का भाई हूँ। बलराज के साथ बम्बई में रहते हुए उनसे थोड़ा सम्पर्क रहा था।

उन्होंने नाटक की प्रति रख ली और मैं बड़ा हल्का-फुल्का महसूस करता हुआ लौट आया। अब कुछ तो पता चलेगा, मैंने मन-ही-मन कहा।

उसके बाद, सप्ताह-भर तो मैं शान्त रहा, उसके बाद मेरी उत्सुकता और मेरा इन्तज़ार बढ़ने लगा। हर सुबह उठने पर यही सोचूँ, अब अलकाज़ी साहब ने पढ़ लिया होगा, अब तक ज़रूर पढ़ लिया होगा। उन्हें टेलीफ़ोन करके पूछूँ। नहीं, नहीं, अभी नहीं, मुझे जल्दबाज़ी नहीं करनी चाहिए। मैं बड़ी बेसब्री से उनकी प्रतिक्रिया का इन्तज़ार कर रहा था।

दो सप्ताह बीत गए, फिर तीन, फिर चार, महीना-भर गुज़र गया। फिर डेढ़ महीना। मेरे मन में खीझ-सी उठने लगी। ऐसा भी क्या है, मुझे बता तो सकते थे, टेलीफ़ोन कर सकते थे। इस चुप्पी से क्या समझूँ ?

जब दो महीने बीत गए तो मुझसे नहीं रहा गया। मैं एक दिन सीधा राष्ट्रीय नाट्य विद्यालय जा पहुँचा।

मैंने अपने नाम की 'चिट' अन्दर भेजी। चपरासी उसे अन्दर छोड़कर बाहर निकल आया।

मैं बाहर बरामदे में खड़ा इन्तज़ार करता रहा। कोई जवाब नहीं। मुझे इतना भी मालूम नहीं था कि अलकाज़ी साहब दफ़्तर में हैं भी या नहीं। वास्तव में वह दफ़्तर में नहीं थे। वे उस समय क्लास ले रहे थे। हमारे यहाँ चपरासियों की बेरुख़ी भी समझ में आती है। वे यही मानकर चलते हैं कि साहब के पास 'चिट' भेजनेवाला आदमी नौकरी माँगने आया है।

उस समय मुझे इस बात का भी ध्यान नहीं आया कि राष्ट्रीय नाट्य विद्यालय में भी क्लासें लगती होंगी। मैं समझे बैठा था कि नाट्य विद्यालय में क्लासों का

क्या काम, वहाँ केवल रिहर्सलें होती होंगी।

मैंने फिर से एक चिट भेजी और चपरासी से ताक़ीद की कि यह बहुत ज़रूरी है, जहाँ भी अलकाज़ी साहब हों, उन्हें देकर आओ।

मैं अपमानित-सा महसूस करने लगा था। अलकाज़ी साहब की बेरुख़ी पर झुँझलाने लगा था। मैंने ऐसा क्या गुनाह किया था कि मुझसे मिलने तक की उन्हें फ़ुर्सत नहीं थी।

इतने में देखा, अलकाज़ी साहब बरामदे में चले आ रहे थे। आँखों पर चश्मा, हाथ में खुली किताब।

"मैं क्लास ले रहा था। आप थोड़ा इन्तज़ार कर लेते।"

मुझे लगा रुखाई से बोल रहे हैं। वास्तव में उन्हें मेरा क्लास में चिट भेजना नागवार गुज़रा था।

"मैं अपने नाटक के बारे में पूछने आया था।"

"वह मैं अभी पढ़ नहीं पाया। इस सत्र में काम बहुत रहता है...।"

किताब अभी भी उनके हाथ में थी। और वह थोड़ा उद्विग्न से चश्मे में से मेरी ओर देख रहे थे, मानो क्लास में लौटने की जल्दी में हों।

तभी मैंने छूटते ही कहा :

"क्या मैं अपना नाटक वापस ले सकता हूँ?"

वह ठिठके। मेरी ओर कुछ देर तक देखते रहे। और फिर, क्लास की ओर जाने के बजाय, अपने दफ़्तर का दरवाज़ा खोलकर अन्दर चले गए और कुछ ही देर बाद नाटक की प्रति उठाए चले आए और मेरे हाथ में देते हुए, बिना कुछ कहे क्लास रूम की ओर घूम गए।

मैंने घर लौटकर फिर से नाटक को मेज़ पर पटक दिया। मारो गोली, यह काम सचमुच मेरे बस का नहीं!

दिन बीतने लगे। पर कुछ समय बाद, मेरे दिल में फिर से धुकधुकी-सी होने लगी। अलकाज़ी साहब ने इसके पन्ने पलटना तक गवारा नहीं किया। नहीं-नहीं, पन्ने पलटे होंगे, नाटक बेसिर-पैर का लगा होगा तो उसे रख दिया कि कभी फ़ुर्सत से पढ़ लेंगे। मैंने मन-ही-मन कहा। अब मैं नाटक का मुँह नहीं देखूँगा। बलराज ठीक ही कहते होंगे कि यह मेरे बस का रोग नहीं है।

फिर एक दिन—ये सम्भवतः 1976 के जाड़ों के दिन थे—शीला और मैं बुद्ध जयन्ती बाग़ में टहल रहे थे जब कुछ ही दूरी पर मुझे राजिन्दरनाथ और सान्त्वनाजी बाग़ में टहलते नज़र आए। राजिन्दरनाथ जाने-माने निर्देशक थे। जब पास से

गुज़रे और दुआ-सलाम हुई तो मैंने कहा :

"यार, मैंने एक नाटक लिखा है। वक़्त हो तो उसे एक नज़र देख जाओ।"

राजिन्दरनाथ हँस पड़े, कहने लगे :

"मैं ख़ुद इन दिनों किसी स्क्रिप्ट की तलाश में हूँ। कुछ ही देर बाद राष्ट्रीय नाट्य समारोह होने जा रहा है।"

नेकी और पूछ-पूछ। मैंने नाटक की प्रति उन्हें पहुँचा दी। और अबकी बार नाटक शीघ्र ही पढ़ा भी गया, और कुछ ही अरसा बाद खेला भी गया और वह मकबूल भी हुआ और मेरी ख़ुशी का ठिकाना नहीं था कि स्क्रिप्ट के नाते प्रतियोगिता में पहले नम्बर पर भी आया।

नाटक अभी खेला ही जा रहा था जब मुझे एक दिन प्रातः अमृता प्रीतम का टेलीफ़ोन आया। मुझे नाटक पर मुबारक़बाद देते हुए बोलीं :

"तुमने एमर्जेंसी पर ख़ूब चोट की है। मुबारक़ हो !"

अमृताजी की ओर से मुबारक़ मिले, इससे तो गहरा सन्तोष हुआ पर उनका यह कहना कि एमर्जेंसी पर मैंने चोट की है, सुनकर मैं ज़रूर चौंका। उन्हें एमर्जेंसी की क्या सूझी ? एमर्जेंसी तो मेरे ख़्वाब-ख़याल में भी नहीं थी। मैं तो बरसों से अपनी ही एमर्जेंसी से जूझता रहा था। बेशक़ ज़माना एमर्जेंसी का ही था जब नाटक ने अन्तिम रूप लिया। पर हाँ, इसमें सन्देह नहीं कि निरंकुश सत्ताधारियों के रहते, हर युग में, हर समाज में, हानूश जैसे फनकारों-कलाकारों के लिए एमर्जेंसी ही बनी रहती है और वे अपनी निष्ठा और आस्था के लिए यातनाएँ भोगते रहते हैं। यही उनकी नियति है।

कबीरा खड़ा बाज़ार में

'कबीरा खड़ा बाज़ार में' लिखते समय मैंने पढ़ा तो बहुत कुछ, जो हाथ लगा, पढ़ता गया, पर कबीर के जीवन के बारे में इतनी कम जानकारी उपलब्ध है कि आप मात्र उस जानकारी के आधार पर, बिना अपनी कल्पना का सहारा लिये ज़्यादा दूर जा ही नहीं सकते। कबीर की पदावलियाँ, जीवन सम्बन्धी गिने-चुने तथ्य, वे भी लोकोक्तियों पर आधारित—कि वह ब्राह्मणी की जारज सन्तान था जो बुनकर नूरा को अपनी नवविवाहिता पत्नी के साथ नदी पार करते समय पड़ा मिला, आदि-आदि। यह सब जानकारी बड़ी सीमित है।

नाटक में ऐतिहासिक तथ्य भले ही नगण्य हों, पर सम्भावना का पुट लिये ज़रूर हों। और घटनाओं का चयन कबीर की मान्यताओं और ध्येय के अनुरूप हो : कि कबीर ने खुले में, सड़क के किनारे सत्संग की प्रथा चलाई होगी, कि

उसने 'सहभोज' की प्रथा भी चलाई होगी, दोनों ही प्रथाएँ जात-पाँत, ऊँच-नीच की बन्दिशों को तोड़नेवाली थीं। कबीर ने अपनी मान्यताओं का प्रचार करने के लिए ग़रीबों की बस्ती नें अनेक उत्साही युवकों को अपने पद कंठस्थ कराए होंगे कि वे गली-गली उन्हें गाते हुए जाएँ। ऐसा वास्तव में था या नहीं, परन्तु इसकी सम्भावना अवश्य थी और यह कबीर की दृष्टि के अनुरूप ही था। कुछ किंवदन्तियों के आधार पर, तो कुछ कल्पना के आधार पर कबीर सम्बन्धी नाटक लिखा गया। संवादों की भाषा में अवधी का पुट देना इसलिए आवश्यक था कि नाटक को उस ज़माने का रंग मिले।

एम.के. रैना के निर्देशन में उनकी नाटक मंडली द्वारा 'कबीरा खड़ा बाज़ार में' खेला जाने लगा और दस साल तक खेला जाता रहा। संवादों की भाषा में मेरे मित्र डॉ. रामजी मिश्र ने बड़ी मदद की।

पर जिन बातों के बारे में 'हानूश' और 'कबीरा खड़ा बाज़ार में' नाटक लिखते समय मैं सचेत था, वही सब बातें, जब, कुछ वर्ष बाद 'आलमगीर' (औरंगज़ेब के चरित्र पर आधारित) और 'रँग दे बसन्ती चोला' (जलियाँवाला बाग़ के हत्याकांड पर केन्द्रित) लिखने बैठा तो मेरे ज़ेहन से उतर गईं। 'आलमगीर' लिखते समय तो इसलिए कि मुझे ऐतिहासिक तथ्य, इतिहास की पुस्तकों में से इतने भरपूर मिले कि मैं उन्हीं में खोता चला गया। उन दिनों मैं शिमला के स्नातकोत्तर अनुसन्धान संस्थान में था और इतिहास की ढेरों किताबें उपलब्ध थीं। मैं भूखे भेड़िए की तरह उन पर टूट पड़ा था।

कबीर पर लिखते समय मैं ऐतिहासिक तथ्यों की खोज में भटकता रहा था। यहाँ औरंगज़ेब के बारे में सब कुछ उपलब्ध था। मेरा दृष्टि-सन्तुलन बिगड़ गया। मैं तथ्यों की जकड़ में ऐसा फँसा कि लिखते समय मैं इतिहास में से उठाई गई घटनाओं के अलावा किसी और घटना के बारे में सोच ही नहीं सकता था। औरंगज़ेब की कल्पना किसी प्रसंग में करूँ तो झट से ऐतिहासिक प्रसंग बीच में आ जाए। इतिहास मेरे मस्तिष्क पर ऐसा हावी हो चुका था कि मेरी कल्पना को ही जैसे लक़वा मार गया था।

यही भूल 'रँग दे बसन्ती चोला' लिखते समय भी हुई। देश में उस हत्याकांड की 75वीं सालगिरह नज़दीक आ रही थी जब नेशनल बुक ट्रस्ट ने मुझे छोटी उम्र के लड़के-लड़कियों के लिए इस हत्याकांड पर एक पुस्तिका लिखने को कहा। यह पुस्तिका नाटक नहीं थी, तथ्यों पर आधारित सूचनाप्रधान पुस्तक थी। इसके लिए तथ्यों की जानकारी नितान्त आवश्यक थी। उस समय भी जो हाथ लगा,

पढ़ता गया। कांग्रेस द्वारा स्थापित समिति की रिपोर्ट जिसे गांधीजी ने लिखा था तथा अन्य रिपोर्टें। उस समय भी जो हाथ लगा पढ़ता गया। यह छोटी-सी पुस्तक लिखने के बाद मेरे मन में आया कि इसे नाटक का रूप दे दूँ। पर यहाँ भी मेरे मस्तिष्क पर तथ्य इतने छाए हुए थे कि नाटक मात्र दस्तावेज़ी नाटक बनकर रह गया।

रूमानी लेखन और यथार्थवादी लेखन को अलग-अलग 'कटघरों' में रखना मुझे बहुत कुछ असंगत लगता है। कल्पना की भूमिका दोनों में निर्णायक होती है। दोनों 'विधाओं' में जीवन के सत्य का उद्घाटन ही सर्वोपरि होता है। जहाँ 'रूमानी' लेखन मन में उठनेवाले उद्गारों, आकांक्षाओं, सपनों को कला का रूप देता है, वहाँ यथार्थवादी लेखन जीवन की वास्तविकताओं पर बल देता हुआ रचना को कला का रूप देता है। दोनों में सच्चाई पाई जाती है, सपनों में निहित सच्चाई और जीवन की वास्तविकता में उद्घाटित सच्चाई। दोनों ही समान रूप से सच हैं। पढ़नेवाला दोनों में विश्वसनीयता पाकर आश्वस्त हो जाता है। प्राचीनकाल में कल्पना के सहारे लिखे गए मिथक लगता है, आकाश-पाताल के कुलाबे मिलाते रहे हैं, पर उनमें जो सच्चाई झलकती है, वह हमें आश्वस्त ही नहीं करती, गहरे में प्रभावित भी करती है। यथार्थवादी लेखन में लेखक वास्तविकता के धरातल पर चलता है, रूमानी लेखन में लेखक, वास्तविकता से बहुत ऊपर उठ जाता है, पर दोनों ही ज़िन्दगी की सच्चाई का दामन थामे रहते हैं। जहाँ इस सच्चाई का दामन छूट जाए वहाँ रचना कपोल-कल्पना बनकर रह जाती है।

माधवी

ये दो नाटक 'आलमगीर' और 'रँग दे बसन्ती चोला' लिखने से कुछ वर्ष पहले मैंने 'माधवी' नाम से एक नाटक लिखा था। उसका कथानक महाभारत की एक कथा पर आधारित था।

जब कभी किसी घटना में या कथा-कहानी में मुझे नाटकीय तत्त्व नज़र आते, मैं उसे नाटक का रूप देने के लिए उतावला होने लगता। 'माधवी' के बारे में भी ऐसा ही हुआ। मैं, प्रगतिशील लेखक संघ के अपने लेखक बन्धुओं के साथ मध्य प्रदेश के एक सम्मेलन से लौट रहा था। रेल का डिब्बा खचाखच भरा था जब त्रिलोचन शास्त्री जो मेरी बग़ल में बैठे थे, 'माधवी' की कथा सुनाने लगे। कहानी सचमुच बड़ी मार्मिक थी और नाटक की सभी माँगें पूरी करती थी। मैं यहाँ तक प्रभावित हुआ कि मैंने रेल-सफ़र के दौरान ही, एक कोने में बैठकर उसकी रूपरेखा आँक ली। दिल्ली लौटने पर सबसे पहले यही काम किया कि

साहित्य अकादमी के पुस्तकालय में 'महाभारत' की वह जिल्द उठाई जिसमें गालव-माधवी की कथा थी और उसे आद्योपान्त पढ़ गया। कथा में माधवी के प्रति सहानुभूति का एक शब्द भी नहीं था। न ही माधवी के विश्वामित्र के पास सहवास का प्रस्ताव लेकर जाने की ही भर्त्सना की गई थी। मैं आश्वस्त नहीं हुआ। कथा, मुख्यतः तीन पुरुष पात्रों–ययाति, गालव और विश्वामित्र की भूमिका पर केन्द्रित थी।

नाटक तो लिखा गया। मैंने कथानक के नाते तो 'महाभारत' में वर्णित कथा के ही प्रसंग रखे परन्तु नाटक के केन्द्र में माधवी आ गई। यह उसी की कहानी है, पितृसत्तात्मक व्यवस्था में स्त्री की अवहेलना और शोषण की कहानी।

पर अब सोचता हूँ तो मुझे लगता है, मुझे यह नाटक अधिक धैर्य से लिखना चाहिए था। अधिक धैर्य से भी और ज़्यादा खुले बन्दों भी, क्योंकि इसमें विकास की बड़ी सम्भावनाएँ थीं, जिनकी ओर जल्दबाज़ी के कारण मेरा ध्यान नहीं गया। इसकी पांडुलिपि को मैंने नेमिजी को पढ़ने के लिए भी दिया और उन्होंने कुछेक सुझाव दिए, पर वे मेरे ज़ेहन में नहीं उतरे और नाटक प्रकाशित हो गया। फिर भी नाटक के कुछ भाग प्रभावशाली बन पाए हैं और मैं किसी हद तक आश्वस्त हूँ।

मैंने 'मुआवज़े' शीर्षक से एक व्यंग्यात्मक प्रहसन भी लिखा। वह दर्शकों में मकबूल हुआ। वह भी एम.के. रैना के निर्देशन में राष्ट्रीय नाट्य विद्यालय की नाटक मंडली द्वारा खेला गया और लगभग पाँच साल तक इसका मंचन होता रहा। मैं इसे 'ब्लैक़ कॉमेडी' की संज्ञा देता था और इसी के अनुरूप उसकी प्रस्तुति भी हुई।

नाटक-गृह में नाटककार की स्थिति की यह विडम्बना होती है कि यदि नाटक मंच पर सफल हो जाए तो उसका सेहरा निर्देशक के सिर जाता है। और यदि नाटक पिट जाए तो कहा जाता है नाटक कमज़ोर था। नाट्य-मंचन के जानकार कहते तो हैं कि मंचन की 'टेकनीक' को अच्छी तरह जानने-समझने के लिए लेखक को रंगमंच के निकट सम्पर्क में रहना चाहिए, पर नज़दीक आए भी तो यहाँ प्रधानता निर्देशक की ही होती है और यह उचित भी है। और निर्देशक के बाद अदाकारों की। यदि किसी ऐक्टर की अदाकारी बढ़िया हुई तो कहा जाता है कि उसने नाटक को चार चाँद लगा दिए। यहाँ भी सेहरा अभिनेता के सिर। अगर नाटक की प्रस्तुति के बाद लेखक को मंच पर बुलाया जाता है तो औपचारिकता निभाने के लिए। यदि रंगमंच पर नाटक पिट जाए तो डायरेक्टर के मुँह से अक्सर यही सुनने को मिलता है कि नाटक तो कमज़ोर था, पर हमने उसे फ़्लॉप होने से बचा लिया।

इस माहौल में नाटककार की कुछ-कुछ वैसी ही स्थिति होती है जैसी फ़िल्मों

में संवाद लिखनेवाले की जहाँ डायरेक्टर, संवाद लेखक को दिन में दस बार बुला भेजता है कि सीन को ऐसा नहीं, ऐसा लिखकर लाओ।

लेखक की इज़्ज़त इसी में है कि निर्देशक के हाथ में अपने नाटक की पांडुलिपि देने के बाद, डायरेक्टर से हाथ मिलाते हुए उसे भी ख़ैरबाद कहे और अपनी पांडुलिपि को भी। और पंजाबी की कहावत के मुताबिक़, दुल्हन की पालकी घर से निकलने पर :

जा धीये रावी, न कोई आवी, न कोई जावी !

(कि बेटी अब तुम दूर रावी नदी के पार, अपने ससुराल जा रही हो, जहाँ न तो हममें से कोई तुमसे मिलने आ पाएगा और न तुम हमसे मिलने आ पाओगी।)

और नाटकगृह की ओर पीठ मोड़ ले, और तभी वहाँ जाए जब वहाँ नाटक खेला जाने लगे।

जिन दिनों 'हानूश' की रिहर्सलें चल रही थीं तो मैं भी रास्ता भटककर नाटक-गृह में जा पहुँचा था। आख़िर मेरा नाटक था, देखने की बड़ी उत्सुकता थी कि कैसा रूप ग्रहण कर रहा है। मैं अँधेरे हॉल में एक ओर को जाकर बैठ गया। पर, कुछ देर बाद, जब एक सीन को देखते हुए मन में एक सुझाव उठा तो मैं उठकर राजिन्दरनाथ (डायरेक्टर) की ओर जाने ही वाला था जब सान्त्वनाजी ने मुझे रोक दिया। फुसफुसाकर बोलीं :

"बैठे रहो। इस वक़्त राजिन्दर बहुत tense है। कुछ मत कहना। बाद में वह पूछें तो अपना सुझाव दे देना।..."

मैं उठा ही था कि बैठ गया।

बात वास्तव में ठीक थी। उस समय डायरेक्टर मेरे संवादों के आधार पर नाटक की पुनर्रचना कर रहा था। मैंने तो केवल संवाद जुटाए थे। नाटक तो अब बन रहा था। और यह पुनर्रचना वह मूलतः अपनी सूझ और दृष्टि के अनुसार करेगा। जैसा उसने नाटक को देखा और समझा है, जैसे उसकी प्रस्तुति की परिकल्पना की है। लेखक का सुझाव सुन ले तो उसकी कृपा है।

नाट्य-लेखन में ही क्यों, किसी विधा में भी लिखनेवाले की नियति यही है कि वह अपने बलबूते पर जैसा लिखना चाहता है लिखे, जो जानकारी हासिल करना ज़रूरी समझता है, हासिल करे, पर इसके बाद फल की इच्छा न करे। फल की इच्छा करना ही अपनी मौलिकता से समझौता करना है। लेखक सीखता तो सबसे है पर चलता अपने ही रास्ते है। यही उसकी सही भूमिका है।

हाँ, इसमें सन्देह नहीं कि मंचन-कला की जानकारी नाटक लेखन में निश्चय ही सहायक होती है पर तभी जब वह उसकी सर्जनात्मक कल्पना को नई स्फूर्ति दे, न कि उसके मस्तिष्क का बोझ बन जाए।

मय्यादास की माड़ी

'मय्यादास की माड़ी' उपन्यास की शुरुआत एक छोटी कहानी से हुई थी जो 'एक रोमांटिक कहानी' शीर्षक से मेरे दूसरे कहानी संग्रह 'पहला पाठ' में प्रकाशित हुई थी। उसकी मूलकथा मैंने अपनी माँ के मुँह से सुनी थी। माँ जब भी किसी पुरानी घटना की चर्चा करतीं तो हमारा पुश्तैनी वतन, 'भेरा' मेरी आँखों के सामने सजीव होकर उभरने लगता। दूर बचपन में मैं पहली बार 'भेरा' में अपनी बड़ी बहन के विवाह के अवसर पर गया था। उन दिनों 'भेरा' के बाहर बसे हुए लोग ब्याह-शादियों का आयोजन अपने पुश्तैनी क़स्बे में ही आकर करते थे। इसके बाद, दूसरी बार, मैं बी.ए. की परीक्षा देने के बाद एक ब्याह में बिन बुलाए मेहमान के नाते जा पहुँचा था।

उस प्राचीन नगर की गलियों में एक बार घूम जाने पर वह नगर भुलाए नहीं भूलता। यह मध्ययुगीन नगर था, महमूद ग़ज़नवी का नौवाँ आक्रमण इस नगर पर हुआ था—वहाँ पर अभी भी शीशमहल के खंडहर देखने को मिलते हैं, और नगर के इर्द-गिर्द ऊँची, लाल पत्थर की दीवार है, जगह-जगह से टूटी हुई, पर उसके मुनारे कहीं-कहीं पर क़ायम हैं, चौगिर्दी दीवार में पाँच दिशाओं में खुलनेवाले पाँच फाटक—काबुली दरवाज़ा, लाहौरी दरवाज़ा आदि। एक के बाद एक, गलियाँ लाँघ जाइए, तंग टेढ़ी-मेढ़ी गलियाँ, दोनों ओर टूटे-अधटूटे घर मिलेंगे, घर के बाहर सुन्दर मध्ययुगीन नक़्क़ाशीवाले किवाड़, किसी-किसी पर मोटा ताला चढ़ा हुआ, पर आसपास की दीवारें टूटकर गिरी हुईं, घर के अन्दर का हिस्सा अँधेरी खोह जैसा, चूहों, साँपों और तरह-तरह के जन्तुओं का घर। गलियों में घूमते भेरा निवासी, लगता अभी भी मध्ययुग में जी रहे हैं, गलियों में भेरा की स्थानीय बोली सुनने को मिलती जिसकी गूँज माँ की बोली में अभी भी सुनाई पड़ती थी। मुझे लगता, वायुमंडल में सारा वक़्त इतिहास की धूल उड़ती रहती है।

मुझे ज़्यादा तो कुछ याद नहीं था, पर नगर के इर्द-गिर्द बनी लाल पत्थरों की दीवार, उसमें, हमारे घर के नज़दीक ही खुलनेवाला काबुली दरवाज़ा, शताब्दियों पुरानी अनाज मंडी, शीशमहल की कुछेक दीवारें, चबूतरा, कुछेक दालान जिनके पीछे कभी बड़े-बड़े हॉल-कमरे रहे होंगे जिनमें झाड़-फानूस लटके रहते होंगे पर अब जहाँ कबूतरों की गुटरगूँ ही सुनाई पड़ती थी।

माँ के मुँह से सुनी वह कहानी जिसमें एक मासूम लड़की का ब्याह एक दुष्ट बेरहम पुरोहित ने एक दीवान के पंगु बेटे के साथ करवा दिया था, कहानी का मूल कथानक था।

पर फिर इसी कथानक को केन्द्र में रखकर मैं उपन्यास लिखने लगा। सिवाय इस कथानक के मेरे पास और कोई जानकारी नहीं थी। पर लिखते समय इन पात्रों के अतिरिक्त और पात्र भी उभरने लगे। कथानक फैलता गया। कहानी एक परिवार की न रहकर, पूरे क़बीले की, और धीरे-धीरे पूरे क़स्बे की बनती गई। नए-नए आयाम जुड़ते गए।

कोई व्यक्ति भले ही अपने को परम्परावादी न समझे, आज के ज़माने से जुड़ा हो, भविष्योन्मुखी हो, फिर भी यदि वह उस मध्ययुगीन क़स्बे के अन्दर जा पहुँचे तो वह उस माहौल में अपने को ऐसा खोता जाएगा कि उसे बीते अतीत की आहटें सुनाई पड़ने लगेंगी, और उत्तरोत्तर अतीत के ही दृश्य उसकी आँखों के सामने उभरने लगेंगे, मानो उस क़स्बे के माहौल ने उस पर जादू कर दिया हो।

कथानक, उन्नीसवीं शताब्दी के आरम्भिक वर्षों से, सिखों की अमलदारी से शुरू हुआ और बढ़ता हुआ अंग्रेज़ों द्वारा पंजाब पर अधिकार स्थापित करने के बाद तक चला आया और उन्नीसवीं शताब्दी के अन्तिम और बीसवीं शताब्दी के आरम्भिक वर्षों तक जा पहुँचा और कहानी क़स्बे की न रहकर पूरी अमलदारी की बनती गई और उसके बाद उसके राष्ट्रीय पहलू भी उभरने लगे जब अंग्रेज़ी राज्य के विरुद्ध नए जागरण के स्वर सुनाई पड़ने लगे।

ऐसा अनुभव मेरे लिए भी नया था। और उपन्यास लिखकर मुझे गहरा सन्तोष हुआ। मुझे इस बात का भी सन्तोष हुआ कि पाठक वर्ग ने भी इसे सराहा और आलोचकों ने भी।

रागात्मक स्तर पर मैं उसके कथानक से कहीं जुड़ता था। हालाँकि उपन्यास का एक भी पात्र इतिहास में से उठाया गया नहीं था, न ही क़स्बे के तत्कालीन निवासियों में से, मेरी जान-पहचान के अथवा किसी सम्बन्धी पर आधारित नहीं था, न ही कथानक का दीर्घकालीन घटनाचक्र इतिहास की धुरी पर चलता था। पर मैं जुड़ता था, शायद इसलिए कि वह मेरा पुश्तैनी वतन था जिसकी धुँधली छवि मेरे मन पर थी। उसकी गलियों में घूमते पात्र, मेरे वतन की गलियों में घूमते थे, भागदेई और गोमाँ मेरी दादी-नानी की सहेलियाँ रही होंगी, दीवान मय्यादास कोई मेरा ही पूर्वज रहा होगा। इस तरह का अपनापन सारा वक़्त महसूस होता रहा। मेरे पात्र गलियों-सड़कों पर घूमते थे तो लगता था मैं वहीं कहीं खड़ा यह सब देख रहा हूँ।

दूसरे, भावनात्मक स्तर पर मैं सिख अमलदारी से भी जुड़ता था। दादी माँ के मुँह से गुरुओं की कहानियाँ सुनते हुए लेखराज इतना भावोद्वेलित नहीं होता होगा जितना मैं स्वयं होता था। जब लाहौर दरबार से आनेवाला सालार नीले

वस्त्रों और सिर पर पीली दस्तार लगाए, घोड़े पर सवार, क़स्बे की गलियों में जा रहा था तो उसके पीछे, मन्त्रमुग्ध-सा उसे देखता हुआ लेखराज नहीं जा रहा था, मैं जा रहा था। इस तरह का तादात्म्य शायद उन्हीं पात्रों के साथ हो पाता है जिन्हें तुमने कहीं दिल से चाहा हो, जिनके प्रति गहरा अनुराग रहा हो।

फिर उस माहौल के साथ भी आपका रागात्मक सम्बन्ध रहता है जिसमें घटनाएँ घटती हैं, गलियों, घरों में से उठती आवाज़ों में अतीत की अनुगूँज, इतिहास के धुँधलके में पुरखों की आकृतियाँ, अज्ञात भविष्य की ओर बढ़ते उनके क़दम, उनके सपने, इच्छाएँ-आकांक्षाएँ, करवट लेते इतिहास की आहटें। इस सबके साथ भी आपकी भावनाएँ गहरे में जुड़ती हैं।

यह रागात्मक जुड़ाव भले ही उपन्यास को बेहतर उपन्यास न बना पाए, लेकिन लेखक के लिए आत्मीयता का-सा माहौल बना रहता है। लेखक उन पात्रों के प्रति तटस्थ नहीं होता, उसके लिए कहीं वे अपने होते हैं। पर इसका यह मतलब नहीं कि पात्रों के चित्रण में आप अपनी तटस्थता खो बैठते हैं। यह रागात्मक सम्बन्ध केवल उन्हीं पात्रों के साथ नहीं होता जिन्हें आप चाहते हैं, यह उनके साथ भी होता है जो उनके जीवन में विष घोलते हैं, ऐसे पात्रों को लेकर आप क्रुद्ध ही नहीं होते, लज्जित भी महसूस करते हैं, क्योंकि वे आपके अपने लोगों में से हैं। उनके दुर्व्यवहार की चोट आप कहीं ज़्यादा महसूस करते हैं।

ऐसा किसी हद तक 'तमस' लिखते समय भी महसूस किया था, केवल उसका घटनाचक्र वर्तमान में से उठाया गया था, जाना-पहचाना था। इतिहास के धुँधलके में से निकलकर नहीं आया था। पात्र भी मेरे जाने-पहचाने थे, कांग्रेस के कार्यकर्ता, शहर के लोग, हमसाये आदि।

कुछेक कहानियाँ लिखते समय भी ऐसा ही भास हुआ। ऐसी कहानियाँ लिखते समय अधिक भावोद्वेलित महसूस किया जो जीवन के अपने अनुभवों में से उठाई गई थीं, भले ही वह 'चीफ़ की दावत' रही हो या 'वाङ्चू', 'ख़ून का रिश्ता', 'चाचा मंगलसैन' या 'सागमीट' आदि।

जुड़ता तो लेखक अपने सभी पात्रों के साथ है, उसके बिना तो लिख ही नहीं पाएगा, पर ज़िन्दगी में अपने नज़दीकी पात्रों को लेकर लिखे तो भावना की एक अतिरिक्त झीनी-सी परत जुड़ जाती है, तब आप अपनी ही रचना को दो स्तरों पर देखते और अनुभव करते हैं। एक कहानी के कथानक के परिप्रेक्ष्य में, दूसरे, उसी पात्र से ज़ुड़ी अपनी निजी भावना के परिप्रेक्ष्य में।

रागात्मक स्तर पर पात्रों से जुड़ते हुए हम भावोद्रेक में उनकी भाषा से भी जा जुड़ते हैं। और लेखक उनके मुँह से अपनी ही 'मातबोली' के शब्द कहलवाने पर विवश हो जाता है। यह वह जान-बूझकर नहीं करता, विवश होकर करता

है। 'चीफ़ की दावत' की माँ जब बेटे द्वारा बार-बार कहे जाने पर, व्याकुल-सी होकर गाने लगती है तो वह पंजाबी का ही कवित्त गाकर सुनाने लगती है :

हरिया नी माए, हरिया नी भैणाँ
हरिया ते भागी भरिया ए
जिस दिहाड़े मेरा हरिया ए जमियाँ
ओह दिहाड़ा भागीं भरिया ए !

माँ के मुँह से मैं किसी अन्य भाषा में गीत सुनवा ही नहीं सकता था। यह केवल पंजाबी भाषा का कवित्त ही नहीं था, इसमें पंजाबी प्रथा से जुड़ा तीखा व्यंग्य भी था। (पंजाब में बेटे के विवाह के समय उसकी माँ यह कवित्त गाती है कि वह दिन उसके लिए बड़ा भाग्यवान था जिस दिन उसके बेटे ने जन्म लिया था) और जब मैं यह पद लिख रहा था तो मैं भी भावविह्वल महसूस कर रहा था।

मैं हिन्दी भाषा में लिखता हूँ, हिन्दी के साथ मेरा गहरा लगाव है, इसके साहित्य से प्रेम है, इसकी भूमिका पर गर्व है, बचपन से ही इसके साथ जुड़ा हुआ हूँ। पर यह भी मुझे स्वीकार करना पड़ता है कि इस पर मेरा अधिकार बड़ा सीमित है। हिन्दीभाषी प्रदेश में जीने-बसनेवाले किसी लेखक का पात्र भावावेश में जिस भाषा का प्रयोग करेगा, वह खड़ी बोली नहीं होगी। वह उसकी स्थानीय बोलचाल की भाषा होगी। उसमें उसकी सांस्कृतिक परम्परा की गूँज भी होगी, लोकोक्तियाँ और मुहावरे भी होंगे। जब किसी घर-परिवार में कलह उठती है तो पात्र खड़ी बोली में कहा-सुनी नहीं करते। खड़ी बोली में अपने भाग्य का रोना नहीं रोएँगे। न ही सास-बहू के झगड़े खड़ी बोली में होते हैं। मेरा इस बोलचाल की भाषा पर अधिकार बड़ा सीमित है, और यह त्रुटि अक्सर मुझे कचोटती भी रही है। लेखक तो खुले बन्दों अपनी भावनाओं को व्यक्त करना चाहता है, अपनी बात निर्बाध कहना चाहता है।

इसी कारण मैं जहाँ घरेलू बोलचाल की हिन्दी में अपनी बात नहीं कर सकता वहाँ मैं पंजाबी भाषा का प्रयोग करता रहा हूँ। पंजाबी शब्दों, वाक्यांशों आदि का प्रयोग करना, मेरी समझ में सही रहा है, क्योंकि इससे भावनात्मक बहाव बना रहता है। उत्तर भारत की भाषाएँ एक-दूसरी से इतनी मिलती-जुलती हैं कि एक के प्रयोग से दूसरी भाषा बिगड़ती नहीं, बल्कि समृद्ध होती है। और हिन्दी का क्षेत्र तो बहुत बड़ा है। जिस हिन्दी का प्रयोग रेणु करते हैं, उसका अपना रंग है, और जिसका विजयदान देथा करते हैं, उसका अपना। या राही मासूम रज़ा, उसका अपना।

कृष्णा सोबती को भी, यदि मैं भूल नहीं करता तो ऐसी ही स्थिति का सामना करना पड़ता होगा। किसी चरम भावात्मक क्षण पर पहुँचने पर वह पंजाबी भाषा और मुहावरे का प्रयोग किए बिना रह नहीं सकतीं। आप अपने कथानक के स्वाभाविक विकास की अवहेलना नहीं कर सकते, न ही अपने पात्रों के उद्गारों की। आप उसी भाषा का उपयोग करेंगे जो उस स्थिति में आपके पात्रों के मुँह से स्वाभाविक रूप से निकल सकती है।

यशपाल की भाषा में बरबस काँगड़ा की लोकभाषा के शब्द आ जाते हैं। 'झूठा सच' में एक जगह, दंगा छिड़ जाने पर एक पात्र चिल्लाता हुआ एक गली में दाख़िल होता है :

''ओ, मिघी मारी दित्ता !''

जिन्हें पढ़ते हुए मेरे रोंगटे खड़े हो गए थे।

यशपाल मातबोली का प्रयोग करते हैं। वह कोई और शब्द क्यों नहीं ढूँढ़ते ? यशपाल बरसों से लखनऊ में रह रहे थे। उन्हें आसानी से स्थानीय भाषा के शब्द मिल जाते। भावोद्रेक की गहनतम घड़ियों में आप उसी भाषा का प्रयोग करेंगे जो स्थिति और पात्र की मानसिकता के अनुरूप होगी और जो केवल आपकी मातृभाषा ही जुटा पाती है। यह अनिवार्य है।

हिन्दी भाषा को अपनानेवाले और भी अनेक पंजाब के निवासी रहे हैं : मोहन राकेश, उपेन्द्रनाथ अश्क, देवेन्द्र सत्यार्थी, रवीन्द्र कालिया, कृष्ण बलदेव वैद वैसे ही जैसे अनेक पंजाबियों ने उर्दू अथवा अंग्रेज़ी को साहित्यिक अभिव्यक्ति के लिए अपनाया है। कृष्ण चन्दर, राजिन्दर सिंह बेदी, जोगिन्दर पाल आदि ने उर्दू को और खुशवन्त सिंह ने अंग्रेज़ी को। उन्हें भी ऐसी स्थितियों का सामना करना पड़ता रहा होगा।

यह सब कहने पर भी इस बात से इनकार नहीं कि कोई भी साहित्यकार अपने औज़ारों को तराशे बिना अपने काम में निपुण नहीं हो पाएगा, अपनी सीमाओं से बाधित होते हुए भी वह इस माध्यम से तब तक सन्तुष्ट नहीं होगा, जब तक उसे विश्वास न हो जाए कि वह उसी भाषा में अपनी बात कहने की सामर्थ्य रखता है।

10

अफ्रो-एशियाई लेखक संघ

सन् '70 के आसपास मैं अफ्रो-एशियाई लेखक संघ के कार्यकलाप में भी भाग लेने लगा था। संगठन का चौथा सम्मेलन 1970 में, भारत में होने जा रहा था, और सज्जाद ज़हीर साहब की इच्छा थी कि मैं तैयारी के काम में उनका हाथ बँटाऊँ। हरिवंशराय बच्चन स्वागत समिति के अध्यक्ष थे और मुल्कराज आनन्द महासचिव के नाते सारा बन्दोबस्त हाथ में लिये हुए थे। मैं बड़े उत्साह से काम करने लगा।

उस समय तक बहुत-से अफ्रो-एशियाई देश आज़ाद हो चुके थे। सभी का बहुत कुछ एक जैसा ही औपनिवेशिक अतीत रहा था। यों भी ऐतिहासिक और सांस्कृतिक दृष्टि से उनमें बहुत कुछ साझा था। सभी की महत्त्वाकांक्षाएँ भी लगभग एक जैसी थीं—औपनिवेशिक दासता से मुक्ति, अपनी अस्मिता का भास, परस्पर सहयोग की इच्छा, शान्तिपूर्ण सह-अस्तित्व की भावना, गुटनिरपेक्षता, आदि। समूचे भूखंड में लगभग एक जैसी ही भावनाएँ हिलोरें ले रही थीं। यह एक तरह

से उस पंचशील प्रयास का विस्तृत रूप ही था जो कुछ वर्ष पहले नेहरू-नासिर-सोकर्नो की पहलक़दमी पर किया गया था।

इससे निश्चय ही मुझे अफ्रो-एशियाई लेखक समुदाय के निकट आने, उनके साहित्य से परिचय प्राप्त करने, उनके जीवन की धड़कनों को किसी हद तक महसूस कर पाने का सुअवसर मिला। अनेक सुविख्यात, समर्पित लेखकों के सम्पर्क में आया जैसे—फ़ैज़ अहमद फ़ैज, फ़िलिस्तीनी कवि महमूद दरवेश, दक्षिण अफ्रीका के एलेक्स ला गूमा, अंगोला के आगस्टीनो नेटो, आदि। ये सभी लेखक अपने-अपने देश में औपनिवेशिक दासता के विरुद्ध संघर्षरत रहे थे, लगभग सभी जेलों में रह चुके थे, यातनाएँ सह चुके थे और बड़ा ओजस्वी साहित्य रच रहे थे। संगठन के संचालन में सोवियत संघ की प्रमुख भूमिका रही थी। इस कारण मुझे फिर से अनेक बार सोवियत संघ में जाने का अवसर मिलता रहा। मुझे बहुत कुछ देखने-जानने का अवसर मिला, अनेक अफ्रो-एशियाई देशों की यात्राएँ कीं—मिस्र, ट्यूनीसिया, सीरिया, यूनान, अफ़ग़ानिस्तान, मोज़ाम्बीक, अंगोला, मेडागास्कर, टर्की, वियतनाम, कम्पूचिया, उत्तरी कोरिया, आदि-आदि। इन यात्राओं को याद करते हुए लगता है जैसे अनेक प्रदर्शनियाँ देखता रहा हूँ। भले ही वे दमिश्क और ट्यूनिस के 'बाज़ार' रहे हों, मिस्र के अभिभूत करनेवाले पिरामिड और अद्भुत संग्रहालय, यूनान के एक्रापोलिस, अलेक्ज़ांड्रिया के प्राचीन भवनों के भग्नावशेष—एक को दिखाते हुए तो हमारा गाइड कह रहा था, "यह वही नाट्यगृह था जिसमें कभी क्ल्योपाट्रा नाचा करती थी।" एक और भित्तिचित्र में Helen of Troy दिखाई गई थी। मध्य-अफ्रीका के दूर-दूर तक फैले घने जंगलों की यात्रा की। अनेक देशों के इतिहास की थोड़ी-बहुत जानकारी मिली। इस्तानबुल और सीरिया में वे गिरजे देखे जिन्हें मस्जिदों में परिवर्तित किया गया था, जहाँ यूरोप से आनेवाले सैलानियों का ताँता लगा रहता था पर कोई साम्प्रदायिक तनाव नहीं पाया जाता था।

हाँ, पर बहुत कुछ ऐसा भी देखा जो हृदयविदारक था, जो दिल पर गहरी ख़रोंचे छोड़ गया है। और बहुत कुछ ऐसा भी जो बड़ा प्रेरणाप्रद और अविस्मरणीय था।

अनेक देशों में औपनिवेशिक शासन के चिह्न अभी भी जगह-जगह देखने को मिलते थे—हाकिमों के नाचघर, शराबनोशी के 'बार' और नाइट क्लब, पर अक्सर उनके दरवाज़ों पर तख़्ते चढ़े रहते। सड़क पर चलते हुए एक नई चेतना का भास होता था। अंगोला में, जहाँ उस समय तक गृहयुद्ध समाप्त नहीं हुआ था, वातावरण में अनिश्चय डोल रहा था, पर नई चेतना भी धड़क रही थी।

अफ्रो-एशियाई देशों को एक-दूसरे के निकट लाने में सोवियत संघ की भूमिका निश्चय ही बड़ी सार्थक रही थी। विश्वशान्ति के नाते भी और इन देशों के साझे ध्येय के नाते भी। इन देशों का एक-दूसरे के निकट आना, परस्पर सहयोग की

भावना को प्रोत्साहित करना, बड़ा हितकर था। पर सोवियत संघ के विघटन के बाद अफ्रो-एशियाई देशों के गठबन्धन में बिखराव आया है, साझी दृष्टि अब नहीं रही, परस्पर-सहयोग की भावना की भी क्षति हुई है, कहीं-कहीं पर तो नीतियों में बदलाव आया है, जैसे फ़िलिस्तीन के प्रति नीति में जब फ़िलिस्तीन निपट अकेला पड़ता जा रहा है। इस साझेपन को तोड़ने में बाहर की ताकतों का भी हाथ रहा है और मैं समझता हूँ यह बड़ा दुर्भाग्यपूर्ण रहा है। इस एकजुटता को बनाए रखना हमारे सभी अफ्रो-एशियाई देशों के लिए हितकर था। मैं कभी सोच भी नहीं सकता था कि फ़िलिस्तीन की जनता जिसके साथ शुरू से ही घोर अन्याय हुआ था, और जहाँ बड़े गहरे षड्यन्त्र द्वारा यहूदियों को जगह-जगह से लाकर बसाया गया था, अब उन्हीं फ़िलिस्तीनियों को आतंकवादी कहा जा रहा है और वे यहूदी शासन के क्रूर दमन का शिकार हो रहे हैं।

वियतनाम की यात्रा तो तीर्थयात्रा के समान थी। अभी देश बँटा हुआ था पर जंग समाप्त हो चुकी थी। परवर्ती शासकों के विलासगृह देखे, सड़कों पर असंख्य साइकिलों पर सवार, साइगोन के ग़रीब नागरिक देखे। लगता था वहाँ साइकिल ही आवाज़ाही का प्रमुख साधन है। वियतनाम की जंग समाप्त हो चुकी थी पर विध्वंस के चिह्न, शरीर पर लगे ज़ख़्मों की तरह जगह-जगह नज़र आ रहे थे। युद्ध सम्बन्धी संग्रहालय के बाहर वे अमरीकी विमान रखे थे जिन्हें वियतनामी सैनिकों ने मार गिराया था। वियतनाम के लगभग निहत्थे सैनिकों ने अमरीका से टक्कर ली थी और उसे जंग ख़त्म करने पर मजबूर किया था। संग्रहालय की दीवारों पर प्रदर्शित वे विवरण जिनमें, युवक-युवतियों के जान पर खेल जानेवाले कारनामों का उल्लेख पढ़ा। एक-एक विवरण को पढ़ते हुए, एक-एक चित्र को देखते हुए मन उद्वेलित हो उठता था। एक छोटे-से देश की जनता ने संसार के सबसे ताक़तवर देश से लोहा लिया था।

फिर वह साधारण-सी कुटिया देखी—देश के महान नेता, हो ची मिन्ह की 'पर्णकुटी'—बड़े-से-बड़े प्रासाद से भी बढ़कर प्रभामंडित। अब भी उनकी छड़ी, छाता, सिर पर पहननेवाली टोपी, लबादा, कुटिया के एक कोने में टँगे हैं। लगता है कुछ ही देर के लिए बाहर निकले हैं, अभी लौट रहे होंगे।

लेखकों का दल कम्पूचिया की यात्रा पर आया है। कम्पूचिया, वियतनाम का पड़ोसी देश है जहाँ कुछ ही समय पहले तक पॉल पॉट की उग्रवादी वामपार्टी का शासन था।

सभी लेखक, नॉमपेन्ह नगर में, यात्री-बस में बैठे, किसी संग्रहालय को देखने

जा रहे हैं—जो शहर के बाहर स्थित है। ऐसा ही सुनने में आया है। सड़कों पर वीरानी छाई है, कभी-कभार ही कोई व्यक्ति सड़क पर चलता दिखाई देता है। कहते हैं संग्रहालय शहर के बाहर, कुछ दूरी पर स्थित है। संग्रहालय तो शहर के अन्दर ही स्थापित किए जाते हैं ताकि यात्री आसानी से उन तक पहुँच सकें। यह कैसा संग्रहालय है जो शहर के बाहर स्थित है।

शहर में से निकलकर दूर तक चले आने के बाद हमारी बस, एक बाग़ीचे के सामने रुकी है और सब लोग बस में से उतर आए हैं। पर संग्रहालय कहाँ है ? यहाँ पर तो कोई संग्रहालय नज़र नहीं आ रहा है। एक ओर को, दूर, एक इमारत ज़रूर खड़ी है जिसकी दीवारें काँच की बनी जान पड़ती हैं, क्योंकि उसके शीशे ढलती दोपहरी में चमक रहे हैं। वह, ऊँची-ऊँची दीवारोंवाली इमारत किसी गोदाम-सी नज़र आती है। संग्रहालय ऐसे तो नहीं होते। कई बार दुभाषिए बहुत कुछ कह जाते हैं जिसकी ओर हम ध्यान नहीं देते और वह अनसुना रह जाता है।

वह काँच की दीवारोंवाली इमारत ही संग्रहालय है। पर काँच की दीवारें क्यों ? उन काँच की दीवारों के पीछे क्या रखा है ? संग्रहालयों में तो इतिहास के विरल पदार्थ रखे जाते हैं और मोटी-मोटी दीवारों के पीछे ताकि वे सुरक्षित रहें। यहाँ से कुछ भी साफ़ दिखाई नहीं देता।

हम खुले मैदान को लाँघते हुए उस काँच की इमारत की ओर जाने लगे हैं।

कुछ ही क़दम बढ़ाए होंगे कि मेरे पाँव किसी चीज़ से उलझ जाते हैं। मैं झुककर देखता हूँ, फटा-पुराना कोट है, धूसर रंग का, जर्जर, पर उसका कुछ हिस्सा अकड़ा हुआ है और बदरंग हो रहा है, लगता है यह भाग ख़ून से सना रहा होगा जो बाद में सूखकर अकड़ गया है। कुछ क़दम और आगे बढ़ता हूँ तो जगह-जगह बिखरी हड्डियों से पाँव टकराते हैं। फिर तो आगे बढ़ने पर यही कुछ बार-बार देखने को मिलता है—हड्डियाँ, कहीं फटे-पुराने कपड़े, कहीं टोपियाँ, कहीं बूट, चिथड़े, हड्डियाँ...

ये इंसानों की हड्डियाँ हैं, मौत के घाट उतारे गए बेगुनाह, कम्पूचियावासियों की जिन्हें उन्हीं के देश के शासकों, पॉल पॉट के उग्रपन्थी शासकों ने हज़ारों-हज़ारों की संख्या में मरवा डाला था।

"इस मैदान में अनगिनत गड्ढे खोदे गए थे, और एक-एक गड्ढे में सैकड़ों लाशें फेंकी गई थीं," दुभाषिया बता रही है।

"किनकी लाशें ?" मैं पूछता हूँ।

"अपने ही देशवासियों की, कम्पूचियाबासियों की।"

हम गड्ढों में दफ़नाई गई लाशों से अटा मैदान लाँघते हुए संग्रहालय की ओर बढ़े जा रहे हैं।

हम संग्रहालय के निकट जा पहुँचे हैं। यह अस्थि-पंजरों का संग्रहालय है, कम्पूचिया निवासियों के ही अस्थि-पंजरों का। काँच की दीवारें यह सोचकर बनाई गई हैं कि दर्शक इसके अन्दर जा पाने का साहस नहीं जुटा पाएँगे, वे बाहर से ही उन्हें देख लेंगे।

दुभाषिया लड़की बता रही है :

"मेरे पिता डॉक्टर थे। एक दिन प्रातः पुलिस अधिकारी आए और उन्हें पकड़कर ले गए। मेरे पिता हमें कहते रहे, तुम चिन्ता नहीं करो, मैं जल्दी लौट आऊँगा, मैंने सरकार के ख़िलाफ़ कभी एक शब्द भी नहीं बोला, न कुछ किया। मुझे किसी ज़रूरी काम से बुलाया होगा, कोई अफ़सर, कोई नेता बीमार होगा। तुम लोग निश्चिन्त रहो। और वह हँसते हुए चले गए थे।

"पर वह लौटकर नहीं आए। पॉल पॉट शासन की नज़र में सभी मध्यवर्ग के लोग बुद्धिजीवी आदि क्रान्तिविरोधी थे, उनका विश्वास नहीं किया जा सकता था।"

मेरी दुभाषिया लड़की का नाम सुन्दरी है। उसके पिता को घर से गए दस वर्ष बीत चुके हैं। और वह संग्रहालय की ओर आँख उठाकर देखती हुई कहती है :

"क्या मालूम मेरे पिता भी यहाँ पर हो," और फफक पड़ती है। कुछ देर तक मूक, आतंकित खड़े रहने के बाद, हम लोग लौट पड़ते हैं, और फिर से ऊबड़-खाबड़ ज़मीन पर चलते हुए, बिखरी हड्डियों, फटे, लहू-सने कपड़ों, फ़ौजी टोपियों, बूटों से टकराते हम लोग बस की ओर जाने लगे हैं।

कोई कह रहा है :

"अब ऐसे ही संग्रहालय देखने को मिलेंगे। मैं जर्मनी में Auschwitz के अग्निकुंड देख चुका हूँ जहाँ हज़ारों-हज़ार यहूदियों को गैस-चेम्बरों में मारा गया था। हिटलर ने भी अपने ही देशवासियों का नर-संहार किया था।"

इस पर किसी और व्यक्ति ने जोड़ा :

"अब ऐसी ही सैरगाहों की यात्रा करने को मिलेगी...। मैं हिरोशिमा और नागासाकी की यात्रा कर चुका हूँ।"

हमारी बस फिर से चल पड़ी है। सभी यात्री चुप हैं। आमतौर पर ऐसा नहीं होता। आमतौर पर, बस में फिर से बैठने पर लेखकगण सिगरेट सुलगा लेते हैं, हँसने, चहकने, टिप्पणियाँ करने लगते हैं। पर यहाँ सब चुप हैं। कहें भी तो क्या कहें कि संग्रहालय बड़ा प्रभावशाली लगा ? एक विरल सांस्कृतिक विरासत ? मेरी बग़ल में बैठी दुभाषिया लड़की अभी तक संयत नहीं हो पाई है। पथराई-सी आँखों से शून्य में देखे जा रही है।

हमारी बस, शहर में प्रवेश कर गई है और लगभग सूनी सड़कों पर दौड़ती हुई किसी स्कूल की इमारत के सामने जाकर खड़ी हो गई है। स्कूल के बाहर लड़कियों की पाठशाला का बोर्ड लगा है।

यह पाठशाला है। यह लड़कियों की पाठशाला हुआ करती थी। पर अब इसे भी 'संग्रहालय' का गौरव प्राप्त है। पॉल पॉट के शासनकाल में इसे यातनागृह का रुतबा हासिल था। कक्षाएँ, यातना-कक्षों में बदल दी गई थीं।

हम लोग एक कक्षा से दूसरी कक्षा में जा रहे हैं। प्रत्येक कक्षा की दीवार पर ब्लैक बोर्ड लगा है जिस पर किसी अध्यापिका के हाथ गणित के आँकड़े अथवा इतिहास की तिथियाँ लिखते रहे होंगे। अब किन्हीं फ़ौजी कार्रवाइयों के अंक हैं, जो अभी भी मिटाए नहीं गए हैं। ब्लैक बोर्ड के सामने, फ़र्श पर लोहे की खाट बिछी है, उसके साथ हथकड़ियों की ज़ंजीरें आज भी लटक रही हैं। फ़र्श पर ख़ून के चिकत्ते कब के काले पड़ चुके हैं।

क्या इन कक्षाओं में इस देश की लड़कियाँ फिर से बैठकर कभी शिक्षा ग्रहण कर सकेंगी ? अगर आँखें बन्द करके किसी कक्षा में खड़े हो जाओ तो थोड़ी देर में ही चीत्कार जैसी आवाज़ें सुनाई देने लगेंगी।

हम लम्बा बरामदा लाँघते हुए एक और हॉल कमरे में जा पहुँचे हैं। यह चित्रशाला है। यहाँ मृतकों के चित्र—हज़ारों-हज़ार चित्र, अधिकांश पासपोर्ट साईज़ में, प्रदर्शित हैं। आओ और अपना मित्र, प्रेमी, सगा-सम्बन्धी पहचान लो। बड़ी मेहनत से इन चित्रों को खोज निकाला गया है। यह भी अपनी तरह का संग्रहालय है—एक संग्रहालय में मृतकों के अस्थि-पंजर, दूसरे में मृतकों के चित्र !

हमारी बस फिर से चल पड़ी है। एक और संग्रहालय अभी देखना बाक़ी है। पर यह मृतकों का संग्रहालय नहीं। यह मृतकों के जीते-जागते बच्चों का अनाथालय है, हज़ारों-हज़ार बच्चे, सभी अनाथ। वे खुले मैदान में उछल-कूद रहे हैं, एक-दूसरे के पीछे भाग रहे हैं, और अब इनकी बड़ी-सी टोली पाँत बाँधकर खड़ी हो गई है, और गीत गाकर हमारा स्वागत कर रही है।

गीत सुनते हुए, उसका एक भी शब्द न समझ पाते हुए भी हमारी लेखक मंडली का प्रत्येक सदस्य, अपने आँसू रोक पाने की भरसक चेष्टा कर रहा है।

कम्पूचिया की यात्रा अभी समाप्त नहीं हुई। अभी एक और विडम्बना से साक्षात् करना बाक़ी रह गया है।

बस फिर से सूनी सड़कें लाँघती हुई किसी बड़ी सरकारी इमारत की ओर बढ़ रही है। यहाँ भी हम किसी संग्रहालय की ओर बढ़ रहे हैं। यदि पॉल पॉट जैसे शासक किसी देश को मिलें तो उस देश में संग्रहालय-ही-संग्रहालय देखने को मिला करेंगे।

यह भी संग्रहालय ही है, पर भिन्न प्रकार का।

यहाँ हम महात्मा बुद्ध की मूर्ति के सामने खड़े हैं। यह मूर्ति खड़ी मुद्रा में है, और सिर से पाँव तक सोने की बनी है। वही शान्त सौम्य आकृति, असीम वेदना को सहती हुई भी शान्त, हमारे सामने खड़ी है, मानो हमसे पूछ रही है :

देख आए अपनी सभ्यता के अवशेष ?
क्या मुझे भी अवशेष मानकर ही देखने आए हो ?
किसी संग्रहालय में खड़ा एक बुत ?
मूक ! असंगत ! सोने की न बनी होती तो आज
किसी कूड़े के ढेर पर पड़ी होती...

अब, विडम्बनाओं से भरी इस नगरी में हमारे निवास की आख़िरी शाम है। और हमारी बस, इस विदाई शाम को, हमें एक नाट्यगृह की ओर ले जा रही है। आगन्तुकों के मनोविनोद के लिए सांस्कृतिक कार्यक्रम का आयोजन किया गया है।

बस, नाट्यगृह के सामने आ पहुँची है। नाट्यगृह के बाहर एक बड़े से चित्रपट पर एक नर्तकी का बड़ा सा चित्र, नाचने की मुद्रा में। कार्यक्रम का शीर्षक है 'अप्सरा'।

मैं चौंक उठता हूँ। नर्तकी की मुद्रा भी भारतीय शास्त्रीय नृत्य की और कार्यक्रम का शीर्षक भी 'अप्सरा'। तो यह देश अभी भी प्राचीन भारतीय संस्कृति के प्रभाव को सँजोए हुए है ?...फिर मन में विचार उठा, हम भी तो अपनी भारतीय संस्कृति को सँजोए हुए हैं। हमारे घरों की दीवारों पर भी तो आए दिन ख़ून के छींटे पड़ते हैं।

नाट्यगृह की ओर आने से पहले हमारी बस प्रसिद्ध प्राचीन मन्दिर के पास से निकलकर आई थी। पास से गुज़रते हुए मेरी दुभाषिया, सुन्दरी ने मन्दिर के चारों ओर खिंची दीवार की ओर इशारा करते हुए कहा था :

"इस चौहद्दी दीवार पर चित्रित दृश्य देखते हो ? वे सब चित्र रामायण के विभिन्न प्रसंगों के चित्र हैं। हमारी वर्तमान सरकार बहुत चाहती है कि भारत सरकार इस प्राचीन मन्दिर का जीर्णोद्धार करे।"

मैं बड़े ध्यान से कुछेक प्रसंगों को पहचानने की कोशिश करता हूँ। पर बस तेज़ी से आगे बढ़ती जा रही है, और शीघ्र ही मोड़ काट गई है।

'अप्सरा' नाट्य कार्यक्रम आरम्भ हो गया है। मैं समझ नहीं पा रहा हूँ कि किस पौराणिक कथा को लेकर इसे नृत्यनाटिका का रूप दिया गया है। पर नर्तकियों की वेशभूषा, उनके सिर पर के मुकुट, उनका अंगचालन बहुत कुछ शास्त्रीय भारतीय नृत्य से मिलता-जुलता है।

इस अनुभव ने दिन-भर के विचलित करनेवाले दृश्यों के प्रभाव को कुछ कम कर दिया है।

सांस्कृतिक कार्यक्रम के बाद किसी पार्क में सहभोज का आयोजन है। आज कम्पूचिया की राजधानी में हमारी आख़िरी शाम है।

संगीत की धुनें सुनाई पड़ने लगी हैं। कुछ साज़ भारतीय साज़ों जैसे, कुछ पाश्चात्य। स्वर-लहरियाँ तीखी, कर्णबेधी, कर्कश। कुछ भी पहचान में नहीं आ रहा।

शिष्टमंडल के सभी सदस्य पेड़ों के नीचे रखे गए मेज़ों के पीछे सजकर बैठे हैं और आतिथ्य का आनन्द ले रहे हैं। सामने वाद्यवृन्द उनके मनोविनोद के लिए एक के बाद एक धुन बजाए जा रहा है।

तभी एक महिला, जो वेशभूषा में 'अप्सरा' कार्यक्रम की नर्तकी जैसी लग रही थी, शिष्टमंडल के भारतीय सदस्यों को ढूँढ़ती हुई हमारे सामने आ खड़ी हुई। शिष्टमंडल में हम केवल दो ही भारतीय लेखक आए हैं : सुभाष मुखोपाध्याय और मैं। हम भारतीयों को पहचानते ही वह हमारे पास दौड़ी आई है। वह हमारे साथ नाचना चाहती है। बड़े चाव से भागती हुई आई है। सुभाष तो बिदककर, खाने की मेज़ के पीछे जा बैठे हैं, पर मैं आगे बढ़ आता हूँ। इस महिला की उत्सुकता और आग्रह का कोई मूल्य नहीं।

पर मैं नाचूँगा कैसे ? न हींग, न फटकड़ी ! मैं तो नाचना जानता ही नहीं। एक बार, मास्को निवास के दिनों में अनेक अनुवादक साथियों के साथ पाश्चात्य नृत्य सीखने लगा था। महीना-भर सीखता रहा, सिवाय गिरने के कुछ नहीं सीखा। फ़र्स्ट गीयर में पैंतरे मारने से आगे नहीं बढ़ पाया था। सिखानेवाले ने स्वयं हाथ जोड़ दिए थे। पर यहाँ मैं झट से आगे बढ़ आया था।

मैं जैसे-तैसे निभा गया। वही, फ़र्स्ट गीयर में—रेलवे स्टेशन से सिग्नल की भाँति एक हाथ ऊँचा उठाए हुए दूसरा महिला की कमर पर रखे, दोनों के चेहरों पर भारतीय संस्कृति की मुस्कुराहट, मैं आगे-पीछे, धीमी गति से पैंतरे बदलता रहा। पर शीघ्र ही उस महिला ने समझ लिया होगा कि यह मेरे बस का रोग नहीं है, सांस्कृतिक मिलन फीका पड़ रहा है, और जब संगीत की धुन समाप्त

हुई तो बार-बार झुककर मेरा अभिवादन करने के बाद पीछे हट गई और फिर सारी शाम नज़र नहीं आई।

मैं मानव स्वभाव के इस विलक्षण गुण से अभिभूत-सा हो रहा था कि एक महिला, शताब्दियों से खोए अपने देश के किसी अनजान निवासी के साथ घड़ी-भर के लिए नाच पाने के लिए उत्सुक है। न जाने कब उसके पुरखे भारत छोड़कर यहाँ आकर बस गए होंगे। पर कोई बारीक़-सा तन्तु है जो इनके दिल को अभी भी भारत से बाँधे हुए है। और नाचते हुए अत्यन्त भावुक हो उठती है, मानो दिल का कोई अरमान पूरा हो रहा हो। इंसानों के दिलों को बाँधनेवाले तन्तु कितने अबूझ पर कितने अटूट होते हैं।

जहाँ वियतनाम में हो ची मिन्ह की कुटिया देखी थी वहाँ उत्तरी कोरिया के एकछत्र नेता, किम इल सुंग की राजधानी में उनका भव्य प्रासाद देखा। जब लेखकों के दल को एक रात उस प्रासाद में भोजन करने का न्योता मिला, तो छुरी-काँटे चाँदी के थे, और कुछेक पात्रों पर तो सोने का पानी भी चढ़ा था। प्रासाद के बाहर ही, कुछ दूरी पर, महान नेता का गगनचुम्बी बुत भी खड़ा था—सौ फ़ीट से तो ज़रूर ज़्यादा ऊँचा रहा होगा। और नेता के छोटे-छोटे बुतों से तो सारा शहर अटा पड़ा था। स्तालिन के ऐसे ही एक गगनचुम्बी बुत को मैं धराशायी हालत में, दो टुकड़ों में बँटा, देख चुका था। इसलिए मन में श्रद्धाभाव नहीं जागा। जगह-जगह उनके चित्र, जगह-जगह उनके बुत, प्रत्येक में वे अपना दायाँ हाथ उठाए, क्षितिज की ओर इशारा करते हुए मानो कह रहे हों—वह रही मेरे प्रभावक्षेत्र की सीमा ! राजधानी की सड़कों पर जब फ़र्राटे से उनकी मोटर निकल जाती होगी तो उनका दिल बल्लियों उछलता होगा कि देखो, मैं कहाँ-से-कहाँ पहुँच गया हूँ—कोरिया के एक साधारण किसान के बेटे से उत्तरी कोरिया के 'सम्राट्' तक।

हमारे मेज़बान ये बुत और प्रासाद दिखाने के बाद उस पर्णकुटी को भी दिखाने हमें ले गए थे जहाँ इस महान नेता ने एक ग़रीब किसान के घर में जन्म लिया था। पर उस पर्णकुटी को देखते हुए जब सोने-चाँदी के पात्रों की याद आई तो मन को झटका-सा लगा। उस कुटिया में से निकलकर वह स्वयं तो प्रासाद तक जा पहुँचे थे, पर ऐसी हज़ारों पर्णकुटियाँ तो जहाँ थीं, वहीं-की-वहीं रह गईं।

पर्णकुटी देखने के बाद मन प्रोत्साहित होने के बजाय खिन्न-सा हुआ।

खिन्न होने के अनेक और कारण भी थे। उस चाँदी के छुरी-काँटोंवाले सहभोज में, हमारी ही लेखक-मंडली के एक उत्साही सदस्य ने नेता के यशोगान का क़सीदा पढ़ा था, उनके प्रेरणाप्रद नेतृत्व की भूरि-भूरि प्रशंसा की थी, बल्कि एक पूरी-की-पूरी

किताब लिखकर और उसे छपवाकर साथ ले आए थे, और उस यशोगान के पुरस्कार-स्वरूप महान नेता ने उठकर उन्हें बाँहों में भर लिया था, बारी-बारी से उनके दोनों गालों को चूमा था, फिर, उत्तरी कोरिया का राष्ट्रीय सम्मान चिह्न, सुनहरी सितारा, उनकी छाती पर टाँक दिया था जो लाल रंग की मख़मली पेटी पर सिला था और जो कन्धे पर से होते हुए नीचे कमरबन्द के साथ जाकर मिल गई थी। जिस पर हम सभी उपस्थित लेखकों ने तालियाँ बजाई थीं और लेखक को तालियाँ बजा-बजाकर मुबारक़ दी थी। मन-ही-मन यह कहकर कि बिका हुआ लेखक है, अपने उखड़े मन को शान्त करने की कोशिश की थी, पर इससे भी मन की चुभन शान्त नहीं हो पाई थी और हम उससे डाह करते रहे थे और अन्त में मन मसोसकर रह गए थे कि साला बाज़ी मार ले गया।

इन यात्राओं को बहुत दिन बीत चुके हैं, सोवियत व्यवस्था भूमिसात् हो चुकी है। अफ्रो-एशियाई लेखक संघ की गतिविधि भी समाप्त हो चुकी है। उनकी जगह भूमंडलीकरण आ गया है, जिससे एक बहुत बड़ा परिवर्तन ज़रूर हुआ है—अब बड़ी-से-बड़ी घटना भी टेलीविज़न के पर्दे पर आसानी से देखने को मिल जाती है। कुछ साल पहले, टेलीविज़न के पर्दे पर ही इराक़ की बमबारी के दृश्य देखता रहा था। उसके कुछ ही अरसा बाद यूगोस्लाविया के कोसोवो पर बमबारी देखी। अब कुछ ही दिन पहले, अमरीका के विश्व व्यापार केन्द्र को भूमिसात् होते देखा। आजकल काबुल की बमबारी देख रहा हूँ। सब टेलीविज़न के पर्दे पर।

अब तो टेलीविज़न का बटन दबाने के पहले परिवार का सदस्य पूछ लेता है :

''क्या देखना चाहते हो ? क्रिकेट मैच ? या अमिताभ बच्चन का 'कौन बनेगा करोड़पति' कार्यक्रम या काबुल की बमबारी ?''

और हम लोग अपनी-अपनी पसन्द का प्रोग्राम चुनते रहते हैं। इस भूमंडलीकरण के दौर में हर नागरिक तमाशबीन बनता जा रहा है, शहरों की तबाही का भी ! नरसंहार का भी ! क्रिकेट मैच का भी !

अफ्रो-एशियाई लेखक संघ के दौर में अनेक अनूठे अनुभव हुए।

कार्यकारिणी की एक बैठक बुल्गारिया की राजधानी, सोफ़िया में भी हुई। बुल्गारिया छोटा-सा देश है, पर अत्यन्त सुन्दर, सारा देश ही फुलवाड़ी के समान है।

दो दिन की मीटिंग के बाद, प्रथानुसार, बाहर से आए लेखकों को घुमाने-फिराने का कार्यक्रम था, और तदनुसार, बस में बैठे हम लोग, एक छोटे-से नगर की ओर

बढ़े जा रहे थे जहाँ हल्की शराब बनाने की फ़ैक्टरी थी। यहाँ भी नेकी और पूछ-पूछ ! जब पता चला कि हम कहाँ ले जाए जा रहे हैं तो सबकी बाँछें खिल उठी थीं, बड़े बूढ़ों की भी। शराब की फ़ैक्टरी दिखाएँगे तो शराब पिलाएँगे भी, इससे बढ़िया पिकनिक क्या हो सकती है ? जो लोग बस में हिचकोलें खाते ऊँघ रहे थे वे भी उठ बैठे, और फ़ैक्टरी के बारे में बुद्धिजीवियों की भाँति जानकारी हासिल करने लगे। कितने क़िस्म की शराब बनती है ? बीयर क्यों नहीं बनाई जाती ? साईडर ? अंगूरी शराब ? शेम्पेन ? मतलब कि हम लोग फ़ैक्टरी में इस तरह रुचि दिखाने लगे थे मानो उस देश की अर्थव्यवस्था की जानकारी हासिल करना नितान्त आवश्यक हो, मानो वह उस देश (बुल्गारिया) की विरल आर्थिक और सांस्कृतिक उपलब्धि रही हो।

एक बढ़ी हुई तोंदवाले सज्जन ने फाटक पर हमारा स्वागत किया और शीघ्र ही हम फ़ैक्टरी के गलियारों में घूम रहे थे। कुछ लेखक बन्धुओं ने तो जेब में से काग़ज़-क़लम निकाल लिए थे और फ़ैक्टरी के उत्पादन सम्बन्धी तथ्य और आँकड़े दर्ज करने लगे थे। पर हम सबकी नज़र उस विश्राम कक्ष की ओर थी जहाँ फ़ैक्टरी के कारिन्दे मेज़ लगा रहे थे और बिल्लौरी काँच के गिलास रख रहे थे।

फ़ैक्टरी का दौरा करने और बार-बार तारीफ़ में सिर हिलाने के बाद हम लोग उस विश्राम कक्ष में पहुँचे। हमारे उस कक्ष में पहुँचने की देर थी कि प्रबन्धक शराब की बोतलें भेजने लगे। ज़ाहिर था कि हम तरह-तरह की शराब का ज़ायक़ा लेंगे। पर क्या गिलास भर-भरकर पिएँगे ?

मेहमाननवाज़ी आरम्भ हुई। तोंदवाले मैनेजर ने, जो एक ही क़िस्म की शराब की दो बोतलें, एक दाईं बग़ल में, दूसरी बाईं बग़ल में दबाए खड़े थे, उस शराब की तारीफ़ में छोटा-सा भाषण दिया, और फिर उन बोतलों में से थोड़ी-थोड़ी शराब हमारे गिलासों में उँडेल दी। हमने उसे चखा, चटखारा लिया, शराब की तारीफ़ में आँखें मटकाते हुए सिर हिलाया। हममें से किसी विरले ने ही शराब की किसी फ़ैक्टरी में इससे पहले क़दम रखा होगा पर यहाँ पेशेवर जानकारों की तरह चटखारे ले-लेकर सिर हिला रहे थे।

मेज़ के बीचोबीच एक बड़ा-सा काँच का पात्र रखा गया था। वह इसलिए कि शराब चखने के बाद, शराब के जो दो-एक घूँट गिलास में बचे रह गए हों, उन्हें इस पात्र में उँडेल दिया जाए। शुरू-शुरू में तो हम लोग, प्यासे राहगीर की तरह, जमकर शराब गटक रहे थे पर फिर—शराब की क़िस्मों का वहाँ अन्त नहीं था—हम दो-दो, तीन-तीन घूँट भरने के बाद, बची हुई शराब उस पात्र में उँडेल देते।

लगभग आधे-पौने घंटे तक यह खेल चलता रहा, यहाँ तक कि काँच का पात्र जूठी शराब से क़रीब-क़रीब भर गया।

शराब की बोतलें अभी भी लाई जा रही थीं। हमारे सिर कुछ-कुछ घूमने भी लगे थे। मैं तो यहाँ तक भावुक हो उठा था कि हर दो घूँट भरने के बाद न केवल फ़ैक्टरी के उज्ज्वल भविष्य की कामना करने लगा था बल्कि तोंदवाले मैनेजर की दीर्घायु की भी। मैं ही नहीं, दो लेखक तो उसके बग़लगीर भी हो चुके थे और एक तो बार-बार उठकर उसके गाल चूम रहा था।

जब काँच का पात्र उँडेली हुई शराब से लबालब भर गया तो तोंदवाले मैनेजर ने उसे ऊँचा उठा लिया और बड़ी भावुक, आग्रह-भरी आवाज़ में बोला :

"अब हम मानवीय एकता की भावना को सुदृढ़ बनाने के लिए इस पात्र में से बारी-बारी से घूँट भरेंगे, और इस तरह फ़ैक्टरी के प्रति अपनी सदिच्छाओं को व्यक्त करेंगे।" (मतलब कि जूठी शराब के घूँट भरेंगे)। इसी एक सदिच्छा में सांस्कृतिक एकजुटता, मानवीय एकबद्धता, विश्वशान्ति और फ़ैक्टरी के उज्ज्वल भविष्य की कामना, सभी शामिल थे।

मुझे नशा तो था पर इतना नहीं था कि बीस लोगों के होंठों तक पहुँची हुई जूठी शराब को मुँह लगाऊँ। मैंने देखा, कुछ लोग अपनी बारी आने पर निःसंकोच पात्र को मुँह लगा रहे थे। मैं उनकी निष्ठा से प्रभावित था, पर मुझे तो देखकर उबकाई आ रही थी। अब मैं क्या करूँ ? मेरे अपने संस्कार थे। सम्भव है उनके भी मेरे जैसे ही संस्कार रहे हों, पर यहाँ मानवीय एकता और विश्वशान्ति और अन्तर्राष्ट्रीय भाईचारे के नाम पर शिष्टाचार जूठी शराब पीकर ही निभाया जा सकता था। फिर, नशे की हालत में पात्र पर पीनेवालों के गीले होंठों के निशान भी बराबर लगने लगे थे और अपनी नमी छोड़ रहे थे। हमारी पार्टी में दो महिलाएँ भी थीं। उनकी लिपस्टिक की लाली से भी पात्र अलंकृत हो रहा था। स्त्री की लिपस्टिक स्त्री के होंठों पर जितनी शोभा देती है, जितनी लुभावनी लगती है, किसी पात्र पर उसकी छाप उतनी ही मतली का कारण बनती है।

मैं क्या करूँ ? पात्र धीरे-धीरे मेरी दिशा में बढ़ता आ रहा था। बाहर निकल जाऊँ ? खड़े-खड़े गिर पड़ूँ, बेहोश हो जाऊँ ? पात्र हाथ में आए तो उसे ढीला छोड़ दूँ ? उसे नीचे गिरा दूँ ? गुसलख़ाने की ओर जाने का बहाना करके बाहर निकल जाऊँ ?

जब पात्र मेरे हाथों में थमाया गया तो एक वयोवृद्ध सज्जन ने जो मेरी बग़ल में खड़े थे, और मेरी दुविधा भाँप गए थे, फुसफुसाकर, मेरा मनोबल बढ़ाते हुए बोले : "देशभक्त लोग तो हँसते-हँसते सूली पर चढ़ जाते हैं और तू जूठी शराब के दो घूँट नहीं भर सकता ? गटक जा !" और मैंने आँखें बन्द कर लीं, साँस रोक लिया और पात्र को होंठों से लगाकर दो की जगह तीन घूँट भर गया।

और फिर, पेट पर हाथ रखे भागकर विश्राम कक्ष के बाहर निकल गया।

और बाहर पहुँचने पर क्या देखता हूँ कि दो-तीन और लोग भी, जगह-जगह, कोई सीढ़ियों पर, कोई छोटी दीवार पर, पेट थामे उकड़ूँ-से बैठे हैं।

मास्को निवास के दिनों में मेरा सम्बन्ध मुख्यतः प्रकाशनगृह से रहा था, पर अब जब मैं अफ़्रो-एशियाई लेखक संघ में सक्रिय था तो मुझे सोवियत संघ को निकट से देखने-जानने का अवसर मिला था। साथ ही कुछ ज़्यादा पैमाने पर घूमने-फिरने का भी।

लोगों में असन्तोष बढ़ रहा था। पहलेवाली बात नहीं थी जब समाजवादी व्यवस्था की नींव रखी जा रही थी और लोग श्रमदान दे रहे थे और अपने लिए कुछ भी माँग नहीं रहे थे। अब उनकी सोच बदल गई थी। क्रान्ति के बाद साठ साल बीत गए अब भी हम दुकानों के बाहर लाइनों में धक्के खा रहे हैं। पूँजीवादी देशों में इतना कुछ उपलब्ध रहता है, हमारे यहाँ क्यों नहीं ?

फिर उन्हें भेदभाव भी अखरता था। शहरों में तो फिर भी चीज़ें उपलब्ध हैं। पर देहात में क्यों नहीं मिलतीं ? उन दिनों यह भी सुनने में आता था कि खाने-पीने की जो चीज़ें मास्को-भर में नहीं मिलेंगी, वे सोवियत लेखक संघ के कार्यालय में ज़रूर मिल जाएँगी।

उस तरह के असन्तोष की भनक तो उन दिनों भी मिलती थी जब मैं प्रकाशन गृह में काम कर रहा था।

एक बार दीना देमूरोवा, हमारे घर पर आई थीं, दीना, जार्जिया की रहनेवाली थीं, बलराजजी की दुभाषिया रह चुकी थीं, बहुत बढ़िया अंग्रेज़ी जानती थीं। बलराजजी के द्वारा ही हमारी जान-पहचान हुई थी।

दीना उस दिन बड़ी उत्तेजित थीं। बातों-बातों में बताने लगीं कि कुछ समय पहले सोवियत सरकार ने, साइबेरिया के किसी भाग में, जहाँ बड़े पैमाने पर आलुओं की खेती की गई थी बहुत से नौजवान लड़के-लड़कियों को आलू चुनने के लिए भेजा। यह एक प्रकार का श्रमदान था।

दीना ने बताया कि उसके भाई ने भी नाम लिखवाया था, उसे भी भेजा गया।

पर जब वह साइबेरिया के उस इलाक़े में पहुँचा तो एक तो बला की सर्दी, दूसरे सरकार की ओर से किसी तरह का सन्तोषजनक प्रबन्ध नहीं किया गया था। बहुत से युवक-युवतियाँ बीमार पड़ गए। उनमें दीना देमूरोवा का भाई भी था। न तो वहाँ खाने-पीने का सही इन्तज़ाम था, न चिकित्सा का, न रहन-सहन का।

"मेरा भाई हड्डियों का ढाँचा बनकर लौटा है," दीना ने बड़ी क्रुद्ध आवाज़

में कहा, "और जिस मन्त्री ने उन्हें वहाँ भिजवाया था, उसने हाल ही में सरकारी ख़र्च से, अपने बँगले में, तैराकी तालाब बनवाया है।"

अब, बरसों बाद, अफ्रो-एशियाई लेखक संघ में काम करते हुए सोवियत जीवन के अनेक अन्य पहलुओं की ओर भी नज़र जाने लगी थी। यह देखकर मैं ज़रूर चौंका था कि सोवियत व्यवस्था के साथ नागरिक का जुड़ाव शिथिल पड़ता जा रहा था। यह अपने में चौंकानेवाली बात थी, क्योंकि सोवियत व्यवस्था ने नागरिक को महत्त्वपूर्ण सुविधाएँ जुटाई थीं—पहले दिन से पक्की नौकरी, रहने के लिए क्वार्टर सुनिश्चित, बच्चों की पढ़ाई मुफ़्त, चिकित्सा की सुविधा मुफ़्त, पत्नी को गर्भ हो जाए तो छः-छः महीने की सवैतनिक छुट्टी—इस तरह की सुविधाएँ मिलें तो नागरिक की समाजवादी व्यवस्था के प्रति दायित्व भावना, उसका व्यवस्था से जुड़ाव और ज़्यादा गहरा और मज़बूत होना चाहिए था, पर ऐसा नहीं हुआ। इसके विपरीत उसमें शिथिलता आई, व्यवस्था के साथ और ज़्यादा जुड़ने की जगह वह उसके प्रति उदासीन रहने लगा था।

हमारे अपने देश में मैंने देखा था कि जितनी देर कोई व्यक्ति कच्ची नौकरी पर होता है तो उसकी मुस्तैदी बनी रहती है। बड़ी मुस्तैदी से काम करता है। पर ज्यों ही नौकरी पक्की हो जाए तो धीरे-धीरे उसकी मुस्तैदी शिथिल पड़ने लगती है। वह जानता है कि उसे नौकरी से कोई नहीं निकालेगा।

पर समाजवादी देश में भी ऐसा होगा इसकी मुझे आशा नहीं थी।

एक बार अफ्रो-एशियाई लेखक संघ की कार्यकारिणी की मीटिंग ताशकन्द में हुई। मीटिंग के बाद, प्रथानुसार, समिति के सदस्यों को एक सरकारी फ़ॉर्म दिखाने ले जाया गया, जहाँ अनारों का बहुत बड़ा बाग़ था। वहाँ 'कन्धारी अनार' बोए जाते थे जिनके लिए वह फ़ार्म मशहूर था।

दोपहर के वक़्त हम लोग वहाँ पहुँचे। लेखक मंडली के अतिरिक्त हमारे साथ सोवियत लेखक संघ के कार्यालय में काम करनेवाले, दुभाषिए, दफ़्तर के कर्मचारी, स्थानीय पदाधिकारी आदि थे। बड़ा ख़ूबसूरत फलोद्यान था, मोटे-मोटे, ख़ूब पके हुए अनार, दर्जनों की संख्या में, एक-एक झाड़ी से लटक रहे थे। हम लोग रव्शिों में घूम ही रहे थे कि मैंने देखा, सोवियत लेखक संघ के कर्मचारी, अनारों से लदी झाड़ियों पर टूट पड़े हैं, और लपक-लपककर अनार तोड़ने लगे हैं। प्रत्येक कर्मचारी मास्को से ही अपने साथ बड़े-बड़े थैले, झोले लेकर आया था। और देखते-ही-देखते सभी ने अपने झोले भर लिये थे और चहकते हुए फ़ार्म के बाहर जाने लगे थे। यह काम उन्होंने बाहर से आनेवाले लेखकों की आड़ में किया था। हम लोग देखते रह गए। जिस बेरहमी से वे एक-एक झाड़ी को नोचते चले गए, वह देखते ही बनता था।

जब हम लोग, बस में बैठे लौट रहे थे तो लेखकों के बीच इस घटना को लेकर देर तक टीका-टिप्पणी होती रही थी।

''साझी सम्पत्ति के प्रति ऐसा ही लगाव अब देखने को मिलता है।''

मेरी बग़ल में बैठा एक अफ़्रीकी लेखक कह रहा था, ''किसी का अपना बाग़ होता तो वह एक अनार को भी हाथ नहीं लगाने देता।''

एक और लेखक कह रहा था :

''मैंने कहीं पढ़ा था कि सेबों के बाग़ पर ओले पड़ने लगें तो कोई उन्हें बचाने नहीं आया। सारी फ़सल चौपट हो गई थी।''

यह बार-बार सुनने को मिलता था कि साझी सम्पत्ति के प्रति अलगाव की भावना बढ़ रही थी, कि हमें क्या लेना-देना।

और यह तो मैंने भी देखा था : मास्को में किसी दुकान में जाओ—सभी दुकानें सरकार चलाती थी—तो दुकान की परिचारिका, ग्राहक की ओर कोई विशेष ध्यान नहीं देती थी। बार-बार माँगो तो कोई चीज़ आलमारी में से निकालकर आपके सामने रख देगी, और फिर अपने बैग में से आईना निकालकर अपना मेकअप ठीक करने लगेगी।

व्यवस्था ने जनहित के लिए बहुत कुछ किया, लेकिन व्यक्ति की पहलक़दमी को प्रोत्साहित नहीं किया। मौलिक चिन्तन, मौलिक सूझ जो नए-नए क़दम उठाती है, नए-नए प्रयोग करती है, आविष्कार करती है, उसे प्रोत्साहित नहीं किया। ऐसा प्रेरणाप्रद वातावरण वहाँ पर नहीं था, ऐसा भास होता है। कुछ क्षेत्रों में रहा भी होगा, जैसे सुरक्षा के क्षेत्र में, परन्तु व्यापक स्तर पर लोगों में ऐसी ही मानसिकता बनी रही जो नागरिकों के अनुसरण करने पर, आज्ञाकारिता पर अधिक बल देती थी। ऐसे वातावरण ने निश्चय ही बहुत लोगों को हतोत्साह किया होगा।

सोवियत व्यवस्था क्यों भुरभुराकर गिरी ?

कुद वर्षों बाद मुमकिन है, वह मानवजाति के इतिहास में एक छोटा-सा परिच्छेद बनकर रह जाए, पर ज़माना था जब दुनिया-भर की आँखें उस पर लगी थीं, और वह दुनिया-भर के मेहनतक़शों, लाखों-लाख बुद्धिजीवियों की न्यायसंगत समाज की स्थापना से जुड़ी आकांक्षाओं का केन्द्र रही थी।

अनेक विद्वान, समाजशास्त्री सोवियत व्यवस्था के ह्रास के कारणों की खोजबीन करते रहे हैं और अभी भी कर रहे हैं।

कुछेक विद्वानों का तो कहना है कि उसके ह्रास का एक मूल कारण उसके जन्म के साथ ही पैदा हो गया था, जब क्रान्ति के फ़ौरन ही बाद, चौदह साम्राज्यवादी देशों की फ़ौजों ने सोवियत रूस पर हमला बोल दिया था। हमला तो विफल हुआ पर उसमें भारी संख्या में सोवियत व्यवस्था के बाल्शेविक कार्यकर्ता—लगभग 80

प्रतिशत मारे गए जिन्हें इतने बड़े देश में समाजवादी व्यवस्था की नींव रखनी थी।

एक क्षति तो यह हुई। उस समय तो हमलावर कामयाब नहीं हुए पर इसके बाद सारा वक़्त ही सोवियत संघ, साम्राज्यवादी देशों से एक तरह से घिरा रहा। घिरा ही नहीं रहा, उसे दबोचने के तरह-तरह के षड्यन्त्र रचे जाते रहे। और दूसरे विश्वयुद्ध में तो हिटलर और मुसोलिनी की फ़ौजों ने उसे रौंद डालने की पूरी कोशिश की। और इसमें अन्य साम्राज्यवादी ताक़तों का मूक समर्थन भी था।

अब जो देश सारा वक़्त दुश्मनों से घिरा रहे, वहाँ आपकी सबसे बड़ी ज़रूरत देश की सुरक्षा होगी, दुश्मनों से देश का बचाव। इसके लिए आपके सीमित संसाधनों का बड़ा भाग, सुरक्षा की मद में चला जाएगा और सुरक्षा का मतलब देश को हथियारबन्द करना ही नहीं, सुरक्षा-प्रणाली का आधुनिकीकरण भी। अब आपका देश पूँजीवादी देशों की तुलना में पहले ही पिछड़ा हुआ देश है। यदि आप, व्यापक स्तर पर समाजवादी व्यवस्था की स्थापना भी करें, अपनी उत्पादन क्षमता भी बढ़ाएँ और उधर अपने को हथियारबन्द भी करें, यह सोवियत संघ के लिए आसान काम नहीं था।

इसका परिणाम यह हुआ कि कुछ विद्वानों के अनुसार समाजवादी व्यवस्था ठीक ढंग से स्थापित नहीं हो पाई। बहुत-सी त्रुटियाँ रह गईं। सही समाजवादी व्यवस्था में मज़दूरों-किसानों को अग्रणी भूमिका निभाना था। व्यवस्था का संचालन उन्हीं के हाथ में होना था। पर ऐसा नहीं हुआ। संचालन के लिए राज्य को नौकरशाही का सहारा लेना पड़ा। और यह सरकारी अमला बहुत कुछ वैसा ही था जैसा ज़ारशाही के ज़माने में हुआ करता था और उसके संस्कार भी बहुत कुछ वैसे ही थे। और सरकारी अमला तो कभी भी समर्पित कार्यकर्ताओं का नहीं होता।

ऐसा मजबूरी में हुआ। अब एक तो देश आर्थिक-औद्योगिक दृष्टि से पिछड़ा हुआ, इस पर चारों ओर से घिरा हुआ और पहले विश्वयुद्ध के कारण बहुत कुछ क्षत-विक्षत।

ऐसे समय में समाजवादी व्यवस्था की नींव रखी गई। कुछ विद्वानों के अनुसार तो सही ढंग से नींव रखने का मौक़ा ही नहीं आया। पूरे समाज को सैनिक आधार पर गठित किया गया। एक तो देश की पूँजी का बहुत-सा हिस्सा सुरक्षा पर ख़र्च होता रहा। जनता की ज़रूरतों की चीज़ों पर बहुत कम ख़र्च हुआ। यह भी सोवियत संघ की मजबूरी थी। दूसरे सोवियत व्यवस्था का नियोजन जहाँ विकेन्द्रित (decentralized) होना चाहिए था, वहाँ उसे केन्द्रित (centralized) नियोजन अपनाना पड़ा।

और न केवल अर्थव्यवस्था का ही केन्द्रीकरण हुआ, बल्कि राजनीति का भी,

जिससे लोकतान्त्रिक पद्धति मात्र औपचारिकता निभाने के लिए अपनाई गई। इस तरह व्यवस्था एक खुली व्यवस्था न होकर केन्द्रीकृत बन्द व्यवस्था बनती चली गई।

इस ढाँचे के ढह जाने का बुनियादी कारण साम्राज्यवादी दबाव ही था। सोवियत संघ के सब तरह के संसाधन—पूँजी, श्रम, बुद्धि, टेक्नोलॉजी—सभी उसका मुक़ाबला करने में लगाए गए, अगर ये सारे संसाधन जनता की ज़रूरतें पूरी करने के लिए लगाए जाते तो जनता समाजवाद से इतनी परेशान न होती। अगर वह दबाव न होता तो कुछ और तरह के प्रयोग करने का मौका मिलता।

अत्यधिक केन्द्रीकरण के कारण व्यवस्था में लचीलापन आने के बजाय कठोरता आती गई। आर्थिक क्षेत्र में स्वतन्त्र विकास के अवसर नहीं जुटाए गए। बन्दिशें बढ़ती गईं। व्यक्तिगत स्तर पर मौलिक प्रयासों को प्रोत्साहित नहीं किया गया। बल्कि प्रयास करनेवाले हतोत्साह हुए। ऐसा माहौल नहीं बन पाया जिसमें कुशल कारीगर, अपनी प्रतिभा का पूरा-का-पूरा उपयोग कर सकें। लोग धीरे-धीरे उदासीन होते गए और व्यवस्था से जुड़ने के बजाय दूर होते गए।

जनता असन्तुष्ट रहने लगी। क्रान्ति के बाद 60-70 वर्ष बीत गए, आप जनता को वह नहीं दे सके जो पूँजीवादी देशों में यूरोप का एक मामूली-सा देश अपने लोगों को देता है। इसलिए जब व्यवस्था टूटी तो जनता में उस व्यवस्था के साथ ज़्यादा हमदर्दी नहीं रह गई थी।

आज सोवियत संघ की वकालत कोई नहीं करता। लेकिन इससे न तो यह साबित होता है कि पूँजीवादी व्यवस्था आदर्श व्यवस्था है, और न ही यह कि अब दुनिया इसी पूँजीवादी व्यवस्था को अन्तिम सत्य मानकर इसे कबूल कर लेगी। सोवियत संघ में समाजवादी व्यवस्था के भंग होने से पूँजीवाद की श्रेष्ठता सिद्ध नहीं हो जाती। व्यवस्थाओं के अन्दर उठनेवाली विसंगतियाँ और अन्तर्विरोध, चुनौतियाँ बनकर फिर से इंसान को उनका हल ढूँढ़ने पर विवश करेंगी, इंसान फिर से एक न्यायसंगत व्यवस्था के सपने देखने लगेगा, फिर से अपने काल की विसंगतियों से जूझने लगेगा। इससे वह सावियत संघ के विफल प्रयास से भी बहुत कुछ सीखेगा।

एक विश्वविख्यात इतिहासकार के शब्दों में :

> "It (The Soviet System) broke down because economically the system became increasingly rigid and unworkable and especially because it proved virtually incapable of generating or making economic use of innovation, quite aprart from stifling intellectual originality. Moreover it became impossible

to hide that fact from the local population that the other countries had made far more material progress than the socialist ones. If you prefer putting it another way, it broke down because ordinary citizens were indifferent or hostile and because the regimes themselves had lost faith in what they were pretending to do. Still, however you look at it, it failed in the most spectacular manner in 1989-91.

Eric Hobsbawm in "On History" p.5

11

प्रगतिशील लेखक संघ

मैं बहुत दिनों तक पदाधिकारी के नाते प्रगतिशील लेखक संघ से जुड़ा रहा हूँ। आज भी जुड़ा हूँ। प्रगतिशील लेखक संघ के बारे में कहा जाता है कि इस साहित्यिक संगठन पर विचारधारा हावी है, कि प्रगतिशील लेखक जो लिखते हैं, मार्क्सवादी विचारधारा में फिट बैठाने के लिए, उस विचारधारा का प्रचार करने के लिए आदि। इस लम्बी कालावधि में मुझे कभी एक बार भी किसी ने नहीं कहा कि ऐसा लिखो, ऐसा नहीं लिखो। वामपन्थी विचारधारा की ओर मैं स्वयं आकृष्ट हुआ था। और जब कोई व्यक्ति स्वयं आकृष्ट होता है तो विचारधारा उसके लिए प्रेरणा का स्रोत होती है, तब उसके लिए किसी संगठन के दबाव में आकर लिखने की ज़रूरत नहीं रहती। मार्क्सवादी विचारधारा से समाजोन्मुखता की प्रेरणा मिलती थी, और यह प्रेरणा केवल उसी से मिलती हो, ऐसा भी नहीं था। हमारे यहाँ, हिन्दी लेखन में, समाजोन्मुखता की लहर बहुत पहले नवजागरण काल से ही उठने

लगी थी, मार्क्सवाद ने उसमें केवल एक और आयाम जोड़ा था। नवजागरण काल में यह समाजोन्मुखता व्यक्ति के आचार-व्यवहार को बेहतर बनाने, समाज में पाई जानेवाली कुरीतियों को दूर करने आदि जैसे विषयों पर केन्द्रित थीं। कुछ समय बाद जब देश की आज़ादी की लहर ज़ोरों से उठी तो साहित्य में यह समाजोन्मुखता देशभक्ति और देशव्यापी स्वतन्त्रता संग्राम के साथ जुड़ने के आग्रह को व्यक्त करने लगी। और जब समाजवादी विचारधारा का प्रभाव बढ़ने लगा तो साहित्य में इसकी अभिव्यक्ति शोषणमुक्त, न्यायसंगत व्यवस्था की स्थापना के आग्रह के रूप में होने लगी। पर ये तीनों आग्रह एक-दूसरे से जुड़ते थे, एक-दूसरे के पूरक थे।

परन्तु मार्क्सवादी विचारधारा से प्रेरित साहित्य-सृजन पर अक्सर यह आरोप लगाया जाने लगा कि रचनाओं में सचेष्ट रूप से विचारधारा पर बल दिया जाता है, बल्कि उसे प्रमुखता दी जाती है, जिससे रचना साहित्यिक कृति न रहकर विचारधारा के प्रचार का माध्यम बन जाती है कि रचना के सृजन में सचेत रूप से ऐसी जोड़-तोड़ की जाती है कि रचना में से मार्क्सवादी निष्कर्ष फूटकर निकले। मतलब कि रचना के स्वाभाविक विकास को कुर्बान किया जाता था और उस पर विचारधारा का दुमछल्ला लगाया जाता था। इस तरह रचना मार्क्सवादी राजनीति के प्रचार का माध्यम बन जाती थी।

बहस का यह पहलू मेरी नज़र में संगत था। मैं निश्चय ही इस बात को सही मानता हूँ कि रचना में कथानक का स्वाभाविक विकास हो, कृति खुद बोले, उस पर कुछ भी आरोपित न हो, उसमें से जीवन की सच्चाई झलके।

कोई भी रचना विचार से शून्य नहीं होती। पर यदि रचना में विचार खप कर आए, उसका अभिन्न अंग बनकर आए तो वह विश्वसनीय होगी। रचना निश्चय ही विचार की वाहक होती है। हमें सोचने पर बाध्य करती है, विचार हमारे हर कर्म में झलकता है।

जिस विचारधारा में मेरा यक़ीन है, वह मेरी जीवनदृष्टि को प्रभावित करेगी। और मेरी रचनाएँ भी मेरी जीवनदृष्टि के अनुरूप होंगी।

पर कोई भी लेखक, मात्र विचारधारा के बल पर लिखता हो, ऐसा नहीं है। विचारधारा से प्रेरित होते हुए भी वह विचारधारा से चिपटा नहीं होता। वह विचारधारा को त्याग भी सकता है। बरसों तक गांधीजी की विचारधारा से प्रेरित होने पर भी एक वक़्त आया था जब प्रेमचन्द के मन में गांधीवाद के प्रति संशय उठने लगे थे। वास्तव में जीवन से साक्षात् ही लेखक के लिए सर्वोपरि होता है, भले ही वह स्वयं किसी भी विचारधारा से प्रेरित क्यों न हो। उसका मुख्य सरोकार जीवन ही होता है। अपने काल में उठनेवाली लहरें, उसका परिवेश, उसके संस्कार,

उसके निजी अनुभव, ये सब उसके संवेदन से टकराते रहते हैं। इस तरह विचारधारा लेखक के सृजनात्मक व्यक्तित्व का सर्वस्व नहीं होती। विचारधारा की भूमिका, लेखन के क्षेत्र में बड़ी महत्त्वपूर्ण है, पर निर्णायक नहीं होती। निर्णायक जीवन की वास्तविकता ही होती है। और लेखक का लेखकीय व्यक्तित्व तभी बनता है जब उसकी विचारधारा उसके सृजनात्मक संवेदन का अभिन्न अंग बन जाए। प्रेमचन्द का लेखन उसके सृजनात्मक संवेदन की देन है, मात्र उनकी मान्यताओं की देन नहीं। विचारधारा हमें नज़रिया देती है, पर हमें कलाकार नहीं बनाती। कबीर के अनेक सहयोगी, जैसे रैदास आदि, उन्हीं की विचारधारा में विश्वास रखनेवाले थे, पर जैसी ओजस्विता कबीर की वाणी में है, वैसी उनकी वाणी में नहीं। आपकी सृजन क्षमता ही आपका लेखकीय व्यक्तित्व बनाती है।

पर बहस का एक और पहलू भी है। साहित्यिक कृति किसी विचारधारा के प्रचार की वाहक न बने, इस तरह की मान्यता हमारे अपने यहाँ की साहित्यिक मान्यता नहीं रही है। इसे हमने पाश्चात्य देशों से लिया है जहाँ साहित्यिक रुझान उत्तरोत्तर व्यक्तिनिष्ठ होता गया है। हमारे देश की साहित्यिक परम्परा में, प्रचार को लेकर नाक-भौं नहीं सिकोड़े जाते रहे, न ही प्रचार को इतना बुरा माना जाता है। बल्कि प्रचार को रचना का स्वाभाविक अंग समझा जाता रहा है। हमारा समूचा धार्मिक तथा नीतिप्रधान उपदेशात्मक साहित्य प्रचारात्मक ही तो है और इसके पठन-पाठन में आज भी हमारे लाखों-लाख लोगों को रस मिलता है। भक्त कवियों की वाणी, निर्गुण अथवा सगुण, विचारधारा की वाहक थी, इतना ही नहीं, वह समाजोन्मुख भी थी, समाज में पाई जानेवाली कुरीतियों, कुप्रथाओं, जातिवाद, मूर्तिपूजा आदि का खंडन भी करती थी पर हमारे लिए वह आज भी उच्चकोटि का प्रेरणाप्रद साहित्य है।

मेरी समझ में साहित्यिक कृति में विश्वसनीयता का होना नितान्त आवश्यक है; शायद एक अच्छी कृति की यही सबसे अच्छी कसौटी है कि वह विश्वसनीय हो, ज़िन्दगी पर खरी उतरे। मार्क्सवादी साहित्य-लेखन पर यदि विचारधारा के प्रचार का आरोप लगाया गया तो इसके पीछे बहुत हद तक राजनीतिक कारण थे। यदि यह आरोप भी लगाया गया कि प्रगतिशील लेखक संघ के मंच पर साहित्य से कहीं ज़्यादा राजनीति की चर्चा होती थी तो इसके भी राजनीतिक कारण ही थे। क्योंकि मार्क्सवाद दोनों के लिए संगत था, दोनों से जुड़ता था।

विश्वसनीयता के मुद्दे को लेकर प्रगतिशील लेखक संघ में बहसें होती रही हैं, विशेषकर संगठन की स्थापना के आरम्भिक वर्षों में, और इसमें अनेक गण्यमान्य लेखक—रामविलास शर्मा, शिवदान सिंह चौहान, अली सरदार जाफ़री, अमृत राय आदि भाग लेते रहे हैं। इन बहसों में इस बात का आग्रह और अपेक्षा ज़रूर व्यक्त

होते रहे कि रचनाओं में संघर्ष का आह्वान हो, ऐसे चरित्रों का निर्माण हो जो संघर्ष में अग्रणी भूमिका निभाने की क्षमता रखते हों, क्रान्तिकारी दृष्टि रखनेवाले हों, कि रचना में हताशा के स्वर न गूँजें बल्कि आशावादिता और आत्मविश्वास के गुण पाए जाएँ, आदि आदि।

एक बहस में अली सरदार जाफ़री ने, सआदत हसन मंटो की कृतियों की चर्चा करते हुए इस आशय की टिप्पणी की थी कि जहाँ मंटो ने वेश्याओं के जीवन को अपने लेखन के केन्द्र में रखा, बड़ी मुबारक़ बात थी, पर उनके अफ़सानों की शोषित, पीड़ित वेश्या विद्रोह क्यों नहीं करती, अपने शोषण करनेवाले को नोच क्यों नहीं खाती ? इसी आशय की टिप्पणी मैंने एक जगह पढ़ी थी।

वेश्या विद्रोह क्यों नहीं करती, इसका फ़ैसला लेखक की विचारधारा नहीं करेगी, इसका फ़ैसला कहानी में वेश्या के स्वभाव, चरित्र उसकी मानसिकता और कथानक में घटनाचक्र के स्वाभाविक विकास आदि पर निर्भर करेगा। विचारधारा की माँग है कि वह विद्रोह करे, इसलिए उसे विद्रोह करना चाहिए, इतना कह देने से तो बात नहीं बनती।

मुझे किसानों से हमदर्दी है। किसान शोषित और पीड़ित हैं। और मैं शहर में बैठा किसान के जीवन पर कहानी गढ़ डालूँ और मेरी कहानी का नायक विद्रोह का झंडा बुलन्द कर दे क्योंकि मेरी विचारधारा का यही आग्रह है, यह बचकानापन है। साहित्य ज़िन्दगी की कोख में से निकलकर आए तभी विश्वसनीय हो पाता है। ऊपर से निष्कर्ष थोपने से न तो साहित्य सृजन होता है और न ही किसी विचारधारा का प्रचार-प्रसार होता है।

जब इतिहास करवट लेता है, युग बदलता है, तो साहित्य सृजन में भी लहरें उठती हैं, परिवेश में उठनेवाली हलचल से साहित्य भी अछूता नहीं रहता, तब नए-नए नायक भी साहित्य में उभरते हैं, नए वलवलों से साहित्य भी उद्वेलित होता है, नए-नए परिदृश्य आँखों के सामने खुलते हैं। लेखक भी किताबों में से उठाकर किसी निष्कर्ष को अपनी रचना में नहीं डाल देता। वह जीवन से उसके साक्षात् और उसकी सर्जनात्मक कल्पना, उसकी साधना, उसकी अन्तर्प्रेरणा और साथ-ही-साथ उसकी विचारधारा की देन होता है।

साहित्य में विचारधारा की भूमिका गौण नहीं है। विचारधारा के वर्चस्व से इनकार नहीं, विचारधारा ने मुक्तिबोध की कविता को प्रखरता दी है। ब्रेख़्त के नाटकों को अपार ओजस्विता दी है। ऐसे ही अनेक अन्य गण्यमान्य लेखकों की रचनाओं को। यहाँ विचारधारा की वैसी ही भूमिका रही है जैसी कबीर की वाणी में—जो आज भी लाखों-लाख भारतवासियों के होंठों पर है।

पर इस बहस की तह में राजनीति के तत्त्व की भी भूमिका रही है। बल्कि

इस बहस को जो इतना अधिक उछाला गया है तो राजनीतिक कारणों से। वास्तव में यह साहित्यिक बहस न होकर राजनीतिक बहस अधिक रही है। मात्र कला और साहित्य के स्तर की बहस होती तो ब्रेख़्त को अपनी जान बचा पाने के लिए अपना देश (जर्मनी) छोड़कर अमरीका में नहीं जाना पड़ता। न ही पाब्लो नेरुदा को नज़रबन्द होना पड़ता, न ही फ़ैज़ अहमद फ़ैज़ को अपना देश छोड़कर ठोकरें खानी पड़तीं, न ही नाज़िम हिकमत को अपनी जान से हाथ धोना पड़ता, और न ही, उधर सोवियत संघ में नोबेल पुरस्कार के सवाल पर पास्तरनाक पर पाबन्दी लगाई जाती।

इस सन्दर्भ में मुझे बुडापेस्ट (हंगरी) में आयोजित एक साहित्यिक सेमिनार की याद आती है। यह सम्मेलन उन दिनों हुआ था जब सोवियत संघ का शीराज़ा बिखर रहा था। इस सम्मेलन की व्यवस्था अमरीका के एक प्रतिष्ठान ने की थी। भारत से जानेवाले शिष्टमंडल में मैं भी था।

एक सत्र में, जिसमें भारतीय प्रतिनिधि मंडल मुख्यतः भाग ले रहा था, मैंने अपने भाषण में कहा :

"साहित्य जीवन का दर्पण है। और राजनीति चूँकि जीवन का अंग है, इस नाते, साहित्य में भी इसका होना स्वाभाविक है..."

जब सत्र की कार्रवाई का सारांश छपकर आया तो इसका कहीं उल्लेख नहीं था। मेरी अन्य साहित्यिक स्थापनाओं की चर्चा ज़रूर थी।

वामपन्थी विचारधारा, पूँजीवादी-साम्राज्यवादी व्यवस्था के लिए बहुत बड़ा ख़तरा थी। इसे वह फैलने नहीं देना चाहती थी। ब्रेख़्त, मार्क्सवादी विचारधारा से प्रतिबद्ध लेखक ही नहीं, वह कम्युनिस्ट पार्टी के सक्रिय सदस्य भी थे। पर जर्मन सरकार की 'कृपादृष्टि' के कारण अपनी जान बचाने के लिए अपना देश छोड़ने पर मजबूर हुए थे। वे यहूदी भी थे। ये लोग तो प्रतिबद्ध थे, पर उनके बारे में क्या कहिएगा जो मात्र वामपन्थी विचारों से प्रभावित थे जैसे चार्ली चेपलिन, जैसे पिकासो आदि ? उन पर भी तो पाबन्दियाँ लगाई जाती रहीं। और जब कभी कोई सोवियत लेखक अपने देश की समाजवादी व्यवस्था से असन्तुष्ट होकर कुछ लिखता तो उसके लेखन को पूँजीवादी देशों में व्यापक स्तर पर उछाला जाता, उसके लेखन को समाजवादी सोवियत व्यवस्था के विरुद्ध एक शस्त्र की तरह इस्तेमाल किया जाता। ऐसा ही हावर्ड फ़ॉस्ट की रचनाओं के साथ किया गया, यह दीगर बात है कि अपना हित साधने के बाद इन लेखकों को घूरे पर डाल दिया जाता रहा। पर दो व्यवस्थाओं के बीच लड़ाई में साहित्य को हथियार के रूप में इस्तेमाल किया गया।

इस कारण भी वामपन्थी विचारधारा से प्रभावित लेखन तीखे वाद-विवाद का

विषय बना रहा।

विचारधारा को दोष देना कोरी लफ़्फ़ाजी है। विचारधारा यदि मानवीय मूल्यों से जुड़ती है तो उसमें विश्वास रखनेवाला लेखक अपनी स्वतन्त्रता खो नहीं बैठता, विचारधारा उसके लिए सतत प्रेरणा का स्रोत होती है, उसे दृष्टि देती है, उसके संवेदन में ओजस्विता भरती है।

प्रगतिशील लेखक संघ की भूमिका एक सामाजिक सांस्कृतिक लहर के रूप में रही, संगठन बन जाने के बाद भी उसने संस्था का रूप नहीं लिया।

अफ्रो-एशियाई लेखक संघ में सक्रिय रहते हुए मुझे सोवियत लेखक संघ की गतिविधि को थोड़ा नज़दीक से देखने का मौक़ा मिलता रहा। सोवियत लेखक संघ एक संस्था थी जिसका संचालन सरकार और पार्टी के हाथ में था। मेरे लिए, एक विदेशी नागरिक होने के नाते, उसकी ज़्यादा जानकारी हासिल कर पाना तो कठिन था, फिर भी, कुछ नकारात्मक पक्ष थे जिनकी ओर ध्यान जाता था। सोवियत लेखक संघ, लेखकों की केन्द्रीय संस्था थी। उसके सदस्य और पदाधिकारी, ज़ाहिर है, न केवल संस्था के संचालन में, बल्कि रचनाओं के मूल्यांकन में भी अपना मत व्यक्त करते थे। कुछ की सरपरस्ती करते होंगे, कुछ की अवहेलना अथवा विरोध। सोवियत लेखक संघ पुस्तकों का प्रकाशन भी करता था। ऐसी संस्थाओं के अन्दर तरह-तरह की खींचतान ज़रूर रहने लगती है, ख़ेमाबन्दी, गुटबन्दी भी चलती है। पदाधिकारी बनने की होड़ भी, और सोवियत संघ में कोई फ़रिश्ते नहीं बसते थे, सरकार और पार्टी का मुँह जोहनेवाले बहुत रहे होंगे। इस संस्थागत साहित्यकर्म का स्वतन्त्र लेखन पर भी ज़रूर असर पड़ता रहा होगा। इसके संकेत भी मिलते थे। जो क़शमक़श राजनीतिक स्तर पर पार्टी के अन्दर चल रही थी, उसका असर लेखक संघ की गतिविधि पर भी ज़रूर रहता रहा होगा।

एक तो यह नकारात्मक पक्ष था। लेखन कर्म, लेखक का व्यक्तिगत, निजी कर्म होता है। जब उसे किसी संस्था का मुँह जोहना पड़े, भले ही प्रकाशन के लिए, पांडुलिपि की स्वीकृति के लिए, मान्यता-सम्मान के लिए तो उसे बहुत समझौते करने पड़ते हैं।

ऐसी स्थिति हमारे यहाँ नहीं रही। प्रगतिशील लेखक संघ में वाद-विवाद, गर्मा-गर्म बहसें तो होती रहीं लेकिन प्रगतिशील लेखक संघ किसी व्यक्ति अथवा गुट की सरपरस्ती करनेवाली संस्था नहीं थी। प्रगतिशील लेखक संघ का कोई प्रकाशन गृह नहीं था, न ही वह उस स्थिति में था कि पुस्तकों के प्रकाशन पर उसका कोई अधिकार हो। पुस्तकों को छपवाने अथवा किसी पुस्तक के प्रकाशन

पर रोक लगाने का तो सवाल ही पैदा नहीं होता था।

प्रगतिशील लेखक संघ की स्थापना 1936 में हुई थी। यह वह ज़माना था जब यूरोप में दूसरे विश्वयुद्ध के बादल घिरने लगे थे और फ़ासिस्ट ताक़तें हिटलर के नेतृत्व में एकबद्ध हो रही थीं। और हमारे अपने देश में स्वतन्त्रता आन्दोलन ज़ोरों पर था। उन्हीं दिनों, 1935 में, पेरिस में ही, मक्सीम गोर्की और रोमाँ रोलाँ के नेतृत्व में लेखकों का एक बहुत बड़ा सम्मेलन हुआ था जिसमें विशाल स्तर पर लेखक समुदाय ने फ़ासिज़्म के ख़िलाफ़ आवाज़ उठाई थी। उसी सम्मेलन से प्रेरणा लेते हुए 1936 में, कुछ भारतीय लेखकों ने, जिनमें सज्जाद ज़हीर, मुल्कराज आनन्द, सिब्ते हसन, अली सरदार ज़ाफ़री आदि शामिल थे, लखनऊ में पहला प्रगतिशील लेखक संघ का सम्मेलन किया, जिसमें मुंशी प्रेमचन्द ने अध्यक्षीय भाषण पढ़ा था। उर्दू के लेखक उस सम्मेलन में पेशपेश थे।

प्रगतिशील लेखक संघ एक लहर के रूप में उभरा था। आज भी उसका स्वरूप एक लहर जैसा ही है, बँधी-बँधाई संस्था का नहीं है। वह भारत की सभी भाषाओं का साझा मंच था, धर्मनिरपेक्ष, जनतन्त्रात्मक दृष्टि से प्रेरित और वामपन्थी विचारधारा से गहरे में प्रभावित जो एक ओर देश के स्वतन्त्रता संग्राम से जुड़ता था तो दूसरी ओर विश्वव्यापी स्तर पर उठनेवाले घटना-चक्र के प्रति सचेत था।

मैं प्रगतिशील लेखक संघ के निकट सम्पर्क में बहुत समय बाद आया। 1976 के आसपास इसका पुनर्गठन हुआ जब इसे संघ से महासंघ बनाया गया, जिसके साथ समान दृष्टिवाली साहित्यिक संस्थाएँ जुड़ सकती थीं। आज़ादी से पहले जब मैं बम्बई में इप्टा की सरगर्मियों में बड़ी गर्मजोशी से भाग लिया करता था तो अक्सर सुनने में आता था कि प्रगतिशील लेखक संघ की बैठकें भी होती रहती हैं जिनमें कृष्ण चन्दर, ख्वाजा अहमद अब्बास, अली सरदार जाफ़री, कैफ़ी आज़मी आदि भाग लेते हैं।

बम्बई में ज़्यादा उर्दू के अदीबों की बैठकें हुआ करतीं। सआदत हसन मंटो, राजिन्दर सिंह बेदी, इस्मत चुग़ताई आदि भी उन दिनों बम्बई में थे, और गाहे-ब-गाहे बन्ने भाई (सज्जाद ज़हीर जो इस संगठन के रूह-ए-रवाँ थे) अक्सर इनकी निशस्तों में भाग लेते थे। उत्तर भारत में वास्तव में उर्दू के लेखकों ने ही इस संगठन की स्थापना में पहलक़दमी की थी। बम्बई में ही एक बार प्रगतिशील लेखक संघ का कोई अधिवेशन हुआ था जिसमें मैंने पहली बार यशपाल को देखा था। कोट-पतलून पहने, मंच के पास खड़े पाइप पी रहे थे। उनके साथ निजी सम्पर्क बहुत बाद में हुआ, जब मैं स्वयं लिखने लगा था।

उसी सम्मेलन में, अगर मैं भूल नहीं करता तो मैंने अमृतलाल नागर को भी देखा था। उन दिनों सुनता था कि सआदत हसन मंटो भी वहीं पर थे। इस्मत

चुग़ताई के घर पर तो एक बार जाना भी हुआ था, जहाँ अब्बास साहब के साथ मिलकर 'भूतगाड़ी' नाटक को भारतीय रंग दिया गया था।

उसके बाद लम्बे अरसे तक मेरा कोई सम्पर्क प्रगतिशील लेखक संघ से नहीं रहा। हाँ, एक बार दिल्ली में सज्जाद ज़हीर ने एक गोष्ठी का आयोजन किया जिसमें मुझे एक कहानी पढ़ने को कहा। मैंने कहानी पढ़ी। और उसके बाद पुलिस की कृपा-दृष्टि का भाजन हुआ। पुलिस मुझ पर तो नहीं, मेरी पत्नी, शीला पर नज़र रखने लगी क्योंकि वह सरकारी नौकरी में थी।

मेरा विश्वास है—और यह विश्वास तब भी था और आज भी है कि प्रगतिशील लेखक संघ देश के सामाजिक-सांस्कृतिक जीवन में बड़ी महत्त्वपूर्ण अग्रगामी भूमिका निभाता रहा है और आगे भी निभा सकता है।

मेरे पदाधिकारी होते हुए अगर संगठन का काम चलता रहा तो इसका सेहरा बहुत कुछ मेरे सहयोगियों—साथी लेखकों के सिर था। लेखकों का संगठन यदि पदलोलुपता अथवा स्वार्थहित से मुक्त हो तो उस जैसा प्रेरणाप्रद, मैत्रीपूर्ण माहौल आपको और कहीं नहीं मिलेगा। प्रगतिशील लेखक संघ में साथीपन का जो रिश्ता पाया जाता था उसका जवाब नहीं, वह बड़ा स्फूर्तिदायक था। सारा वक़्त हँसी-खेल चलता, बड़ा स्नेहपूर्ण माहौल बना रहता। बरसों बीत चुके हैं पर आज भी उन दिनों को याद करना अच्छा लगता है। रेलगाड़ियों में लम्बे-लम्बे सफ़र, किसी धर्मशाला या किसी छात्रावास के कमरों में निवास, फ़र्शी डेरा, जहाँ कोई विशेष सुविधाएँ प्राप्त नहीं होती थीं, सभी लेखक अपने ख़र्च पर सम्मेलनों-गोष्ठियों में पहुँचते, कभी बस में, कभी रेलगाड़ी में, लेकिन हँसी-खेल बराबर बना रहता। यह इसलिए कि सभी एक ही साझे ध्येय से जुड़ते थे, और यहाँ वे अपने लिए कुछ लेने के लिए नहीं आते थे। साझे ध्येय, साझी दिलचस्पियों से प्रेरित, माहौल में साथीपन की भावना अधिक होती है। और एक ख़ास तरह की सादगी भी थी, फ़र्स्ट क्लास का रेल किराया या हवाई जहाज़ का टिकट, होटल-रिज़र्वेशन और मोटरगाड़ियों पर आवाज़ाही का सवाल ही नहीं उठता था। मुझे याद है, गया सम्मेलन के बाद हम रात की गाड़ी से लौटनेवाले थे। स्टेशन पर पहुँचे तो पता चला गाड़ी दस घंटे लेट है। अँधेरा पड़ चुका था और अब हम न अपने ठिकाने पर लौट सकते थे, न कोई और वाहन मिल सकता था। हम लोग प्लेटफ़ॉर्म पर ही लम्बे पड़ गए।

यों, सो कौन सकता था। मालगाड़ियाँ रात-भर घरघराती रही थीं, और प्लेटफ़ॉर्म पर जगह-जगह लगी तेज़ बत्तियों की रोशनी आँखों में चुभती रही, पर उस रात को याद करो तो लगता है हम किसी पिकनिक पर गए हुए थे। कहीं कोई शिकवा-शिकायत नहीं थी।

प्रगतिशील लेखक संघ रहा हो या ऐसे ही अन्य संगठन, यह साथीपन का माहौल हमारे सांस्कृतिक जीवन को बड़ा समृद्ध और सकारात्मक बनाता है।

इस दृष्टि से ज़माना कुछ बदला है। अब औपचारिकता अधिक है। ऐसा मुझे लगता है। बसों में या खचाखच भरी रेलगाड़ियों में धक्के खाकर भी साहित्यिक गोष्ठियों-जलसों में पहुँचने की ललक अब ठंडी पड़ती जा रही है। एक और बात में भी साझेपन में क्षति हुई है। पहले विभिन्न भाषाओं के लेखक एक साथ मिल बैठते थे। दिल्ली में हिन्दी, उर्दू और पंजाबी के लेखकों का मिल बैठना, साँझी गोष्ठियाँ करना अक्सर हुआ करता था। अब दूरियाँ आ गई हैं। अलग-अलग भाषाओं के लेखक अपनी-अपनी अलग गोष्ठियाँ करते हैं। एक को पता नहीं चलता कि दूसरा क्या लिख रहा है।

पैसे की कमी के कारण उन दिनों हम घबराते नहीं थे। काम चलाने के लिए पैसों का बन्दोबस्त हो ही जाता था। उन दिनों प्रगतिशील लेखक संघ के विरोधी अक्सर कहा करते थे कि हमें रूस से पैसा मिलता है। मैं दस साल तक प्रगतिशील लेखक संघ का सेक्रेटरी रहा, मैंने तो कभी उस पैसे का मुँह नहीं देखा। यह पैसा गुप्त रूप से आकर किसकी जेब में जाता था, मैं वह भी नहीं जानता। अगर मिला होता तो क्या मालूम मैं भी दो रेशमी सूट बनवा लेता और बाँका बना घूमता।

एक वक़्त था जब हमने प्रादेशिक सरकार से किसी सम्मेलन के लिए अनुदान माँगना भी छोड़ दिया था। बल्कि दो-एक प्रादेशिक संगठनों ने लिया भी तो उन्हें कड़ी आलोचना सहनी पड़ी थी। अनुदानों को लेकर भी अब रुख़ बदल गया है। अब सांस्कृतिक संस्थाएँ सरकार से अनुदान माँगना अपना अधिकार समझती हैं, उसमें राजनीति को आड़े नहीं आने देतीं। पर पहले ऐसा नहीं था।

एक और बात को लेकर भी बड़ी गलतफ़हमी पाई जाती है कि प्रगतिशील लेखक संघ की बागडोर कम्युनिस्ट पार्टी के हाथ में है। बागडोर तो ज़रूर थी, इस लिहाज़ से कि सांस्कृतिक क्षेत्र में वह पार्टी की समझ और नीति का वाहक मानी जाती थी। और जिसे पार्टी का सांस्कृतिक 'मोर्चा' कहा जा सकता है। पर जब प्रगतिशील लेखक संघ, संघ से महासंघ बना तो पार्टी बहुत कुछ थक चुकी थी और उसे इस सांस्कृतिक मंच के प्रचार-प्रसार का माध्यम बनने से ज़्यादा उत्साह भी नहीं था, कम-से-कम मैंने ऐसा ही महसूस किया था। पर इसका यह मतलब नहीं कि इससे पहले पार्टी हस्तक्षेप करती रहती थी या लेखकों से जवाबतलबी करती रहती थी।

श्री एच.के. व्यास पार्टी की ओर से प्रगतिशील लेखक संघ के पथ प्रदर्शक थे। गया सम्मेलन उन्हीं के निर्देशन में सम्पन्न हुआ था। और संगठन बनाने का

काम कोई कम्युनिस्ट पार्टी से सीखे। चूँकि किसान, मज़दूर, रेलवे कर्मचारी और ट्रेड यूनियन के अनेक संगठन बनाने का इन्हें दीर्घकालीन अनुभव था, इसलिए इस काम में वे सिद्धहस्त थे। यह दीगर बात है कि ये संगठन तो हर आए दिन अपनी माँगों के लिए लड़ते हैं, हड़तालें करते हैं, जबकि लेखक तो अपने कमरे के एकान्त में बैठा कहानियाँ-कविताएँ लिखता है। इसलिए पार्टी की नज़र में 'मोर्चा' बँधता है तो केवल सम्मेलन के अवसर पर और वह भी दो-एक साल में एक बार पर फिर भी, संगठन तो संगठन है।

एक बार लेखकों का संगठन बन जाए तो पार्टी के संचालक का काम एक तरह से ख़त्म हो जाता है, कम-से-कम अगले सम्मेलन तक के लिए तो ज़रूर ही। ऐसा मेरा अनुभव रहा है।

गया से लौटकर आए और मैंने पदाधिकारी के काम की बागडोर सँभाली तो अपना दायित्व निभाते हुए अपने काम की रिपोर्ट व्यासजी तक पहुँचाना ज़रूरी समझा। शुरू-शुरू में तो व्यासजी, टेलीफ़ोन का चोंगा उठाते, मेरी बात सुनते और बड़े धैर्य से अपने सुझाव देते। पर कुछ अरसा बाद मैंने पाया कि मेरे टेलीफ़ोन करने पर व्यासजी अक्सर बाथरूम में बैठे होते हैं। और यह सिलसिला धीरे-धीरे स्थायी रूप लेने लगा। लगने लगा जैसे व्यासजी गया सम्मेलन के बाद सीधे बाथरूम में जा बैठे हैं। मैं वक़्त बदलकर टेलीफ़ोन करूँ तो जवाब मिलता वह अभी-अभी बाहर गए हैं। कब लौटकर आएँगे, हमें नहीं मालूम। अब सोचता हूँ कि मेरा टेलीफ़ोन करना ही धृष्टता थी। मुझे समझ जाना चाहिए था कि मेरा संगठन हड़ताल करनेवाला संगठन नहीं है। न ही आए दिन किसी से मोर्चा लेनेवाला कि उनके अनुभव से लाभ उठाता। इस तरह पार्टी के नेतृत्व अथवा हस्तक्षेप की नौबत कभी नहीं आई।

पर सम्मेलन का समय आता तो व्यासजी जैसा सजग और मुस्तैद व्यक्ति ढूँढ़ने पर भी नहीं मिलता। जैसे कोई पहलवान लँगोट कसकर अखाड़े में उतर आता है। तब मुख्य प्रस्ताव तैयार करने, घोषणा पत्र तैयार करने, संगठन सम्बन्धी आवश्यक क़दम उठाने, भाषा को लेकर नीति निर्धारित करने में पेश-पेश रहते। हाँ, साहित्य से जुड़े प्रश्नों में उनकी दिलचस्पी न के बराबर होती।

घोषणा-पत्र में आरम्भ में साम्राज्यवादी शक्तियों की भर्त्सना शामिल होती थी। यह एक तरह की रस्मी कार्रवाई या दस्तूर बन गया था। मैं समझता हूँ इसकी कोई ज़रूरत नहीं थी। जो लेखक इस संगठन की ओर आकृष्ट हुए थे, और इसमें शामिल हुए थे, वे पहले से ही इस मुद्दे के प्रति सचेत थे, उनकी दृष्टि साम्राज्यवाद विरोधी न होती तो वे इस संगठन में आते ही क्यों ? इसकी नितान्त कोई ज़रूरत नहीं थी। बल्कि घोषणा-पत्र में इस मुद्दे पर बल देने से

संगठन को अनावश्यक रूप से राजनीतिक रंग मिलता था। हाँ, जनजीवन से जुड़ने, न्यायसंगत आर्थिक-सामाजिक व्यवस्था की स्थापना तथा साहित्य सृजन से जुड़े अनेक प्रश्नों का ध्यान आकृष्ट करना सही था।

मैं समझता हूँ, यह भी एक रस्मी कार्रवाई बन गया था कि ज़रूर प्रत्येक घोषणा-पत्र में साम्राज्यवादी ताक़तों/व्यवस्था की कड़ी भर्त्सना की जाए। ज़रूरत इस बात की थी कि हम अधिक दृढ़ता से भारत सरकार की उन नीतियों पर विचार करते जो भाषायी समानता को नुक़सान पहुँचा रही थीं, उर्दू के सवाल को ज़्यादा दृढ़ता से उठाते, दलित साहित्य तथा लोकभाषाओं के साहित्य की बात करते, लोकभाषाओं के प्रोत्साहन की बात करते, तब हमारे सम्मेलनों में और अधिक सार्थकता आती।

फिर भी सम्मेलनों से प्रोत्साहन मिलता। विचारों का आदान-प्रदान होता। प्रगतिशील लेखक संघ की मूल दृष्टि, मेरी नज़र में, सही थी, प्रेरणाप्रद थी। व्यापक स्तर पर जनजीवन की आशाओं-आकांक्षाओं, विवशताओं को व्यक्त करनेवाला साहित्य एकांगी नहीं होता। इसका यह मतलब कदापि नहीं कि व्यक्ति की आन्तरिक भावनाओं, आशा-निराशा, संवेदनाओं का महत्त्व नहीं। उनका निश्चय ही बड़ा महत्त्व है। हाँ, लेखक की दृष्टि यदि केवल व्यक्ति पर ही केन्द्रित रहे तो वह मेरी नज़र में अधूरा होगा। अन्ततः लेखक की क़लम उसका संवेदन, उसकी अपनी सूझ चलाती है, किताब नहीं चलाती और वह अपने परिवेश में पाई जानेवाली धड़कनों से अछूता भी नहीं रहता।

मैं आज भी प्रगतिशील लेखक संघ की भूमिका को हमारे सामाजिक-सांस्कृतिक जीवन के लिए उपयोगी और आवश्यक मानता हूँ।

12

दूर बचपन में जब कभी माँ किसी घटना की चर्चा कर रही होतीं तो समय और स्थान का बोध वह अपने ही ढंग से करातीं।

"जब मेरी वीराँ अभी दूध पीती बच्ची थी तब हमारी गली में पहली बार धाड़ा पड़ा था।"

या

"जब मेरा बलराज स्कूल जाने लगा था तब हमने गाय खरीदी थी।"

माँ का इस तरह से ब्यौरा देना मुझे बड़ा अनोखा जान पड़ता था। जब माँ कह रही होती कि 'जब मेरी वीराँ दूध पीती बच्ची थी', तो कई बार हमारी बड़ी बहन सामने बैठी, अब स्वयं एक बच्चे की माँ, झिलमिल कपड़ों में लिपटी बैठी मुस्कुरा रही होती। पर माँ का समयबोध कराने का यही ढंग था। महीना, साल, तिथि का माँ के लिए कोई महत्त्व नहीं था।

माँ से अगर पूछो कि आप लोग कब पेशावर छोड़कर रावलपिंडी में आकर रहने लगे थे तो उनका सीधा-सा जवाब होता :

"जिस साल तेरे पिताजी के गुर्दे में पथरी का दर्द उठा था। उस साल हमारी गली में बलवई आए थे और मैंने फैसला कर लिया था कि अब हम लोग यहाँ नहीं रहेंगे।"

माँ का कालबोध व्यक्तियों के साथ जुड़कर ही स्पष्ट हो पाता था। वह संवत् और वर्ष के चक्कर में नहीं पड़ती थीं, उनके लिए संवत् और वर्ष की अवधारणा का कोई अर्थ नहीं था।

जब मैं कहता :

"माँ, मैं अगस्त महीने में तो पैदा नहीं हुआ था। पिताजी ने स्कूल में मेरी जन्मतिथि अगस्त में कैसे लिखवा दी ?" तो माँ सिर झटककर कहती :

"यह वह जाने या तुम जानो। मैं तो इतना जानती हूँ कि तुम बलराज से एक महीना कम दो साल छोटे हो। अब हिसाब लगा लो।"

माँ के दृष्टिक्षेत्र में समय की गति अपने प्रियजनों के कार्यकलाप के साथ जुड़कर चलती थी।

अब, उम्र के इस हिस्से में पहुँचकर, मैं भी, माँ के ढंग से, समयबोध कराने लगूँ तो वह भी कुछ इस तरह का होगा। अगर कोई मुझसे पूछे :

"तुम्हारे ब्याह के समय तुम्हारा भतीजा परीक्षित कितनी उम्र का रहा होगा ?" तो मेरा उत्तर होगा :

"तुम समझो कि जब बारात चलनेवाली थी तो वह रोने लगा था कि उसके चच्चा को कहीं भगा ले जा रहे हैं और उसने रोना तभी बन्द किया था जब उसे घोड़े पर मेरी पीठ के पीछे बिठा दिया गया। और उसने अपनी दोनों बाँहों से मुझे कस लिया था। अब तुम हिसाब लगा लो।"

"और तुम्हारी भानजियाँ कितनी बड़ी रही होंगी ?"

"छोटी ही थीं। मेरी शादी के समय बड़ी भानजी तो स्कूल जाने लगी थी, मंझली के सामने के दाँत टूटे हुए थे और छोटी अभी बिस्तर गीला करती थी। अब हिसाब लगा लो।"

माँ का सारा संसार जीवित प्राणियों से रचा-बसा संसार था। जो सगे-सम्बन्धी दुनिया छोड़ गए थे, उन्हें याद करते हुए माँ बार-बार आँखें पोंछती, और जो जीव उसके आस-पास बने हुए थे, उनके चिरायु होने के लिए हाथ जोड़ती रहतीं। माँ की सारी पूँजी घर-परिवार के हँसते-चहकते बच्चे हुआ करते थे। शायद इसीलिए उसका कालबोध भी बच्चों को लेकर ही हुआ करता था।

पर सामान्यतः ऐसी मनःस्थिति हम सब भारतीयों में पाई जाती है। शायद हमने अपनी परम्परा से ली है। हमारी चेतना में लोग बसे रहते हैं।

बहुत वर्ष पहले मुझे एक वयोवृद्ध सम्बन्धी, पिताजी के मामूजाद भाई, मिले

थे। उनके मिलने का अवसर जीवन में कुछेक बार ही हुआ होगा। बड़े प्यार से मिले। मेरे कन्धे पर हाथ रखकर, मेरा कुशलक्षेम पूछते रहे, फिर कहने लगे :

"मैं रोज़ रात को सोने से पहले तुम्हारे लिए प्रार्थना करता हूँ।"

मैं अचम्भे में पड़ गया। बड़ा हत्प्रभ हुआ। मैं वर्षों से उन्हें नहीं मिला था। उन्हें मेरी याद ही कहाँ रही होगी और वह मेरे चिरायु होने की प्रार्थना क्योंकर करते होंगे ?

पर जब मैंने माँ से पूछा तो वह बोलीं, "इसमें हैरान होने की क्या बात है। अपनी प्रार्थना में तो हम अपने सम्बन्धियों और उनके घर-परिवार के लिए भी सुख-शान्ति की याचना करते हैं।"

"पर वह तो कह रहे थे कि मैं तुम्हारे लिए प्रार्थना करता हूँ।"

"करते होंगे न, सगे-सम्बन्धियों के बच्चों के नाम गिनाते होंगे। कहते होंगे, तुम्हारे पिताजी का नाम लेकर कहते होंगे, उनके बेटों बलराज और भीष्म को सुखी रखना। इसी तरह अपने बड़े भाई के बेटों का नाम गिनाते होंगे। कई नाम और गिनाते होंगे।"

इस पर मुझे हँसी आ गई थी।

"यह तो पूरी गर्दान बाँचना हुआ, माँ यह प्रार्थना तो न हुई।" मैंने कहा।

"यह प्रार्थना ही तो है, और क्या है ? भगवान के चरणों में सिर नवाते हैं, तुम्हारा नाम लेते हैं।"...

मुझे अटपटा भी लगा, पर बात मेरे दिल को छू भी गई। प्रार्थना में मेरा नाम लेते हुए कभी मेरा चेहरा उनकी आँखों के सामने आया होगा, यह असम्भव है। उन्हें नाम याद रह गया, यह गनीमत है। और गरदान उन्हें ऐसी कंठ हो चुकी होगी कि फ़र्र-फ़र्र सभी नाम बोल जाते होंगे, बिना किसी एक भी नाम की ओर ध्यान दिए। पर फिर भी प्रार्थना तो थी, और उसमें मेरा नाम तो था। यह भले ही गर्दान रटते हों, पर इन्होंने मेरा नाम गरदान में रखा तो था !

मैं सोचता हूँ समयबोध की दृष्टि से ही नहीं, रोज़मर्रा के जीवन-यापन में भी व्यक्तियों की भागीदारी का बड़ा महत्त्व रहा है। हमारी संस्कृति में मिल-बैठना बहुत बड़ी बात थी, उसे प्रमुखता प्राप्त थी। जब मैं छोटा था तो हमारे घर के जुड़वाँ घर में एक अवकाश प्राप्त सूबेदार रहा करते थे, सरदार आलम ख़ान। दिन ढलने पर उनका आदमी घर के सामने पानी छिड़क देता, कुछेक मूढ़े, दो-तीन लोहे की कुर्सियाँ बिछा देता, एकाध खाट भी रख देता। और हुक्का गर्म कर देता। और शाम को वहाँ समागम होता। पर उस समागम की यह खासियत होती कि कोई भी राहजाता मामूली जान-पहचान का व्यक्ति भी आ बैठता। सबका स्वागत था। बैठकवालों के बीच हुक्के का दौर चलता, एक-एक, दो-दो कश लेकर,

प्रत्येक व्यक्ति हुक्का आगे बढ़ा देता। दीन-दुनिया की बातें होतीं; हँसी-मजाक भी चलता, और अँधेरा पड़ने पर मजलिस उठ जाती। कभी-कभी सूबेदार गुड़ का शर्बत बनवा देता और सभी एक-एक कटोरा पी लेते। पर मिल बैठना ही सर्वोपरि था।

हमारे देश की संस्कृति, मेल-मिलाप की ही संस्कृति रही है। गाँवों, कस्बों में तो विशेष रूप से। दुःख-सुख के समय पहुँचना अनिवार्य माना जाता है। आज के ज़माने में बड़े-बड़े शहरों में परिवार बिखर गए हैं; पहुँच पाना सम्भव नहीं हो पाता, फिर भी जहाँ तक बन पड़े निभाया जाता है। दीपावली के अवसर पर तो परिवार मिलन एक अनिवार्य शर्त होती है। दीपावली के अवसर पर तो सात समुन्दर पार, विदेशों में रहनेवाला हिन्दुस्तानी भी घर लौटने के लिए तरस जाता है। अपने प्रियजनों से मिलने के लिए बेचैन हो जाता है।

और दीपावली ही क्यों, हमारे सभी त्योहारों का आधार ही मेल-मिलाप है। भले ही होली हो, या कोई और त्योहार। शायद हम ज़रूरत से ज़्यादा परम्परावादी हैं, शादी-ग़मी पर उपस्थित होने की अनिवार्यता पर ज़रूरत से ज्यादा बल दिया जाता है। फिर भी, इसके सम्बन्धों से जो अपनेपन की गर्माहट, स्निग्धता मिलती है, उसका कोई मूल्य नहीं।

बहुत दिन पहले एक अंग्रेज दम्पति कश्मीर से रावलपिंडी पहुँचे। उन्हें तार द्वारा सूचना मिली थी कि उनका बेटा जो बम्बई में किसी फ़ौजी टुकड़ी का अफसर था, अस्पताल में बुरी तरह से बीमार पड़ा था। माँ-बाप उसे देखने बम्बई जा रहे थे और कुछ ही देर में रेलगाड़ी पकड़नेवाले थे। अभी वे सरकारी दफ़्तर के बाहर खड़े, सफर पर निकलने ही वाले थे कि एक तार मिला जिसमें यह दुःखद समाचार भेजा गया था कि बेटे का देहान्त हो गया है।

माँ-बाप को खबर सुनाई गई तो वे बहुत दुःखी हुए, एक ओर को जाकर देर तक मौन, सिर झुकाए बैठे रहे, सम्भवतः प्रार्थना करते रहे।

पर जब वे लौटकर आए, और टैक्सी में सामान रखने का वक़्त आया तो उन्होंने सिर हिला दिया और कहा कि अब वे बम्बई नहीं जाएँगे, जिनसे मिलने जा रहे थे वह तो भगवान को प्यारा हो गया, अब हमारे वहाँ जाने में क्या तुक है। हम कश्मीर लौट जाएँगे।

ज़ाहिर है, उनका निर्णय अपनी जगह तर्कसंगत था, फिर भी मुझे जरूर धक्का लगा था।

मेरी दुनिया के निवासी भी मेरे प्रियजन ही रहे हैं। शायद ऐसा हम सभी के साथ

होता है। कुछ चेहरे कुछ समय के लिए बहुत निकट होते हैं; फिर वही चेहरे कुछ दूर होने लगते हैं, उनकी आकृतियाँ बदलने लगती हैं, फिर वक्त आता है जब वे सहसा आँखों से ओझल हो जाते हैं। पर उसी समय अनेक नए चेहरे, आँखों के सामने उभर रहे होते हैं; और यह सिलसिला आजीवन चलता रहता है। चेहरों में रिक्तस्थान कभी नहीं रहता। ज़िन्दगी के इस मोड़ पर पहुँचकर मेरी आँखों के सामने भी चेहरे उभरते और दूर होते, और नए-नए चेहरे सामने आते रहे हैं। एक अनवरत सिलसिले की भाँति।

जब बलराज का देहावसान हुआ तो मुझे लगता था कि उसकी क्षतिपूर्ति कभी नहीं हो पाएगी। पर नहीं, वह धीरे-धीरे एक प्रेरणाप्रद सुखद याद में बदलता गया था, और जो जगह उसने खाली छोड़ी थी उसे भरने में भी देर नहीं लगी। उनके बच्चे, अपने दमकते चेहरों के साथ उनकी जगह खड़े थे।

बलराज के देहावसान से कुछ घंटे पहले मुझे बम्बई से टेलीफोन आया कि उसे दिल का दौरा पड़ा है। मैं झट से हवाई जहाज पकड़ने हवाई अड्डे पर जा पहुँचा। मेरे पास टिकट नहीं था। मैं हवाई अड्डे पर ही बुकिंग ऑफिसवालों से टिकट के लिए आग्रह करने पहुँच गया। एक सरदार साहिब काउंटर पर खड़े थे। जब मैंने बलराज का नाम लेते हुए टिकट के लिए आग्रह किया तो उन्होंने बड़ी हमदर्दी के साथ मेरी ओर देखा और टिकट के लिए प्रबन्ध करने का आश्वासन दिया। पर जब वह टिकट काट रहे थे तो उनका हाथ ठिठक गया। थोड़ी देर तक वह अनमने से खड़े रहे और मेरी ओर देखते रहे। मुझे लगा जैसे कहीं कोई अड़चन उठ खड़ी हुई है, वह ठिठके से मेरी ओर देखते रहे, फिर टिकट काटकर मुझे दे दिया।

उन्होंने मुझसे कुछ नहीं कहा, पर वास्तव में उसी समय रेडियो पर बलराज के देहावसान की खबर प्रसारित की गई थी। सरदार साहिब ने दफ्तर के अन्दर इस खबर को सुन लिया था। मैं तो बेसुध-सा टिकट के इन्तजार में खड़ा था। उन्होंने खबर सुनी थी, मेरी ओर देर तक देखते भी रहे थे, उनका हाथ ठिठका भी था, पर फिर बिना कुछ बताए, टिकट दे दिया था।

मैं अब भी याद करता हूँ तो उनके प्रति अनुगृहीत महसूस करता हूँ। उन्होंने यही सोचकर बलराज की मृत्यु का समाचार मुझे नहीं दिया होगा, कि सारा सफ़र इसका गहरे दुःख और क्लेश में बीतेगा, बलराज के चले जाने की ख़बर तो इसे घर पहुँचने पर मिल ही जाएगी।

बम्बई पहुँचने पर, जाहिर है घर का दृश्य बदला हुआ था। बलराज की देह एक ओर, बड़े कमरे में रखी थी। लोगों की भीड़ थी। पर उस रात, देर गए, कुछ लोग जो उनके शव के निकट बैठे 'जगराता' कर रहे थे, मुझे अधिकांश

चेहरे अनदेखे-अनजाने लगे। ये कौन लोग थे जो चुपचाप सिर झुकाए बैठे 'जगराता' कर रहे थे ? दूसरे दिन पता चला कि कुछ लोग तो आसपास के होटलों में काम करनेवाले बैरे थे, और शेष बहुत-से लोग मछियारे थे जो बलराज की मृत्यु का समाचार सुनकर लगभग आठ मील का फासला तय करके अपनी श्रद्धांजलि अर्पित करने आए थे।

उन्हीं दिनों एक और अनुभव भी हुआ। बलराज तो चले गए, मैं भी काम-काज की नियमित प्रणाली में लौट आया और कॉलेज में अध्यापन कार्य पर जाने लगा।

पर पहले दिन ही, कॉलेज की ओर जाते हुए, मैं मिंटो ब्रिज के नीचे से गुज़र रहा था कि नज़र ऊपर उठाई तो क्या देखता हूँ कि बड़े से चित्रपट पर बलराज खड़े हैं और उनकी आँखें मुझ पर लगी हैं।

''अरे यह क्या ?'' कुछ देर के लिए तो मेरा शरीर झनझना उठा, ''बलराज तो जिन्दा हैं। उसे आए दिन सैकड़ों लोग देख रहे हैं। उनकी कला का गुणगान कर रहे हैं।''

मुझे रोना आ गया। मैं कैसे मान लूँ कि वह चला गया। एक अजीब-सी ख़ुशी और ग़मी की मिली-जुली भावना मुझे देर तक उद्वेलित करती रही। कॉलेज की ओर जाते हुए मैं बहुत दिन तक उस चित्र को देखता रहा। बलराज की याद तो दुःखद थी पर उस चित्र से अजीब त्राण मिलता था।

प्रियजनों को याद करते हुए प्रत्येक व्यक्ति की एक चित्रमाला-सी बनने लगती है। हर कुछ वर्षों बाद, उसका एक नया चित्र, नया रूप आँखों के सामने उभरता है, मानो उसके जीवन के हर मोड़ पर उसका चित्र हो।

मैं अपने भाई को याद करूँ तो ज़माना था जब, दूर बचपन में वह ड्रामे खेला करता था। स्वयं राणाप्रताप बनता था और मुझे चेतक (राणाप्रताप का घोड़ा) बनाया करता था। यह चित्र आँखों के सामने से ओझल होता है तो एक और दृश्य सामने आ जाता है। घर में बड़ा तनाव पाया जाता है। भाई ने घर छोड़ जाने का निश्चय कर लिया है। पिताजी बार-बार उसे समझा रहे हैं, अपने सफेद बालों का वास्ता डाल रहे हैं कि घर छोड़कर बाहर नहीं जाओ, बाहर तुम्हें बहुत धक्के पड़ेंगे।

फिर सहसा ही यह दृश्य भी बदल जाता है। बलराज मुझे अपने शुरू के फिल्मी अनुभव सुना रहा है :

''मैं शुरू-शुरू में सिने-कैमरे से इतना घबराता था कि एक बार सेट पर मेरा पेशाब निकल गया था...।''

फिर एक और चेहरा उभरकर आता है, 'दो बीघा जमीन' के किसान का चेहरा, इसमें बलराज का अपना चेहरा मानो ढूँढ़े भी नहीं मिलता। फिर एक के

बाद एक, अनेक चेहरे आँखों के सामने उभरते हैं, जो बलराज के नहीं हैं, पर वस्तुतः उसी के हैं।

परीक्षित, बलराजजी का बेटा–यह वही परीक्षित है जो मेरी शादी के समय घोड़े पर मेरी पीठ पीछे बैठा था और अपने दोनों नन्हे-नन्हे हाथ मेरी कमर में डाल दिए थे, यह कहते हुए कि वह मुझे कहीं नहीं जाने देगा।

परीक्षित की एक और आकृति आँखों के सामने उभरती है–परीक्षित को हाईस्कूल में उस वर्ष के सर्वोत्कृष्ट छात्र की उपाधि से विभूषित किया जा रहा है। परीक्षित चुस्त-दुरुस्त, इनाम पाने के लिए मंच की ओर बढ़ता जा रहा है। हॉल तालियों से गूँज रहा है और मैं हॉल में बैठा ऐसा महसूस कर रहा हूँ जैसे मुझे पुरस्कृत किया जा रहा है।

परीक्षित फिर से आँखों के सामने आ जाता है–'गुल गुलशन गुलफ़ाम' नाम के लोकप्रिय सीरियल में एक बुजुर्ग कश्मीरी की भूमिका निभाते हुए।

ऐसी ही झलकियाँ हमारे प्रियजन, मानसपटल पर छोड़ते जाते हैं।

जीवन में रिक्त स्थान के लिए कोई जगह नहीं होती।

अब यही तीन बहनें, मेरी भानजियाँ, भरे-पूरे परिवारों की गृहिणियाँ हैं। प्रत्येक के साथ जीवन की सुखद स्मृतियाँ जुड़ी हैं। सबसे छोटी, हर्षी, कुछ बड़ी होने पर, हमारे साथ 'इप्टा' की गानमंडली में गीत गाने लगी थी। एक बार जब हम शिमला में 'कुर्सी' नामक नाटक का मंचन कर रहे थे, और पुलिस पहुँच गई थी, और नाटक के अनेक पात्र इसरार करने लगे कि नाटक में से सरकार विरोधी अंश निकाल दो वरना हम भाग नहीं लेंगे, तो हर्षी ने जो गानमंडली का नेतृत्व कर रही थी, दो टूक शब्दों में कहा था :

"मैं तो पूरा का पूरा गीत गाऊँगी। पुलिस आती है तो आती रहे।"

उधर पर्दा उठने में पाँच मिनट रह गए थे और हॉल दर्शकों से खचाखच भरा था। पर्दा उठा, वह गीत गाया गया, केवल एक पंक्ति निकाल देने पर हर्षी बड़ी कठिनाई से सहमत हुई थी।

आज हर्षी भी दादी बन चुकी है। बाल-बच्चों से घिरी रहती है। पर अभी भी उनका उत्साह बच्चों का-सा है। कुछ दिन पहले इप्टा के तथा अनेक फिल्मों के सुप्रसिद्ध गीतकार, दिवंगत शंकर शैलेन्द्र की याद में रुड़की (उत्तर प्रदेश) में एक आयोजन हुआ जिसमें भाग लेने के लिए मुझे आमन्त्रित किया गया था। मैंने हर्षी से जिक्र किया तो कहने लगी, मैं भी चलूँगी। और मैं शैलेन्द्र के वे गीत गाऊँगी भी जो शैलेन्द्र के साथ 'इप्टा' के मंच पर गाया करती थी। मुझे

सभी धुनें याद हैं।

"हर्षी क्या कह रही हो ? क्या वे गीत, पचास-साठ साल पहले के गीत, तुम्हें याद हैं ?"

"एक-एक गीत याद है, और कुछ गीत मेरे पास लिखे हुए भी मौजूद हैं; और उन दिनों के कुछ चित्र भी हैं। मैं सब ले चलूँगी।"

और, हम लोग रुड़की पहुँचे, आयोजन में हर्षी ने नया रंग भर दिया। शैलेन्द्र की कविताएँ तो संयोजकों के पास भी मौजूद थीं। पर उनके 'सुर-ताल' तो केवल हर्षी को याद थे और उसने बड़ी गर्मजोशी के साथ एक के बाद एक गीत गाए।

हर्ष की अन्य दोनों बहनें भी, जीवन की धूप-छाँह को वर्षों तक लाँघते रहने के बाद आज अपने-अपने भरे-पूरे परिवारों में दादी-नानी की भूमिका निभा रही हैं। सभी ने जीवन की ऊँच-नीच देखी है। पर एक दूसरे के साथ प्रेमसूत्र में बँधी जब कभी मिल बैठती हैं तो हँसी के फव्वारे छूटते हैं। बच्चों की तरह बीते दिनों को याद करती हुई, चहकती, जीवन की कठिनाइयों का मज़ाक उड़ाती रहती हैं।

जीवन के हर पहलू में से चमत्कार की झलक मिलती है।

कल्पना, हमारी बच्ची, दस वर्ष की थी जब हम लोग मास्को गए थे। मैं कुछ महीने पहले से वहाँ मौजूद था। और उस दोपहर को अपने छोटे-से परिवार को मास्को के हवाई अड्डे पर लेने गया था और उन्हें लेकर घर की ओर लौटते हुए मैं अपनी टूटी-फूटी रूसी से शीला को प्रभावित करने की कोशिश कर रहा था, जबकि शीला हैरान-सी बार-बार कह रही थी कि मैं तो रूसी भाषा नहीं जानती, यहाँ हमारा गुज़र कैसे होगा।

हमने अपने फ़्लैट में सामान रखा ही था, जब कल्पना, जो कुछ देर पहले तक खिड़की के पीछे खड़ी नीचे विशाल आँगन का दृश्य देखती रही थी, चुपचाप फ्लैट का दरवाज़ा खोलकर बाहर निकल गई। हम लोग अपना सामान खोलने-रखने में इतने व्यस्त थे कि हमारा ध्यान उस ओर नहीं गया। कुछ देर बाद जब वह लौटकर आई तो हम क्या देखते हैं कि वह अपनी ही उम्र की किसी रूसी लड़की का हाथ पकड़े हुए, उसे अन्दर ला रही है। दोनों एक दूसरी की ओर देख-देखकर मुस्कुरा रही थीं, सिर हिला रही थीं। फिर दोनों खिड़की के दासे पर चढ़कर बैठ गई थीं, और देर तक अपनी किसी मूकभाषा में वार्तालाप करती रही थीं। उन्हें भाषा का अभाव नहीं खटक रहा था।

वही कल्पना कुछ वर्षों बाद, पी-एच.डी. के अपने अध्ययन का विषय चुन रही थी।

"मैं टैगोर और टाल्सटाय की रचनाओं में नारी पात्रों पर काम करूँगी।"

वही कल्पना पिछले लगभग तीस वर्ष से उसी रूसी भाषा और साहित्य से गहरे में जुड़ी रही है, उसमें अध्यापन कार्य करती रही है, उसकी कलम से ऊँचे स्तर की अनेक किताबें निकल चुकी हैं। साहित्य और चित्रकला में उसका भरपूर उत्साह बराबर बना हुआ है।

मुझे ठीक से याद नहीं कब रोमी और कल्पना, एक दूसरे का हाथ थामे, हमारे जीवन में एक नए परिच्छेद का आरम्भ करते हुए आए थे, पर एक नई रोशनी हमारे जीवन में छिटक गई थी। इसलिए नहीं कि वे प्रेमसूत्र में बँधे थे। इसलिए कि वे एक नई दृष्टि लेकर हमारे जीवन में आए थे। वह युवा दृष्टि थी, भविष्योन्मुख, आज के जीवन की धड़कनें लिये हुए, हमारे लिए वर्तमान और भविष्य को देखने, आँकने की नई दृष्टि लेकर आए थे। पुरानी मान्यताओं की जकड़न से मुक्त। और उनके साथ उनके अनेक युवा संगी-साथी भी आए। नवोदित कलाकार, चिन्तक, लेखक। दोनों की प्रतिभा अनेक स्तरों पर अनेक रूपों में प्रस्फुटित हुई है।

और आजकल हम कल्पना-रोमी के जवान बेटे, मार्तंड के विवाह के कार्यक्रम बनाने में लगे हुए हैं।

जब इस होनहार मार्तंड का जन्म अभी नहीं हुआ था तो हम लोग कश्मीर की यात्रा पर गए हुए थे। और मटन नामक कस्बे के निकट, सातवीं शताब्दी में निर्मित, विख्यात मार्तंड मन्दिर के आँगन में खड़े थे और हम लोग–शीला, कल्पना, रोमी, आनेवाले बच्चे के बारे में अटकलें लगा रहे थे कि लड़का होगा या लड़की।'

"अगर लड़की हुई तो मैं उसका नाम क्रान्ति रखूँगी," कल्पना ने कहा था।

"और अगर लड़का हुआ तो ?"

"तो उसका नाम मार्तंड रखेंगे," रोमी ने कहा था।

और मार्तंड जी पधारे थे।

जब मार्तंड पाँचेक साल का था तो हम लोग कयास लगाने लगे थे कि मार्तंड बड़ा होकर क्या बनेगा। तब मार्तंड, हमारे अनुमानों को दिशा देने के लिए नित नए-नए स्वांग रचा करता था। शीला की चुन्नी को धोती की तरह अपनी कमर में लपेटे, माथे पर शीला की ही बिन्दी का 'तिलक' लगाए, वह एक कमरे से

दूसरे कमरे में गाता हुआ जाया करता था :

जिसकी बीवी मोटी
उसी का बड़ा नाम है
बिस्तर पे लिटा दो
गद्दे का क्या काम है

या फिर किसी दिन क्रिकेट की वर्दी डाँट, सफेद जूते, सफेद पतलून, कुर्ता, सिर पर सफेद टोपी। इतना ही नहीं टाँगों पर पैड और हाथों पर दस्ताने, क्रिकेट का बैट कन्धे पर रख क्रिकेट का टेस्ट मैच खेलने निकल पड़ता।

एक शाम–तब वह बहुत छोटा, दो-अढ़ाई साल का रहा होगा--कल्पना ने उसे सोने के वक्त से थोड़ा पहले, उसके छोटे-से कमरे में सुला दिया था और दरवाज़े पर मोटे से धागे से बीसियों गाँठें लगा दी थीं ताकि मार्तंड अपने कमरे में ही बना रहे। पर कुछ ही देर बाद, मार्तंड हँसता हुआ अपने कमरे में से बाहर निकल रहा था। उसने बड़े धैर्य से एक-एक करके सभी गाँठें खोल डाली थीं। और हम फिर से अटकलें लगाने लगे थे कि यह बच्चा बड़ा होकर क्या बनेगा ?

और मार्तंडजी, हमारे सभी पूर्वानुमानों को झुठलाते हुए पिछले ही साल, इंग्लैंड के विश्वविख्यात, वास्तुकला विद्यालय से सर्वोच्च डिग्री प्राप्त करके लौटे हैं और हर आए दिन, वास्तुशिल्प की नित-नई चुनौतियों की गाँठें खोल रहे हैं।

हमारे बेटे वरुण का बचपन मास्को में ही, हमारे साथ बीता है। वहाँ वह रूसी लड़कों के साथ घूमता-फिरता था। वर्षों पहले उसी के एक नन्हे से मित्र ने मुझे टेबल पर काम करते देख वरुण से कहा था :

"मेरा पिता तो बढ़ई है, कुर्सी बना सकता है, मेज़ बना सकता है, तेरा पिता तो सारा वक़्त मेज़ पर बैठा स्कूल का काम करता रहता है।"

और वरुण को कुछ कहते नहीं बना था।

अब वरुण जी स्वयं, कुर्सी पर बैठकर नहीं, पर गणना यन्त्रों द्वारा चाँद-सितारों का हिसाब लगाने लगे हैं। वैज्ञानिक हल्कों में नाम कमा रहे हैं। गत वर्ष ही उन्हें शान्ति स्वरूप भटनागर पुरस्कार से सम्मानित किया गया है। उस दिन हॉल में, परिवार के अन्य सदस्यों के साथ मैं अपनी कुर्सी पर बैठा बार-बार उचक रहा था, यह दिखाने के लिए कि मंच पर बैठा डॉक्टर वरुण साहनी मेरा बेटा है।

वरुण की पत्नी रोहिणी, अर्थशास्त्र की विशेषज्ञा है, पुणे विश्वविद्यालय में पढ़ाती है। पढ़ाती ही नहीं, घर-बाहर का काम भी सँभालती है, गाती भी है। अपनी भाषा मराठी में कहानियाँ भी लिखती है। पॉटरी का चक्का भी चलाती

है जिसमें से मिट्टी के सुन्दर प्याले और गुलदान बन-बनकर निकलते हैं। समाज सुधार के कामों में भी लगी रहती है। अपनी कुछ साथिनों के साथ किसी वेश्यालय में उसने सहायता केन्द्र भी खोल रखा है, जहाँ से वेश्याओं की शुभकामनाओं के साथ अपने सिर के बालों में ढेरों जुएँ भी बटोर कर लाती हैं। और सिर खुजलाती हुई पहुँचती हैं जिस पर उनका बेटा हँसते हुए टिप्पणी करता है, "मम्मी Red Light Area में जाना बन्द करो, कल तुम्हारा पति बाहर से लौटकर आ रहा है।"

बेटा भृगु—उसका पूरा नाम अगस्त्य भृगु है अब कालेज में पढ़ने लगा है। गिटार बजाता है, कभी-कभी अपने पिता के साथ व्यंग्यात्मक नाटकों की रिहर्सल भी करता है, तबला ऐसा बजाता है कि सुननेवाला अश-अश कर उठे। और जब कोई और काम नहीं करता तो टेलीविजन के पर्दे पर क्रिकेट मैच देखता है, पर इससे भी ज़्यादा इंटरनेट पर तरह-तरह के खेल खेलता है। जब मैंने उसे नसीहत करते हुए एक दिन कहा—

"तुम्हें पढ़ना भी चाहिए। बच्चों में पढ़ने का शौक कम होता जा रहा है।"

वह हैरान-सा मेरे मुँह की ओर देखता रहा। कुछ दिन बाद मैंने दिल्ली से उसे एक पत्र लिखा, पत्र हिन्दी में था। मेरा पत्र पढ़ने के बाद अपनी माँ से बोला : "मम्मी, दादा हिन्दी भाषा जानता है !"

जीवन के इस भरपूर परिदृश्य को देखते हुए ही किसी उर्दू के कवि ने कहा था :

तुझ में सौ नग़मे हैं,
ऐ तार-ए-रुबाब-ए-हस्ती !

(ऐ जीवन के वाद्य, तुम्हारी एक-एक तार में से सौ-सौ स्वर-लहरियाँ फूटती हैं।)

यही मेरी निधि है, मेरी पूँजी, ये तथा वे अनगिनत चेहरे जिन्हें मैं आजीवन, एक के बाद एक, अपने स्मृतिपटल पर बड़े प्यार से सँजोता रहा हूँ। किस-किस का नाम लूँ ? जीवन की गति कभी भी थमती नहीं, सारा वक्त नए-नए दृश्य, नए-नए चेहरे आँखों के सामने उभरते रहते हैं, और जीवन एक चमत्कार-सा जान पड़ता है। इस चमत्कारी माला में जहाँ जिनके बारे में चमचमाते हृदयग्राही मोती हैं, वहाँ उनके काले अँधियारे मणके भी हैं जिन्हें याद करते हुए दिल दहल-दहल जाता है। कभी मन छिटककर उनकी ओर भी खिंच जाता है। पर वे भी माला के अंग ही हैं, उनसे छुटकारा नहीं।

यही माला गले से लगाए मैं जीवन के पड़ाव लाँघता हुआ, दूसरे किनारे के निकट आ पहुँचा हूँ।

मुझे अपनी ज़िन्दगी में कुछ भी ऐसा नज़र नहीं आता जिसमें से, गहरे में पैठकर, मैं कुछ ढूँढ़ निकालूँ। हाँ, उसका मज़ाक उड़ाने को ज़रूर मन करता है। वक़्त की नब्ज़ पर मेरा हाथ नहीं है, बहुत कुछ है जो मेरी पकड़ से बाहर है। फिर भी मैं अपने वक़्त से जुड़ा हूँ और जुड़े रहना चाहता हूँ। आसपास होनेवाली घटनाएँ मुझे उद्वेलित करती हैं। उनसे, ज़ेहनी तौर पर ही सही, जुड़ते हुए ही मैं अपने को ज़िन्दा महसूस करता हूँ।

किसी रहस्य का उद्‌घाटन करना मेरे बस का नहीं है। भले ही मेरी उम्र का यह तकाज़ा हो कि मैंने ज़िन्दगी को कुछ तो जाना-समझा होगा, कुछ तो निष्कर्ष निकाले होंगे। पीछे मुड़कर देखता हूँ तो ज़्यादा वक़्त जीवन-प्रवाह के किनारे-किनारे ही अपने को चलता हुआ पाता हूँ। जीवन-प्रवाह में कभी भी गहरे में नहीं उतरा, लहरों के थपेड़ों से जूझते हुए अपना रास्ता नहीं बनाया। अपनी सहज बुद्धि और दिल में उठनेवाले आवेगों के बल पर ही जीवन-निर्वाह करता रहा हूँ।

जब दुनिया पर आँखें खोलो तो नज़र बाहर की ओर जाती है, पर जब दुनिया छोड़ने का वक़्त आ जाए तो नज़र लौटकर अपने पर आ जाती है। दुनिया में क्या देखा, क्या पाया, झोले में क्या भरकर लाए इसी का लेखा-जोखा करने का मन करता है।

यदि मैं कहूँ कि जीवन में मैं किसी गन्तव्य को लक्ष्य करके उसकी ओर पाँव बढ़ाता रहा हूँ तो यह अत्युक्ति होगी। मेरी चेतना में इस तरह का कोई स्पष्ट, नपा-तुला गन्तव्य था भी नहीं। शायद किसी का भी नहीं होता, हाँ, यह सम्भव है कि अवचेतन अपना दबाव डालता रहा हो। मेरे अन्दर भावनाओं के ज्वार उठते थे, जो मुझे अपने से बाहर निकलने पर बाध्य करते थे, कभी आत्माभिव्यक्ति के लिए, तो कभी कहीं जुड़ने के लिए, पर वे सारा वक़्त किसी लक्ष्य की ओर ही ले जाते रहे हों, ऐसा नहीं था। उनकी अभिव्यक्ति कभी एक तरह से तो कभी किसी दूसरी तरह से होती रही।

पीछे मुड़कर देखना स्वाभाविक है। अपने को दूर से देख पाने के लिए, यह भी देखने के लिए कि कहाँ की ईंट, कहाँ का रोड़ा अपने दड़बे के लिए उठाता-जोड़ता रहा हूँ। पर किसी को सीख देने या रास्ता सुझाने के लिए नहीं। खुद कुछ नहीं सीख पाया तो दूसरों को क्या सिखाऊँगा। जहाँ ज़िन्दगी के हर मोड़ पर नई-नई चुनौतियाँ सामने खड़ी हों—और यह क्रम ज़िन्दगी के अन्त तक चलता रहता है—वहाँ निष्कर्ष निकालने की सम्भावना ही कहाँ रह जाती है। हम जीते हैं, जी पाते हैं, अपने बलबूते पर, चुनौतियों से जूझ पाते हैं, यही बहुत है। पर जहाँ जुड़ता रहा हूँ, अपने देशवासियों के साथ, वहाँ निश्चय ही, हर आए दिन मन कभी क्षुब्ध, तो कभी आह्लादित महसूस करता रहा है। पर यह प्रतिक्रिया

भी केवल मेरी रही हो, ऐसा नहीं है। समाज में जीनेवाला हर प्राणी, अपने परिवेश से (विशेषकर आज के ज़माने में) ज़रूर जुड़ता है, कभी गहरे में तो कभी केवल ज़ेहनी स्तर पर। मैं अपने को, अपने समाज से कटकर, मात्र एक निर्द्वन्द्व व्यक्ति के रूप में नहीं देख सकता। पर जहाँ जुड़ता हूँ, वहाँ यह भावना भी गहरे में उद्वेलित करती है कि हमारा देश उन्नति करे, हमारे देशवासी उन्मुक्त, सुखी जीवन व्यतीत कर पाएँ, हमारा देश पिछड़ा हुआ और देशों का मुँह जोहनेवाला देश न रहे, सच्चे अर्थों में एक सुखी समृद्ध देश बने।

वक़्त बीतने पर शायद प्रत्येक व्यक्ति अपने लिए एक छोटा-सा, निजी 'धर्म' गढ़ लेता है। यह 'धर्म' उन गिने-चुने छन्दों, मन्त्रों, दोहे-चौपाइयों आदि का समूह होता है जिन्हें वह आजीवन सँजोता रहा है, इसमें कभी कोई ऋचा, कभी कोई श्लोक, कभी कोई दोहा, शे'र जुड़ते रहते हैं, जिन्हें व्यक्ति यहाँ-वहाँ से बटोरता रहता है। यह छोटा-सा संग्रह उसका निजी कोश होता है। जिस भाँति सिक्के इकट्ठा करनेवाला, गाहे-ब-गाहे अपनी थैली खोलकर एक-एक चहेते सिक्के को निहारता, उसे सहलाता, उलटता-पलटता रहता है, जिससे उसे सुख मिलता है, वैसे ही मेरे इस संग्रह के दोहों-उक्तियों-ऋचाओं को गुनगुनाते हुए, मुझे भी रस मिलता है, प्रेरणा मिलती है, त्राण मिलता है। जिन्हें बुदबुदाते हुए मुझे किसी चमत्कार का-सा भास भी होता है, किसी छिपे सत्य की झलक मिलने लगती है, मानो उसके रचयिता ने किसी गहरे रहस्य का उद्घाटन कर दिया है।

मेरे पिताजी हर प्रातः जल्दी उठ जाया करते थे। हम लोग अभी सो रहे होते जब वह घूमने निकल जाते। पर सुबह सवेरे, बिस्तर छोड़ने पर, हर दिन उनके मुँह से एक ही वाक्य निकलता :

शुक्र ! शुक्र मेरे मालिक
शुक्र तेरी दरगाह ! शुक्र !

इन शब्दों में उनकी जीवन के प्रति, भगवान के प्रति, शुक्रगुज़ारी की भावना व्यक्त होती थी। उन दिनों तो ये वाक्य रटे-रटाए जान पड़ते थे, पर अब सोचता हूँ कि ये पिताजी के दिल की गहराइयों में से निकलनेवाले कृतज्ञता के शब्द हुआ करते थे। शब्द तो बँधे-बँधाए होते हैं, पर उद्गार हमारे दिल में से उठते हैं। इसी भाँति कवि के शब्द भी एक तरह से, हमारे ही उद्गारों को वाणी दे रहे होते हैं। शायद इसी कारण उनमें इतना गहरा अपनापन होता है। हम उन्हें अपना समझने लगते हैं और वे बार-बार हमारी जिह्वा पर आ जाते हैं।

पंडित नेहरू की मृत्यु के बाद उनकी मेज़ पर अमरीकी कवि, रॉबर्ट फ्रॉस्ट की निम्न पंक्तियाँ लिखी मिली थीं :

The woods are lovely, dark and deep
But I have promises to keep,
Miles to walk before I sleep,
Miles to walk before I sleep.

ऐसा ही छोटा-सा संग्रह मैंने भी अपने लिए सँजो लिया है। यह भी सचेत चेष्टा नहीं रही, जहाँ से जो अच्छा लगा, प्रेरणाप्रद लगा, उठा लिया। जब याद हो गया तो अपने आप इसमें जुड़ गया।

यों मैं धार्मिक वृत्ति का आदमी नहीं हूँ। धार्मिक ग्रन्थों की मेरी जानकारी बड़ी सीमित है, बचपन में कथा-वार्ता, प्रवचन, व्याख्यान आदि सुनता भी रहा हूँ, पर किसी विशेष आग्रह के साथ नहीं। फिर भी जहाँ कहीं कोई ऋचा, कोई श्लोक, कोई पद, कोई शे'र प्रेरणाप्रद लगा तो इसमें जुड़ता गया।

इस संग्रह में गायत्री मन्त्र का स्थान सबसे ऊपर है। इसलिए नहीं कि यह मन्त्र महिमामंडित है, इसलिए कि इसकी परिकल्पना अद्‌भुत है। विराट के परिप्रेक्ष्य में रचे गए इस मन्त्र में केवल एक ही चीज़ की माँग की गई है, 'हमें रोशनी दो' जिस दैवी आलोक का हम ध्यान करते हैं वह हमारी बुद्धियों को उद्‌भासित करे। यह, मेरी नज़र में, विलक्षण माँग है। इस मन्त्र के रचयिता ने बुद्धि के प्रकाश को मानव जाति के लिए सबसे अधिक मूल्यवान मानते हुए ही इसकी अभ्यर्थना की होगी। और इससे अधिक मूल्यवान है भी क्या ?

हमारे धर्मग्रन्थों में बार-बार प्रकाश का, ज्योति का उल्लेख है, जगह-जगह प्रकाश की कामना की गई है :

तमसो मा ज्योतिर्गमय !

हमें अन्धकार से प्रकाश की ओर ले चल।

असतो मा सद्‌गमय
तमसो मा ज्योतिर्गमय
मृत्योर्मा अमृतमृगमय !

हमें असत् से सत् की ओर, अन्धकार से प्रकाश की ओर, मृत्यु से अमरत्व की ओर ले चल !

प्रकाश पर्याय है जीवन का, आशा का, सत्‌बुद्धि का।

ऐसी ही सूक्तियों और ऋचाओं आदि में हमारे मनीषियों की दृष्टि की

विशालता और उदात्त भावनाएँ बार-बार लक्षित हुई हैं। जहाँ भी सोचा है समस्त मानवता का सोचा है। समस्त मानवता को एक परिवार माना है (वसुधैव कुटुम्बकम्)। समस्त मानवता के सुख की कामना की है (सर्वेभवन्तु सुखिनः...)। इसमें सन्देह नहीं कि भारतीय संस्कृति का प्राणतत्त्व समन्वय भावना ही है।

एकं सत् विप्रा बहुधा वदन्ति

ये उक्तियाँ निश्चय ही बड़ी प्रेरणाप्रद हैं!
और, इस कामना के साथ अपने लिए कुछ माँगा है तो

तन्मे मनः शिवसंकल्पमस्तु!

(मेरे मन में उठनेवाले विचार, मेरे संकल्प, कल्याणकारी हों।)

जब हम इन उदात्त सूक्तियों से उतरकर मनुष्य के जीवनयापन के स्तर पर आएँ, जहाँ मनुष्य कर्म करता है, जहाँ वह जीवन/परिस्थितियों से जूझता अपने दायित्व निभाता है, यहाँ भी अनेक चमत्कारपूर्ण उक्तियाँ, श्लोक आदि मिलते हैं जिनमें पाई जानेवाली सूझ, मेरी नज़र में युगान्तरकारी है, अद्भुत है। कर्म को फल के प्रलोभन से मुक्त करके देखनेवाली दृष्टि निश्चय ही युगान्तरकारी दृष्टि है। गिने-चुने शब्दों में मनुष्य को निष्काम कर्म करने की शिक्षा दी गई है।

गीता का यह श्लोक :

कर्मण्येवाधिकारस्ते
मा फलेषु कदाचन!

गीता का एक और श्लोक भी मुझे गहरे में प्रभावित करता है जिसमें समुद्र की उपमा देते हुए मनुष्य की वासनाओं को समाहित करने का उपदेश दिया है।

श्लोक इस प्रकार है :

आपूर्यमाणं अचलप्रतिष्ठम् समुद्रमापाः प्रविशन्ति यदवत्
तद्वत् कामाः यम् प्रविशन्ति सर्वे सः शान्तिमाप्नोति न कामकामी

(वासनाओं के पीछे भागनेवाला व्यक्ति शान्ति को प्राप्त नहीं करता। जिस भाँति नदियाँ समुद्र में आकर समा जाती हैं और समुद्र की गरिमा बनी रहती है वैसे ही जिस व्यक्ति में वासनाएँ समा जाएँ वही शान्ति को प्राप्त करता है।)

गीता ऐसी विरल उक्तियों से भरी पड़ी है।

मेरे संचय में ऐसे श्लोक भी हैं जो आचार-व्यवहार के क्षेत्र में, आदर्श व्यक्ति को भी परिभाषित करते हैं। एक श्लोक में निष्ठावान व्यक्ति को इस प्रकार व्याख्यायित किया है :

निंदन्तु नीतिनिपुणाः यदि वा स्तुवन्तु,
लक्ष्मी समाविशतु गच्छतु वा यथेष्ठम्
अद्यैव मरणम् भवेत् युगान्तरे वा
न्यायात् पथात् विचलन्ति पदम् न धीराः।

(भले ही नैतिक नियमों के ज्ञाता उसकी प्रशंसा करें अथवा उसकी कटु आलोचना करें, भले ही उसके घर में धन-सम्पत्ति आए अथवा उससे वह वंचित रहे, भले ही आज ही उसकी मृत्यु हो जाए अथवा वह लम्बे काल तक जिए, निष्ठावान व्यक्ति, न्याय के मार्ग पर खड़ा, एक पग भी इधर से उधर नहीं होगा। उसे न कटु आलोचना का डर होगा, न ग़रीबी का, न मौत का।...)

एक अन्य श्लोक में उस भौंडे, उजड्ड व्यक्ति की व्याख्या की गई है जो संसार में एक पशु के समान अपना जीवन बिताता है। श्लोक में उन गुणों पर प्रकाश डाला गया है जो मनुष्य को सुसंस्कृत बनाते हैं पर जिनसे वह व्यक्ति वंचित है :

येषाम् न विद्या न तपो न दानम्
ज्ञानम् न शीलम् न गुणो न धर्मः
ते मर्त्यलोके भुवि भारभूताः
मनुष्यरूपेण मृगाश्चरन्ति।

(जो लोग विद्याविहीन हैं, जो दृढ़ाग्रही परिश्रमी नहीं, जो किसी की सहायता नहीं करते, जो निपट अज्ञानी हैं, जो शीलस्वभाव के नहीं, जिनमें अपनी कोई विशिष्टता नहीं, जो उचित और अनुचित का भेद नहीं कर सकते, ऐसे व्यक्ति, इस नश्वर जगत में पृथ्वी पर बोझ हैं, देखने में मनुष्य पर वास्तव में पशु समान हैं।)

सन्तो, भक्त कवियों की वाणी में अनेक ऐसे पद हैं जो कविता के नाते भी और उनमें निहित नैतिक विचार के नाते भी बड़े प्रभावशाली हैं।

सूरदास का यह पद मुझे बड़ा प्रिय है :

इक लोहा पूजा में राखत, इक घर बधिक परो
यह दुविधा पारस नहीं जानत, कंचन करत खरो
प्रभु मोरे अवगुण चित्त न धरो।

(जिस भाँति पारस पत्थर, किसी प्रकार का भेद न करते हुए एक बधिक, कसाई, के घर में रखे छुरे को अपने स्पर्श से वैसे ही सोना बना देता है जैसे पूजा में रखे लोहे के टुकड़े को, वैसे ही, भगवन् आप मेरे अवगुणों/दोषों की ओर ध्यान न देते हुए मुझे एक बेहतर इंसान बना दो।)

इस भाँति कबीर के भी अनेक पद इसमें आ जाते हैं, पर एक पद विशेष रूप से मुझे बड़ा प्रिय है जिसमें कबीर इस इच्छा को व्यक्त करते हैं कि उनका प्रत्येक कर्म पूजा समान हो।

मैंने कभी ध्यान से इनका विश्लेषण नहीं किया कि क्यों ऐसे पद मुझे प्रिय हैं। कुछ तो निश्चय ही ऐसे हैं जो सांस्कृतिक मूल्यों के धरातल पर मुझे उच्चकोटि के लगते हैं, जो इतिहास के परिप्रेक्ष्य में मुझे मानव-मेधा की विस्मयजनक उपलब्धियाँ जान पड़ते हैं, जिनमें दृष्टि की विशालता, उदात्त भावनाएँ और सूक्ष्म अन्तर्दृष्टि लक्षित होते हैं। कुछ हैं जो मुझे बेहतर इंसान बनने की प्रेरणा देते हैं, मेरा मनोबल बढ़ाते हैं कुछ हैं, जो जीवन की ऊहापोह में मुझे मेरी स्थिति का बोध कराते हैं।

मेरे संचय में और भी बहुत कुछ है, उर्दू के शे'र, अंग्रेज़ी कवियों की पंक्तियाँ, पंजाबी की लोकोक्तियाँ तक।

इक़बाल का शे'र है :

जुस्तजू किस चीज़ की आवारा रखती है तुझे
राह तू, राहरौ भी तू, रहबर भी तू, मंज़िल भी तू।

पर जहाँ इक़बाल, इंसान के लिए गगनचुम्बी इच्छाशक्ति की कल्पना करते हैं, वहाँ कवि के नाते वह असीम विनम्रता से कवि का वांछित लक्ष्य भी बताते हैं :

रातों को चलनेवाले रह जाएँ थक के जिस दम
उम्मीद उनकी मेरा टूटा हुआ दीया हो!

इस भाँति शेक्सपियर के नाटक Hamlet में से एक छोटा-सा उद्धरण, जिसमें हैमलेट अपने मित्र होरेशो से कहता है :

Give me that man, Horatio, that is not passion's slave
A man that fortunes buffets and rewards
has taken with qual thanks
And I shall wear him in my heart's core,
Nay, in my heart of hearts
as I do thee.

इसे आप धर्म कहना चाहें तो धर्म कह लें, या ऐसे उद्‌गार जो धार्मिक पुट लिये हैं, पर धर्म तक मेरी इतनी ही पहुँच है, जहाँ धार्मिक उक्तियाँ मनुष्य में

उदात्त भावनाएँ जगाती हैं और उसे ऊँचा उठने की प्रेरणा देती हैं।

बस, इसके आगे संस्थागत धर्म आ जाता है जहाँ विधि-निषेध, धर्माचार, कर्मकांड, विधिवत् पूजा-आराधना, जातिगत संगठन, नियमावलियाँ, प्रसार-प्रचार आदि जहाँ धार्मिक संस्था के सरोकार और भूमिका उत्तरोत्तर लौकिक होने लगते हैं, धर्माचरण, व्रत-उपवास आदि का रूप ले लेता है और धार्मिक संस्था में संगठन के जातिगत हितों पर अधिक बल दिया जाने लगता है, संस्थागत धर्म, अपनी ही मूल स्थापनाओं से धीरे-धीरे दूर जाने लगता है, अपनी ही मान्यताओं से उसका सम्बन्ध-विच्छेद होने लगता है, और वक़्त रहते, न रहते, वह सत्ता की राजनीति से जुड़ने लगता है।

स्थापना के आरम्भिक वर्षों में, नया धार्मिक संगठन होने के नाते, पहले से स्थापित धार्मिक संगठनों के साथ वह टकराव में आता है, इसे अपना अस्तित्व बनाए रखने के लिए संघर्ष करना पड़ता है, कुर्बानियाँ देनी पड़ती हैं। इन जद्दोजहद और कुर्बानियों से इसके संगठन में दृढ़ता, एकजुटता आती है, और धीरे-धीरे धार्मिक संस्था का अपना इतिहास बनने लगता है, इसके अपने नेता, वीर नायक बन-बनकर इसके इतिहास के पन्नों पर आने लगते हैं। संगठन को जातिगत आधार पर खड़ा करने में, उसे मज़बूत बनाने में, इनकी बड़ी भूमिका होती है। पर फिर, धर्मोपदेश, धर्मग्रन्थों के पन्नों पर तो बने रहते हैं, ग्रन्थ की पूजा-आराधना भी होती है, होने लगती है पर संगठन की भूमिका संगठन के लौकिक हितों से निर्धारित होने लगती है, न कि धर्मग्रन्थों में व्यक्त नैतिक शिक्षा से।

इस संस्थागत धर्म से मुझे डर लगता है। जहाँ वेद की ऋचाएँ सुनते हुए मैं पुलक-पुलक जाता हूँ, मेरा दृष्टिक्षेत्र खुलता है, वहाँ सत्ताकामी धार्मिक संगठन मुझे आतंकित करते हैं। संस्थागत धर्म, इंसान को इंसान से अलग करते हैं, उनमें भेदभाव पैदा करते हैं और राजनीति से जुड़ते हुए भेदभाव को वैमनस्य के स्तर तक बढ़ावा देते हैं। संस्थागत धर्म में ज्यों-ज्यों अनुयायियों की संख्या बढ़ती है, उसी अनुपात में वह सत्तालोलुप होने लगता है। विरोध करनेवालों के विरुद्ध उसमें लामबन्दी होने लगती है, सत्तालोलुप धार्मिक संगठन और सत्तालोलुप राजनीति में गठजोड़ होने लगती है। इस तरह संस्थागत धर्म की भूमिका, अपने चरम रूप में मानवता विरोधी होने लगती है, यह अकारण नहीं है कि ऐसे धार्मिक संगठन उन तानाशाहों के गुण गाते हैं जिन्होंने भारी संख्या में नरसंहार किए।

फिर यह धर्म कहाँ रह गया ? धर्म तो मनुष्य को बेहतर इंसान बनने, उसके मानवीय गुणों का विकास करने, उसे सभ्य और सुसंस्कृत बनाने की प्रेरणा देता है, दृष्टि की विशालता देता है, इंसानों को जोड़ने की; उसे दूसरों के ख़ून का प्यासा बनाने की प्रेरणा कहाँ देता है ?

धार्मिक ग्रन्थों से समानता, भ्रातृभाव, एकता, सहिष्णुता आदि की शिक्षा ज़रूर मिलती है, पर संस्थागत धर्म से तो यह प्रेरणाप्रद शिक्षा कोसों दूर रह जाती है।

(जिस समय मैं ये पंक्तियाँ लिख रहा हूँ इज़राइली सरकार के टैंक और फ़ौजी दस्ते भयानक स्तर पर फ़िलिस्तीनी नागरिकों का दमन कर रहे हैं। इज़राइलियों के टैंक आज उसी जगह को घेरे हुए हैं जहाँ दो हज़ार वर्ष पहले ईसा मसीह ने जन्म लिया था—बेथलहेम। ईसा मसीह ने तो कहा था, "जो दुर्व्यवहार तुम किसी छोटे-से-छोटे इंसान के साथ करते हो, समझो कि तुम वास्तव में, मेरे साथ कर रहे हो।" पर आज ईसा के इस सद्भावना-भरे उपदेश को कौन सुनता है ? इज़राइल के प्रधानमन्त्री शैरोन तो कह रहे हैं, "जब तक फ़िलिस्तीनी घुटने नहीं टेकेंगे और हमसे रहम की भीख़ नहीं माँगेंगे, यह दमन जारी रहेगा।")

न्यायसंगत समाज-व्यवस्था की स्थापना के लिए इतिहास में अनेक आन्दोलन हुए हैं। भविष्य में भी होंगे। यदि किसी दिन मानवजाति ऐसे आदर्श समाज की स्थापना करने में सफल हो जाए तो उसका श्रेय धार्मिक संगठनों को नहीं, समाज के उन न्यायप्रिय तत्त्वों को जाएगा जो न्यायसंगत समाज-व्यवस्था के लिए संघर्ष करते रहे हैं। धार्मिक संगठनों की भूमिका तो अपने चरम रूप में जलती पर तेल डालने की रही है।

धर्म का एक और रूप भी है—रूमानी रूप, जो अपने में अत्यन्त आकर्षक, लुभावना और मनमोहक है। जिसका प्रभाव संगीत जैसा है, जो अपने हृदयग्राही रूप में आँखों के सामने उभरता है। धर्म के इस रूप में हमारी कल्पना, हमारा अतीत-प्रेम, रंग भरते हैं। हम अपनी कल्पना में, दूर अतीत के धुँधलके में ऋषियों-मुनियों को तपोवनों में विचरते देखते हैं, हवन-यज्ञ में उनके मन्त्रोच्चारण की गूँज सुनने लगते हैं, समिधाओं से सुगन्धित वातावरण में साँस लेने लगते हैं। हमारी कल्पना हमारे लिए एक अलौकिक दृश्य का निर्माण करती है जिसमें ऋषि-मुनि दैवी आभा से मंडित जान पड़ने लगते हैं।

ऐसी ही दृष्टि पौराणिक कथाओं के नायकों को भी रूमानी रंग में देखने लगती है। वे बड़े सजीव होकर हमारी आँखों के सामने उभरते हैं—कुरुक्षेत्र की युद्धस्थली पर अर्जुन को शिक्षा देते हुए श्रीकृष्ण, शर-शैया पर पड़े भीष्म, चक्रव्यूह में फँसे तरुण अभिमन्यु, दुर्योधन के दरबार में अपमानित होती हुई द्रौपदी, आदि-आदि। हम यह चित्रमाला देखते चले जाते हैं। पुरुष, स्त्रियाँ ही नहीं नदियाँ, पर्वत आदि इस आभा से मंडित होने लगते हैं। हमारी कल्पना अनेक प्रसंगों, स्थलों को साकार करती चली जाती है। इस रूमानी पुनरावृत्ति में गंगा, यमुना अलौकिक

नदियाँ बन जाती हैं और इनके तटों पर बसे नगर, पुण्य तीर्थस्थल। निश्चय ही इन तीर्थस्थलों, नदियों, मन्दिरों के साथ हमारा पूरा सांस्कृतिक इतिहास जुड़ा है। यमुना की कल्पना करो तो नदी-तट पर बाल गोपाल को बंसी बजाते, ग्वालों के साथ खेलते, गोपियों के साथ नाचते, रासलीला करते देखते हो। परम्परा के इस आलोक में हमारे अनुष्ठान, हमारे व्रत-उपवास, पूजा-आराधना, तीज-त्योहार, विलक्षण जान पड़ते हैं, मात्र धर्माचार न रहकर अलौकिक आभा ग्रहण कर लेते हैं। अतीत के धुँधलके में से निकलकर आए ये तीर्थस्थल रूमानी रंग लिये होते हैं।

इस तरह हमारी कल्पना में वाराणसी एक अलौकिक नगरी का रूप ले लेती है। हमारी नज़र में वाराणसी जैसा कोई और नगर नहीं रह जाता। वह विलक्षण है—प्रभातवेला में पौ फटने से पहले ही, असंख्य मन्दिरों में बजनेवाली घंटियों की गूँज, मन्त्रोच्चारण, जगह-जगह से शंखध्वनि, गंगातट पर पूजा-आराधना के लिए जुटी साधुओं, भक्तों की पाँतें। पूरा-का-पूरा चित्र ही वाराणसी को ऐसा प्रभामंडित करता है, उसे ऐसा अलौकिक बना देता है कि उसका वास्तविक रूप गौण हो जाता है, हम उसके असली रूप को देख ही नहीं पाते, देखना चाहते भी नहीं। हम गंगातट पर खड़े आज के वाराणसी नगर को नहीं, कल्पना में स्थापित उसकी परम्परा से चली आ रही प्रभामंडित छवि को ही देखते रहना चाहते हैं। वाराणसी के वास्तविक रूप में हमारी कोई रुचि नहीं रह जाती। गंगातट पर धूनी रमाए साधु भी उस अलौकिक नगरी के अंग बन जाते हैं, मुँडे सिर, श्वेतवसना विधवा स्त्रियों के डार के डार, एक मन्दिर से दूसरे मन्दिर की ओर जाते हुए भी इसी अलौकिक दृश्य के अंग बन जाते हैं। और वाराणसी के पंडे भी, जो किसी की भी खाल उतार लें, और घाटों की सीढ़ियों पर बैठे असंख्य भिखमंगे भी...

जिस वास्तविकता की ओर ध्यान नहीं जाता, वह गंगा का दूषित जल है। किसी भी यात्री-नगर की भाँति जहाँ सारा वक़्त यात्रियों का ताँता लगा रहे, ऐसे नगरों का नैतिक स्तर बहुत कुछ गिरा होता है, परम्परा को गौरवान्वित करनेवाली हमारी दृष्टि इस ओर नहीं देख पाती। इस तरह वह हमारे स्वतन्त्र वस्तुपरक चिन्तन में बाधक बनती है। हमें वास्तविकता को देखने से रोकती है। हम धर्मस्थानों की परम्परागत छवि को ही अपने मस्तिष्क में सँजोए रखना चाहते हैं और उनकी वर्तमान स्थिति पर आँखें मूँदे रहना चाहते हैं।

वर्तमान को सारा वक़्त अतीत के परिप्रेक्ष्य में देखते हुए हमें वास्तविकता के गुण-दोष नज़र नहीं आते। गंगा का जल दूषित है, पर हम यह मानने से इनकार करेंगे, हम कहेंगे, गंगा का जल दूषित हो ही नहीं सकता, क्योंकि वह गंगा का जल है। अनुष्ठानों में कोई त्रुटि नहीं हो सकती क्योंकि वे इसी रूप में शताब्दियों

से चले आ रहे हैं। हम वाराणसी को वर्तमान के परिप्रेक्ष्य में देखना ही नहीं चाहते। इसी कारण हम किसी भी पुरानी प्रथा पर पुनर्विचार करना नहीं चाहते। अनेक समाज सुधारकों ने अपनी आवाज़ उठाई, कुछ समय तक हमने उन्हें सुना भी, पर फिर अपने पुराने ढर्रे पर लौट गए।

मेरी समझ में हमें धर्मान्ध बनाने में, इस रूमानी दृष्टि का योगदान सबसे अधिक रहा है। और यह दृष्टि हमारे देश की प्रगति में बहुत बड़ी बाधा बनी हुई है।

रूमानी दृष्टि का होना स्वाभाविक है पर एक हद तक। हम सारा वक़्त इस रूमानी माहौल में विचरते नहीं रह सकते। यह दृष्टि हमें परम्परावादी बना देती है, हमारे लिए परम्परा की किसी भी प्रथा से उबरना असम्भव बना देती है, भले ही वह पितरपूजा हो, श्राद्ध हों, तीज-त्योहार हों, व्रत-उपवास हों और यह अन्धविश्वास का सबसे बड़ा स्रोत है। इतिहास का हमारा अध्ययन, स्वतन्त्र चिन्तन, विवेक द्वारा निर्देशित न होकर अन्धविश्वास पर आधारित रहता है। यह बड़े दुर्भाग्य की बात ही होगी कि यथास्थिति बनी रहे, वर्तमान की हमारी समस्याएँ जटिल से जटिलतर होती चली जाएँ और हम अतीत का गुणगान करते रहें।

हमारा मन अतीत में रमता है। तीज-त्योहार, हर आए दिन हमें अतीत से जोड़ते हैं। कथावार्ता में भी अतीत की प्रधानता रहती है। यह स्वाभाविक है। पर अतीत के प्रति श्रद्धाभावना ने हमें एक ऐसी मानसिकता दी है कि हमारी पकड़ वर्तमान पर मज़बूत नहीं हो पाती। हम यहाँ तक अतीत से जुड़ते हैं कि आज की त्रुटियों-विसंगतियों को भी अतीत के मानदंडों की कसौटी पर परखते हैं, उनका समाधान भी अतीत में खोजते हैं। हम ज़रूरत से ज़्यादा अतीतोन्मुखी, परम्परावादी हैं। और यह उसी रूमानी दृष्टि की देन है। और रूमानी दृष्टि अतीत का भी सरलीकरण करती है, उसकी जटिलताओं में नहीं जाती। शायद इसीलिए हम आज की जटिलताओं को सुलझाने में, वांछित स्तर पर सजग और सचेत नहीं हो पाते। हमारे कार्यकलाप ढीलम-ढाल, हमारे संस्थान पुराने ढर्रे पर चलते रहना चाहते हैं, विशाल जनसमूह की दृष्टि भाग्यवादी है, इसीलिए आज की चुनौतियों से दो-चार हो पाने में हम अपने को असमर्थ पाते हैं।

कुछ रोज पहले, मुझे एक बड़े पुस्तकालय में जाने का मौक़ा मिला। पुस्तकालय बहुत बड़ा था, चारों ओर आलमारियाँ ही आलमारियाँ, पुस्तकों से ठसाठस भरीं। इन्हीं हज़ारों-हज़ार पुस्तकों में मेरी गिनी-चुनी पुस्तकों में से भी कुछेक, यहाँ दबी पड़ी होंगी। सोचकर ही दिल बैठ गया। मैंने कुल मिलाकर तीसेक पुस्तकें लिखी

हैं। इन हज़ारों-हज़ार पुस्तकों में अपनी कुछेक पुस्तकें जोड़ पाने के लिए मैंने अपनी सारी उम्र लगा दी। मेरी कुछेक पुस्तकों की चर्चा तो होती है, पर कुछेक पर अभी से समय की धूल पड़ने लगी है। समय और विस्मृति की यह धूल धीरे-धीरे अन्य पुस्तकों पर भी पड़ती जाएगी। कुछेक रचनाओं के अब केवल नाम गिनाए जाते हैं, कुछ समय बाद वे नाम भी समय के गर्त में डूब जाएँगे। यह अनिवार्य है।

पर उस रोज़ मेरे वयोवृद्ध लेखक मित्र बड़ी निष्ठा और उत्साह से कह रहे थे :

''मैं अभी भी लिख रहा हूँ। और जब तक क़लम मेरे हाथ से गिर नहीं जाती, लिखता रहूँगा।''

मैं मन-ही-मन विचलित-सा हुआ पर वास्तव में वह मेरे ही दिल की बात कह रहे थे।

मैं भी लिखता रहूँगा यह जानते हुए कि मेरी रचनाएँ अभी से धूल चाटने लगी हैं पर ऐसा सोचना ही बेमानी है। एक दिन तो बड़ी-से-बड़ी इमारत भी ढह जाएगी, भूमिसात् हो जाएगी। एक दिन तो हर आदमी बूढ़ा होकर मर जाएगा। इस तरह से सोचना अपने पर रहम करना है, आत्मानुकम्पा का रस लेना है–अपने ज़ख़्मी दिल की नुमाइश करना है। जब मैंने लिखना शुरू किया था और रचना के छप जाने पर नाचता फिरता था, तब तो मुझे उसके नश्वर भविष्य का ख़याल नहीं आया, तब तो मैंने कभी नहीं सोचा कि एक दिन मेरी रचना धूल चाटने लगेगी।

न ही कभी ऐसे विचार ने मेरी क़लम को रोका। तब तो लिखना, खुलकर साँस लेने जैसा लगता था। और आज मैं लिखते भी रहना चाहता हूँ और फिर भी भाग्य का रोना रोने लगा हूँ।

और कभी रचना लौट आती और मैं दुःखी होता, मन मसोसकर रह जाता तब तो मेरा अहम् भी मुझे सहारा ही देता था। मेरे साहस और उत्साह को बनाए रखता था। वास्तव में हमारा अहम् आघात सह पाने में हमारे लिए कवच का काम करता है, और शायद जीवन में अहम् की यह भूमिका सबसे सार्थक भी है।

अंग्रेज़ कवि जी.के. चेस्टर्टन ने अपनी एक कविता में सही कहा है :

It is something to have done as we have done
It is something to have wept as we have wept
It is something to have watched the stars when all men slept.

एक बार एक वेश्यालय में घूम रहा था जब दो वेश्याओं को आपस में झगड़ते देखा। अँधेर उतर आया था और बला की सर्दी पड़ रही थी। जाड़ों के दिन थे–यह कानपुर की बात है–और हवा मे धुआँ फैला था। ऊबड़-खाबड़ रास्ते

के बीचोबीच, एक अधेड़ उम्र की वेश्या ने आग तापने के लिए सिगड़ी जला रखी थी, पर सिगड़ी का धुआँ, हवा कें बहाव में आसपास की कोठरियों में जा रहा था, जिस पर अपनी कोठरी के बाहर बैठी एक वेश्या चिल्लाने लगी थी और शीघ्र ही दोनों गाली-गलौज पर उतर आई थीं।

अधेड़ उम्र की वेश्या हाथ पसार-पसारकर कह रही थी :

"अरी, हमारे मुँह लगती है ? जानती है हम कौन हैं ? जवानी में हम पर तीन तीन क़त्ल हो चुके हैं। कल की छोकरी, हमारे मुँह लगती है, कमज़ात, तुम्हें पूछता कौन है ?..."

यों अधेड़ उम्र की वेश्या भिखारिन-सी लग रही थी। बात-बात पर खाँसती थी, हाँफती थी, न जाने कैसे ज़िन्दगी गुज़ार रही थी। पर तीन-तीन क़त्ल उस पर हो चुके थे, अहम् का यह अवलम्ब टूटा नहीं था, उसे ज़िन्दा रखे हुए था। भले ही कोई व्यक्ति कितना ही नगण्य और निःसहाय क्यों न हो, फिर भी ज़िन्दा रह पाने के लिए उसका अहम् उसकी रक्षा करता है, उसका अवलम्ब बनता है।

सड़क के किनारे बैठे भिखारी में भी अहम् होता है। एक बार, एक गन्दी नाली के किनारे बैठा, बड़ी उम्र का एक भिखारी छोटी उम्र के भिखारी को नसीहत कर रहा था :

"अरे, हम भूखों मरनेवालों में नहीं हैं। दो-दो दिन तक भी दाना पेट में नहीं जाए तो भी हम परवाह नहीं करते, पानी के घूँट भर लेंगे और पड़े रहेंगे।"

उसी वेश्यालय में से बाहर जाते हुए एक और वेश्या को अपनी किसी हमसायिन वेश्या से कहते सुना :

"इन्हीं दिनों आता है। कलकत्ता से आता है। साल में दो-एक बार अपने काम से आता है। पर मेरे पास ज़रूर आता है। कहता है, 'चम्बेली', तू मुझे बहुत याद आती है। तेरे पास आऊँ नहीं तो मन ही नहीं भरता। तूने मुझ पर जादू कर रखा है। ऐसे कहता है...।"

कितने कच्चे धागों के सहारे इंसान अपने अहम् को ज़िन्दगी में बनाए रखता है।

आज यह कहा जाने लगा है कि साहित्य की कोई सार्थकता नहीं रह गई है। ऐसी टिप्पणियाँ पिछले कुछ वर्षों से ज़्यादा सुनने को मिलती रही हैं। यह भी कहा जा रहा है कि विचारधारा का अन्त हो चुका है, यह भी कि यूटोपिया जैसी परिकल्पना मर-खप चुकी है, अब कल्पना भी कोई करेगा तो किसी आदर्श समाज की नहीं, किसी असुर समाज की ही करेगा, आदि-आदि।

कोई भी लेखक ऐसी ख़ुशफ़हमी में नहीं रहता कि उसकी रचनाएँ दुनिया को बदल देंगी। समाज का संचालन साहित्य के हाथ में नहीं है। (और न ही किसी लेखक ने यह सोचकर अपनी क़लम को रख दिया है कि उसकी भूमिका निरर्थक हो चुकी है। साहित्य पहले से कुछ ज़्यादा ही लिखा जाने लगा है—साहित्य की भूमिका के बारे में मोहभंग और किसी का हुआ हो तो भले ही हुआ हो पर स्वयं लेखक का नहीं हुआ। अजब यह है कि साहित्य की सार्थकता की चिन्ता किसी को क्योंकर होने लगी। कल तक तो कहा जाता था कि साहित्य का समाज से कोई सीधा सरोकार नहीं है कि कला की अपनी मर्यादा होती है और वह अपने में पूर्ण है। प्लेटो तो कवि को समाज के बाहर निकालने पर तुले हुए थे कि वह लोगों को सब्ज़बाग़ दिखाता है, पढ़नेवालों को दिग्भ्रमित करता है।

सच तो यह है कि दुनिया को बदलने का बीड़ा साहित्य ने कभी भी नहीं उठाया था। दुनिया को सचेत करने की बात तो साहित्य में उठती रही है, और आज भी उठ रही है, पर वह केवल सचेत करने तक ही अपनी भूमिका समझता रहा है। प्रेमचन्द ने भी जब कहा था कि लेखक, समाज के आगे मशाल लेकर चलनेवाला जीव है कि वह मात्र अनुसरण करनेवाला जीव नहीं है, तो प्रेमचन्द भी इसी बात पर बल दे रहे थे कि लेखक की भूमिका सचेत करने की है, रास्ता दिखाने की है, ज़िन्दगी के यथार्थ की तस्वीर आपकी आँखों के सामने ले आने की है। लेखक केवल सुझा सकता है।

'महाभारत' के रचयिता व्यास ने भी बड़े विशाल कैनवास पर अपने उस काल की गिरावट के ही दृश्य प्रस्तुत किए हैं, इसी को व्यास ऋषि ने अपना कर्म और दायित्व माना था, कि मैं दिखा दूँ कि किस अधोगति तक उस काल का समाज पहुँच चुका था।

और यही भूमिका साहित्य आज भी निभा रहा है। दुनिया को बदल देने का दम्भ न उसमें कभी पहले था, न आज है। कोई भी लेखक इस भ्रम में नहीं जीता कि कभी उसकी रचनाएँ समाज को बदलने में निर्णायक भूमिका निभाएँगी।

लेखक का व्यक्तित्व स्वतन्त्र व्यक्तित्व होता है। वह किन्हीं नियमों-अधिनियमों से बँधा नहीं होता। यदि उसका मार्गदर्शन करते हैं तो मानवीय मूल्य ही करते हैं जिनकी आधारशिला पर वह अपनी रचनाओं का निर्माण करता है, और ऐसी उदात्त भावनाओं पर जो इंसान को इंसान से जोड़ती हैं। इसी आधार पर वह सत्य का खोजी भी होता है।

यदि आज यह कहा जाता है कि साहित्य अपना प्रभाव खोता जा रहा है तो इसलिए कि जिन मानवीय मूल्यों से साहित्य जुड़ता है, जिनकी वह पैरवी करता है, वे जीवन मूल्य आज पैरों तले रौंदे जा रहे हैं। यदि इंसान-हमदर्दी मानवीय

मूल्य है तो इंसान तो दूसरे इंसान को ज़िन्दा जलाने लगा है। यदि समानता मानवीय मूल्य है, तो भले ही देश हो या जाति हो, अथवा धार्मिक सम्प्रदाय हो, दूसरी जाति अथवा धर्मवालों को अपने रहम पर जीने के लिए बाध्य कर रहा है। तो साहित्य मानवीय समानता की दुहाई देता फिरे तो किस काम की?

साहित्य, अन्धकार को मिटा तो नहीं सकता, पर उसे मिटाने की प्रेरणा दे सकता है, अन्धकार मिट सकता है, इसका विश्वास पाठक को दे सकता है, उसमें अन्धकार से जूझने की चेतना/क्षमता जगा सकता है, इंसान को उसके दायित्व का बोध तो करा सकता है। और ऐसा वह अनन्त काल से करता आ रहा है।

वास्तव में कोई भी लेखक, अपने लिए या अपनी रचनात्मकता के लिए किसी नपे-तुले लक्ष्य को सामने रखकर लिखता हो, ऐसा नहीं है। वह अपनी किसी आन्तरिक छटपटाहट के तहत अपने को व्यक्त कर पाने, ज़िन्दगी की किसी सच्चाई को उद्‌घाटित कर पाने का प्रयास करता है। इसी से उसे आन्तरिक सन्तोष की प्राप्ति होती है।

ऐसा ही सबके साथ होता है। लक्ष्य और लक्ष्य-प्राप्ति बहुत बड़े शब्द हैं। इनकी ओर किसी लेखक का ध्यान नहीं जाता। शायद सरकारी नौकरी करनेवाले का जाता हो कि कब किस ओहदे पर पहुँचेगा।

किस कसौटी पर इंसान अपने जीवन को परखे? लक्ष्य-प्राप्ति की कसौटी तो आश्वस्त नहीं करती। पर यदि लक्ष्य निजी महत्त्वाकांक्षाओं से न जुड़ा हो, देश और समाज से जुड़ा हो, तो भी स्वयं कहीं पहुँचने का, किसी लक्ष्य की प्राप्ति का सवाल नहीं रहता। युवा भगत सिंह फ़ाँसी पर झूल गया था। और हँसते-हँसते झूल गया था। उस वक़्त आज़ादी की मंज़िल तो भविष्य के धुँधलके में छिपी थी, उसकी तो झलक भी नहीं मिल रही थी। अपनी क्षमताओं को किसी सत्प्रयास में होम करना ही जीवन का लक्ष्य हो सकता है।

हुनरमन्द लोग मुझे चुम्बक की तरह खींचते रहे हैं, और मैं उनके काम को अभिभूत-सा देखता रहा हूँ। बचपन में हॉकी के बढ़िया खिलाड़ी मेरे हीरो हुआ करते थे। हीरो, मेरी नज़र में एक पहुँचा हुआ व्यक्ति था। उसमें मुझे एक तरह का बाँकपन नज़र आता था। गुलज़ारी मेरे बचपन के दिनों का एक हीरो, दुबला-पतला, सींकी गर्दनवाला, हड़ियल-सा लड़का था, पर हॉकी के मैदान में उतरते ही उसमें बला की फुर्ती आ जाती। देखते ही बनता था।

चेखव की एक कहानी में, किसी धार्मिक पर्व के अवसर पर क़स्बे के लोग एक आदमी के इन्तज़ार में खड़े हैं कि कब वह आए और पर्व के लिए देवचित्र बनाए। सभी उसके इन्तज़ार में बेचैन हैं।

अँधेरा उतर रहा है जब वह लड़खड़ाता हुआ आता है। वह पिए हुए है,

फटेहाल भी है। बड़ा बेढंगा-सा आदमी है। अशिष्ट, गँवार-सा। पर जब कूची हाथ में लेकर देवचित्र बनाने लगता है तो कैनवास पर जैसे चमत्कार-सा होने लगता है। आसपास खड़े लोग मन्त्रमुग्ध-से देखते रह जाते हैं।

चित्र बना चुकने पर वह पहले की ही भाँति लड़खड़ाता हुआ लौट जाता है और अँधेरे में खो जाता है।

मेरे हीरो, मेरी नज़र में, ऐसे ही चमत्कारी जीव रहे हैं।

मेरे जैसी मानसिकतावाले लोग ही अपने लिए हीरो बनाते और उन्हें सिंहासन पर बैठाते हैं।

हमारे यहाँ, हमारे देश की सांस्कृतिक विरासत में किसी व्यक्ति की महानता को आँकने की एक कसौटी है जो मेरी नज़र में बड़ी विलक्षण है। हम किसी व्यक्ति की विलक्षणता को इस आधार पर नहीं आँकते कि वह अपने जीवन में क्या बन पाया, परन्तु इस आधार पर कि वह क्या दे पाया। जिन लोगों को हम याद करते हैं, वास्तव में हम उनकी देन को याद करते हैं, उनकी देन के परिप्रेक्ष्य में उन्हें बड़ा मानते हैं, शायद इसीलिए हमारी 'सम्मान तालिका' में पराक्रमी राजा-महाराजा, बड़े-बड़े धनकुबेर न होकर कवि-सन्त, पीर-फ़कीर अधिक होते हैं। और उनके प्रति हम श्रद्धानत होते हैं। बड़े-बड़े राज्य स्थापित करनेवालों, अपनी विजयपताका दूर-दूर तक फहरानेवालों की ओर ध्यान नहीं दिया गया, बल्कि जिनको याद किया जाता है उनकी भी देन को ही अधिक महत्त्व दिया जाता है, उनके नाम को नहीं।

हमारे शहर में एक तालाब था। 'माई वीरो की बन्ह' उसे कहते थे। कभी वीरो नाम की किसी स्त्री ने उसे बनवाया था। कब बनवाया था, कोई नहीं जानता, कौन रही होगी माई वीरो, वह भी कोई नहीं जानता। पर जो कोई तालाब के शीतल जल में स्नान करता था वह उसे गाहे-गाहे बड़े स्नेह और आदरभाव से याद करता था।

हमारी संस्कृति का यह अभिन्न अंग रहा है। कोई भाग्यवान पेड़ लगवा जाता था ताकि चिलचिलाती धूप से बचने के लिए कोई राहगीर उसकी ठंडी छाँव में बैठ सके। कोई कुआँ खुदवा जाता था ताकि प्यास से तड़पते लोग ठंडा जल पी सकें और कह सकें : "जल पाया, परमेशर पाया !"

रवीन्द्रनाथ ठाकुर की कविता में छज्जे पर खड़ी युवती नीचे, राजपथ पर जाते राजकुमार की सवारी को देख रही है, और श्रद्धाभाव से पुलक-पुलक रही है। चारों ओर राजकुमार पर पुष्पवर्षा करनेवालों की भीड़ है। अपना श्रद्धाभाव व्यक्त

कर पाने के लिए, युवती अपना कंठहार गले में से उतारकर राजकुमार की ओर फेंक देती है। राजकुमार ने उसे देखा तक नहीं। कंठहार, रथ के पहियों के नीचे चूर-चूर हो जाता है। पर युवती सन्तुष्ट है, अपना श्रद्धाभाव व्यक्त कर पाने के लिए ही उसने अपना कंठहार फेंका था।

इस प्रकार की भावना को हमारे यहाँ बहुत महत्त्व दिया गया है। और यही भावना हमें विशिष्ट व्यक्तियों में देखने को भी मिलती है।

जयपुर में साहित्य सम्मेलन चल रहा था। मैं दिन-भर सम्मेलन में भाग लेता रहा था। थका-हारा अपने निवास पर लौटकर आया तो बरामदा लाँघकर अपने कमरे की ओर जा रहा था, जब नागार्जुनजी के कमरे पर नज़र पड़ी। बाबा खाट पर, मुँह-सिर लपेटे उकड़ूँ बैठे हाँफ रहे थे, उनका साँस उखड़ा हुआ था। मैं अन्दर गया। बाबा परेशान थे। साँस लेना कठिन हो रहा था।

मेरे पूछने पर उन्होंने सिर पर से कपड़ा उतारा, और मुझसे पूछा :

"क्या वक़्त हुआ है ?"

"रात के नौ बजा चाहते हैं, क्यों ?"

"तब तो चलूँ," बाबा ने कहा और उसी वक़्त बिस्तर में से निकलकर, खाट पर से उतरने लगे।

"क्यों, बाबा, क्या बात है ? कहाँ जाना चाहते हैं इस हालत में ?"

"नौ बजे, युवा कवियों की बैठक है। मुझे उसमें जाना है।"

"पर आपका साँस उखड़ा हुआ है। आप कैसे जा सकते हैं ?"

उखड़े साँस में ही बाबा बोले :

"मुझे जाना है," और जूता पहनने लगे।

"बीमार पड़ जाएँगे, बाबा, आप क्या कर रहे हैं ?" मैंने दृढ़ता से कहा, "यह तो केवल युवा कवियों का समागम है। उसमें आपका क्या काम ?"

"इसीलिए तो जा रहा हूँ," वे बोले, "युवा कवियों को इस बात की अपेक्षा रहती है कि उनके बीच बैठूँ। उनकी कविताएँ सुनूँ।"

"पर आपका साँस उखड़ा हुआ है...।"

इस पर बाबा, सदा की भाँति बच्चों की तरह हँसते हुए बोले :

"वह तो रोज़ ही उखड़ा रहता है।"

और फूलते साँस में सीढ़ियों की ओर बढ़ गए।

मुझे अनेक ऐसे साक्षात् याद आते हैं।

उन दिनों मेरे भाई बलराज, सेवाग्राम में रहते थे, जहाँ वह 'नई तालीम' पत्रिका

के सह-सम्पादक के रूप में काम कर रहे थे। यह सन् '38 के आसपास की बात है, जिस साल कांग्रेस का हरिपुरा अधिवेशन हुआ था। कुछ दिन उनके साथ बिता पाने के लिए मैं उनके पास चला गया था।

रेलगाड़ी वर्धा स्टेशन पर रुकती थी। वहाँ से लगभग पाँच मील दूर सेवाग्राम तक का फ़ासला इक्के या ताँगे में बैठकर तय करना होता था। मैं देर रात सेवाग्राम पहुँचा। एक तो सड़क कच्ची थी, इस पर घुप्प अँधेरा था। उन दिनों सड़क पर कोई रोशनी नहीं हुआ करती थी।

रात देर तक हम बतियाते रहे। भाई ने बताया कि गांधीजी प्रातः सात बजे घूमने निकलते हैं।

"इधर, हमारे क्वार्टर के सामने से ही वह जाएँगे। कोई भी उनके साथ जा सकता है। तुम भी मन आए तो चले जाना," मैं सकुचाया।

"मैं अकेला उनकी पार्टी के साथ कैसे जा मिलूँ ? तुम भी साथ चलो।"

"मैं तो रोज़ ही उन्हें देखता हूँ," भाई ने करवट बदलते हुए कहा, फिर बोला, "अच्छा चलूँगा।"

दूसरे दिन मैं तड़के ही उठ बैठा, और कच्ची सड़क पर आँखें गाड़े गांधीजी की राह देखने लगा।

ऐन सात बजे, आश्रम का फाटक लाँघकर गांधीजी अपने साथियों के साथ सड़क पर आ गए थे। उन पर नज़र पड़ते ही मैं पुलक उठा। गांधीजी हू-ब-हू वैसे ही लग रहे थे जैसा उन्हें चित्रों में देखा था, यहाँ तक कि कमर के नीचे से लटकती घड़ी भी परिचित-सी लगी।

बलराज अभी भी बेसुध सो रहे थे। हम रात देर तक बातें करते रहे थे। मैं उतावला हो रहा था। आख़िर मुझसे न रहा गया और मैंने झिंझोड़कर उसे जगाया।

"उठो, यार, गांधीजी तो आगे भी निकल गए।"

"मैंने तो कहा था तुम अपने आप चले जाना," बलराज, आँखें मलते हुए उठ बैठे।

"मैं अकेला कैसे जाता ?"

जिस समय हम बाहर निकले, गांधीजी की पार्टी काफ़ी दूर जा चुकी थी।

"चिन्ता नहीं करो, हम उनसे जा मिलेंगे और वापसी पर तो उनके साथ ही होंगे।"

आख़िर, हम क़दम बढ़ाते कुछ ही देर में उनसे जा मिले। गांधीजी ने मुड़कर देखा। भाई ने आगे बढ़कर मेरा परिचय कराया :

"मेरा भाई है, कल ही रात पहुँचा है।"

"अच्छा। इसे भी घेर लिया," गांधीजी ने हँसकर कहा।

"नहीं बापू, यह केवल कुछ दिन के लिए मेरे पास आया है।"

गांधीजी ने मुस्कुराकर मेरी ओर देखा और सिर हिला दिया।

मैं साथ चलने लगा। गांधीजी के साथ चलनेवाले लोगों में से मैंने दो-एक को पहचान लिया। डॉ. सुशीला नय्यर थीं, और गांधीजी के निजी सचिव महादेव देसाई थे। मैं कभी आसपास देखता, कभी नज़र नीची किए ज़मीन की ओर, गांधीजी की धूल-भरी चप्पलों की ओर देखने लगता। मैं गांधीजी से बात करना चाहता था पर समझ में ही नहीं आ रहा था कि क्या कहूँ। फिर सहसा ही मुझे सूझ गया।

"आप बहुत साल पहले हमारे शहर रावलपिंडी में आए थे," मैंने कहा।

गांधीजी रुक गए, उन्होंने मेरी ओर देखा, उनकी आँखों में चमक-सी आई और मुस्कुराकर बोले :

"याद है। मैं कोहाट से रावलपिंडी गया था...मिस्टर जॉन कैसे हैं ?"

मैंने जॉन साहब का नाम सुन रखा था। वे हमारे शहर के जाने-माने बैरिस्टर थे, मुस्लिम सज्जन थे। सम्भवतः गांधीजी उनके यहाँ ठहरे होंगे।

फिर सहसा ही गांधीजी के मुँह से निकला :

"अरे, मैं उन दिनों कितना काम कर लेता था। कभी थकता ही नहीं था।..." हमसे थोड़ा ही पीछे, महादेव देसाई, मोटा-सा लट्ठ उठाए चले आ रहे थे। कोहाट और रावलपिंडी का नाम सुनते ही आगे बढ़ आए, और उस दौरे से जुड़ी अपनी यादें सुनाने लगे। और एक बार जो सुनाना शुरू किया तो आश्रम के फाटक तक सुनाते चले गए।

किसी-किसी वक़्त गांधीजी, बीच में, हँसते हुए कुछ कहते। वे बहुत धीमी आवाज़ में बोलते थे, लगता अपने आपसे बातें कर रहे हैं, अपने साथ ही विचार विनिमय कर रहे हैं। उन दिनों को स्वयं भी याद करने लगे हैं।

शीघ्र ही वे सब आश्रम के अन्दर जा रहे थे।

मैं सेवाग्राम में लगभग तीन सप्ताह तक रहा। अक्सर ही प्रातः उस टोली के साथ हो लेता। शाम को प्रार्थना सभा में जा पहुँचता, जहाँ सभी आश्रमवासी तथा कस्तूरबा एक ओर को पालथी मारे और दोनों हाथ गोद में रखे बैठी होतीं और बिल्कुल मेरी माँ जैसी लगतीं।

उन दिनों एक जापानी 'भिक्षु' अपने चीवर वस्त्रों में गांधीजी के आश्रम की प्रदक्षिणा करता। लगभग मील-भर के घेरे में, बार-बार अपना 'गाँग' बजाता हुआ आगे बढ़ता जाता। गाँग की आवाज़ हमें दिन में अनेक बार, कभी एक ओर से तो कभी दूसरी ओर से सुनाई देती रहती। उसकी प्रदक्षिणा प्रार्थना के वक़्त

समाप्त होती, जब वह प्रार्थना-स्थल पर पहुँचकर बड़े आदरभाव से गांधीजी को प्रणाम करता और एक ओर को बैठ जाता।

उन्हीं दिनों सेवाग्राम में अनेक जाने-माने देशभक्त देखने को मिले। पृथ्वीसिंह आज़ाद आए हुए थे, जिनके मुँह से वह सारा क़िस्सा सुनने को मिला कि कैसे उन्होंने हथकड़ियों समेत, भागती रेलगाड़ी में से छलाँग लगाई, और निकल भागने में सफल हुए और फिर गुमनाम रहकर बरसों तक एक जगह अध्यापन कार्य करते रहे। उन्हीं दिनों वहाँ पर मीरा बेन थीं, खान अब्दुल ग़फ़्फ़ार ख़ान आए हुए थे, कुछ दिन के लिए राजेन्द्र बाबू भी आए थे। उनके रहते यह नहीं लगता था कि सेवाग्राम दूर पार का क़स्बा हो।

एक दिन दोपहर के समय मैं आश्रम के बाहर निरुद्देश्य-सा टहल रहा था जब सड़क के किनारे एक खोखे के पीछे से अजीब-सी आवाज़ सुनाई दी :

"मैं मर रहा हूँ, बापू को बुलाओ। मैं मर जाऊँगा, बापू को बुलाओ।"

मैंने उस ओर क़दम बढ़ा दिए। खोखे के अन्दर पन्द्रहेक साल का एक लड़का, जो देखने में गाँव का रहनेवाला जान पड़ता था, पड़ा हाथ-पैर पटक रहा था, और हाँफता हुआ बार-बार कहे जा रहा था :

"मैं मर जाऊँगा। बापू को बुलाओ।"

दो-एक आदमी उसके पास आकर खड़े हो गए थे। उनमें से एक आश्रमवासी जान पड़ता था।

"अरे कुछ बताओ तो, तुम्हें क्या हुआ है। वैद्य को बुलाएँ ?"

"बापू-बापू को बुलाओ," लड़का बार-बार दोहराए जा रहा था।

"बापू नहीं आ सकते। ज़रूरी मीटिंग चल रही है।"

पर लड़का बराबर चिल्लाए जा रहा था और हाथ-पाँव पटक रहा था।

इतने में मैंने आँख उठाकर देखा तो गांधीजी चले आ रहे थे। दोपहर का वक़्त था और वह अपने नंगे बदन पर खादी की हल्की-सी चादर ओढ़े मैदान लाँघ रहे थे।

"आ गए बापू। आ रहे हैं," आश्रमवासी ने कहा। जिस पर लड़का ऊँचा-ऊँचा चिल्लाने लगा।

"बापू, मैं मर रहा हूँ। मैं मर जाऊँगा," और दाएँ-बाएँ सिर झुलाने लगा।

गांधीजी उसके पास आकर खड़े हो गए। उसके फूले हुए पेट की ओर उनकी नज़र गई, उस पर हाथ फेरा और बोले :

"ईख पीता रहा है ? इतनी ज़्यादा पी गया ? तू तो पागल है !"

कुछ देर तक तो गांधीजी उसके फूले हुए पेट पर हाथ फेरते रहे, फिर उसे सहारा देकर उठाते हुए बोले :

"इधर नीचे उतरो और मुँह में उँगली डालकर कै कर दो। चलो।"

और कहते हुए हँस पड़े :

"तू तो पागल है।"

लड़का हाय-हाय करता हुआ नीचे उतरा और नाली के किनारे बैठ गया। गांधीजी उसकी पीठ पर हाथ रखे झुके रहे।

थोड़ी ही देर में उसका पेट हल्का हो गया और वह हाँफता हुआ बैठ गया।

"अब इधर खोखे में आकर लेट जा। कुछ देर चुपचाप लेटा रह।"

कुछ देर तक गांधीजी उसके पास खड़े रहे, फिर आश्रमवासी को कोई हिदायत-सी देकर मुड़ गए और हँसते हुए 'तू तो पागल है,' कहकर मैदान पार करने लगे।

गांधीजी के चेहरे पर लेशमात्र भी क्षोभ का भाव नहीं था। वे हँसते हुए चले गए थे।

हर दिन प्रातः, जिस कच्ची सड़क पर वे घूमने निकलते, उसके एक सिरे पर एक कुटिया थी, जिसमें एक रुग्ण व्यक्ति रहते थे, सम्भवतः वह दिक् के मरीज़ थे। गांधीजी हर दिन उसके पास जाते और उसके स्वास्थ्य के बारे में पूछताछ करते। उनका वार्तालाप गुजराती भाषा में हुआ करता। मैं समझता हूँ गांधीजी की देख-रेख में उसका इलाज चल रहा था। यह गांधीजी का रोज़ का नियम था।

यह भी लगभग उसी समय की बात रही होगी। पंडित नेहरू काश्मीर यात्रा पर आए थे जहाँ उनका भव्य स्वागत हुआ था। शेख अब्दुल्ला के नेतृत्व में, जेहलम नदी पर, शहर के एक सिरे से दूसरे सिरे तक, सातवें पुल से अमीराकदल तक, नावों में उनकी शोभायात्रा देखने को मिली थी जब नदी के दोनों ओर हज़ारों-हज़ार काश्मीर निवासी अदम्य उत्साह के साथ उनका स्वागत कर रहे थे। अद्भुत दृश्य था।

इस अवसर पर नेहरूजी को जिस बँगले में ठहराया गया था, वह मेरे फुफेरे भाई का था और भाई के आग्रह पर कि मैं पंडितजी की देखभाल में उनका हाथ बँटाऊँ, मैं भी उस बँगले में पहुँच गया था।

दिन-भर तो पंडितजी, स्थानीय नेताओं के साथ, जगह-जगह घूमते, विचार-विमर्श करते, बड़े व्यस्त रहते, पर शाम को जब बँगले में खाने पर बैठते तो और लोगों के साथ मैं भी जा बैठता। उनका वार्तालाप सुनता, नेहरूजी को नज़दीक से देख पाना का मेरे लिए यह सुनहरा मौका था।

उस रोज़ खाने की मेज़ पर बड़े लब्धप्रतिष्ठ लोग बैठे थे—शेख अब्दुल्ला,

ख़ान अब्दुल गफ़्फ़ार ख़ान, श्रीमती रामेश्वरी नेहरू, उनके पति आदि। बातों-बातों में कहीं धर्म की चर्चा चली तो रामेश्वरी नेहरू और जवाहरलालजी के बीच बहस सी छिड़ गई। एक बार तो जवाहरलाल बड़ी गर्मजोशी के साथ तनिक तुनककर बोले, "मैं भी धर्म के बारे में कुछ जानता हूँ।"

रामेश्वरी चुप रहीं, मुस्कुराती रहीं। शीघ्र ही जवाहरलाल ठंडे पड़ गए और धीरे-से बोले, "आप लोगों को एक क़िस्सा सुनाता हूँ।"

और उन्होंने फ्रांस के विख्यात लेखक, अनातोले फ्रांस द्वारा लिखित एक मार्मिक कहानी कह सुनाई।

कहानी इस तरह है कि पेरिस शहर में एक ग़रीब बार्जीगर (नट) रहा करता था जो तरह-तरह के करतब दिखाकर अपना पेट पालता था और इसी व्यवसाय में उसकी जवानी निकल गई थी और अब बड़ी उम्र का हो चला था।

क्रिसमस का पर्व था। पेरिस के बड़े गिरजे में पेरिस-निवासी, सजे-धजे, हाथों में फूलों के गुच्छे और तरह-तरह के उपहार लिये, माता मरियम को श्रद्धांजलि अर्पित करने गिरजे में जा रहे थे।

गिरजे के बाहर ग़रीब बाजीगर हताश-सा खड़ा है क्योंकि वह इस पर्व में भाग नहीं ले सकता। न तो उसके पास माता मरियम के चरणों में रखने के लिए कोई तोहफ़ा है और न ही उस फटेहाल को कोई गिरजे के अन्दर जाने देगा।

सहसा ही उसके मन में यह विचार कौंध गया : मैं उपहार तो नहीं दे सकता, पर मैं माता मरियम को अपने करतब दिखाकर उनकी अभ्यर्थना कर सकता हूँ। यही कुछ है जो मैं भेंट कर सकता हूँ।

जब श्रद्धालु चले जाते हैं, और गिरजा ख़ाली हो जाता है तो बाजीगर चुपके से अन्दर घुस जाता है और कपड़े उतारकर, पूरे उत्साह के साथ अपने करतब दिखाने लगता है। गिरजे में अँधेरा है, श्रद्धालु जा चुके हैं, दरवाज़े बन्द हैं। कभी सिर के बल खड़े होकर, कभी तरह-तरह अंगचालन करते हुए बड़ी तन्मयता के साथ, एक के बाद एक करतब दिखाता है यहाँ तक कि हाँफने लगता है।

उसके हाँफने की आवाज़ कहीं बड़े पादरी के कान में पड़ जाती है और वह यह समझकर कि कोई जानवर गिरजे के अन्दर घुस आया है, और गिरजे को दूषित कर रहा है, भागता हुआ गिरजे के अन्दर आता है।

उस वक़्त बाजीगर, सिर के बल खड़ा अपना सबसे चहेता करतब बड़ी तन्मयता से दिखा रहा था।

यह दृश्य देखते ही बड़ा पादरी तिलमिला उठता है। माता मरियम का इससे बड़ा अपमान क्या होगा ? आगबबूला, वह नट की ओर बढ़ता है कि उसे लात जमाकर गिरजे के बाहर निकाल दे।

वह नट की ओर गुस्से से बढ़ ही रहा है तो क्या देखता है कि माता मरियम की मूर्ति अपनी जगह से हिली है, माता मरियम अपने मंच पर से उतर आई हैं और धीरे-धीरे आगे बढ़ती हुई नट के पास जा पहुँची हैं, और अपने आँचल से हाँफते नट के माथे का पसीना पोंछती उसके सिर को सहलाने लगी हैं।...

यह कहानी नेहरूजी के मुँह से सुनी। मेज़ पर बैठे सभी व्यक्ति दत्तचित्त होकर सुनते रहे थे।

नेहरूजी का कमरा ऊपरवाली मंज़िल पर था, जिसके बग़लवाले कमरे में मैं और मेरे फुफेरे भाई टिके हुए थे। उस रात देर तक नेहरूजी चिट्ठियाँ लिखवाते रहे थे। सुबह-सवेरे जब मैं उठकर नीचे जा रहा था तो नेहरूजी के कमरे के सामने से गुज़रते हुए मैंने देखा कि नेहरूजी फ़र्श पर बैठे चरखा कात रहे हैं। उनकी पीठ दरवाज़े की ओर थी।

मैं चुपचाप नीचे उतर आया। नीचे आकर देखा कि बरामदे में तिपाई पर अख़बार रखा था। मैंने अख़बार उठा लिया और बरामदे में खड़ा नज़रसानी करने लगा।

मैं अभी अख़बार देख ही रहा था कि सीढ़ियों पर किसी के उतरने की आवाज़ आई। मैं समझ गया कि नेहरूजी उतर रहे हैं। उन्हें उस रोज़ अपने साथियों के साथ पहलगाम के लिए रवाना हो जाना था।

अख़बार मेरे हाथ में था। तभी मुझे एक बचकाना-सी हरकत सूझी। मैंने फ़ैसला किया कि मैं अख़बार पढ़ता रहूँगा और तभी नेहरूजी के हाथ में दूँगा जब वह माँगेंगे। कम-से-कम छोटा-सा वार्तालाप तो इस बहाने हो जाएगा।

नेहरू आए। मेरे हाथ में अख़बार देखकर चुपचाप एक ओर को खड़े रहे। वह शायद इस इन्तज़ार में खड़े रहे कि मैं स्वयं अख़बार उनके हाथ में दे दूँगा। मैं अख़बार की नज़रसानी क्या करता, मेरी तो टाँगें लरज़ने लगी थीं, डर रहा था कि नेहरूजी बिगड़ न उठें। फिर भी अख़बार को थामे रहा।

कुछ देर बाद नेहरूजी धीरे-से बोले :

"आपने देख लिया हो तो क्या मैं एक नज़र देख सकता हूँ ?"

सुनते ही मैं पानी-पानी हो गया और अख़बार उनके हाथ में दे दिया।

मुक्तिबोध भोपाल में बीमार पड़े थे और उनकी स्थिति में सुधार नहीं हो रहा था। दिल्ली में पता चलने पर कुछ लेखक-मित्रों—नेमिचन्द्र जैन, श्रीकान्त वर्मा आदि

ने सोच-विचार कर निर्णय किया कि लेखकों का एक शिष्टमंडल प्रधानमन्त्री से जाकर मिले—उन दिनों शास्त्रीजी प्रधानमन्त्री थे—और चिकित्सा सहायता के लिए अनुरोध करे।

दूसरे ही दिन प्रातः शिष्टमंडल के सदस्य—जिनमें नेमिजी और श्रीकान्त वर्मा के अलावा, अमृता प्रीतम, रामकुमार आदि के साथ मैं भी था—शास्त्रीजी के निवास स्थान, 10 जनपथ पर पहुँचे हुए थे और बाहर मैदान में खड़े उनकी राह देख रहे थे।

कुछ ही देर बाद हमने देखा, शास्त्रीजी घर के बाहर निकले हैं, और हाथ बाँधे, हम लोगों की ओर चले आ रहे हैं :

"अहोभाग्य !" वे पास आकर बोले, "कहिए, कैसे आना हुआ ?"

और हाथ बाँधे खड़े रहे।

नेमिजी और श्रीकान्त ने आने का प्रयोजन बताया तो तुरन्त ही शास्त्रीजी ने अपने सेक्रेटरी को इशारा किया और बुलाकर आदेश लिखवा दिया।

दूसरे दिन प्रातः मुक्तिबोध दिल्ली में थे। एक विशेष कूपे उनके लिए रिज़र्व करवाकर सबसे पहली गाड़ी पर उन्हें दिल्ली में बुलवा लिया गया था और मेडिकल इंस्टीट्यूट में भर्ती करवा दिया गया था।

मुक्तिबोध की हालत अच्छी नहीं थी। वे बच नहीं पाए, पर जिस तत्परता और आदरभाव और चिन्ता से शास्त्रीजी ने एक रुग्ण लेखक को दिल्ली बुलवा लिया था, उससे हम सब अभिभूत हुए थे।

उन दिनों मैं अफ्रो-एशियाई लेखक संघ में कार्यकारी महामन्त्री के पद पर सक्रिय था।

ट्यूनीसिया की राजधानी ट्यूनिस में अफ्रो-एशियाई लेखक संघ का सम्मेलन होने जा रहा था। भारत से जानेवाले प्रतिनिधि मंडल में सर्वश्री कमलेश्वर, जोगिन्दर पाल, बालू राव, अब्दुल बिस्मिल्लाह आदि थे। कार्यकारी महामन्त्री के नाते मैं अपनी पत्नी के साथ कुछ दिन पहले पहुँच गया था। ट्यूनिस में ही उन दिनों लेखक संघ की पत्रिका 'लोटस' का सम्पादकीय कार्यालय हुआ करता था। एकाध वर्ष पहले ही पत्रिका के प्रधान सम्पादक, फ़ैज़ अहमद फ़ैज़ चल बसे थे।

ट्यूनिस में ही उन दिनों फ़िलिस्तीनी अस्थायी सरकार का सदरमुक़ाम हुआ करता था। उस समय तक फ़िलिस्तीन का मसला हल नहीं हुआ था और ट्यूनिस में ही, यास्सेर अराफ़ात के नेतृत्व में यह अस्थायी सरकार काम कर रही थी। लेखक संघ की गतिविधि में भी फ़िलस्तीनी लेखकों, बुद्धिजीवियों तथा अस्थायी

सरकार का बड़ा योगदान था।

एक दिन प्रातः 'लोटस' के तत्कालीन सम्पादक मेरे पास होटल में आए और कहा कि मुझे और मेरी पत्नी को उस दिन सदरमुक़ाम में आमन्त्रित किया गया है। उन्होंने कार्यक्रम का ब्यौरा नहीं दिया, केवल यह कहकर चले गए कि मैं बारह बजे तुम्हें लेने आऊँगा।

वहाँ पहुँचे तो बड़ी झेंप हुई। हमारे पहुँचने पर यास्सेर अराफ़ात अपने दो-एक साथियों के साथ बाहर आए और हमें अन्दर लिवा ले गए।

सम्भव है सम्पादक महोदय ने सुरक्षा की दृष्टि से हमें खोलकर न बताया हो कि वास्तव में हम दोनों को दिन के भोजन पर आमन्त्रित किया गया था।

अन्दर पहुँचे तो सदरमुक़ाम के लगभग बीसेक अधिकारी तथा कुछेक फ़िलिस्तीनी लेखक तपाक से मिले। कुछेक को मैं पहले मिल चुका था।

हम बड़े कमरे में दाख़िल हुए। दाईं ओर को लम्बी-सी खाने की मेज़ पहले से लगी थी। उस पर पहले से ही एक बड़ा-सा भुना हुआ बकरा रखा था जो लगभग आधे मेज़ को घेरे हुए था। मैं और मेरी पत्नी कमरे के बाईं ओर बैठाए गए, जहाँ चाय-पान का प्रबन्ध था। यास्सेर अराफ़ात हमारे साथ बैठ गए।

धीरे-धीरे बातों का सिलसिला शुरू हुआ। हमारा वार्तालाप ज़्यादा दूर तक तो जा नहीं सकता था। फ़िलिस्तीन के प्रति साम्राज्यवादी शक्तियों के अन्यायपूर्ण रवैए की हमारे देश के नेताओं द्वारा की गई भर्त्सना, फ़िलिस्तीन आन्दोलन के प्रति विशाल स्तर पर हमारे देशवासियों की सहानुभूति और समर्थन आदि। दो-एक बार जब मैंने गांधीजी और हमारे देश के अन्य नेताओं का ज़िक्र किया तो अराफ़ात बोले :

"वे आपके ही नहीं, हमारे भी नेता हैं। उतने ही आदरणीय जितने आपके लिए।"

बीच-बीच में आतिथ्य भी चल रहा था। अराफ़ात हमें फल छील-छीलकर खिला रहे थे। हमारे लिए शहद की चाय बना रहे थे। साथ-ही-साथ इधर-उधर की बातें भी चल रही थीं : अराफ़ात की इंजीनियरिंग की शिक्षा के बारे में, उनकी अनथक हवाई यात्राओं के बारे में, शहद की उपयोगिता के बारे में। शीघ्र ही हम बड़े इत्मीनान से उनके साथ बतिया रहे थे।

जब भोजन का समय आया तो मैं अपनी जगह पर से उठा और यह अनुमान लगाकर कि गुसलख़ाना, कमरे के पार गलियारे में होगा, मैं सीधा कमरा लाँघ गया। मेरा अनुमान ठीक निकला। गुसलख़ाना वहीं पर था।

पर मेरी झेंप का अन्त नहीं था जब मैं गुसलख़ाने में से बाहर निकला तो यास्सेर अराफ़ात तौलिया हाथ में लिये बाहर खड़े थे।

ज़िन्दगी के आख़िरी पड़ाव पर पहुँचकर मन में तरह-तरह के विचार उठते हैं, पर एक तरह से सब असंगत से जान पड़ते हैं। ज़िन्दगी में बहुत कुछ देखा, बहुत कुछ झेला, बहुत कुछ पर आँखें मूँदे रहा, पर इस सबके रहते, आज भी अपने को ज़िन्दगी से जुड़ा हुआ पाता हूँ। जीवन से निश्चेष्ट तो नहीं हुआ जाता। अब भी अख़बार झपटकर पढ़ता हूँ। अब भी दिल में वलवले उठते हैं, हिलोरें भी उठती हैं, दिल बैठ-बैठ भी जाता है। वक़्त का अन्दाज़ ज़रूर बना रहता है, शरीर की क्षीण होती क्षमताएँ अपनी कहानी बराबर कहती रहती हैं। मैं उन्हें सुनता भी रहता हूँ, अनसुना भी करता रहता हूँ—ज़्यादा अनसुना ही करता रहता हूँ, हालाँकि मेरे अनसुना करने से उनकी चेतावनी मन्द नहीं पड़ जाती।

माँ कहा करती थीं :

"सौ वरियाँ दा जीवणा ते ओड़क मरना !"

(मर तो हम क्षण-भर में जाते हैं पर जीते सौ वर्ष तक हैं !)

वह मुझे ठीक लगता है।

हफ़ीज़ जालन्धरी ने, न जाने अपनी उम्र के किस हिस्से में यह शे'र कहा था :

किस मुसीबत में जान है, प्यारे
दिल अभी तक जवान है, प्यारे !

मैं जब इसे उद्धृत कर रहा हूँ तो ज़ाहिर है ज़िन्दगी की उस जैसी ही परिधि में पहुँच चुका हूँ। और चूँकि पहुँच चुका हूँ इसलिए यह स्वीकार नहीं करना चाहता कि पहुँच चुका हूँ। अपने को झुठलाए रहना चाहता हूँ कि नहीं पहुँचा हूँ कि अभी भी दिल जवान है।

यों, इससे किसी को शिकायत नहीं होनी चाहिए। मैंने जब जन्म लिया था तो जीने के लिए ही जन्म लिया था, और आज अगर अभी भी ज़िन्दगी का दामन थामे रहना चाहता हूँ तो अपनी जन्मजात भूमिका ही निभा रहा हूँ। कोई भी वयोवृद्ध व्यक्ति, अँधेरे बन्दर कमरे में पड़े रहना नहीं चाहता। अगर आप किसी मोहल्ले में से घूम जाएँ तो छतों पर, बरामदों, कहीं-न-कहीं वयोवृद्ध, सड़क पर आँखें लगाए आपको बैठा मिलेगा। या किसी दूकान के बाहर या किसी पार्क में, बेंच पर या किसी चबूतरे पर।

गो हाथ को जुम्बश नहीं, आँखों में तो दम है
रहने दो अभी साग़र-ओ-मीना मेरे आगे।

ज़िन्दगी से कुछ हासिल कर पाने की अपेक्षाएँ तो अब दिल में नहीं उठतीं,

वे दिन तो बीत गए, पर जीवन प्रवाह पर, चलती सड़क पर हमारी आँखें लगीं रहें यह उत्कट इच्छा बनी रहती है।

यादों का सिलसिला तो कभी ख़त्म नहीं होता, पर ज़िन्दगी की रफ़्तार धीमी पड़ गई है। और यादें भी बहुत कुछ धुँधलाने लगी हैं। न जाने ज़िन्दगी के साथ और कौन-सी यादें जुड़ेंगी। जब कभी इस ढलती उम्र में उन प्रियजनों को याद करता हूँ जो विछोड़ा दे गए और जीवन की नश्वरता का बोध दिल में अवसाद भर देता है तो कहीं-न-कहीं से कोई चहकती आवाज़ कानों में पड़ जाती है, किसी का खिला चेहरा आँखों के सामने आ जाता है, तो ज़िन्दगी फिर से एक चमत्कार-सा नज़र आने लगती है—जो हर नए चेहरे के सामने सम्भावनाओं और अपेक्षाओं के नए-नए द्वार खोल रही होती है। करवटें लेती इस ज़िन्दगी की अबाध गति थमने में नहीं आती।

मेरी स्थिति भी कुछ-कुछ बाबू नरसिंगदास जैसी हो रही है, जो हमारे पड़ोस में रहता है। बाबू नरसिंगदास जहाँ भी बैठता है, सड़क की ओर मुँह करके। सुबह बरामदे में कुर्सी बिछाकर बैठा होता है, दोपहर को नीचे दालान में आ जाता है। वहाँ भी उसकी कुर्सी का मुँह सामने चलती सड़क की ओर होता है। और शाम को जब साए उतरने लगते हैं तो बाबू नरसिंगदास, बाहर, पटरी पर अपनी कुर्सी बिछा लेता है। सड़क की चहल-पहल पर से, सड़क पर फैली धूप और उजाले पर से उसकी नज़र हटाए नहीं हटती। कुछ वर्ष पहले तक, जब वह चल-फिर सकता था तो सारी दोपहर, निकट ही मार्किट में एक दूकान के बाहर लोहे की कुर्सी पर बैठा रहता था। उसे भी मेरी तरह 'आदम बू ! आदम बू !' का रोग है।

क्या खोया, क्या पाया, इसका भी लेखा-जोखा करता रहूँगा, अपने भाग्य को सराहता-कोसता भी रहूँगा, साथियों-सहकर्मियों के साथ उलझता भी रहूँगा, ताकि किसी-न-किसी तरह ज़िन्दगी के 'अखाड़े' में बना रहूँ। ऐसा ही मन करता है।

पर इस सबके रहते भी, कभी-कभी यह भी आवाज़ कानों में पड़ जाती हैं :

रात सारी तो हंगामा गुस्तरी में कटी
सेहर क़रीब है, अल्लाह का नाम ले साक़ी !

●●●